2014年**中国银行业从业人员资格认**

个人贷款

讲义·真题·预测 全攻略

中国银行业从业人员资格认证考试研究院○编著

清华大学出版社
北　京

U0683209

内 容 简 介

本书是"银行业从业人员资格认证考试"的配套学习资料，依托具有深厚编写水平的专家团队，严格依据官方教材及考试大纲，在精选高频考点的基础上编写而成。

全书分为考点精讲及归类题库两部分：考点精讲主要选取考频较高、易混淆的考点进行详细讲解；归类题库则选取考频较高的知识点，在此基础上编设的与实战难度相当的试题。

本书特别适用于参加中国银行业从业人员资格认证考试的考生，也可供各大院校金融学专业的师生参考。

本书封面贴有清华大学出版社防伪标签，无标签者不得销售。

版权所有，侵权必究。侵权举报电话：010-62782989　13701121933

图书在版编目(CIP)数据

个人贷款讲义·真题·预测全攻略 / 中国银行业从业人员资格认证考试研究院　编著.
—北京：清华大学出版社，2014
(2014 年中国银行业从业人员资格认证考试)
ISBN 978-7-302-35634-9

Ⅰ.①个… Ⅱ.①中… Ⅲ.①个人—贷款—中国—资格考试—自学参考资料 Ⅳ.①F832.479

中国版本图书馆 CIP 数据核字(2014)第 046703 号

责任编辑：张　颖　高晓晴
封面设计：周晓亮
版式设计：方加青
责任校对：邱晓玉
责任印制：宋　林

出版发行：清华大学出版社
　　　网　　址：http://www.tup.com.cn，http://www.wqbook.com
　　　地　　址：北京清华大学学研大厦 A 座　　　邮　　编：100084
　　　社 总 机：010-62770175　　　邮　　购：010-62786544
　　　投稿与读者服务：010-62776969，c-service@tup.tsinghua.edu.cn
　　　质 量 反 馈：010-62772015，zhiliang@tup.tsinghua.edu.cn
印 刷 者：北京富博印刷有限公司
装 订 者：北京市密云县京文制本装订厂
经　　销：全国新华书店
开　　本：185mm×260mm　　　印　张：16.75　　　字　　数：418 千字
版　　次：2014 年 4 月第 1 版　　　印　　次：2014 年 4 月第 1 次印刷
印　　数：1～4000
定　　价：35.00 元

产品编号：055960-01

编　委　会

主　编：杜友丽

编　委：晁　楠　吴金艳　雷　凤　张　燕　方文彬

　　　　李　蓉　林金松　刘春云　张增强　刘晓翠

　　　　路利娜　索晓辉　邵永为　邢铭强　张剑锋

　　　　刘春云　赵桂芹　张　昆

前言

丛书编写初衷

近年来，随着中国银行业的不断改革与创新，整个银行业发生了历史性的变化，在国民经济发展中发挥着越来越重要的支撑及促进作用。而银行从业人员的待遇也水涨船高，要想从事银行业相关工作，取得银行业资格认证是非常必要的。

"中国银行业从业人员资格认证"简称CCBP(Certification of China Banking Professional)。它是由中国银行业从业人员资格认证办公室负责组织和实施的考试。考试科目为公共基础、个人理财、风险管理、个人贷款和公司信贷，其中公共基础为基础科目，其余为专业科目。

为帮助广大考生顺利通过考试，笔者根据考试大纲编写了本套丛书，以便考生在短时间内理解知识要点、加深记忆、熟悉题型，提高考试成功率。

丛书书目

本丛书将基础知识讲解和考题练习紧密结合，为考生提供一条龙服务，主要包括如下10个品种。

《公共基础最后冲刺八套题 附赠模拟上机考试光盘》
《个人理财最后冲刺八套题 附赠模拟上机考试光盘》
《风险管理最后冲刺八套题 附赠模拟上机考试光盘》
《个人贷款最后冲刺八套题 附赠模拟上机考试光盘》
《公司信贷最后冲刺八套题 附赠模拟上机考试光盘》
《公共基础讲义·真题·预测全攻略》
《个人理财讲义·真题·预测全攻略》
《风险管理讲义·真题·预测全攻略》
《个人贷款讲义·真题·预测全攻略》
《公司信贷讲义·真题·预测全攻略》

丛书特色

本套丛书内容全面，资料新颖，理论联系实际，语言通俗，习题典型，可供广大银行业从业人员参考，是广大应考者顺利通过考试的必备书籍。

具体来说，本套丛书具有以下八大特点：

1. 紧跟大纲，迅速突破

本套丛书严格按照财政部最新考试大纲编写，充分体现了教材的最新变化与要求。在详细讲解教材基础知识的同时，每章配有精选例题及解析，通过简明扼要的考点讲解，引导考生全面、系统地复习，让考生能够熟练掌握指定教材的全部要点和重点。

2. 源自真题，权威全面

由于银行业从业资格认证考试采用了机考的形式，从官方题库中自动选题，因此即使是同一时间考试，各个考生所答的试卷也是不同的。笔者总结了多年真题，书中题目都源于官方题库，并给出了详细的解析，以帮助考生顺利通过考试。

3. 同步演练，有的放矢

本套丛书每章最后有一套习题，并附有答案和解析，供考生检验、巩固学习成果，使考生能尽快适应考场，在真正的考试中有的放矢，顺利通关。

4. 海量习题，贴近实战

众所周知，勤动脑、多练习，方能百战百胜。本套丛书在习题的选取上，以历年真题为主，让读者通过习题演练了解考情和考试重点；在学习教材基础知识、分析真题的基础上，通过模拟自测检测复习效果，了解自己的不足。

5. 简单易懂，便于自学

考虑到大部分考生是在职人士，主要利用业余时间进行自学，因此本套丛书力求语言通俗，并对每道习题都进行了详尽、严谨的解析，便于考生自学。

6. 图表演示，加强记忆

针对教材中知识点众多、难于记忆的问题，本丛书在编写的过程中，尽量把考点用分类图或者表格来表示，让读者一目了然，快速记忆。

7. 模拟光盘，身临其境

因为银行业从业资格认证考试采用计算机考试，和在试卷上答题的感觉不同，因此本丛书专门提供了模拟考试系统，考生可以提前熟悉考试环境及命题类型。光盘中的考题不仅类型全面，而且有错题记录，方便后续的复习。

8. 网上答疑，方便快捷

由于时间有限，本辅导书尚有诸多不尽如人意之处，热忱盼望各方的批评指正。为了方便交流，我们专门提供了一个答疑的网站，读者可以单击考试系统的"在线答疑"链接，然后提出问题，我们会随时解答。

总的来说，我们希望通过纵览重点、同步自测、深度解析，使考生能够对考点了然于胸，对考试游刃有余，对成绩胸有成竹。最后，预祝广大考生顺利通过银行业从业人员资格认证考试，在新的人生道路上续写辉煌。

目录

第1章 个人贷款概述

第2章 个人贷款营销

个人贷款概述

第1章

　　个人贷款是指贷款人向符合条件的自然人发放的用于个人消费、生产经营等用途的本外币贷款。改革开放以来，随着我国经济快速稳定的发展和居民消费水平的持续提高，个人贷款业务初步形成了以个人住房贷款为主体，个人汽车贷款、个人教育贷款以及个人经营性贷款等多品种共同发展的贷款体系。

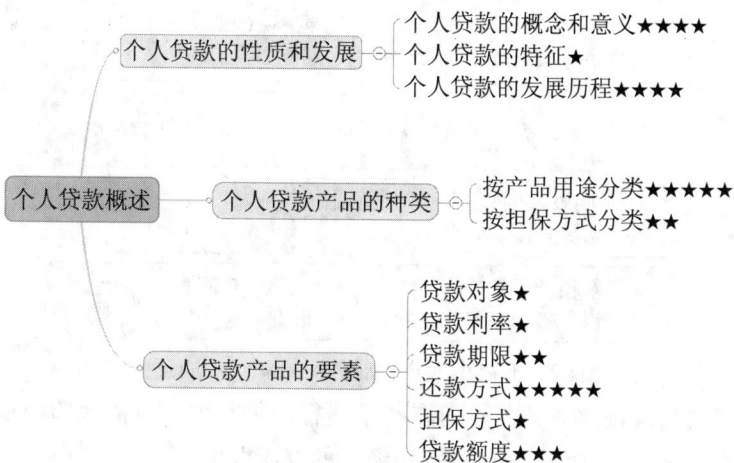

```
                              ┌─ 个人贷款的概念和意义★★★★
            个人贷款的性质和发展 ─┼─ 个人贷款的特征★
                              └─ 个人贷款的发展历程★★★★

个人贷款概述 ─┤ 个人贷款产品的种类 ─┬─ 按产品用途分类★★★★★
                              └─ 按担保方式分类★★

                              ┌─ 贷款对象★
                              ├─ 贷款利率★
                              ├─ 贷款期限★★
            个人贷款产品的要素 ─┼─ 还款方式★★★★★
                              ├─ 担保方式★
                              └─ 贷款额度★★★
```

第1节　个人贷款的性质和发展

考点1　个人贷款的概念和意义

1. 个人贷款的概念

　　个人贷款是指贷款人向符合条件的自然人发放的用于个人消费、生产经营等用途的本外币贷款。

　　个人贷款业务属于商业银行贷款业务的一部分。在商业银行，个人贷款业务是以主体特征为标准进行贷款分类的一种结果，即借贷合同关系的一方主体是银行，另一方主体是自然人，这也是与公司贷款业务相区别的重要特征。

2. 个人贷款的意义

　　(1) 对于金融机构来说，个人贷款业务具有两个方面的重要意义，如图1.1所示。

- 开展个人贷款业务可以为商业银行带来新的收入来源。商业银行从个人贷款业务中除了获得正常的利息收入外，通常还会得到一些相关的服务费收入

- 个人贷款业务可以帮助银行分散风险。出于风险控制的目的，商业银行最忌讳的是贷款发放过于集中。无论是单个贷款客户的集中还是贷款客户在行业内或地域内的集中，个人贷款都不同于企业贷款，因而可以成为商业银行分散风险的资金运用方式

图1.1 开展个人贷款业务对金融机构的意义

(2) 对于宏观经济来说，开展个人贷款业务具有4个方面的积极意义，如图1.2所示。

- 个人贷款业务的发展，为实现城乡居民的消费需求、极大地满足广大消费者的购买欲望起到了融资的作用

- 对启动、培育和繁荣消费市场起到了催化和促进的作用

- 对扩大内需，推动生产，带动相关产业，支持国民经济持续、快速、健康和稳定发展起到了积极的作用

- 对商业银行调整信贷结构、提高信贷资产质量、增加经营效益以及繁荣金融业起到了促进作用

图1.2 开展个人贷款业务对宏观经济的意义

由此可见，开展个人贷款业务，不但有利于银行增加收入和分散风险，而且有助于满足城乡居民的消费需求、繁荣金融行业、促进国民经济的健康发展。

例题1 (   )业务可以成为商业银行分散风险的资金运用方式。(单项选择题)

A. 公司贷款　　　　B. 担保贷款　　　　C. 个人贷款　　　　D. 信用贷款

答案 C

解析 个人贷款业务可以帮助银行分散风险。出于风险控制的目的，商业银行最忌讳的是贷款发放过于集中。无论是单个贷款客户的集中还是贷款客户在行业内或地域内的集中，个人贷款都不同于企业贷款，因而可以成为商业银行分散风险的资金运用方式。

例题2 我国个人贷款业务以(   )为主体。(单项选择题)

A. 个人住房贷款　　　B. 个人教育贷款　　　C. 个人汽车贷款　　　D. 个人经营性贷款

答案 A

解析 随着我国经济快速稳定的发展和居民消费水平的持续提高，个人贷款业务初步形成了以个人住房贷款为主体的贷款体系。

例题3 关于个人贷款的意义，下列说法中错误的是(   )。(单项选择题)

A. 不仅为商业银行带来了正常的利息收入，也带来了一些相关的服务费收入

B. 有助于满足城乡居民的消费需求

C. 扩大了商业银行的风险，但因此促进了商业银行对风险控制的管理

D. 对启动、培育和繁荣消费市场起到了催化和促进作用

答案 C

解析 商业银行个人贷款不同于企业贷款，所以可以帮助银行分散风险。

例题4 对于宏观经济来说，开放个人贷款业务具有的积极意义包括( )。(多项选择题)

A. 有效地分散风险

B. 带动众多相关产业的发展

C. 对启动、培育和繁荣消费市场起到了催化和促进的作用

D. 扩大内需，推动生产，支持国民经济持续、快速、健康和稳定发展

E. 调整商业银行信贷机构，提高信贷资产质量，增加商业银行的经营效益

答案 BCDE

解析 对于宏观经济来说，开放个人贷款业务的积极意义有：带动众多相关产业的发展；对启动、培育和繁荣消费市场起到了催化和促进的作用；扩大内需，推动生产，支持国民经济持续、快速、健康和稳定发展；调整商业银行信贷机构，提高信贷资产质量，增加商业银行的经营效益。

考点2 个人贷款的特征

在个人贷款业务的发展过程中，各商业银行不断开拓创新，逐渐形成了颇具特色的个人贷款业务，其具体情况如表1.1所示。

表1.1 个人贷款业务的特征

特征	具体的内容
贷款品种多、用途广	各商业银行为了更好地满足客户的多元化需求，不断推出个人贷款业务新品种。目前，既有个人消费类贷款，也有个人经营性贷款；既有自营性个人贷款，也有委托性个人贷款；既有单一性个人贷款，也有组合性个人贷款。这些产品可以多层次、全方位地满足客户的不同需求，可以满足个人在购房、购车、旅游、装修、购买消费用品和解决临时性资金周转、从事生产经营等各方面的需求
贷款便利	近年来，各商业银行都在简化个人贷款业务手续、增加营业网点、改进服务手段、提高服务质量，从而使得个人贷款业务的办理较为便利。目前，客户可以通过银行营业网点的个人贷款服务中心、网上银行、电话银行等多种方式了解、咨询银行的个人贷款业务；也可以在银行所辖营业网点、个人贷款服务中心、金融超市、网上银行等办理个人贷款业务。因此，个人贷款业务的办理非常便利
还款方式灵活	目前，各商业银行的个人贷款都可以采取灵活多样的还款方式，如等额本息还款法、等额本金还款法、等比累进还款法、等额累进还款法及组合还款法等多种方法，客户还可以根据自己的需求和还款能力的变化情况，与贷款银行协商后改变还款方式。因此，个人贷款业务的还款方式较为灵活
低资本消耗	中国银行业监督管理委员会于2012年6月8日颁布的《商业银行资本管理办法(试行)》已于2013年1月1日生效实施。《商业银行资本管理办法(试行)》对于个人贷款的风险权重由100%下调至75%，而住房抵押贷款的一套房风险权重为45%、二套房风险权重为60%。然而，一般公司类贷款风险权重目前为100%。因此，与公司类贷款比较，低资本消耗是个人贷款最明显的特征

例题5 下列不属于个人贷款特征的是( )。(单项选择题)

A. 贷款品种多、用途广 　　　　　　　B. 贷款便利

C. 利率优惠 　　　　　　　　　　　　D. 还款方式灵活

答案 C

> **解析** 在个人贷款业务的发展过程中，各商业银行不断开拓创新，逐渐形成了颇具特色的个人贷款业务，其特征有：贷款品种多、用途广，贷款便利，还款方式灵活，低资本消耗。

▉ 考点3 个人贷款的发展历程

个人贷款业务是伴随着我国经济改革和居民消费需求的提高而产生和发展起来的一项金融业务。它的产生和发展既较好地满足了社会各阶层居民日益增长的消费信贷需求，又有力地支持了国家扩大内需的政策，同时也促进和带动了银行业自身业务的发展。到目前为止，我国个人贷款业务的发展经历了起步、发展和规范3个阶段。

1. 住房制度的改革促进了个人住房贷款的产生和发展

20世纪80年代中期，随着我国住房制度改革、城市住宅商品化进程加快和金融体系的变革，为满足居民个人住房消费需求，中国建设银行率先在国内开办了个人住房贷款业务，随后各商业银行相继在全国范围内全面开办该业务，迄今为止已有20多年的历史。目前，各商业银行的个人住房贷款规模不断扩大，由单一的个人购买房改房贷款，发展到开办消费性的个人住房类贷款，品种齐全，便于选择。

2. 国内消费需求的增长推动了个人消费信贷的蓬勃发展

20世纪90年代末期，我国经济保持了高速稳定的增长，但国内需求不足对我国经济发展产生了不利的影响。为此，国家相继推出了一系列积极的财政政策及货币政策，以刺激国内消费和投资需求，从而推动经济发展。中国人民银行也通过窗口指导和政策引导来启动国内的消费信贷市场，引导商业银行开拓消费信贷业务。1999年2月，中国人民银行颁布了《关于开展个人消费信贷的指导意见》。

3. 商业银行股份制改革推动了个人贷款业务的规范发展

近年来，随着各商业银行股份制改革的进一步深化，银行按照建立现代金融企业制度的要求，着力完善公司法人治理结构，逐步健全内控制度，转换经营机制，建立相关监测与考评机制，从而有力地推动了个人贷款业务的规范发展。个人贷款业务在服务水准、贷款品种结构、规模和信贷风险控制等方面逐步完善和提高。为了提高业务效率、减少贷款环节，有的商业银行设立了客户贷款服务中心或金融超市，实行一站式全程服务，为个人贷款提供了极大的便利，也为我国个人贷款业务的规范发展创造了良好的内部环境。从消费信贷的发展规律看，个人贷款有很好的发展势头。无论是消费需求、消费规模，还是信贷品种，都具有非常大的发展潜力和发展空间。加之居民收入增加，社会保障体系健全，居民消费能力提高，个人信贷消费的人群比例稳步上升，商业银行拓展和创新消费信贷方式也随之增多。此外，消费信贷配套措施的逐步完善和个人信用体系的逐步建立，有助于我国商业银行改善资产的单一化和传统化，提高金融资本的运作效率，促进银行业经营效益的提高和经营规模的有效扩大，也进一步推动了我国个人贷款业务的规范发展。2010年2月12日，中国银行业监督管理委员会颁布了《个人贷款管理暂行办法》。这是我国出台的第一部个人贷款管理的法规，强化了贷款调查环节，要求严格执行贷款面谈制度，有助于从源头上防范风险。

例题6 ( )率先在国内开办个人住房贷款业务。(单项选择题)

A. 中国银行   B. 中国工商银行

C. 中国建设银行   D. 中国农业银行

答案 C

解析 20世纪80年代中期，随着我国住房制度改革、城市住宅商品化进程加快和金融体系的变革，为适应居民个人住房消费需求，中国建设银行率先在国内开办了个人住房贷款业务，随后各商业银行相继在全国范围内全面开办该业务，迄今为止已有20多年的历史。

例题7 ( )年2月，中国人民银行颁布了《关于开展个人消费信贷的指导意见》。(单项选择题)

A. 1990   B. 1996   C. 1999   D. 2000

答案 C

解析 1999年2月，中国人民银行颁布了《关于开展个人消费信贷的指导意见》。

例题8 到目前为止，我国个人贷款业务的发展历经了起步、发展和规范三个阶段，其诱因不包括( )。(单项选择题)

A. 住房制度的改革   B. 国内消费需求的增长

C. 商业银行股份制改革   D. 公司信贷业务的蓬勃发展

答案 D

解析 个人贷款业务是伴随着我国经济改革和居民消费需求的提高而产生和发展起来的一项金融业务。到目前为止，我国个人贷款业务的发展经历了起步、发展和规范3个阶段，即住房制度改革、国内消费需求的增长和商业银行股份制改革。

例题9 商业银行仅提供人民币个人住房贷款，不提供外币个人住房贷款。( )(2012年真题 判断题)

答案 ×

解析 商业银行既提供人民币个人住房贷款，也提供外币个人住房贷款。

第2节 个人贷款产品的种类

■ 考点4 按产品用途分类

根据产品用途的不同，个人贷款产品可以分为个人消费类贷款和个人经营性贷款等。

1. 个人消费类贷款

个人消费类贷款是指银行向申请购买"合理用途的消费品或服务"的借款人发放的个人贷款，具体来说，是银行向个人客户发放的有指定消费用途的人民币贷款业务，用途主要有购买个人住房、汽车，一般助学贷款等。

个人消费类贷款包括：个人住房贷款、个人汽车贷款、个人教育贷款、个人住房装修贷款、个人耐用消费品贷款、个人旅游消费贷款和个人医疗贷款等。

(1) 个人住房贷款

个人住房贷款是指银行向自然人发放的用于购买、建造和大修理各类型住房的贷款。个人住房贷款包括自营性个人住房贷款、公积金个人住房贷款和个人住房组合贷款，具体内容如表1.2所示。

表1.2　个人住房贷款的分类

个人住房贷款分类	具体内容
自营性个人住房贷款	也称商业性个人住房贷款，是指银行运用信贷资金向在城镇购买、建造或大修理各类型住房的自然人发放的贷款
公积金个人住房贷款	也称委托性住房公积金贷款，是指由各地住房公积金管理中心运用个人及其所在单位缴纳的住房公积金，委托商业银行向购买、建造、翻建、大修自住住房的住房公积金缴存人以及在职期间缴存住房公积金的离退休职工发放的专项住房贷款。该贷款不以营利为目的，实行"低进低出"的利率政策，带有较强的政策性，贷款额度受到限制。因此，它是一种政策性个人住房贷款
个人住房组合贷款	是指按时足额缴存住房公积金的职工在购买、建造或大修住房时，可以同时申请公积金个人住房贷款和自营性个人住房贷款，从而形成特定的个人住房贷款组合，简称个人住房组合贷款

(2) 个人汽车贷款

个人汽车贷款是指银行向自然人发放的用于购买汽车的贷款。

个人汽车贷款所购车辆按用途可以划分为自用车和商用车。自用车是指借款人申请汽车贷款购买的、不以营利为目的的汽车；商用车是指借款人申请汽车贷款购买的、以营利为目的的汽车。根据所购车辆的用途不同，个人汽车贷款产品可以划分为自用车贷款和商用车贷款。严格来说，商用车贷款属于经营类贷款，但中国工商银行、中国农业银行都把商用车贷款放在消费类贷款里。

个人汽车贷款所购车辆按注册登记情况可以划分为新车和二手车。二手车是指从办理完机动车注册登记手续到规定报废年限一年之前进行所有权变更并依法办理过户手续的汽车。

(3) 个人教育贷款

个人教育贷款是银行向在读学生或其直系亲属、法定监护人发放的用于满足其就学资金需求的贷款。根据贷款性质的不同将个人教育贷款分为国家助学贷款和商业助学贷款，具体内容如表1.3所示。

表1.3　个人教育贷款分类

分类	具体内容
国家助学贷款	是由政府主导、财政贴息、财政和高校共同给予银行一定风险补偿金，银行、教育行政部门与高校共同操作的，帮助高校家庭经济困难学生支付在校学习期间所需的学费、住宿费及生活费的银行贷款。它是运用金融手段支持教育、资助经济困难学生完成学业的重要形式。国家助学贷款实行"财政贴息、风险补偿、信用发放、专款专用和按期偿还"的原则
商业助学贷款	是指银行按商业原则自主向自然人发放的用于支持境内高等院校困难学生学费、住宿费和就读期间基本生活费的商业贷款。商业助学贷款实行"部分自筹、有效担保、专款专用和按期偿还"的原则

(4) 个人住房装修贷款

个人住房装修贷款是指银行向自然人发放的、用于装修自用住房的人民币担保贷款。个人住房装修贷款可以用于支付家庭装潢和维修工程的施工款、相关的装修材料和厨卫设备款等。

开办住房装修贷款业务的银行有签订特约装修公司的，借款人需与特约公司合作才可以取得贷款；有些银行则没有作此规定。

(5) 个人耐用消费品贷款

个人耐用消费品贷款是指银行向自然人发放的用于购买大额耐用消费品的人民币担保贷款。

耐用消费品通常是指价值较大、使用寿命相对较长的家用商品，包括除汽车、房屋以外的家用电器、电脑、家具、健身器材和乐器等。

该类贷款通常由银行与特约商户合作开展，即借款人需在银行指定的商户处购买特定商品。特约商户通常与银行签订耐用消费品合作协议，该类商户应有一定的经营规模和较好的社会信誉。

(6) 个人旅游消费贷款

个人旅游消费贷款是指银行向自然人发放的用于借款人个人及其家庭成员(包括借款申请人的配偶、子女及其父母)参加银行认可的各类旅行社(公司)组织的国内、境外旅游所需费用的贷款。借款人必须选择银行认可的重信誉、资质等级高的旅游公司，并向银行提供其与旅游公司签订的有关协议。

(7) 个人医疗贷款

个人医疗贷款是指银行向自然人发放的用于解决借款人个人及其配偶或直系亲属伤病就医时资金短缺问题的贷款。个人医疗贷款一般由贷款银行和保险公司联合当地特定合作医院办理，借款人到特约医院领取并填写经特约医院签章认可的贷款申请书，持医院出具的诊断证明及住院证明，到开展此业务的银行申办贷款，获批准后，持个人持有的银行卡和银行盖章的贷款申请书及个人身份证到特约医院就医、结账。

2. 个人经营性贷款

个人经营性贷款是指银行向从事合法生产经营的自然人发放的，用于定向购买商用房以及用于满足个人控制的企业(包括个体工商户)生产经营流动资金需求和其他合理资金需求的贷款。个人经营性贷款包括个人商用房贷款、个人经营贷款、农户贷款和下岗失业小额担保贷款，具体内容如表1.4所示。

表1.4　个人经营性贷款

贷款类别	具体的内容
个人商用房贷款	个人商用房贷款是指贷款人向借款人发放的用于购买商业用房的贷款，如中国银行的个人商用房贷款、交通银行的个人商铺贷款。目前，商用房贷款主要是为了解决自然人购买用于生产经营用商铺(销售商品或提供服务的场所)资金需求的贷款
个人经营贷款	个人经营贷款是指用于借款人合法经营活动的人民币贷款，其中借款人是指具有完全民事行为能力的自然人，贷款人是指开办个人经营贷款业务的银行业金融机构，比如中国银行的个人投资经营贷款、中国建设银行的个人助业贷款
农户贷款	农户贷款是指银行业金融机构向符合条件的农户发放的用于生产经营、生活消费等用途的本外币贷款。其中，农户是指长期居住在乡镇和城关镇所辖行政村的住户、国有农场的职工和农村个体工商户

贷款类别	具体的内容
下岗失业小额担保贷款	下岗失业小额担保贷款是指银行在政府指定的贷款担保机构提供担保的前提下，向中华人民共和国境内(不含港、澳、台地区)的下岗失业人员发放的人民币贷款 政府指定的担保机构是指中国人民银行《下岗失业人员小额担保贷款管理办法》中规定的，下岗失业人员小额担保贷款担保基金会委托的各省(自治区、直辖市)、市政府出资的中小企业信用担保机构或其他信用担保机构

例题10 ( )不以营利为目的，带有较强的政策性。(单项选择题)

A. 自营个人住房贷款　　　　　　　　　　B. 个人经营性贷款

C. 个人消费额贷款　　　　　　　　　　　D. 公积金个人住房贷款

答案 D

解析 公积金个人住房贷款是不以营利为目的，实行"低进低出"的利率政策，带有较强的政策性，贷款额度受到限制。因此，它是一种政策性个人住房贷款。

例题11 一般来说，个人耐用消费品贷款获批后，借款人需到银行指定的商户处购买特定商品。( )(判断题)

答案 √

解析 个人耐用消费品贷款通常由银行与特约商户合作开展，即借款人需在银行指定的商户处购买特定商品，特约商户通常与银行签订耐用消费品合作协议，该类商户应有一定的经营规模和较好的社会信誉。

例题12 个人医疗贷款一般由( )和( )联合当地特定合作医院办理。(单项选择题)

A. 保险公司；中介机构　　　　　　　　　B. 保险公司；卫生管理部门

C. 贷款银行；保险公司　　　　　　　　　D. 贷款银行；中介机构

答案 C

解析 个人医疗贷款一般由贷款银行和保险公司联合当地特定合作医院办理，借款人到特约医院领取并填写经特约医院签章认可的贷款申请书，持医院出具的诊断证明及住院证明，到开展此业务的银行申办贷款，获批准后，持个人持有的银行卡和银行盖章的贷款申请书及个人身份证到特约医院就医、结账。

例题13 个人住房装修贷款是银行向个人发放的，用于装修( )的人民币担保贷款。(单项选择题)

A. 厂房　　　　　B. 办公用房　　　　　C. 自用住房　　　　　D. 商用房

答案 C

解析 个人住房装修贷款是指银行向自然人发放的、用于装修自用住房的人民币担保贷款。个人住房装修贷款可以用于支付家庭装潢和维修工程的施工款、相关的装修材料和厨卫设备款等。

例题14 下列各项中，符合商业助学贷款原则的是( )。(多项选择题)

A. 部分自筹　　　B. 有效担保　　　C. 财政贴息

D. 按期偿还　　　E. 专款专用

答案 ABDE

解析 商业助学贷款实行"部分自筹、有效担保、专款专用和按期偿还"的原则。选项C属于国家助学贷款的原则,后面章节会介绍。

考点5 按担保方式分类

根据担保方式的不同,个人贷款产品可以分为个人抵押贷款、个人质押贷款、个人信用贷款和个人保证贷款,具体内容如表1.5所示。

表1.5 个人贷款产品的分类

个人贷款产品的类别	具体的内容
个人抵押贷款	个人抵押贷款在各商业银行较为普遍,它是指贷款银行以借款人或第三人提供的、经贷款银行认可的、符合规定条件的财产作为抵押物而向自然人发放的贷款。当借款人不履行还款义务时,贷款银行有权依法以该财产折价或者以拍卖、变卖财产的价款优先受偿 根据《中华人民共和国担保法》(以下简称《担保法》)第三十四条规定,下列财产可以抵押:抵押人所有的房屋和其他地上定着物;抵押人所有的机器、交通运输工具和其他财产;抵押人依法有权处分的国有的土地使用权、房屋和其他地上定着物;抵押人依法有权处分的国有的机器、交通运输工具和其他财产;抵押人依法承包并经发包方同意抵押的荒山、荒沟、荒丘、荒滩等荒地的土地使用权;依法可以抵押的其他财产
个人质押贷款	个人质押贷款是指自然人以合法有效、符合银行规定条件的质物出质,向银行申请取得的一定金额的贷款 根据《中华人民共和国物权法》(以下简称《物权法》)第二百二十三条规定,可作为个人质押贷款的质物主要有:汇票、支票、本票;债券、存款单;仓单、提单;可以转让的基金份额、股权;可以转让的注册商标专用权、专利权、著作权等知识产权中的财产权;应收账款;法律、行政法规规定可以出质的其他财产权利
个人信用贷款	个人信用贷款是银行向自然人发放的无须提供任何担保的贷款 个人信用贷款主要依据借款申请人的个人信用状况确定贷款额度,信用等级越高,信用额度越大,反之越小
个人保证贷款	个人保证贷款是指银行以银行认可的、具有代位清偿债务能力的法人、其他经济组织或自然人作为保证人而向自然人发放的贷款 个人保证贷款手续简便,只要保证人愿意提供保证,银行经过核保认定保证人具有保证能力,签订保证合同即可,整个过程涉及银行、借款人和担保人三方,贷款办理时间短,环节少。如果贷款出现逾期,银行可按合同约定直接向保证人扣收贷款,出现纠纷可通过法律程序予以解决

例题15 个人贷款产品可以分为( )。(多项选择题)

A. 个人抵押贷款　　　　　　　　　　B. 个人质押贷款

C. 个人信用贷款　　　　　　　　　　D. 个人保证贷款

答案 ABCD

解析 根据担保方式的不同,个人贷款产品可以分为个人抵押贷款、个人质押贷款、个人信用贷款和个人保证贷款。

例题16 如果个人保证贷款出现逾期，银行可直接向保证人扣收贷款，无须通过法律程序。（ ）(判断题)

答案 √

解析 个人保证贷款是指银行以银行认可的、具有代位清偿债务能力的法人、其他经济组织或自然人作为保证人而向自然人发放的贷款。如果贷款出现逾期，银行可按合同约定直接向保证人扣收贷款，无须通过法律程序，出现纠纷可通过法律程序予以解决。

第3节 个人贷款产品的要素

个人贷款产品的要素主要包括贷款对象、贷款利率、贷款期限、还款方式、担保方式和贷款额度。它们是贷款产品的基本组成部分，不同贷款要素的设定赋予了个人贷款产品千差万别的特点。

考点6 贷款对象

个人贷款的对象仅限于自然人，而不包括法人。合格的个人贷款申请人必须是具有完全民事行为能力的自然人。

例题17 下列关于个人贷款对象的表述，正确的有（ ）。(多项选择题)

A. 合格的个人贷款申请人必须是具有完全民事行为能力的自然人

B. 个人贷款的对象仅限于自然人，而不包括法人

C. 个人贷款的对象必须是企业的法定代表人

D. 合格的个人贷款人可以是限制民事行为能力的自然人

E. 个人贷款的对象可以是自然人，也可以是法人

答案 AB

解析 个人贷款的对象仅限于自然人，而不包括法人。合格的个人贷款申请人必须是具有完全民事行为能力的自然人。

考点7 贷款利率

贷款利率是借款人为取得货币资金的使用权而支付给银行的价格，利息是货币所有者因暂时让渡一定货币资金使用权而从借款人那里取得的报酬，实际上就是借贷资金的"成本"。利息水平的高低是通过利率的大小表示的。

利率是一定时期内利息额与本金的比率。公式表示为：

$$利率=利息额/本金$$

它是衡量利息高低的指标，有时也被称为货币资本的价格。现实生活中，利率都是以某种具体形式存在的，如活期存款利率、1年期存款利率等。利率通常分为年利率、月利率和日利率，分别用百分比、千分比、万分比表示。根据资金借贷性质、借贷期限长短等，可把利率划分为不同种类：名义利率和实际利率。这些不同种类的利率，构成一个紧密联系的利率体系。

其中，固定利率是指存贷款利率在贷款合同存续期间或存单存期内，执行的固定不变的利率，不依市场利率的变化而调整。基准利率是指带动和影响其他利率的利率，也叫中心利率。基准利率的变动是货币政策的主要手段之一，是各国利率体系的核心。如果中央银行改变基准利率，会直接影响商业银行借款成本的高低，从而对信贷起着限制或鼓励的作用，并同时影响其他金融市场的利率水平。银行等金融机构规定的以基准利率为中心，在一定幅度内上下浮动的利率叫做浮动利率，有利率上浮和利率下浮两种情况。高于基准利率而低于最高幅度(含最高幅度)为利率上浮，低于基准利率而高于最低幅度(含最低幅度)为利率下浮。在中国，中国人民银行授权某一级行、处或专业银行在法定利率水平上和规定的幅度内根据不同情况上下浮动，以充分发挥利率的调节作用，并与"区别对待，择优扶持"的信贷原则结合起来考虑。一般来说，贷款期限在1年内(含1年)的实行合同利率，遇法定利率调整不分段计息，执行原合同利率；贷款期限在1年以上的，合同期内遇法定利率调整时，可由借贷双方按商业原则确定，可在合同期间按月、按季、按年调整，也可采用固定利率的确定方式。合同利率是指贷款银行根据法定贷款利率和中国人民银行规定的浮动幅度范围以及利率政策等，经与借款人共同商定，并在借款合同中载明的某一笔具体贷款的利率。

> **例题18** 固定利率是指存贷款利率在贷款合同存续期间或存单存期内，执行的固定不变的利率，依市场利率的变化而调整。( )(判断题)
>
> **答案** ×
>
> **解析** 固定利率是指存贷款利率在贷款合同存续期间或存单存期内执行的固定利率，不依市场利率的变化而调整。

考点8 贷款期限

贷款期限是指从具体贷款产品发放到约定的最后还款或清偿的期限。不同的个人贷款产品的贷款期限也各不相同。如个人住房贷款的期限最长可达30年，而个人经营性贷款中，个别的流动资金贷款的期限仅为6个月。贷款银行应根据借款人的实际还款能力科学、合理地确定贷款期限。

经贷款人同意，个人贷款可以展期。1年以内(含1年)的个人贷款，展期期限累计不得超过原贷款期限；1年以上的个人贷款，展期期限累计与原贷款期限相加，不得超过该贷款品种规定的最长贷款期限。

案例1-1：贷款期限

常识告诉我们，借款期限越长，每月还的款就越少，但总还款额必然上升。例如：10万元贷款借10年，每月约还1062.6元，还款总额为127 512元；贷款借20年，每月约需还662.17元，还款总额约为158 920.08元。延长还款期限的目的主要是为了降低每月的还款额，但是否期限越长越好？有例为证：假如借款10 000元，如果两年还清，每月还款437.68元，利息负担504.32元；如果借款4年还清，每月只需还款229.25元，每月还款数目减少208.43元，负担减轻50%左右，但是利息负担也从504.32元增加到了1004.12元，同样，增加了50%。而如果比较第29年和第30

年，29年的贷款为每月还款54.73元，30年的贷款为每月还款53.93元，延长一年，每月负担只减少不到1元，1%左右。可见期限延长并不能使每月还款额大幅减少，反而白白增加了利息负担。30年的利息负担是9413.68元，29年的利息负担是9045.53元，利息负担增加将近400元，4%左右。因此，合理的贷款期限应该是15~20年。

例题19 贷款期限是指从具体贷款产品发放到约定的最后还款或清偿的期限。(　　)(判断题)

答案　√

解析　贷款期限是指从具体贷款产品发放到约定的最后还款或清偿的期限。不同的个人贷款产品的贷款期限也各不相同。

例题20 根据《个人贷款管理暂行办法》的规定，1年以内(含1年)的个人贷款，展期期限累计不得超过(　　)。(单项选择题)

A.1年 　　　　　　　B.6个月 　　　　　　　C.3个月 　　　　　　　D.原贷款期限

答案　D

解析　经贷款人同意，个人贷款可以展期。1年以内(含1年)的个人贷款，展期期限累计不得超过原贷款期限；1年以上的个人贷款，展期期限累计与原贷款期限相加，不得超过该贷款品种规定的最长贷款期限。

考点9　还款方式

各商业银行的同一个人贷款产品有不同的还款方式可供借款人选择。如到期一次还本付息法、等额本息还款法、等额本金还款法、等比累进还款法、等额累进还款法、组合还款法及按月还息—到期一次性还款方式等多种方法。客户可以根据自己的收入情况与银行协商，选择不同的还款方法。

1. 到期一次还本付息法

到期一次还本付息法又称期末清偿法，指借款人需在贷款到期日还清贷款本息，利随本清。此种方式一般适用于期限在1年以内(含1年)的贷款。

2. 等额本息还款法

等额本息还款法是指在贷款期内每月以相等的额度平均偿还贷款本息。每月还款额计算公式为：

$$每月还款额=\frac{月利率\times(1+月利率)^{还款期数}}{(1+月利率)^{还款期限}-1}\times贷款本金$$

遇到利率调整及提前还款时，应根据未偿还贷款余额和剩余还款期数计算每期还款额。

等额本息还款法是每月以相等的额度偿还贷款本息，其中归还的本金和利息的配给比例是逐月变化的，利息逐月递减，本金逐月递增。

3. 等额本金还款法

等额本金还款法是指在贷款期内每月等额偿还贷款本金，贷款利息随本金逐月递减。每月还款额计算公式如下：

每月还款额=贷款本金/还款期数+(贷款本金−已归还贷款本金累计额)×月利率

等额本金还款法的特点是定期、定额还本，也就是在贷款之后，借款人每期除了缴纳贷款利息外，还需要定额摊还本金。由于等额本金还款法每月还本额固定，所以其贷款余额以定额逐渐减少，每月付款及每月贷款余额也定额减少。

背景知识：等额本息还款法和等额本金还款法

等额本息还款法和等额本金还款法作为常用的个人住房贷款还款方法，分别适合不同情况的借款人，没有绝对的利弊之分。

从每月还款的角度讲，等额本息还款法是固定的，而等额本金还款法在还款初期高于等额本息还款法。这就意味着，等额本金还款法的贷款门槛要高于等额本息还款法。在最初贷款购买房屋时，等额本金还款法的负担比等额本息还款法重，一般说来，对于经济尚未稳定而且是初次贷款购房的人来说是不利的，这也正是大多数借款人会采用等额本息还款法还款的原因。

4. 等比累进还款法

借款人在每个时间段上使用以一定比例累进的金额(分期还款额)偿还贷款，其中每个时间段归还的金额包括该时间段应还利息和本金，按还款间隔逐期归还，在贷款截止日期前全部还清本息。此种方法又分为等比递增还款法和等比递减还款法，通常比例控制在0至(+/−100)%之间，且经计算后的任意一期还款计划中的本金或利息不得小于零。此种方法通常与借款人对于自身收入状况的预期相关，如果预期未来收入呈递增趋势，则可选择等比递增法，减少提前还款的麻烦；如果预期未来收入呈递减趋势，则可选择等比递减法，减少利息支出。

5. 等额累进还款法

等额累进还款法与等比累进还款法类似，不同之处就是将在每个时间段上约定还款的"固定比例"改为"固定额度"。客户在办理贷款业务时，与银行商定还款递增或递减的间隔期和额度。在初始时期，银行会根据客户的贷款总额、期限和资信水平测算出一个首期还款金额，客户按固定额度还款，此后，根据间隔期和相应的递增或递减额度进行还款的操作方法。此种方法又分为等额递增还款法和等额递减还款法。等额累进还款法和等比累进还款法相似的特点是当借款人还款能力发生变化时，可通过调整累进额或间隔期来适应客户还款能力的变化。如对收入增加的客户，可采取增大累进额、缩短间隔期等办法，使借款人分期还款额增多，从而减少借款人的利息负担；对收入水平下降的客户，可采取减少累进额、扩大累进间隔期等办法使借款人分期还款额减少，以减轻借款人的还款压力。

6. 组合还款法

组合还款法是一种将贷款本金分段偿还，根据资金的实际占用时间计算利息的还款方式。即根据借款人未来的收支情况，首先将整个贷款本金按比例分成若干偿还阶段，然后确定每个阶段的还款年限。还款期间，每个阶段约定偿还的本金在规定的年限中按等额本息的方式计算每月偿还额，未归还的本金部分按月计息，两部分相加即形成每月的还款金额。目前，市场上推广比较好的"随心还"和"气球贷"等就是这种方式的演绎。这种方法可以比较灵活地按照借款人的还款能力规划还款进度，真正满足个性化需求。自身财务规划能力强的客户适用此种方法。

7. 按月还息—到期一次性还本还款法

按月还息—到期一次性还本还款法，即在贷款期限内每月只还贷款利息，贷款到期时一次性归还贷款本金，此种方式一般适用于期限在1年以内(含1年)的贷款。

例题21 采用等额累进还款法时，对于收入增加的客户，可采取( )方法，使借款人分期还款额增多，从而减少借款人的利息负担。(单项选择题)

A. 增大累进额、缩短间隔期   B. 增大累进额、扩大间隔期

C. 减少累进额、缩短间隔期   D. 减少累进额、扩大间隔期

答案 A

解析 采用等额累进还款法时，对收入增加的客户，可采取增大累进额、缩短间隔期等办法，使借款人分期还款额增多，从而减少借款人的利息负担；对收入水平下降的客户，可采取减少累进额、扩大累进间隔期等办法使借款人分期还款额减少，以减轻借款人的还款压力。

例题22 下列关于等额本息还款法和等额本金还款法的说法，正确的是( )。(单项选择题)

A. 两种方法都是常用的个人住房贷款还款方法，分别适合不同情况的借款人

B. 等额本息还款法优于等额本金还款法

C. 一般来说，经济尚未稳定而且初次贷款购房的人更适合采用等额本金还款法

D. 银行更倾向于采取等额本金还款法

答案 A

解析 等额本息还款法和等额本金还款法作为常用的个人住房贷款还款方法，分别适合不同情况的借款人，没有绝对的利弊之分。

例题23 某3年期贷款合同中约定，该贷款本金分成第一年和后两年两个时间段偿还，利息则根据实际的占用时间计算，则该还款方式属于( )。(单项选择题)

A. 等额本息还款法   B. 等额本金还款法

C. 一次性还本付息法   D. 组合还款法

答案 D

解析 组合还款法是一种将贷款本金分段偿还，根据资金的实际占用时间计算利息的还款方式。即根据借款人未来的收支情况，首先将整个贷款本金按比例分成若干偿还阶段，然后确定每个阶段的还款年限。还款期间，每个阶段约定偿还的本金在规定的年限内按等额本息的方式计算每月偿还额，未归还的本金部分按月计息，两部分相加即形成每月的还款金额。

例题24 下列关于等额本金还款法的说法，正确的有( )。(多项选择题)

A. 贷款期内每期等额偿还本金   B. 贷款期内还款额度逐月递增

C. 贷款期内偿还的利息逐月递增   D. 贷款期内偿还的本金逐月递增

E. 贷款期内每期贷款余额以定额逐渐减少

答案 AE

解析 等额本金还款法是指贷款期内每期等额偿还贷款本金，偿还利息以每期期初剩余的本金计

算的还款方式。在前期还款中，由于剩余本金数额较大，借款人除偿还固定的本金外，还要偿还较高的利息，因而前期利息和本金相加的还款额会很高，但随着本金的等额偿还，剩余本金越来越少，每期负担的利息会逐渐下降，从而每期利息和本金相加的还款额也在下降，即每期付款及每月贷款余额也在定额减少。

例题25 个人贷款产品有不同的还款方式供借款人选择，可以比较灵活地按照借款人的还款能力规划还款进度，满足个性化需求程度最高的还款方式是( )。(单项选择题)

A. 组合还款法   B. 等额累进还款法

C. 等额本金还款法   D. 等额本息还款法

答案 A

解析 组合还款法是一种将贷款本金分段偿还，根据资金的实际占用时间计算利息的还款方式。这种方法可以比较灵活地按照借款人的还款能力规划还款进度，真正满足个性化需求。

例题26 李先生每月收入1万元，贷款20万元用于购买住房，采用等额本金还款法，期限10年，年利率为5%，李先生首月还款的金额为( )元。(单项选择题)

A. 2600   B. 2800   C. 2500   D. 2400

答案 C

解析 等额本金还款法是指在贷款期内每月等额偿还贷款本金，贷款利息随本金逐月递减。每月还款额计算公式如下：每月还款额=贷款本金/还款期数+(贷款本金−已归还贷款本金累计额)×月利率，将数据代入公式得到，李先生首月还款金额=200 000/120+(200 000−0)×5%/12=2500(元)。

考点10 担保方式

个人贷款可采用多种担保方式，主要担保方式有抵押担保、质押担保和保证担保3种。在实践中，当借款人采用一种担保方式不能足额对贷款进行担保时，贷款银行从控制风险的角度考虑，往往会要求借款人组合使用不同的担保方式对贷款进行担保。

抵押担保是指借款人或第三人不转移对法定财产的占有，将该财产作为贷款的担保。借款人不履行还款义务时，贷款银行有权依法以该财产折价或者以拍卖、变卖财产的价款优先受偿。

质押担保是指借款人或第三人转移对法定财产的占有，将该财产作为贷款的担保。质押担保分为动产质押和权利质押。动产质押是指借款人或第三人将其动产移交贷款银行占有，将该动产作为贷款的担保，借款人不履行还款义务时，贷款银行有权依法以动产折价或以拍卖、变卖该动产的价款优先受偿。权利质押是指以汇票、支票、本票、债券、存款单、仓单、提单、依法可转让的股份、股票、商标专用权、专利权、著作权中的财产权利等《担保法》规定的可以质押的，或贷款银行许可的质押物作为担保，借款人不履行还款义务时，贷款银行有权依法以权利凭证折价或以拍卖、变卖该权利凭证的价款优先受偿。

保证担保是指保证人和贷款银行约定，当借款人不履行还款义务时，由保证人按照约定履行或承担还款责任的行为。保证人是指具有代位清偿债务能力的法人、其他经济组织或自然人。

信用贷款是指以借款人的信誉发放的贷款，借款人不需要提供担保，其特征就是债务人无须提供抵押品或第三方担保,仅凭自己的信誉就能取得贷款,并以借款人的信用程度作为还款保证。

例题27 抵押担保是指贷款人或第三人( )对法定财产的占有,将该财产作为贷款的担保。(单项选择题)

A. 转移 B. 暂时转移

C. 不转移 D. 可以转移可以不转移

答案 C

解析 抵押担保是指借款人或第三人不转移对法定财产的占有,将该财产作为贷款的担保。

考点11 贷款额度

贷款额度是指银行向借款人提供的以货币计量的贷款数额。除了人民银行、银监会或国家其他有关部门有明确规定外,个人贷款的额度可以根据申请人提供的抵押担保、质押担保和保证担保的额度以及资信等情况确定。

贷款人应按区域、品种、客户群等维度建立个人贷款风险限额管理制度。风险限额是指银行业金融机构根据外部经营环境、整体发展战略和风险管理水平,为反映整个机构组合层面的风险,针对具体区域、行业、贷款品种及客户等设定的风险总量控制上限,是其在特定领域所愿意承担风险的最大限额。

例题28 贷款额度是指银行向借款人提供的以货币计量的贷款数额。( )(判断题)

答案 √

解析 贷款额度是指银行向借款人提供的以货币计量的贷款数额。除了人民银行、银监会或国家其他有关部门的明确规定外,个人贷款的额度可以根据申请人提供的抵押担保、质押担保和保证担保的额度以及资信等情况确定。

例题29 贷款额度是指( )。(单项选择题)

A. 借款人每月需要偿还的金额 B. 银行批准借款人的额度

C. 贷款抵押物的评估价值 D. 银行向借款人提供的以货币计量的贷款数额

答案 D

解析 贷款额度是指银行向借款人提供的以货币计量的贷款数额。

例题30 根据《个人贷款管理暂行办法》的规定,贷款人应按区域、品种、客户群等维度建立个人贷款( )管理制度。(单项选择题)

A. 风险限额 B. 信用评级 C. 还款记录 D. 担保情况

答案 A

解析 贷款人应按区域、品种、客户群等维度建立个人贷款风险限额管理制度。

第4节 同步强化训练

一、单项选择题

1. 改革开放以来，我国个人贷款业务初步形成了以个人( )贷款为主体的贷款体系。

A. 住房   B. 汽车   C. 教育   D. 经营类

2. 关于个人贷款的意义，下列说法错误的是( )。

A. 为商业银行带来利息收入和服务费收入

B. 帮助银行消除风险

C. 对商业银行调整信贷结构、提高信贷资产质量起到了促进作用

D. 为实现城乡居民的有效消费需求起到融资作用

3. 关于个人贷款的用途的错误说法是( )。

A. 个人贷款可以满足客户的购房需求

B. 个人贷款可以满足客户的购买土地需求

C. 个人贷款可以满足客户旅游的需求

D. 个人贷款可以满足客户解决临时性资金周转的需求

4. 到目前为止，我国个人贷款业务的发展经历了起步、发展和规范三个阶段，其诱因不包括( )。

A. 住房制度的改革   B. 国内消费需求的增长

C. 商业银行股份制改革   D. 公司信贷业务的蓬勃发展

5. 下列关于个人住房贷款的说法，正确的是( )。

A. 指贷款人向借款人发放的用于购买自用住房及其他经营性房产的贷款

B. 主要有自营性个人住房贷款与公积金个人住房贷款两种

C. 自营性个人住房贷款不以营利为目的，实行"低进低出"的利率政策

D. 公积金个人住房贷款也称委托性住房公积金贷款

6. 按照产品用途划分，个人贷款产品不包括( )。

A. 个人住房贷款   B. 个人消费贷款

C. 个人助学贷款   D. 个人经营贷款

7. 实行不以营利为目的"低进低出"的利率政策的个人贷款是( )。

A. 个人旅游消费贷款   B. 公积金个人住房贷款

C. 个人医疗贷款   D. 个人汽车贷款

8. 下列关于个人教育贷款的规定，叙述错误的是( )。

A. 个人教育贷款分为国家助学贷款和一般商业性助学贷款

B. 国家助学贷款可发放给经济困难的全日制初高中生

C. 国家助学贷款实行"财政贴息、风险补偿、信用发放、专款专用和按期偿还"原则

D. 国家助学贷款可用于支付学费和生活费

9. 国家助学贷款属于(   )。

A. 个人消费贷款   B. 个人消费额度贷款

C. 专项贷款   D. 个人保证贷款

10. 商业助学贷款发放所遵循的原则不包括(   )。

A. 部分自筹   B. 信用发放   C. 专款专用   D. 按期偿还

11. 期限在1年以内(含1年)的个人贷款的利率(   )。

A. 实行合同利率   B. 可分段计息

C. 在合同期间按月调整   D. 在合同期间按年调整

12. 到期一次还本付息还款方式一般适用于期限在(   )以内的贷款。

A. 2年以内(含2年)   B. 2年以内(不含2年)

C. 1年以内(含1年)   D. 1年以内(不含1年)

13. 等额本息还款法是指在贷款期内每月以相等的额度平均偿还贷款本息,其中归还的本金和利息的配给比例是逐月变化的,利息逐月(   ),本金逐月(   )。

A. 递增,递减   B. 递增,递增

C. 递减,递增   D. 递减,递减

14. 小朱大学刚毕业,经济尚未稳定,如果现在他欲初次贷款购房,应采用(   )。

A. 到期一次还本付息法   B. 等额本息还款法

C. 等额本金还款法   D. 等比累进还款法

15. 小王刚毕业,目前收入较少,但他预计两年后自己的收入会有一个较大的提高。因此他在向银行贷一笔10年的贷款时与银行约定,第一个两年间每月还本息600元,以后的每个两年间的月还款额比前一个两年上浮20%,则该还款方式为(   )。

A. 等额本息还款法   B. 等额本金还款法

C. 等比累进还款法   D. 等额累进还款法

16. 2009年12月初,张某欲向银行申请50万元的贷款,若他想偿还的利息最少,应选择(   )。

A. 到期一次性还本付息   B. 等额本金还款

C. 等额本息还款   D. 组合还款

17. 个人贷款的担保方式不包括(   )。

A. 抵押担保   B. 质押担保   C. 政府担保   D. 保证担保

18. 根据《物权法》的规定,不能作为个人质押贷款的质物有(   )。

A. 债券   B. 仓单、提单   C. 股权   D. 应付账款

19. 个人抵押贷款是各商业银行最普遍的个人贷款产品之一,下列关于个人抵押贷款的说法正确的是(   )。

A. 作为抵押物的财产应是作为贷款申请人的自然人所有的、经贷款银行认可的、符合规定条件的财产

B. 国有的土地使用权不得抵押

C. 抵押人所有的房屋和其他地上定着物均可以作为抵押物

D. 抵押人依法承包的荒山、荒沟、荒丘、荒滩等荒地的土地使用权不得抵押

二、多项选择题

1. 关于按产品用途划分的各类个人贷款，下列说法错误的有(　　)。

A. 按时足额缴存住房公积金的职工在购买住房时，可同时申请公积金个人住房贷款和自营性个人住房贷款，从而形成个人住房组合贷款

B. 根据产品用途的不同，个人贷款产品可分为个人住房贷款、个人汽车贷款、个人教育贷款等

C. 国家助学贷款实行"部分自筹、有效担保、专款专用和按期偿还"的原则

D. 个人医疗贷款是指银行向自然人发放的用于解决贷款个人及其配偶或直系亲属伤病就医时资金短缺问题的贷款

E. 申请个人旅游消费贷款的借款人必须选择银行认可的重信誉、资质等级高的旅游公司

2. 下列属于国家助学贷款发放对象的有(　　)。

A. 用于创业的高校毕业班学生张某　　　　B. 用于支付学费的初中生李某

C. 用于支付娱乐费的大一学生赵某　　　　D. 用于支付生活费用的职高生刘某

E. 用于支付学费的研究生于某

3. 国家助学贷款和商业助学贷款均要坚持的原则有(　　)。

A. 财政贴息　　　　B. 信用发放　　　　C. 有效担保

D. 专款专用　　　　E. 按期偿还

4. 借款人可利用个人耐用消费品贷款购买(　　)。

A. 汽车　　　　B. 空调　　　　C. 电脑

D. 家具　　　　E. 钢琴

5. 个人消费贷款是指银行向个人发放的用于消费的贷款。下列关于个人消费贷款的说法正确的有(　　)。

A. 个人汽车贷款所购二手车是指在规定报废年限之前变更所有权并依法过户的汽车

B. 商业助学贷款实行"部分自筹、有效担保、专款专用和按期偿还"的原则

C. 个人耐用消费品贷款通常由银行与有一定经营规模和较好社会信誉的特约商户合作开展

D. 个人旅游消费贷款是指银行向个人发放的用于该个人(不包括其家庭成员)参加银行认可的各类旅行社(公司)组织的国内、境外旅游所需费用的贷款

E. 个人医疗贷款是指银行向个人发放的用于解决市民及其配偶或直系亲属伤病就医时资金短缺问题的贷款

6. 质押担保是指借款人或第三人转移对法定财产的占有，将该财产作为贷款的担保。质押担保分为(　　)。

A. 动产质押　　　　B. 不动产质押　　　　C. 流动资产质押

D. 固定资产质押　　　　E. 权利质押

7. 下列选项中可以作为合格的个人贷款对象的有(　　)。

A. 15岁的初中生李某　　　　B. 某有限责任公司

C. 19岁的个体户陈某　　　　D. 22岁的赵某，因患精神疾病不能独立从事民事行为

E. 18岁的大学生张某

8. 下列关于个人贷款的合同利率的说法正确的有(　　)。

A. 合同利率由贷款银行单方确定，借款人只能被动接受

B. 合同利率在借款合同中载明

C. 应根据法定贷款利率和中国人民银行规定的浮动幅度确定贷款合同利率

D. 合同利率应与法定贷款利率一致

E. 贷款银行确定合同利率一般应与借款人共同商定

9. 对于贷款期限在1年以上的个人贷款，合同期内遇法定利率调整时，(　　)。

A. 可由借贷双方按商业原则确定　　　　　B. 不分段计息

C. 可在合同期间按月、按季、按年调整　　D. 执行原合同利率

E. 也可采用固定利率的确定方式

10. 下列关于等额本金还款法的说法，正确的有(　　)。

A. 贷款期内每期等额偿还本金　　　　　　B. 贷款期内还款额度逐月递增

C. 贷款期内偿还的利息逐月递增　　　　　D. 贷款期内偿还的本金逐月递增

E. 贷款期内每期贷款余额以定额逐渐减少

11. 下列关于个人贷款还款方式的说法正确的有(　　)。

A. 到期一次还本付息法一般适用于期限在3年以内(含3年)的贷款

B. 等额本息还款法每月归还的本金不变

C. 在最初贷款购买房屋时，等额本金还款法的负担比等额本息还款法重

D. 借款人如果预期未来收入呈递增趋势，则可选择等比递增法

E. 组合还款法满足个性化需求，自身财务规划能力弱的客户适用此种方法

12. 根据《担保法》的规定，下列财产可以抵押的有(　　)。

A. 抵押人租赁的房屋和其他地上定着物　　B. 抵押人所有的交通运输工具

C. 抵押人经营租赁的机器设备　　　　　　D. 抵押人依法有权处分的国有的土地使用权

E. 抵押人依法承包的并经发包方同意抵押的荒山的土地使用权

13. 根据《物权法》，下列可作为个人质押贷款的质物的有(　　)。

A. 汇票　　　　　　B. 支票　　　　　　C. 应收账款

D. 债券　　　　　　E. 存款单

14. 个人贷款的额度可以根据申请人所能提供的(　　)确定。

A. 抵押担保　　　　B. 质押担保　　　　C. 保证担保

D. 资信情况　　　　E. 收入证明

三、判断题

1. 个人汽车贷款所购车辆，按注册登记情况可以划分为首辆汽车和第二辆(含)以上汽车。(　　)

2. 国家助学贷款发放的对象不包括高职院校的学生。(　　)

3. 商业助学贷款是指银行自主向我国境内的全日制高等学校中经济困难学生或其直系亲属、法定监护人发放的，用于支付境内高等院校经济困难学生学费、住宿费和就读期间基本生活费的商业贷款。(　　)

4. 个人信用贷款是指银行向个人发放的，须提供信用担保的贷款。(　　)

5. 个人信用贷款主要依据借款申请人的个人信用记录和等级确定贷款额度。信用等级越低，信用额度越小。(　　)

6. 利息实际上就是借贷资金的"价格"，利息水平的高低通过利率表示。(　　)

7. 利率一般可分为年利率、季利率和月利率。(　　)

8. 贷款期限是指从贷款合同的签订到最后还款的期限。(　　)

9. 组合还款法使得借款人可以在贷款期限内将本金分为几个部分，各部分采用不同的还款方式。(　　)

10. 在实践中，当借款人采用一种担保方式不能足额对贷款进行担保时，可以组合使用不同的担保方式。(　　)

11. 质押担保可分为动产质押和不动产质押。(　　)

答案与解析

一、单项选择题

1. 答案与解析　A

改革开放以来，随着我国经济快速稳定的发展和居民消费水平的持续提高，个人贷款业务初步形成了以个人住房贷款为主体的贷款体系。

2. 答案与解析　B

个人贷款的意义：个人贷款业务可以帮助银行分散风险。

3. 答案与解析　B

个人贷款的用途：可以满足个人在购房、购车、旅游、装修、购买消费用品和解决临时性资金周转、从事生产经营等各方面的需求。

4. 答案与解析　D

可参照考点3的内容。

5. 答案与解析　D

公积金个人住房贷款也称委托性住房公积金贷款。可参照考点4"1.个人消费类贷款"内容。

6. 答案与解析　C

可参照考点4的内容。

7. 答案与解析　B

公积金个人住房贷款不以营利为目的，实行"低进低出"的利率政策，带有较强的政策性，贷款额度受到限制。

8. 答案与解析　B

可参照考点4"1.(3)个人教育贷款"内容。

9. 答案与解析　A

国家助学贷款属于个人消费贷款。

10. 答案与解析　B

商业助学贷款实行"部分自筹、有效担保、专款专用和按期偿还"的原则。

11. 答案与解析　A

一般来说，贷款期限在1年内(含1年)的实行合同利率，遇法定利率调整不分段计息，执行原合同利率。

12. 答案与解析　C

到期一次还本付息法又称期末清偿法，指借款人需在贷款到期日还清贷款本息，利随本清。此种方式一般适用于期限在1年以内(含1年)的贷款。

13. 答案与解析　C

等额本息还款法是每月以相等的额度偿还贷款本息，其中归还的本金和利息的配给比例是逐月变化的，利息逐月递减，本金逐月递增。

14. 答案与解析　B

可参照考点9的内容。

15. 答案与解析　C

可参照考点9的内容。

16. 答案与解析　B

可参照考点9的内容。

17. 答案与解析　C

个人贷款可采用多种担保方式，主要有抵押担保、质押担保和保证担保3种担保方式。

18. 答案与解析　D

根据《中华人民共和国物权法》(以下简称《物权法》)第二百二十三条规定，可作为个人质押贷款的质物主要有：汇票、支票、本票；债券、存款单；仓单、提单；可以转让的基金份额、股权；等等。

19. 答案与解析　C

可参照考点5的内容。

二、多项选择题

1. 答案与解析　BC

可参照考点4的内容。

2. 答案与解析　DE

国家助学贷款是由政府主导、财政贴息、财政和高校共同给予银行一定的风险补偿金，银行、教育行政部门与高校共同操作的，帮助高校家庭经济困难学生支付在校学习期间所需的学费、住宿费及生活费的银行贷款。

3. 答案与解析　DE

国家助学贷款实行"财政贴息、风险补偿、信用发放、专款专用和按期偿还"的原则。商业助学贷款实行"部分自筹、有效担保、专款专用和按期偿还"的原则。

4. 答案与解析　BCDE

耐用消费品通常是指价值较大、使用寿命相对较长的家用商品，包括除汽车、房屋以外的家用电器、电脑、家具、健身器材和乐器等。

5. 答案与解析　BCE

可参照考点4"1.个人消费类贷款"的内容。

6. 答案与解析　AE

质押担保分为动产质押和权利质押。

7. 答案与解析　CE

个人贷款的对象仅限于自然人，而不包括法人。合格的个人贷款申请人必须是具有完全民事行为能力的自然人。

8. 答案与解析　BCE

可参照考点7的内容。

9. 答案与解析　ACE

贷款期限在1年以上的，合同期内遇法定利率调整时，可由借贷双方按商业原则确定，可在合同期间按月、按季、按年调整，也可采用固定利率的确定方式。

10. 答案与解析　AE

可参照考点9"3.等额本金还款法"内容。

11. 答案与解析　CD

到期一次还本付息法一般适用于期限在1年以内(含1年)的贷款。等额本息还款法本金逐月递增。

12. 答案与解析　BDE

可参照考点5的内容。

13. 答案与解析　ABCDE

5个选项均符合题意。

14. 答案与解析　ABCD

个人贷款的额度可以根据申请人所购财产价值提供的抵押担保、质押担保和保证担保的额度以及资信等情况确定。

三、判断题

1. 答案与解析　×

个人汽车贷款所购车辆按注册登记情况可以划分为新车和二手车。

2. 答案与解析　×

国家助学贷款发放的对象包括高职院校的学生。

3. 答案与解析　×

商业助学贷款是指银行按商业原则自主向自然人发放的用于支持境内高等院校困难学生学费、住宿费和就读期间基本生活费的商业贷款。

4. 答案与解析　×

个人信用贷款是银行向自然人发放的无须提供任何担保的贷款。

5. 答案与解析　　√

个人信用贷款主要依据借款申请人的个人信用状况确定贷款额度，信用等级越高，信用额度越大，反之越小。

6. 答案与解析　　√

利息是货币所有者因暂时让渡一定货币资金使用权而从借款人那里取得的报酬，实际上就是借贷资金的"成本"。利息水平的高低是通过利率的大小表示的。

7. 答案与解析　　×

利率通常分为年利率、月利率和日利率。

8. 答案与解析　　×

贷款期限是指从具体贷款产品发放到约定的最后还款或清偿的期限。

9. 答案与解析　　×

组合还款法是一种将贷款本金分段偿还，根据资金的实际占用时间计算利息的还款方式。

10. 答案与解析　　√

在实践中，当借款人采用一种担保方式不能足额对贷款进行担保时，可以组合使用不同的担保方式。

11. 答案与解析　　×

质押担保分为动产质押和权利质押。

个人贷款营销

随着市场竞争的日益激烈，银行如何适应社会和市场发展的需要，增强市场营销能力，强化市场优势地位，提升品牌形象，已成为未来银行个人贷款业务持续、健康发展的关键因素。

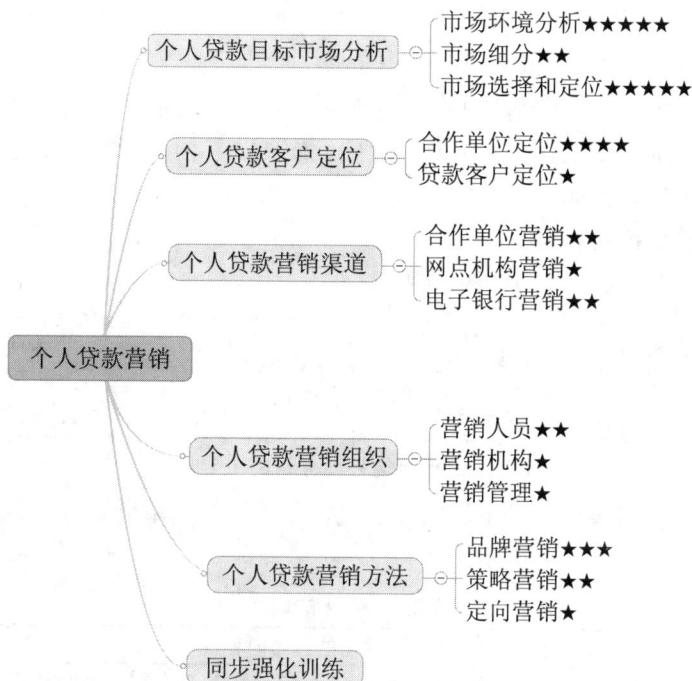

```
                                        ┌─ 市场环境分析★★★★
                      ┌─ 个人贷款目标市场分析 ─┼─ 市场细分★★
                      │                 └─ 市场选择和定位★★★★★
                      │
                      │                 ┌─ 合作单位定位★★★★
                      ├─ 个人贷款客户定位 ─┤
                      │                 └─ 贷款客户定位★
                      │
                      │                 ┌─ 合作单位营销★★
                      ├─ 个人贷款营销渠道 ─┼─ 网点机构营销★
                      │                 └─ 电子银行营销★★
         个人贷款营销 ─┤
                      │                 ┌─ 营销人员★★
                      ├─ 个人贷款营销组织 ─┼─ 营销机构★
                      │                 └─ 营销管理★
                      │
                      │                 ┌─ 品牌营销★★★
                      ├─ 个人贷款营销方法 ─┼─ 策略营销★★
                      │                 └─ 定向营销★
                      │
                      └─ 同步强化训练
```

第1节 个人贷款目标市场分析

考点1 市场环境分析

市场环境是影响银行市场营销活动的内外部因素和条件的总和。任何一家银行都是在不断变化的社会经济环境中运行的，都会不可避免地受到市场环境的影响和制约。环境力量的变化，既可以给银行营销带来市场机会，也可能对银行形成某种风险威胁。因此，银行在进行营销决策之前，应首先对客户需求、竞争对手的实力和金融市场变化趋势等内外部市场环境进行充分的调查和分析。

1. 银行进行市场环境分析的意义

全面、正确地认识市场环境，监测、把握各种环境力量的变化，对于银行审时度势、趋利避害地开展营销活动具有重要意义，具体情况如图2.1所示。

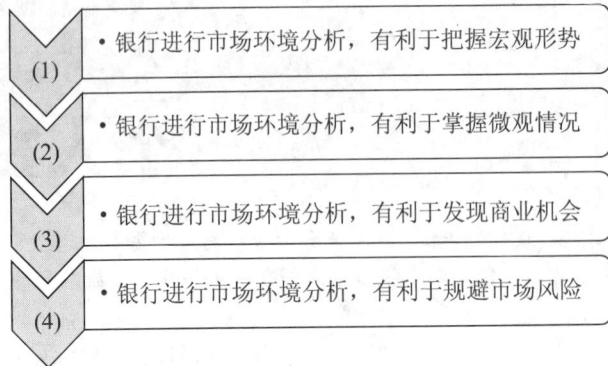

(1) • 银行进行市场环境分析，有利于把握宏观形势

(2) • 银行进行市场环境分析，有利于掌握微观情况

(3) • 银行进行市场环境分析，有利于发现商业机会

(4) • 银行进行市场环境分析，有利于规避市场风险

图2.1　银行进行市场环境分析的意义

由于营销环境中大部分因素都是银行不可控制的因素，它们不同程度地影响着银行的发展方向和具体行为，有的因素还直接影响着银行的组织结构和内部管理。因此，了解这些因素对于规避市场风险是十分必要的。

2. 银行市场环境分析的主要任务

银行市场环境分析的主要任务如图2.2所示。

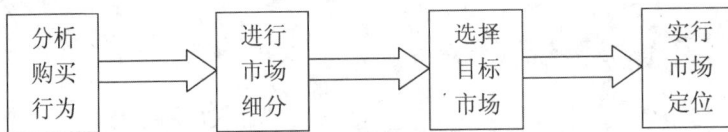

图2.2　银行市场环境分析的主要任务

银行在完成"分析购买行为、市场细分、目标市场选择和市场定位"四大任务的基础上应做到"四化"，具体内容如表2.1所示。

表2.1　四化的内容

四化	四化的具体内容
经常化	就是要把银行的市场环境分析作为一项经常性的工作来对待，而不是等到银行陷入困境或需要作出某项决策时再临时进行突击性的调查分析
系统化	就是要把市场环境研究工作作为一项系统工程，而不是零星的、无序的、随意的研究。银行可以在实践中根据自己的情况与经验加以确定
科学化	就是要用科学的方法来收集资料、筛选资料和研究资料，尽量避免主观因素和因循守旧因素的影响
制度化	就是要从资料的收集、整理加工、流转使用和归档保管等方面建立一定的工作制度和责任制度

3. 银行市场环境分析的内容

(1) 外部环境

外部环境包括宏观环境和微观环境，具体内容如表2.2所示。

表2.2　外部环境

宏观环境	经济与技术环境	包括当地、本国和世界的经济形势，如经济增长速度、循环周期、市场前景、物价水平、投资意向、消费潮流、进出口贸易、外汇汇率、资本移动和企业组织等；政府各项经济政策，如财政、税收、产业、收入和外汇等政策；技术变革和应用状况，如通信、电子计算机产业以及国际互联网的发展和应用日益改变着客户对信贷等金融业务的要求
	政治与法律环境	包括政治稳定程度，政治对经济的影响程度，政府的施政纲领，各级政府机构的运行程序，政府官员的办事作风，社会集团或群体利益矛盾的协调方式，法律建设，具体的法律规范及其司法程序等

(续表)

宏观环境	社会与文化环境	包括信贷客户的分布与构成，购买金融产品的模式与习惯，劳动力的结构与素质，社会思潮和社会习惯，主流理论和价值等
微观环境	信贷资金的供求状况	银行能向社会提供多少资金，取决于它能够吸收多少存款，而社会存款的增加或减少一般直接受利率、物价水平和收入状况的影响
	客户的信贷需求和信贷动机	客户的信贷需求包括3种形态，分别是已实现的需求、待实现的需求和待开发的需求。信贷客户的信贷动机，可概括为理性动机和感性动机。其中，理性动机指客户为获得低融资成本、增加短期支付能力以及得到长期金融支持等利益而产生的购买动机；感性动机则指客户为获得影响力，或为了被银行承认、欣赏，或被感动等情感利益而产生的购买动机
	银行同业竞争对手的实力与策略	首先，要明确信贷市场的潜在进入者 其次，要分析现有同业竞争对手的营销策略

(2) 内部环境

内部环境内部环境主要包括银行内部资源分析和银行自身实力分析，具体内容如表2.3所示。

表2.3 内部环境

银行内部资源分析	人力资源	主要分析个人与组织之间的关系；非正式群体对正式组织的影响；管理部门对个人或群体行为的敏感程度；组织风气；组织成员是否了解银行目前的计划和活动；银行在用人和培训方面的政策；与竞争对手相比，在工资、待遇、奖励和提升方面所处的地位；银行在制定与实施战略决策时对人力资源的考虑程度等
	资讯资源	银行要将关于会计与财务状况的数据变为有用的资讯资源。在这方面，除了从财务报表中获得的基本信息以外，还要考虑以下几方面：银行的财务结果和财务状况；财务计划与总体营销计划之间的关系；分部门财务计划与银行总体计划的一致性；为管理控制所提供的财务信息以及管理部门是否用控制报告来评价银行的绩效等
	市场营销部门的能力	考察银行营销部门在组织市场营销活动中的主动性和工作深度，透彻地了解银行的市场占有率和增加市场占有率的具体方针与措施
	经营绩效	考察银行的各项业务开展情况并评价其收益情况，分析业务计划与控制以及业务实施与市场营销之间的相互联系，了解银行业务自动化和电子化的程度、银行在同业中的声誉等
	研究开发	主要分析银行的研究开发水平，了解银行自身研究开发的深度和在客户心目中的地位、开发费用情况及其直接效果等
银行自身实力分析	银行的业务能力	银行对金融业务的处理能力、快速应变能力，对资源的获取能力以及技术的改变和调整能力
	银行的市场地位	银行的市场地位主要通过市场占有率来反映
	银行的市场声誉	银行的市场声誉属于无形资产，主要包括优质的服务、合理的收费和快速的业务等
	银行的财务实力	充足的资本可以提供有力的保障，使经营管理人员的营销计划能够付诸实施，是在竞争中保持市场地位的保证
	政府对银行的特殊政策	一般情况下，政府对各家银行都是平等的，但在特殊情况下，政府也可能有所倾斜
	银行领导人的能力	领导人的能力强，可以赢得良好的对外形象和同业中应有的地位；反之，领导者的能力低或进取心不强，将导致银行业务的萎缩

4. 银行市场环境分析的基本方法

银行主要采用SWOT分析方法对其内外部环境进行综合分析。其中，S(strength)表示优势，

W(weak)表示劣势，O(opportunity)表示机遇，T(threat)表示威胁。

SWOT分析法就是按上述的4个方面对银行所处的内外部环境进行分析，并结合机遇与威胁的可能性和重要性，制定出切合银行实际的经营目标和战略。

例题1 银行需要研究的重点是( )。(单项选择题)

A. 宏观环境   B. 微观环境

C. 银行内部资源分析   D. 银行自身实力分析

答案 B

解析 微观环境直接影响到银行的生存、发展及获利能力，是银行需要研究和面对的重点。客户分析、竞争对手分析等都是必不可少的。任何一家银行都必须运行在社会经济环境中，只有与环境的变化相适应和协调，接受环境的约束，开展的营销活动才是有效的。

例题2 个人信贷市场宏观环境分析的内容不包括( )。(单项选择题)

A. 技术变革和应用状况   B. 信贷市场的潜在进入者

C. 各级政府机构的运行程序   D. 信贷客户的分布与构成

答案 B

解析 个人信贷市场环境分析的内容包括外部环境和内部环境，其中外部环境又包括宏观环境和微观环境，ACD三项分别属于宏观环境中经济与技术环境、政治与法律环境以及社会与文化环境分析的内容，B项属于微观环境中银行同业竞争对手的实力与策略分析的内容。

例题3 下列属于影响银行市场宏观环境的因素是( )。(单项选择题)

A. 社会物价水平   B. 信贷资金的供求

C. 客户的信贷需求   D. 银行同业竞争对手的实力与策略

答案 A

解析 银行市场环境分析的宏观环境因素包括：经济与技术环境、政治与法律环境、社会与文化环境。"社会物价水平"属于经济与技术环境中的内容，题中的其他3个选项属于银行市场环境分析的微观环境因素。

例题4 某银行在分析市场环境时，对自身实力也要分析，其中不应包括( )。(单项选择题)

A. 该银行在市场中的地位   B. 该银行市场营销部门的能力

C. 政府对该银行的特殊政策   D. 该银行的市场声誉

答案 B

解析 银行市场环境分析中的内部环境分析包括银行内部资源分析和银行自身实力分析两个方面。其中，自身实力分析的内容包括：①银行的业务能力；②银行的财务实力；③银行的市场声誉；④银行的市场地位；⑤政府对银行的特殊政策；⑥银行领导人的能力。

例题5 银行市场环境分析时，要进行自身实力分析，内容包括( )。(多项选择题)

A. 银行的业务能力   B. 银行的市场地位   C. 银行的市场声誉

D. 银行的财务实力   E. 银行领导人的实力

答案 ABCDE

解析 自身实力分析的内容包括：①银行的业务能力；②银行的财务实力；③银行的市场声誉；④银行的市场地位；⑤政府对银行的特殊政策；⑥银行领导人的能力。

例题6 银行市场的微观环境是指(　　)。(多项选择题)

A. 信贷资金的供求状况　　　　　　　　B. 银行拥有的内部资源

C. 银行同业竞争对手的实力与策略　　　D. 银行自身的实力

E. 客户的信贷需求和信贷动机

答案 ACE

解析 银行市场的微观环境包括信贷资金的供求状况、客户的信贷需求和信贷动机、银行同业竞争对手的实力与策略。

例题7 下列不属于银行进行市场环境分析的意义是(　　)。(单项选择题)

A. 有利于把握宏观形势　　　　　　　　B. 有利于掌握微观情况

C. 有利于发现商业机会　　　　　　　　D. 有利于改善公司治理

答案 D

解析 银行进行市场环境分析的意义：有利于把握宏观形势，有利于掌握微观情况，有利于发现商业机会，有利于规避市场风险。

例题8 下列不属于银行市场环境分析中微观环境的内容是(　　)。(单项选择题)

A. 银行同业竞争对手的实力与策略　　　B. 购买金融产品的模式与习惯

C. 客户的信贷需求和信贷动机　　　　　D. 信贷资金的供求状况

答案 B

解析 "购买金融产品的模式与习惯"属于宏观环境分析中的社会与文化环境的内容之一。其他3项均属于银行市场环境分析中微观环境的内容。

例题9 下列不属于SWOT分析方法内容的是(　　)。(单项选择题)

A. 客户　　　　　　B. 机遇　　　　　　C. 劣势　　　　　　D. 优势

答案 A

解析 银行主要采用SWOT分析方法对其内外部环境进行综合分析。其中，S(strength)表示优势，W(weak)表示劣势，O(opportunity)表示机遇，T(threat)表示威胁。

■ 考点2　市场细分

市场细分是20世纪50年代中期由美国市场营销学家温德尔·斯密首先提出来的一个概念。它是企业营销思想的新发展，顺应了卖方市场向买方市场转变这一新的市场形势，是企业经营惯用市场导向这一营销观念的自然产物。

1. 银行市场细分的定义

所谓市场细分，就是营销者通过市场调研，根据整体市场上客户需求的差异性，以影响客户需求和欲望的某些因素为依据，把某一产品的市场整体划分为若干个消费者群的市场分类过程。每一个需求特点相似的消费者群就是一个细分市场，亦称"子市场"或"亚市场"，不同细分市场的消费者对同一产品的需求与欲望存在着明显的差别，而属于同一细分市场的消费者，其需求与欲望则非常相似。通过市场细分，银行形成了自己的优势，如招商银行的信用卡、民生银行的小微企业贷款。

对于银行来说，由于市场具有不确定性，银行经营者不可能一成不变地在一个区域内开展业务，同时，不同的金融产品也有不同的服务对象，这就要求银行必须把市场和客户再分成若干个区域和群体，一对一地把银行产品和服务投放到适合的位置。

2. 银行市场细分的作用

市场细分是银行营销战略的重要组成部分，其作用主要表现在以下几个方面：

(1) 有利于选择目标市场和制订营销策略；

(2) 有利于发掘市场机会，开拓新市场，更好地满足不同客户对金融产品的需求；

(3) 有利于集中人力、物力投入目标市场，提高银行的经济效益。

通过市场细分，银行可以有针对性地选取较小的子市场开展营销活动，集中人力、物力、财力以及其他资源去争取局部市场上的优势，从而带动全局发展，全面提高银行的经济效益。

案例2-1：花旗银行与汇丰银行的市场细分

花旗银行自从20世纪70年代正式引入营销，在金融产品创新的基础上，通过进行市场细分，寻找新的竞争武器，为不同的目标市场提供不同的金融产品。目前，它能够提供多达500种金融产品给客户，成为银行市场细分的成功典范。

汇丰银行最大的利润增长点在亚洲，面对花旗银行等金融机构在亚洲市场的竞争压力，着手对亚洲市场和客户进行细分。据估计，除日本外，亚洲人中1998年后年收入超过3万美元的将超过7000万人，汇丰银行旨在吸引此类客户。为此，汇丰银行专门开设了一种贵宾账户，为其提供有关投资、基金等理财服务方案，使客户享有较高的储蓄利率和宽松的信贷限额，并设有专线服务。目前，汇丰银行拥有的此类客户超过10万家。

3. 市场细分的原则、标准与策略

(1) 市场细分的原则

市场细分原则的具体内容如图2.3所示。

(2) 市场细分的标准

个人贷款市场细分的标准主要有人口因素、地理因素、心理因素、行为因素和利益因素等。

① 人口因素。人口因素是指人口变数，包括年龄、性别、家庭人数、收入、职业、文化程度和宗教信仰等。由于上述变数的存在，不同的人对金融产品的需求、爱好和使用频率是不同的，从而形成了不同的子市场。

② 地理因素。地理因素是指客户所在的地理位置。按地理因素细分市场，然后选择目标市场，是银行通常采用的方法。

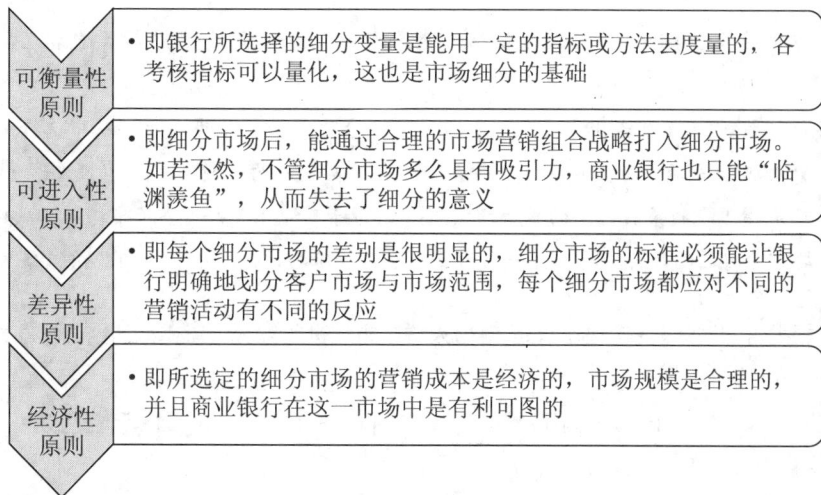

图2.3 市场细分的原则

③ 心理因素。心理因素是指客户的生活方式、个性等心理变数。对单个客户而言，个性不同，对金融产品的需求也会有很大差异：个性保守的客户选择金融产品时，总是以安全、可靠和风险小的品种为主；个性激进的客户，则甘愿冒险，追求较大的利益。

④ 行为因素。行为因素是指客户的行为变数，如客户对金融产品和服务的态度以及使用情况等。

⑤ 利益因素。利益因素是指按客户利益动机的不同细分市场。客户在购买银行产品时所追求的利益是不同的。

(3) 市场细分的策略

银行市场细分策略，即通过市场细分选择目标市场的具体对策，主要包括集中策略和差异性策略两种，具体内容如图2.4所示。

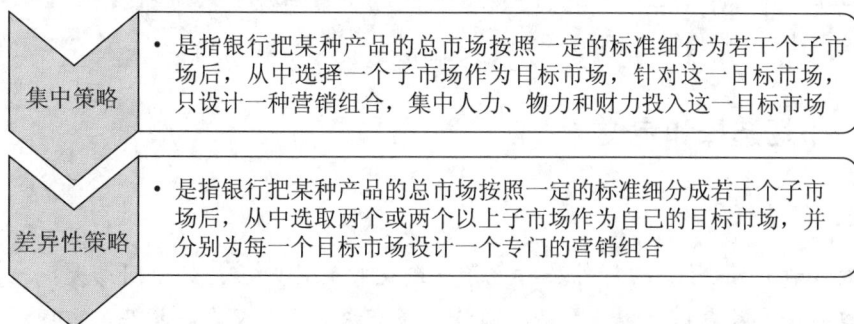

图2.4 市场细分的策略

例题10 下列关于市场细分策略的说法，不正确的是( )。(单项选择题)

A. 采用集中策略时，只选择一个子市场作为目标市场

B. 相对于差异性策略，集中策略风险较小

C. 相对于集中策略，差异性策略成本费用较高

D. 中小银行适合采用集中策略，大中型银行适合采用差异性策略

答案 B

解析 银行市场细分策略，即通过市场细分选择目标市场的具体对策，主要包括集中策略和差异性策略两种。

集中策略是把某种产品的总市场按照一定的标准细分为若干个子市场后，从中选择一个子市场作为目标市场，针对这一目标市场，只设计一种营销组合，集中人力、物力和财力投入这一目标市场。

差异性策略是指银行把某种产品的总市场按照一定的标准细分成若干个子市场后，从中选取两个或两个以上子市场作为自己的目标市场，并分别为每一个目标市场设计一个专门的营销组合。

例题11 根据客户对风险和收益的态度对个人贷款市场进行细分，所遵循的细分标准是( )。(单项选择题)

A. 人口因素　　　　B. 心理因素　　　　C. 行为因素　　　　D. 利益因素

答案 B

解析 心理因素是指客户的生活方式、个性等心理变数。个性激进的客户偏向于冒高风险，获得高收益；个性保守的客户，偏向于承担低风险，获得稳定的收益。根据客户对风险、收益的不同态度进行划分，即遵循心理因素的标准。

例题12 如果市场细分后，各子市场对银行市场营销组合策略中任何要素的变化都作出相同或类似的反应，该市场细分一定违反了( )。(单项选择题)

A. 可衡量性原则　　B. 可进入性原则　　C. 差异性原则　　D. 经济性原则

答案 C

解析 银行市场细分策略，即通过市场细分选择目标市场的具体对策，主要包括集中策略和差异性策略两种。根据差异性原则，细分市场的标准必须能让银行明确地划分客户市场和市场范围，每个细分市场都应对不同的营销活动有不同的反应。如果各个细分市场对银行的营销组合策略中任何要素的变化都作出相同或类似的反应，就说明市场细分违反了差异性原则，应进行调整，否则不利于银行向客户提供差异化、个性化的产品和服务。

考点3　市场选择和定位

案例2-2：父子打兔

一位父亲带着3个孩子，到野外去打兔子。到达目的地以后，父亲问老大："你看到了什么？"老大回答："我看到爸爸、弟弟、猎枪，还有树林。"父亲摇摇头，以同样的问题问老二，得到的回答是："我看到猎枪、野兔，还有森林。"父亲又摇摇头，又以同样的问题问老三。老三回答："我只看到了兔子。"父亲高兴地说："完全正确。"

这个故事启发我们，有些银行做营销看上去总是忙忙碌碌的，不停地四处奔跑，弄得精疲力竭，结果却什么也没有得到，就是因为它们没有盯住目标市场。

1. 市场选择

目标市场的选择与银行的经营状态有很大关系，一旦银行将现有的和潜在的市场进行细分，它就可以进一步分析这些细分市场，并确定它能够为哪些细分市场提供更好的服务。银行最终选择的目标市场是它认为最有吸引力的，即符合其经营目标和策略的一组客户。选定目标市场后，银行可选择有针对性的营销策略，为目标客户设计产品、制定价格，运用对他们有吸引力的促销手段，建立适合他们的营销渠道。

(1) 市场选择的意义

① 市场选择使银行可以充分发挥优势并实现其经营目标和战略。

② 市场选择使银行可以加倍发挥其强于竞争对手的地方，从而获得最大回报并将优势保持下去。

③ 市场选择构成银行营销风险管理策略的一部分。一旦银行确定其所能承担的营销风险水平，它就可以在此基础上选择目标市场。此外，通过集中在几个主要市场类别，银行可以更好地理解与各个市场类别相关的营销风险。

④ 市场选择使银行可以充分利用它的资源，将时间、金钱和精力投入更有战略意义的客户群上。在进行目标市场营销时，每一项花费都要有详细计划，力图获得最大的回报。

⑤ 市场选择使银行可以针对外部影响作出反应，例如，充分利用竞争者的进入障碍，或者针对利益相关者或环境因素所造成的约束条件作出反应。

(2) 市场选择的标准

银行能否有效地选择目标市场，直接关系到营销的成败以及市场占有率。在选择目标市场时，银行必须从自身的特点和条件出发，综合考虑以下因素：

① 符合银行的目标和能力；

② 有一定的规模和发展潜力；

③ 细分市场结构的吸引力。

综上所述，银行在选择目标市场时，应在综合考虑上述因素的基础上，选择既符合自身资源和竞争优势又具备良好的市场盈利前景的细分市场。

2. 市场定位

(1) 银行市场定位的含义

所谓银行市场定位，就是找位置，就是银行针对面临的环境和所处的位置，考虑当前客户的需求特点，设计出能够表达银行特定形象的服务和产品，展示银行的鲜明个性，从而在目标市场上确立恰当的位置。

市场定位是银行市场营销过程中重要的决策。金融服务相当容易模仿，优势的寿命是短暂的。没有一家银行能够同时成为所有客户心目中的最佳银行，没有一家银行能够提供客户需要的全部服务，一家银行必须有选择地吸引一部分特定客户，在客户心目中确定一个位置。

(2) 银行市场定位的原则

银行市场定位的原则，具体内容如表2.4所示。

表2.4 银行市场定位的原则

发挥优势	银行进行市场定位的目的之一是提升优势，因此定位时应坚持优势原则。例如，当今国际大型银行致力的目标是发展核心业务，并购也是为了支持核心业务发展战略，当某项业务不再支持其核心竞争力时，银行会毫不犹豫地将其剥离，及时退出。这种不断进行业务整合的过程，实际上就是不断实现定位目标的过程

（续表）

围绕目标	银行在进行市场定位时应考虑全局战略目标，并且银行的定位应该略高于银行自身能力与市场需求的对称点。这种定位就是一种隐含目标驱动，它能最大限度地发挥银行的潜力，并不断使这种潜力达到最大化
突出特色	银行在进行市场定位时，一方面要突出外部特色，即银行根据自己的资本实力、服务和产品质量等确定一个与其他银行不同的定位，如将自己定位为"客户身边的银行"、"令客户信赖的银行"，强调信誉实力和网点实力；另一方面要突出内部特色，在同一银行甚至同一城市中的一家银行，也可以根据所处地理位置或自身服务等特点，区分出不同的特色，设置分支机构，如中国建设银行深圳分行的"女子特色银行"、"汽车银行"、"口岸银行"，有的银行还开设"大学生银行"等

(3) 银行市场定位的步骤

银行市场定位战略建立在对竞争对手和客户需求分析的基础上。也就是说，银行在确立市场定位战略之前，首先应该明确竞争对手是谁、竞争对手的定位战略是什么、客户构成及其对竞争对手的评价。具体地说，银行个人贷款产品的市场定位过程包括识别重要属性、制作定位图、定位选择和执行定位4个步骤。

图2.5所示是对3个银行的简单定位图，其两个维度分别是客观维度"最优贷款利率"和主观维度"友好和礼貌的服务"。

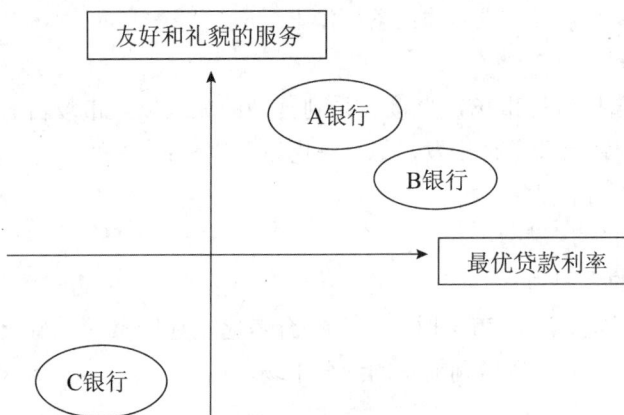

图2.5　银行定位图

(4) 银行市场定位策略

根据发展的需要，银行可以有多种市场定位策略，这些定位策略涉及银行经营的不同方面，但它们之间并不矛盾，可以并存：

① 客户定位策略；
② 产品定位策略；
③ 形象定位策略；
④ 利益定位策略；
⑤ 竞争定位策略；
⑥ 联盟定位策略。

例题13　中国建设银行深圳分行的"女子特色银行"、"汽车银行"和"口岸银行"，体现了银行市场定位原则中的(　　)原则。(单项选择题)

A. 发挥优势　　　　B. 围绕目标　　　　C. 突出特色　　　　D. 可以盈利

答案 C

解析 市场定位，就是根据竞争者现有产品在市场上所处的位置，针对消费者对该产品某种特征或属性的重要程度，强有力地塑造出本企业产品与众不同的、给人印象鲜明的个性或形象，并把这种形象生动地传递给消费者，从而使该产品在市场上确定适当的位置。中国建设银行深圳分行的"女子特色银行"、"汽车银行"和"口岸银行"，体现了银行市场定位原则中的突出特色原则。

例题14 采用追随式定位方式的银行（　　）。(单项选择题)

A. 在市场上占有极大的份额　　　　　　B. 产品创新优势

C. 反应速度快和营销网点广泛　　　　　D. 资产规模中等

答案 D

解析 银行市场定位方式有主导定位、追随式定位和补缺式定位三种。补缺式定位适合于资产规模小的银行；追随式定位适合于刚开始经营或刚进入市场、资产规模中等、分支机构不多的银行；主导式定位适合于市场规模大、资金实力强、能控制和影响其他商业银行的行为的银行。某些银行可能由于某种原因，如刚刚开始经营或刚刚进入市场，资产规模中等，分支机构不多，没有能力向主导型的银行进行强有力的冲击和竞争。这类银行往往采用追随方式效仿主导银行的营销手段。

例题15 决定整个市场长期的内在吸引力的力量不包括（　　）。(单项选择题)

A. 相关行业竞争者　　　　　　　　　　B. 客户选择能力

C. 替代产品　　　　　　　　　　　　　D. 潜在的竞争者

答案 A

解析 决定整个市场或其中任何一个细分市场长期的内在吸引力的力量分别是：同行业竞争者、替代产品、潜在的竞争者、客户选择能力和中央银行。相关行业竞争者不会对银行内在吸引力造成影响。

例题16 市场选择中，决定整个市场或其中任一细分市场长期的内在吸引力的力量包括（　　）。(多项选择题)

A. 同行业竞争者　　　B. 潜在的竞争者　　　C. 互补产品

D. 客户选择能力　　　E. 替代产品

答案 ABDE

解析 同上题解析。

例题17 银行市场定位时只能采用一种策略。（　　）(判断题)

答案 ×

解析 根据发展的需要，银行可以有多种市场定位策略，这些定位策略包括：产品定位策略、形象定位策略、客户定位策略、利益定位策略、竞争定位策略、联盟定位策略，但它们之间并不矛盾，可以并存。

例题18 A银行新推出了一款名为"轻松换房"的个人住房贷款产品，该产品主要针对有改善居住条件需求的客户，该产品的特点有：①通过将客户原有房产进行抵押贷款，弥补客户支付首付款后家庭其他消费资金的不足；②与房产开发商合作，举办"购房让利"活动；③开通贷款"绿色通道"，做到T+0放款，贷款审批快于其他银行；④给予客户最低利率、费用减免等优惠措施，并向客户送家庭人身意外伤害保险，通过该产品，A银行个人住房贷款业务得到快速发展。通过以上材料，可判断A银行使用的市场定位策略有(　　)。(多项选择题)

    A. 利益定位策略　　　　B. 形象定位策略　　　　C. 客户定位策略

    D. 竞争定位策略　　　　E. 联盟定位策略

    答案　ACDE

    解析　结合各策略的特点可知，A银行使用的市场定位策略有：①客户定位策略；②联盟定位策略；③竞争定位策略；④利益定位策略。

第2节　个人贷款客户定位

对个人贷款客户的准确定位不仅是个人贷款产品营销的需要，也是个人贷款风险控制的需要。个人贷款客户定位主要包括合作单位定位和贷款客户定位两部分内容。

考点4　合作单位定位

1. 个人住房贷款合作单位定位

(1) 一手个人住房贷款合作单位

对于一手个人住房贷款，商业银行最主要的合作单位是房地产开发商。目前，商业性个人一手住房贷款中较为普遍的贷款营销方式是银行与房地产开发商合作的方式。这种合作方式是指房地产开发商与贷款银行共同签订商品房销售贷款合作协议，由银行向购买该开发商房屋的购房者提供个人住房贷款，借款人用所购房屋作抵押，在借款人购买的房屋没有办好抵押登记之前，由开发商提供阶段性或全程担保。

(2) 二手个人住房贷款合作单位

对于二手个人住房贷款，商业银行最主要的合作单位是房地产经纪公司，两者之间其实是贷款产品的代理人与被代理人的关系。资信度高、规模大的经纪公司具备稳定的二手房成交量，经手的房贷业务量也相应较大，往往能与银行建立起固定的合作关系。一家经纪公司通常是几家银行二手房贷款业务的代理人，银行也会寻找多家公司作为长期合作伙伴。当一笔房产交易进入贷款环节时，经纪公司会提供几个候选银行名单供购房者选择，待购房者选定后，由业务员直接将交易房源信息、借款人证件等资料送交银行业务部门相关人员审核，审核通过后，银行放贷和他项权证转移同步进行。在这一过程中，经纪公司起到阶段性担保的作用，确保整个房产权利和钱款交易转移的安全性。

(3) 合作单位准入

银行在挑选房地产开发商和房地产经纪公司作为个人住房贷款合作单位时，必须要对其合法性以及其他资质进行严格的审查，银行经内部审核批准后，方可与其建立合作关系。审查内容主要包括以下几项，如图2.6所示。

经国家工商行政管理机关核发的企业法人营业执照

税务登记证明

会计报表

企业资信等级

开发商的债权债务和为其他债权人提供担保的情况

企业法人代表的个人信用程度和领导班子的决策能力

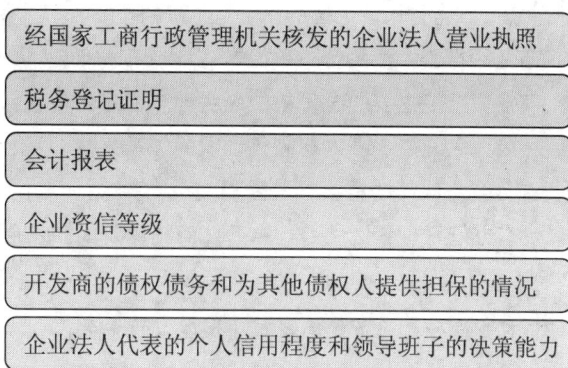

图2.6 审查内容

2. 其他个人贷款合作单位定位

(1) 其他个人贷款合作单位

除住房贷款之外的其他个人贷款产品大部分与消费息息相关。因此，在消费场所开展营销，有利于获得客户，效率较高。在这方面的典型做法是与经销商合作，与其签署合作协议，由其向银行提供客户信息或推荐客户。通常的做法包括以下两种：

一是银行与合作伙伴保持密切联系，一旦有信贷需求，银行人员即提供上门服务；

二是银行与合作伙伴进行网络连接，经销商的工作人员可将客户的信息直接输入电脑，银行人员在线进行客户初评，还可对客户提供在线服务。这一合作方式能够有效加强沟通、提高效率，可在合作密切、业务量大的合作方之间采用。由于客户在购买大宗商品，如汽车、家用电器时，越来越倾向于分期付款，经销商对个人贷款的依赖性日益加强，这种营销渠道也日益为银行所重视。

(2) 其他个人贷款合作单位准入

银行在挑选经销商作为合作单位时，必须对其进行严格的审查，通常要对经销商的资质进行调查，包括法人资格、注册资金情况、营业执照、经营状况、管理水平、资产负债率，以及近几年在银行有无违约等不良记录、有无重大诉讼案例等。只有经银行内部审核批准合格的经销商，方可与其建立合作关系。

例题19 下列关于二手个人住房贷款的说法，正确的是( )。(单项选择题)

A. 房地产经纪公司与商业银行是代理人与被代理人的关系

B. 一家经纪公司只能代理一家银行的二手房贷款业务

C. 一家银行只能选择一家代理人作为长期合作伙伴

D. 在放贷过程中，代理人起到全程担保的作用

答案 A

解析 对于二手个人住房贷款，一家经纪公司通常是几家银行二手房贷款业务的代理人，银行也会寻找多家公司作为长期合作伙伴，所以B、C两项说法错误。在放贷过程中，经纪公司(即代理人)起到阶段性担保(而不是全程担保)的作用，确保整个房产权利和钱款交易转移的安全性，所以D项说法错误。

例题20 以下关于个人住房贷款合作单位定位的说法，正确的是( )。(多项选择题)

A. 一手个人住房贷款，商业银行最主要的合作单位是房地产开发商

B. 二手个人住房贷款，商业银行最主要的合作单位是房地产经纪公司

C. 商业银行与房地产经纪公司之间是代理人与被代理人的关系

D. 企业法人情况是银行选择合作伙伴的重要参考因素

E. 在借款人购买的房屋没有办好抵押登记之前，由开发商提供阶段性或全程担保

答案 ABDE

解析 房地产经纪公司与商业银行之间是代理人与被代理人的关系。

例题21 对于二手个人住房贷款，银行最主要的合作单位是( )。(单项选择题)

A. 房地产开发商

B. 房地产经纪公司

C. 房产局

D. 住房置业担保公司

答案 B

解析 对于二手个人住房贷款，银行最主要的合作单位是房地产经纪公司，两者之间其实是贷款产品的代理人与被代理人的关系。

例题22 一手房个人住房贷款，借款人用所购房屋作抵押，在借款人购买的房屋办好抵押登记之前，由开发商提供阶段性或全程担保。( )(判断题)

答案 √

解析 目前，商业性个人一手住房贷款中较为普遍的贷款营销方式是银行与房地产开发商合作的方式。这种合作方式是指房地产开发商与贷款银行共同签订商品房销售贷款合作协议，由银行向购买该开发商房屋的购房者提供个人住房贷款，借款人用所购房屋作抵押，在借款人购买的房屋没有办好抵押登记之前，由开发商提供阶段性或全程担保。

考点5 贷款客户定位

客户定位，是商业银行对服务对象的选择，也就是商业银行根据自身的优劣势来选择客户，满足客户需求，使客户成为自己忠实伙伴的过程。

银行一般要求个人贷款客户至少需要满足以下基本条件：

(1) 有完全民事行为能力的自然人，年龄在18(含)~65周岁(含)；

(2) 具有合法有效的身份证明(居民身份证、户口本或其他有效身份证明)及婚姻状况证明等；

(3) 遵纪守法，没有违法行为，具有良好的信用记录和还款意愿，在人民银行个人征信系统及其他相关个人信用系统中无任何违约记录；

(4) 具有稳定的收入来源和按时足额偿还贷款本息的能力；

(5) 具有还款意愿；

(6) 贷款具有真实的使用用途等。

除了具备上述基本条件外，不同的贷款产品对客户定位的要求也是不一样的，比如有的贷款产品要求客户能够提供银行认可的抵(质)押物或保证人作为担保，而个人信用贷款则不需要。

此外，各家银行对个人贷款客户的定位也有所区别，有些敢于冒风险的银行将客户定位为低收入人群，在风险与收益之间寻找平衡点。人口结构的变化，亦对客户产生影响。目前独生子女形成的"四二一"家庭结构贷款需求较强，80后逐渐成为未来消费者的主流。

> **例题23** 银行一般要求个人贷款客户至少需要满足以下基本条件：( )(多项选择题)
>
> A. 具有完全民事行为能力的自然人，年龄在18(含)~65周岁(含)
>
> B. 具有合法有效的身份证明(居民身份证、户口本或其他有效身份证明)及婚姻状况证明等
>
> C. 遵纪守法，没有违法行为，具有良好的信用记录和还款意愿，在人民银行个人征信系统及其他相关个人信用系统中无任何违约记录
>
> D. 具有稳定的收入来源和按时足额偿还贷款本息的能力；具有还款意愿
>
> E. 贷款具有真实的使用用途等
>
> **答案** ABCDE
>
> **解析** 以上5项都属于银行一般要求个人贷款客户至少需要满足的基本条件。

第3节 个人贷款营销渠道

银行营销渠道是指提供银行服务和方便客户使用银行服务的各种手段，即银行产品和服务从银行流转到客户手中所经过的流通途径。由于分类的标准不同，各行对于个人贷款营销渠道都有不同的分类。例如，交通银行按照营销渠道与银行的隶属关系，将个人贷款营销渠道分为内部营销、外部营销和交叉营销；按照客户集中程度，将个人贷款营销渠道分为定向营销、现场营销、高位营销和媒体营销。定向营销又分为电话、短信、直邮、网银、自助银行、网点机构等营销方式。现场营销是指银行营销人员到产品推介会、房展会、车展会、售楼经销商、汽车经销商、CBD商圈和大市场商圈等现场展开的营销方式。高位营销的重点对象是公司总部、分公司、政府背景机构、经销商等。媒体营销则是指银行借助户外广告、平面媒体、电视、电台、网络等媒介开展营销的方式。从目前的情况来看，银行最常见的个人贷款营销渠道主要有合作单位营销、网点机构营销和网上银行营销3种。

考点6 合作单位营销

迄今为止，合作单位营销仍然是银行最重要的营销渠道。

1. 个人住房贷款合作单位营销

(1) 一手个人住房贷款合作单位营销

对于一手个人住房贷款而言，较为普遍的贷款营销方式是银行与房地产开发商合作的方式，这种合作方式是指房地产开发商与贷款银行共同签订《商品房销售贷款合作协议》，由银行向购买该开发商房屋的购房者提供个人住房贷款，借款人用所购房屋作抵押，在借款人购买的房屋没有办好抵押登记之前，由开发商提供阶段性或全程担保。

银行在与开发商签订协议之前，要对房地产开发商及其所开发的项目进行全面审查，包括对开发商的资信及经营状况审查、项目开发和销售的合作性审查、项目自有资金的到位情况审

查以及对房屋销售前景的了解等。经过有关审批后按规定与开发商签约，以明确双方合作事项，如贷款总额度、单笔贷款最高限额、保证金缴存比例以及双方的权利和义务等。

(2) 二手个人住房贷款合作单位营销

对于二手个人住房贷款而言，商业银行最主要的合作单位是房地产经纪公司。银行在拟与房地产经纪公司建立合作关系之初，为了确保其资质和信用，应当对其进行充分、必要的审慎调查，如对企业注册资本、经营业绩、行业排名、资产负债和信誉状况等指标进行分析评价。经内部审核批准后，银行方可与其建立二手个人住房贷款业务的合作关系，如图2.7所示。

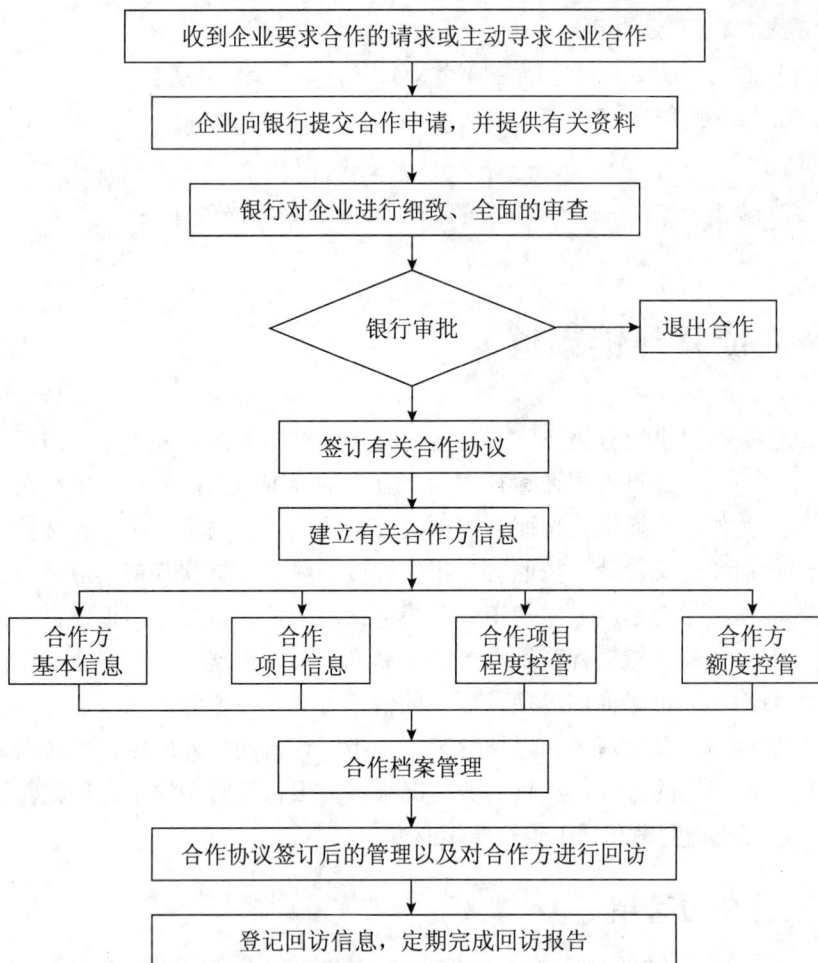

图2.7　银行与房地产经纪公司合作营销流程

2. 其他个人贷款合作单位营销

除住房贷款之外的其他个人贷款大部分与消费息息相关，因此，在消费场所开展营销，有利于获得客户，效率较高。对于经销商而言，他们想的就是如何在提供方便的同时给消费者更多的利益诱惑，从而提高产品的销量。因此，商业银行要加强与经销商之间的合作。在这方面的典型做法是与经销商合作，与其签署合作协议，由其向银行提供客户信息或推荐客户，如银行与4S店签订合作协议，为客户提供个人汽车贷款。

例题24　银行在与开发商签订协议之前，对开发商及其所开发的项目进行审查的内容包括(　　)。(多项选择题)

A. 开发商的资信状况

B. 项目自有资金的到位情况

C. 房屋销售前景

D. 项目开发和销售的合作性

E. 开发商的经营状况

答案　ABCD

解析　银行在与开发商签订协议之前，要对房地产开发商及其所开发的项目进行全面审查，包括对开发商的资信及经营状况审查、项目开发和销售的合作性审查、项目自有资金的到位情况审查以及对房屋销售前景的了解等。

例题25　银行在拟与房地产经纪公司建立合作关系之初，为了确保其资质和信用，应当对其进行充分、必要的审慎调查，如对(　　)等指标进行分析评价。(多项选择题)

A. 企业注册资本

B. 经营业绩

C. 行业排名

D. 资产负债和信誉状况

答案　ABCD

解析　银行在拟与房地产经纪公司建立合作关系之初，为了确保其资质和信用，应当对其进行充分、必要的审慎调查，如对企业注册资本、经营业绩、行业排名、资产负债和信誉状况等指标进行分析评价。

例题26　银行在与开发商签订《商品房销售贷款合作协议》前，要对房地产开发商及其所开发的项目进行全面审查，审查内容不包括(　　)。(单项选择题)

A. 项目自有资金的到位情况

B. 开发商在行业内的排名

C. 项目开发和销售的合作性

D. 开发商的资信及经营状况

答案　B

解析　银行在与开发商签订协议前，要对房地产开发商及其所开发的项目进行全面审查，审查内容包括开发商的资信及经营状况、项目开发和销售的合作性、项目自有资金的到位情况以及对房屋销售前景的了解等。

考点7　网点机构营销

网点机构是银行业务人员面对面向客户销售产品的场所，也是银行形象的载体，迄今为止，网点机构营销仍然是银行最重要的营销渠道。

1. 网点机构营销渠道分类

网点机构随着对客户定位的不同而各有差异，主要有：

(1) 全方位网点机构营销渠道。它为公司和个人提供各种产品和全面的服务。

(2) 专业性网点机构营销渠道。专业性网点机构有自己的细分市场，如有的网点机构侧重于房地产的抵押贷款业务等。

(3) 高端化网点机构营销渠道。这些网点机构位于适当的经济文化区域中，它们为高端客户提供一定范围内的金融定制服务。

(4) 零售型网点机构营销渠道。此类机构不做批发业务，专门从事零售业务。随着一家银行在同一城市批发业务的集中营销管理，支行以及以下分支机构逐步演化为零售型分支渠道。

2. "直客式"个人贷款营销模式

为尽快提升服务客户的综合能力，很多银行推出了全新的个人贷款营销模式——"直客式"个人贷款业务。所谓"直客式"个人贷款，就是利用银行网点和理财中心作为销售和服务的主渠道，银行客户经理按照"了解你的客户，做熟悉客户"的原则，直接服务客户，受理客户的贷款需求。

例题27 网点机构随着对客户定位的不同而各有差异，主要有( )。(多项选择题)

A. 全方位网点机构营销渠道　　　　　　B. 专业性网点机构营销渠道

C. 高端化网点机构营销渠道　　　　　　D. 零售型网点机构营销渠道

答案 ABCD

解析 网点机构随着对客户定位的不同而各有差异，主要有：①全方位网点机构营销渠道；②专业性网点机构营销渠道；③高端化网点机构营销渠道；④零售型网点机构营销渠道。

考点8　电子银行营销

网络的出现改变了商业银行赖以生存的环境。网上银行、网上货币、网上支付、网上清算等新的金融方式冲击着传统的金融方式和理念，也迫使商业银行在市场营销战略方面进行了一系列的调整，构建网络时代的营销战略，以适应网络时代的客户需求和市场竞争的需要。网上银行业务已成为全球银行业服务客户、赢得竞争的高端武器，也是银行市场营销的重要渠道。

1. 网上银行的特征

(1) 电子虚拟服务方式

网上银行所有业务数据的输入、输出和传输都以电子方式进行，而不是采取"面对面"的传统柜台方式。

(2) 运行环境开放

网上银行利用开放性的网络作为其实施业务的环境，而开放性网络意味着任何人只要拥有必要的设备就可进入网上银行的服务场所接受银行服务。

(3) 模糊的业务时空界限

随着互联网的延伸，客户可以在世界的任何地方、任何时间获得与银行本地客户同质的服务，银行在技术上获得了将其业务自然延伸至世界各个角落的能力，不再受地域的局限。

(4) 业务实时处理，服务效率高

实时处理业务是网上银行同传统银行的一个重要区别。

(5) 设立成本低，降低了银行成本

(6) 严密的安全系统，保证交易安全

2. 网上银行的功能

(1) 信息服务功能

通过银行网站，银行员工和客户之间可以利用电子邮件相互联络。银行可以将信息发送给浏览者，使上网的客户了解银行更多的信息。客户可以在任何时候、任何地点向银行咨询有关信息。

(2) 展示与查询功能

现在全世界大部分的银行都有自己的主页，内容涵盖银行的各个方面，用户可以通过查询了解银行的情况，也可以查询自己的账户和交易情况。

(3) 综合业务功能

网上银行可以提供各种个人、企业金融服务，还能够为客户提供各种信息并处理客户的各种资料等。

对于个人贷款营销而言，网上银行的主要功能就是网上咨询、网上宣传以及初步受理和审查贷款业务。

3. 网上银行营销途径

电子银行营销有以下几种途径：

(1) 建立形象统一、功能齐全的商业银行网站；

(2) 利用搜索引擎扩大银行网站的知名度；

(3) 利用网络广告开展银行形象、产品和服务的宣传；

(4) 利用信息发布和信息收集手段增强银行的竞争优势；

(5) 利用交互链接和广告互换增加银行网站的访问量；

(6) 利用电子邮件推广实施主动营销和客户关系管理。

此外，数据库营销也成为银行营销的一种趋势，如民生银行通过分析客户的基本情况、交易情况等，确定目标客户进而营销的做法。总之，营销渠道的选择非常重要，它关系到银行能否及时将资金筹集进来并快速运用出去，关系到资金成本、中间业务收入和盈利水平，与银行业务的拓展有密切的关系。营销渠道是银行在竞争中制胜的武器之一。因此，银行在确定营销战略时要根据经济发展、科技进步以及客户需求的变化适当调整营销渠道，形成合理的渠道组合，以便将产品和服务快捷地送到客户手中，使客户感到银行所提供的产品和服务具有可接受性，又具有便捷性，从而达到维持现有客户、增加新客户和提高营销效益的目的。

例题28 下列关于网上银行特征的说法，错误的是( )。(单项选择题)

A. 微笑服务、态度热情   B. 严密的安全系统

C. 设立成本低，操作成本低   D. 业务时空界限模糊

答案 A

解析 网上银行的特征包括：①电子虚拟服务方式。网上银行所有业务数据的输入、输出和传输都以电子方式进行，而不是采取"面对面"的传统柜台方式；②运行环境开放；③模糊的业务时空界限；④业务实时处理，服务效率高；⑤设立成本低，降低了银行成本；⑥严密的安全系统，保证交易安全。

例题29 电子银行的功能有( )。(多项选择题)

A. 信息服务功能   B. 展示与查询功能

C. 综合业务功能   D. 网上咨询、网上宣传

答案 ABC

解析 网上银行的功能有：①信息服务功能；②展示与查询功能；③综合业务功能。对于个人贷款营销而言，网上银行的主要功能就是网上咨询、网上宣传以及初步受理和审查贷款业务。

第4节 个人贷款营销组织

考点9 营销人员

1. 银行内部分工和架构

一般情况下，银行的组织结构包括风险管理部门、营销部门、产品部门，在这些基础部门之上设立财务会计部、人力资源部、管理信息部、信息科技部等，各家银行部门名称可能有所不同，但部门职责都相同。如民生银行下设公司银行部、机构金融部、资产托管部、票据业务部、零售银行部、信用卡中心、电子银行部、私人银行部、中小企业金融事业部等，个人贷款归属于零售银行部。

银行按等级分为总行、分行、支行、分理处。各家银行只有一个总行，即银行的总部，如工商银行的总行设在北京，招商银行的总行设在深圳，一般统辖该银行系统内所有业务，包括政策制定、业务规范等，或者说全国乃至境外业务。总行管理全国分行，分行又包括一级分行和二级分行，一级分行即直辖市或省级分行，如北京市分行、上海市分行、广东省分行，二级分行是市级分行，如山东即墨分行，所辖业务范围比支行广，权限比支行高。市以下的区县、区县级市的机构为支行。每个支行有一个支行营业室，还有若干分理处和储蓄所。

2. 银行营销人员分类

在西方国家，直接或间接从事银行营销工作的人员主要包括客户经理、信贷人员、信贷分析员、贷款重组人员、系统分析员、信托人员、个人银行业务人员、证券分析和交易员、长远规划和企业收购专业人员、国际金融和企业发展专业人员、外汇交易人员以及投资银行业务人员等。其中，客户经理是银行营销人员的主力。一般将客户经理划分为高级客户经理、一级客户经理、二级客户经理、三级客户经理和见习客户经理5个等级。

通过调查和归档，我们对中国银行业营销人员作如下分类，如表2.5所示。

表2.5 对中国银行业营销人员的分类

从职责分	营销管理经理、客户管理经理、客户服务人员
从岗位分	产品经理、项目经理、关系经理
从职业分	职业经理、非职业经理
从业务分	公司业务经理、零售业务经理、资金业务经理
从产品分	资产业务经理、负债业务经理、中间业务经理
从市场分	市场开拓经理、市场维护经理、风险经理
从级别分	高级经理、中级经理、初级经理
从层级分	营销决策人员、营销主管人员、营销员

3. 银行营销人员能力要求

营销人员的基本要求一般包括品质、技能和知识3个方面。品质特征一般包括诚信、自信心、豁达大度、坚韧性和进取心等；销售技能主要是观察分析能力、应变能力、组织协调能力和沟通能力等；除具备良好的品质和销售技能外，营销人员还需要掌握一定的专业知识，具体的说，营销人员应掌握相关的企业知识、产品知识、市场知识、客户知识和法律知识等，如图2.8所示。

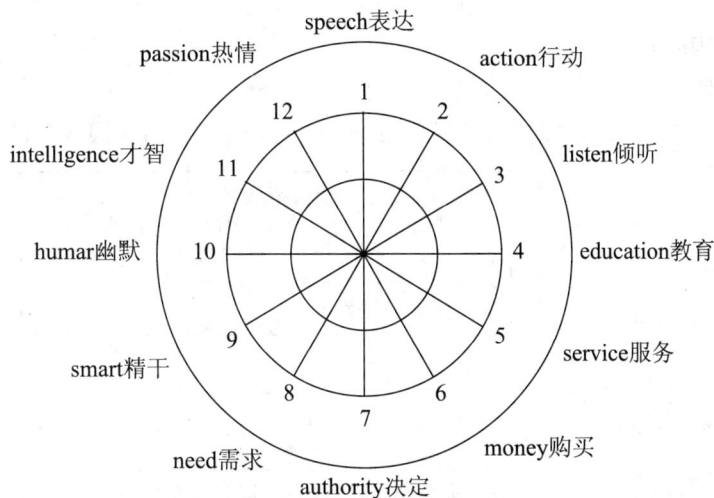

图2.8 银行营销人员能力模型

4. 银行营销人员训练

"没有经过训练的营销人员是银行人才资源最大的浪费"，如今这种观点越来越成为多数人的共识。银行最佳营销团队应是：花时间训练——营销人员技能提高——建立互信关系——更多授权——团队高绩效；反之，不花时间训练——技能低——互不信任——工作量增加——压力增大——无法授权——失败的一群人。从世界500强看，公司员工培训一般分为5个层次：生存训练、知识训练、技能训练、态度训练和精神训练。在欧美国家，银行营销管理人员通常要进行为期1年至18个月的培训。银行各部门人员轮流参加培训，并在课堂上以授课的方式进行训练，同时还鼓励雇员进行额外的培训，如参加计算机、会计、工商管理和外语培训等。由于营销职业的特殊性，银行营销人员经常面临过大的压力。因此，压力管理也显得格外重要，银行应经常组织减压训练。

例题30 "市场开拓经理、市场维护经理、风险经理"是根据(　　)划分的。(单项选择题)

A. 职责　　　　B. 岗位　　　　C. 市场　　　　D. 级别

答案 C

解析 按岗位划分，银行业营销人员可分为产品经理、项目经理和关系经理；按级别划分，银行业营销人员可分为高级经理、中级经理和初级经理；按职责划分，银行业营销人员可分为营销管理经理、客户管理经理和客户服务人员；按市场划分，分为市场开拓经理、市场维护经理、风险经理。

例题31 公司员工培训一般分为5个层次：(　　)。(多项选择题)

A. 生存训练　　　　　　　　B. 知识训练

C. 技能训练　　　　　　　　D. 态度训练和精神训练

答案 ABCD

解析　从世界500强看，公司员工培训一般分为5个层次：生存训练、知识训练、技能训练、态度训练和精神训练。

考点10　营销机构

1. 银行营销机构的职责

我国银行的营销机构的职责与银行目前采用的总、分行制密不可分，不同级别的银行承担着不同的营销职责，图2.9所示是对某行营销组织职责的说明，各商业银行可能会有所区别。

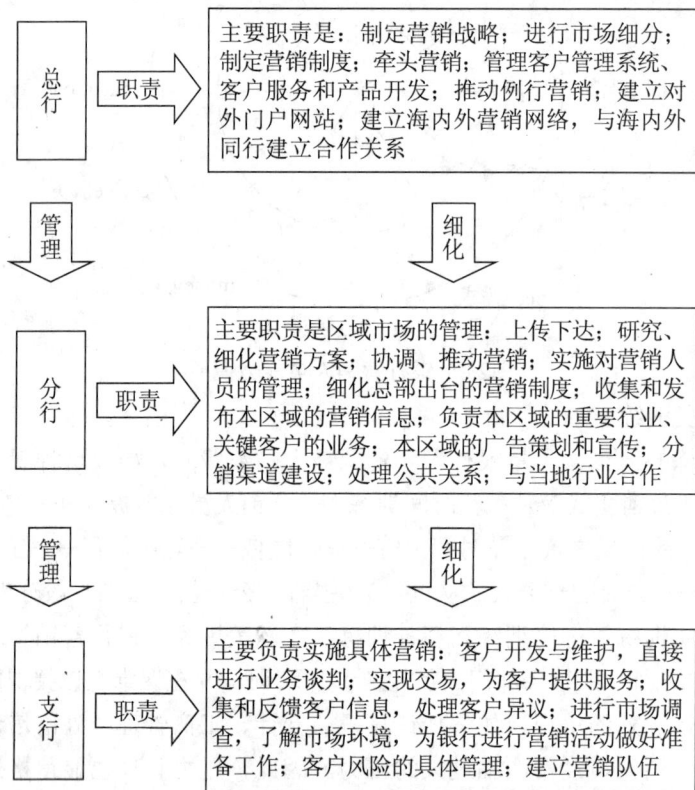

图2.9　银行营销机构的职责

2. 银行营销机构的模式

(1) 职能型营销组织

当银行只有一种或很少几种产品，或者银行产品的营业方式大致相同，或者银行把业务职能当做市场营销的主要功能时，采取这种组织形式最为有效。

(2) 产品型营销组织

对于具有多种产品且产品差异很大的银行，应该建立产品型组织，即在银行内部建立产品经理或品牌经理的组织制度。

(3) 市场型营销组织

当产品的市场可加以划分，即每个不同分市场有不同偏好的消费群体时，可以采用这种营销组织结构。在这种结构中，一名市场副行长管理几名市场开发经理，后者的主要职能是负责制定所辖市场的长期计划或年度计划，并分析市场新动向和新需求。这种组织结构由于是按照不同客户的需求安排的，因而有利于银行开拓市场，加强业务的开展。

(4) 区域型营销组织

在全国范围内的市场上开展业务的银行可采用这种组织结构，即将业务人员按区域情况进行组织。该结构包括：一名负责全国业务的经理、若干名区域经理和地区经理。

> **例题32** 商业银行营销组织的模式主要有( )。(多项选择题)
> A. 区域型营销组织　　B. 市场型营销组织　　C. 产品型营销组织
> D. 职能型营销组织　　E. 总分型营销组织
> **答案** ABCD
> **解析** 银行营销组织模式有：①职能型营销组织；②产品型营销组织；③市场型营销组织；④区域型营销组织。

考点11 营销管理

1. 银行营销管理的概念

管理是在特定的环境下，为实现组织目标而对组织资源进行计划、组织、领导与控制的系统过程。从这个角度看，营销管理同样是一个相对独立的计划、组织、领导与控制的过程，只是管理范畴与管理目标不同。

银行营销管理是为创造达到个人和机构目标的交换而规划和实施的理念、产品、服务构思、定价和促销的过程。它包括计划、组织、领导和控制等，目的是满足客户需求，为客户创造价值，为银行带来增值。

2. 银行营销管理的框架

如图2.10所示，银行营销的基础理论是核心概念和营销观念，说明银行营销首先要理解该理论，并加以应用。

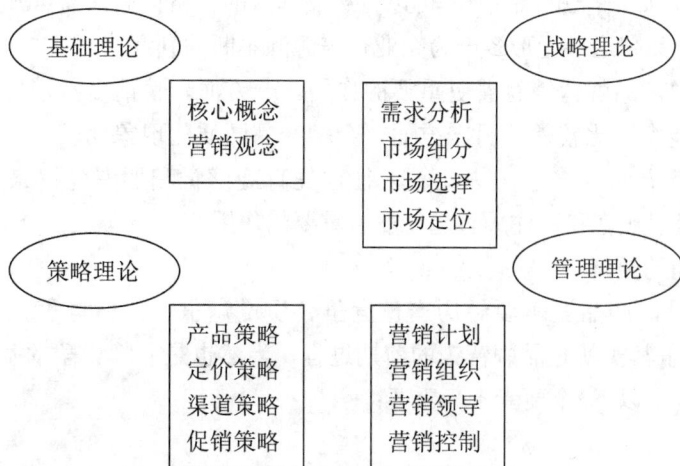

图2.10　银行营销管理的框架

从战略理论来讲，银行营销的起点是了解客户需求，进行需求分析，依据需求分析进行市场细分和市场选择，从而确定目标市场。通过上述的选择，最终确定银行的市场定位，满足目标客户。

从策略理论来讲，银行常用的个人贷款营销策略主要包括产品策略(production)、定价策略(price)、营销渠道策略(place)和促销策略(promotion)，即4Ps理论。

根据上述的战略和策略理论来确定自己的管理理论，保证银行营销从营销计划、营销组织、营销领导和营销控制等多方面在实际市场运作中有效实施。

例题33 市场营销中的4Ps指( )。(多项选择题)

A. 产品   B. 价格   C. 促销

D. 营销渠道   E. 市场影响力

答案 ABCD

解析 从策略理论来讲，银行常用的个人贷款营销策略主要包括产品策略(production)、定价策略(price)、营销渠道策略(place)和促销策略(promotion)，即4Ps理论。

第5节 个人贷款营销方法

考点12 品牌营销

1. 银行品牌营销的概念

品牌营销是指将产品或服务与其竞争者区分开的名称、术语、象征、符号、设计或它们的综合运用，通过发现、创造和交付价值以满足一定目标市场的需求，同时获取利润的一种营销活动。

2. 银行品牌营销的意义

国际市场上的普遍规律是20%的强势品牌占据着80%的市场，并且市场领袖品牌的平均利润率为第二品牌的4倍，如一个知名品牌，可以将产品本身的价格提高20%~40%，可见品牌营销的意义所在，它能通过品牌这一无形资产为企业带来源源不断的利润。

对于银行业来说，品牌营销有着更重要的作用。一方面，目前多数消费者对于金融产品的认知还不深，判断能力还比较差；另一方面，金融产品同质化现象比较严重，各家产品差异不大，使得消费者不愿花费太多精力去比较，往往凭直观感觉和朋友建议来选择。在这种状况下，品牌美誉度对吸引顾客和留住顾客起着非常重要的作用。

3. 银行品牌营销的要素

从一般意义上讲，产品竞争要经历产量竞争、质量竞争、价格竞争、服务竞争到品牌竞争，前4个方面的竞争其实就是品牌营销的前期过程，当然也是品牌竞争的基础。从这一角度出发，要做好品牌营销，以下5个要素十分重要：

(1) 质量第一

(2) 诚信至上

(3) 定位准确

(4) 个性鲜明

(5) 巧妙传播

4. 银行品牌营销的途径

(1) 改变银行运作常规

(2) 传播品牌

(3) 整合品牌资源

(4) 建立品牌工作室

(5) 为品牌制造影响力和崇高感

> **例题34** 银行品牌的营销要素有( )。(多项选择题)
>
> A. 质量第一 　　　　B. 诚信至上 　　　　C. 定位准确
>
> D. 个性鲜明 　　　　E. 巧妙传播
>
> **答案** ABCDE
>
> **解析** 以上5项均属于银行品牌营销的要素。

> **例题35** 银行品牌营销的途径有( )。(多项选择题)
>
> A. 改变银行运作常规 　　B. 传播品牌 　　　　C. 整合品牌资源
>
> D. 建立品牌工作室 　　　E. 为品牌制造影响力和崇高感
>
> **答案** ABCDE
>
> **解析** 以上5项均属于银行品牌营销的途径。

> **例题36** 提炼对目标人群最有吸引力的优势竞争点，并通过一定的手段传达给消费者，然后转化为消费者的心理认识，是( )的一个关键环节。(单项选择题)
>
> A. 品牌营销 　　　　B. 电话营销 　　　　C. 定向营销 　　　　D. 策略营销
>
> **答案** A
>
> **解析** 做好产品的品牌营销包括5个因素：质量第一、诚信至上、定位准确、个性鲜明、巧妙传播。

考点13 策略营销

1. 银行营销策略的内涵

银行营销策略是指银行在复杂的、变化的市场环境中，为了实现特定的营销目标以求得生存发展而制订的全局性、决定性和长期性的规划与决策。

银行为了能在激烈的市场竞争中获得商机，寻求更大的生存发展空间，必须努力提高营销活动的效率和效益，制订有效的营销策略，以适应不断变化发展的市场需要。只有这样，才能把握营销方向，突出营销重点，不断修订、完善营销措施，增强应对复杂局面的能力。

有效的营销策略应该是营销目标与营销手段的统一。银行作为经营货币商品的特殊企业，以经营利润最大化为目标，要实现经营利润最大化，银行的经营活动就不可能脱离营销策略。营销策略是指导银行开展具体营销业务的指路明灯，而营销手段是沿着这个指路明灯向营销目标奋进。因此目标和手段是统一的，只有将目标和手段进行有机的结合，银行才能对不断变化的环境作出系统和有效的反应，保证其经营活动得到不断发展。以超前的眼光制订银行的发展目标，以灵活机动的战略战术和脚踏实地的工作作风为实现发展目标服务，预测未来市场发展趋势，随时调整营销策略，不断解决发展过程中的疑难问题，从而掌握营销活动的主动权，从中谋取更多、更大的利益。

2. 银行营销策略

根据美国著名管理学家迈克尔·波特的竞争战略理论，商业银行可以通过以下几种策略来达到营销目的：

(1) 低成本策略

(2) 产品差异策略

(3) 专业化策略

(4) 大众营销策略

(5) 单一营销策略

(6) 情感营销策略

(7) 分层营销策略

(8) 交叉营销策略

例题37 根据美国著名管理学家迈克尔·波特的竞争战略理论，(   )策略的立足点不是放在争取新客户上，而是把工夫花在挽留老客户上。(单项选择题)

A. 分层营销　　　　　B. 交叉营销　　　　　C. 大众营销　　　　　D. 情感营销

答案　B

解析　交叉营销的立足点不是放在争取新客户上，而是把工夫花在挽留老客户上，一个客户拥有银行的产品越多，被挽留的机会就越大。

例题38　以差异性为基础的营销策略力求在客户的心目中树立一种独特的观念，并以这种独特性为基础，将它运用到市场竞争中。(   )(判断题)

答案　√

考点14　定向营销

银行与客户之间需要建立一个长期友好的关系，为了保证共赢，双方就必须建立有效的交流渠道，这就是银行的定向营销。

在与客户的交流阶段，通常会涉及几个步骤，分别是感觉、认知、获得、发展和保留。前两点很容易做到，通常作为大众式营销的基本手段，以广告形式最为常见，以建立品牌效应为主要目的。而后三个步骤则是一对一的精确定位营销，以销售为最终目的。

银行应该及时了解客户，了解市场的动态需求变化，设计和发展满足客户需求的产品和服务，从而激发客户的消费行为；客户同样需要银行针对自己的需要，提供他们想及时了解的产品和服务信息。目前，我国银行与客户之间的动态交流机制还比较差，单从这一点上看，国外的银行做得比较好。很多银行会向中介机构购买信息，进行筛选，进而建立自己的数据库，定期给客户发送信件、E-mail，或者直接致电客户，向他们推荐贷款产品。

银行应重点营销优质客户，加大对优质客户的定向营销力度，对于优质客户要开辟绿色通道，在办理业务时做到区别对待，争取在定向营销上取得更大的突破。

例题39 在与客户的交流阶段，通常会涉及几个步骤，分别是( )。(多项选择题)

A. 感觉   B. 认知   C. 获得   D. 发展和保留

答案　ABCD

第6节 同步强化训练

一、单项选择题

1. 以下关于二手个人住房贷款的说法中，正确的是( )。

A. 商业银行最主要的合作单位是房地产经纪公司

B. 一家经纪公司只能代理一家银行的二手房贷款业务

C. 一家银行只能选择一家代理人作为长期合作伙伴

D. 在放贷过程中，经纪公司起到全程担保的作用

2. 下列情况中，可能获得贷款的是( )。

A. 小民今年16岁，想分期付款购买变形金刚

B. 小李刚刚辞职，成为一名自由职业者

C. 小刚一贯遵纪守法，并且具有良好的信用记录，想分期付款购买住房

D. 由于最近贷款利率下降，贷款便宜，小东决定先贷一笔款，再决定其用途

3. 根据美国著名管理学家迈克尔·波特的竞争战略理论，( )策略的立足点不是放在争取新客户上，而是把工夫花在挽留老客户上。

A. 分层营销   B. 交叉营销

C. 大众营销   D. 情感营销

4. 某银行在分析市场环境时，对自身实力也要分析，其中不应包括( )。

A. 该银行在市场中的地位   B. 该银行市场营销部门的能力

C. 政府对该银行的特殊政策   D. 该银行的市场声誉

5. 以下关于SWOT分析方法的说法中，不正确的是( )。

A. O代表机遇

B. W代表银行外部环境

C. 该方法考虑了银行所处的内外部环境

D. 银行应结合各种机遇与威胁的可能性、重要性制定经营目标

6. 银行对个人贷款市场进行营销的全过程为( )。

A. 市场环境分析—市场细分—市场选择—市场定位

B. 市场环境分析—市场选择—市场细分—市场定位

C. 市场环境分析—市场定位—市场细分—市场选择

D. 市场定位—市场环境分析—市场细分—市场选择

7. 市场细分是银行营销战略的重要组成部分，其作用不包括(　　)。

A. 有利于选择目标市场和制定营销策略　　　　B. 有利于发掘市场机会，开拓新市场

C. 有利于提高银行的经济效益　　　　D. 有利于规避风险

8. 根据客户对风险和收益的态度对个人贷款市场进行细分，所遵循的细分标准是(　　)。

A. 人口因素　　　　B. 心理因素　　　　C. 行为因素　　　　D. 利益因素

9. 如果市场细分后，各子市场对银行市场营销组合策略中任何要素的变化都作出相同或类似的反应，该市场细分一定违反了(　　)。

A. 可衡量性原则　　　　B. 可进入性原则　　　　C. 差异性原则　　　　D. 经济性原则

10. 在西方银行体系中，银行营销人员的主力是(　　)。

A. 外汇交易员　　　　　　　　B. 信贷分析员

C. 个人银行业务人员　　　　　　　　D. 客户经理

11. 中国建设银行深圳分行的"女子特色银行"、"汽车银行"和"口岸银行"，体现了银行市场定位原则中的(　　)原则。

A. 发挥优势　　　　B. 围绕目标　　　　C. 突出特色　　　　D. 可以盈利

12. 对于一手个人住房贷款，商业银行最主要的合作单位是(　　)。

A. 房地产经纪公司　　　　B. 保险经纪公司　　　　C. 公积金管理中心　　　　D. 房地产开发商

13. 增加交叉式服务，提供个性服务和关联服务属于(　　)。

A. 传播品牌　　　　B. 为品牌制造影响力和崇高感

C. 整合品牌资源　　　　D. 建立品牌工作室

二、多项选择题

1. 市场营销中的4Ps是指(　　)。

A. 产品　　　　B. 价格　　　　C. 促销

D. 分销　　　　E. 市场影响力

2. 在客户定位中，银行一般要求个人贷款客户至少需要满足的基本条件有(　　)。

A. 年龄在18(含)~65(含)周岁　　　　B. 贷款具有真实的使用用途

C. 具有合法有效的婚姻状况证明　　　　D. 无不良信用记录

E. 具有还款意愿

3. 在银行与客户定向交流阶段，属于一对一精确定位营销的步骤有(　　)。

A. 感觉　　　　B. 认知　　　　C. 获得

D. 发展　　　　E. 保留

4. 全面、正确地认识市场环境，监测、把握各种环境力量的变化，对于银行审时度势、趋利避害，开展营销活动具有重要意义。下列属于市场环境分析的意义的是(　　)。

A. 有利于把握宏观形势　　　　B. 有利于掌握微观情况

C. 有利于发现商业机会　　　　D. 有利于规避非系统风险

E. 有利于规避市场风险

5. 银行在进行微观市场环境分析时，要分析同业竞争对手的营销策略，包括( )。

A. 信贷产品是否还附加其他服务　　　　B. 手续费是否可以减免

C. 对手的网点设置是否有特别之处　　　　D. 是否开发了新的产品

E. 是否向客户承诺贷款的利息将随着法定利率下调而降低

6. 在进行市场营销环境分析时，对微观环境，银行应分析( )。

A. 经济与技术环境　　　　B. 信贷资金的供求状况

C. 客户的信贷需求　　　　D. 政治与法律环境

E. 社会与文化环境

7. 在对内部资源进行分析时，主要涉及的内容有( )。

A. 人力资源　　　　B. 资讯资源　　　　C. 银行领导人的能力

D. 市场营销部门的能力　　　　E. 银行的财务实力

8. 个人贷款营销中，对银行社会和文化环境分析的内容有( )。

A. 信贷客户分布　　　　B. 客户购买金融产品的习惯

C. 劳动力的素质　　　　D. 社会思潮　　　　E. 主流理论

9. 银行依据心理因素细分市场时，需要考虑客户的( )。

A. 生活方式　　　　B. 个性　　　　C. 消费动机

D. 对金融产品的态度　　　　E. 宗教信仰

10. 市场选择中，决定整个市场或其中任一细分市场长期的内在吸引力的力量包括( )。

A. 同行业竞争者　　　　B. 潜在的竞争者　　　　C. 互补产品

D. 客户选择能力　　　　E. 替代产品

11. 定位选择的方式可分为3种：主导式定位、追随式定位以及补缺式定位。其中采用追随式定位的银行所具有的特征包括( )。

A. 资金规模充足　　　　B. 分支机构不多　　　　C. 提供的信贷产品较少

D. 刚刚进入市场　　　　E. 资产规模中等

12. 银行在挑选房地产开发商和房地产经纪公司作为个人住房贷款合作单位时，必须对其合法性以及其他资质进行严格的审查，审查内容包括( )。

A. 企业法人营业执照　　　　　　　　B. 税务登记证明

C. 领导班子的决策能力　　　　　　　　D. 企业资信等级

E. 企业法人代表的个人信用程度

13. 网点机构是银行业务人员面对面向客户销售产品的场所，根据对客户定位的不同，网点机构营销渠道分类包括( )。

A. 全方位网点机构营销渠道　　　　　　B. 专业性网点机构营销渠道

C. 高端化网点机构营销渠道　　　　　　D. 零售型网点机构营销渠道

E. 网上银行营销渠道

14. 网上银行营销途径包括( )。

A. 利用搜索引擎扩大银行网站的知名度

B. 利用电子邮件推广实施主动营销和客户关系管理

C. 利用网络广告开展形象、产品和服务的宣传

D. 利用交互链接和广告互换增加银行网站的访问量

E. 建立形象统一、功能齐全的商业银行网站

15. 作为银行的营销人员，需要具备的基本能力要求包括(　　)。

A. 坚韧性 　　　　　　 B. 自信心 　　　　　　 C. 观察分析能力

D. 应变能力 　　　　　　 E. 法律知识

16. 银行营销组织中，支行具有的职责有(　　)。

A. 细化营销方案 　　　　　　　　　　 B. 客户风险的具体管理

C. 实施对营销人员管理 　　　　　　　 D. 建立营销队伍

E. 客户开发与维护，直接进行业务谈判

17. 商业银行可以通过不同的策略来达到营销目的，其中单一策略的特点有(　　)。

A. 目标大、针对性不强、效果差 　　　　 B. 针对性强，适宜少数尖端客户

C. 营销渠道狭窄，营销成本高 　　　　　 D. 增加大额交易的客户

E. 瞄准特定细分市场，针对特定地理区域

三、判断题

1. 银行市场细分策略主要包括集中策略和差异性策略两种。(　　)

2. 银行在完成市场环境分析任务的基础上应做到"四化"，其中"制度化"是指把环境研究工作作为一项系统工程，而不是零星的、无序的随意研究。(　　)

3. 市场细分是20世纪50年代中期由美国市场营销学家温德尔首先提出的一个概念。(　　)

4. 根据发展的需要，银行可以有多种市场定位策略，但是竞争定位策略与联盟定位策略存在明显的冲突，不能同时使用。(　　)

5. 采用利益定位策略时，银行既强调产品可以给客户带来较大的收益，也考虑到银行的当期收入和长远利益。(　　)

6. 在选择目标市场时，银行应该考虑放弃有较大吸引力，但是不能推动银行完成主要发展目标的市场。(　　)

7. 个人信用贷款需要客户提供银行认可的抵押物或第三方保证作为担保。(　　)

8. 随着网络在全球的快速发展，网络时代已经到来，网上银行已成为银行最重要的营销渠道。(　　)

9. 对于个人贷款营销而言，网上银行的主要功能就是网上咨询及网上宣传。(　　)

10. 由于区域型营销组织结构是按不同的区域安排的，因而不利于银行开拓市场，加强业务的开展。(　　)

11. 当产品的每个不同分市场有不同偏好的消费群体时，银行可以采用市场型营销组织结构。(　　)

12. 从战略理论来讲，银行营销的起点是确定目标市场，然后进行市场细分，进而了解客户需求，进行需求分析，最终确定银行市场定位，满足目标客户。(　　)

13. 品牌是银行的核心竞争力。(　　)

14. 低成本策略强调降低银行成本，同时意味着成为一个低价格的竞争者。(　　)

15. 根据迈克尔·波特的竞争战略理论，当一家银行的实力范围狭窄、资源有限时，专业化策略可能是它唯一可行的选择。(　　)

16. 在定向营销时，银行应重点营销优质客户，但在办理业务时应做到公平，不可区别对待。(　　)

答案与解析

一、单项选择题

1. 答案与解析　A

对于二手个人住房贷款，商业银行最主要的合作单位是房地产经纪公司，两者之间其实是贷款产品的代理人与被代理人的关系。

2. 答案与解析　C

个人贷款的对象仅限于自然人，而不包括法人。合格的个人贷款申请人必须是具有完全民事行为能力的自然人。

3. 答案与解析　B

交叉营销的立足点不是放在争取新客户上，而是把工夫花在挽留老客户上，一个客户拥有银行的产品越多，被挽留的机会就越大。

4. 答案与解析　B

银行自身实力分析的内容包括：银行的业务能力、银行的市场地位、银行的市场声誉、银行的财务实力、政府对银行的特殊政策、银行领导人的能力。

5. 答案与解析　B

S(strength)表示优势，W(weak)表示劣势，O(opportunity)表示机遇，T(threat)表示威胁。

6. 答案与解析　A

银行对个人贷款市场进行营销的全过程：市场环境分析、市场细分、市场选择和市场定位。

7. 答案与解析　D

可参照考点2"2.银行市场细分的作用"的内容。

8. 答案与解析　B

心理因素是指客户的生活方式、个性等心理变数。对单个客户而言，个性不同，对金融产品的需求就会有很大差异。

9. 答案与解析　C

每个细分市场的差别是很明显的，细分市场的标准必须能让银行明确地划分客户市场与市场范围，每个细分市场应对不同的营销活动有不同的反应。

10. 答案与解析　D

客户经理是银行营销人员的主力。一般将客户经理划分为高级客户经理、一级客户经理、二级客户经理、三级客户经理和见习客户经理5个等级。

11. 答案与解析　C

银行在进行市场定位时，一方面要突出外部特色，即银行根据自己的资本实力、服务和产品质量等确定一个与其他银行不同的定位。

12. 答案与解析　D

对于一手个人住房贷款，商业银行最主要的合作单位是房地产开发商。

13. 答案与解析　B

为品牌制造影响力和崇高感：银行要利用各种方式为品牌创造更多的附加值，以扩大品牌的影响力和崇高感。让银行产品增加附加值的方式很多，例如增加交叉式服务，提供更多个性服务和关联服务等，都是银行提高品牌影响力和崇高感的良方。

二、多项选择题

1. 答案与解析　ABCD

银行常用的个人贷款营销策略主要包括产品策略(production)、定价策略(price)、营销渠道策略(place)和促销策略(promotion)，即4Ps理论。

2. 答案与解析　ABCDE

5个选项均符合题意。

3. 答案与解析　CDE

获得、发展和保留是一对一的精确定位营销，以销售为最终目的。

4. 答案与解析　ABCE

可参照考点1"1.银行进行市场环境分析的意义"的内容。

5. 答案与解析　ABCDE

5个选项均符合题意。

6. 答案与解析　BC

在进行市场营销环境分析时，对微观环境，银行应分析信贷资金的供求状况、客户的信贷需求和信贷动机、银行同业竞争对手的实力与策略。

7. 答案与解析　ABD

在对内部资源进行分析时，主要涉及的内容有人力资源、资讯资源、市场营销部门的能力、经营绩效、研究开发。

8. 答案与解析　ABCDE

5个选项均符合题意。

9. 答案与解析　AB

可参照考点2"3.市场细分的原则、标准与策略"的内容。

10. 答案与解析　ABDE

有5种力量决定整个市场或其中任何一个细分市场长期的内在吸引力，分别是同行业竞争者、潜在的竞争者、替代产品、客户选择能力和中央银行政策。

11. 答案与解析　BDE

追随式定位：某些银行可能由于某种原因，如刚刚开始经营或刚刚进入市场，资产规模中等，分支机构不多，没有能力向主导型的银行进行强有力的冲击和竞争。

12. 答案与解析　ABCDE

5个选项均符合题意。

13. 答案与解析 ABCD

可参照考点7"1.网点机构营销渠道分类"的内容。

14. 答案与解析 ABCDE

5个选项均符合题意。

15. 答案与解析 ABCDE

5个选项均符合题意。

16. 答案与解析 BDE

可参照图2.9银行营销机构的职责。

17. 答案与解析 BC

单一营销策略：营销方式的特点是针对性强，适宜少数尖端客户，能够为客户提供需要的个性化服务，但营销渠道狭窄，营销成本太高。

三、判断题

1. 答案与解析 √

2. 答案与解析 ×

制度化：就是要从资料的收集、整理加工、流转使用和归档保管等方面建立一定的工作制度和责任制度。

3. 答案与解析 √

4. 答案与解析 ×

根据发展的需要，银行可以有多种市场定位策略，这些定位策略涉及银行经营的不同方面，但它们之间并不矛盾，可以同时并存。

5. 答案与解析 √

6. 答案与解析 √

7. 答案与解析 ×

有的贷款产品要求客户能够提供银行认可的抵(质)押物或保证人作为担保，而个人信用贷款则不需要。

8. 答案与解析 ×

网上银行业务已成为全球银行业服务客户、赢得竞争的高端武器，也是银行市场营销的重要渠道。

9. 答案与解析 ×

对于个人贷款营销而言，网上银行的主要功能就是网上咨询、网上宣传以及初步受理和审查贷款业务。

10. 答案与解析 ×

在全国范围内的市场上开展业务的银行可采用区域型营销组织结构，即将业务人员按区域情况进行组织。该结构包括：一名负责全国业务的经理、若干名区域经理和地区经理。

11. 答案与解析 √

12. 答案与解析 ×

从战略理论来讲，银行营销的起点是了解客户需求，进行需求分析，依据需求分析进行市场细分和市场选择，从而确定目标市场。

13. 答案与解析　√

14. 答案与解析　×

低成本策略强调降低银行成本，使银行保持令人满意的边际利润，同时成为一个低成本竞争者。

15. 答案与解析　√

16. 答案与解析　×

在定向营销时，银行应重点营销优质客户，加大对优质客户的定向营销力度，对于优质客户要开辟绿色通道，在办理业务时做到区别对待，争取在定向营销上取得更大的突破。

个人贷款管理

随着中国经济和金融市场的快速发展，银行个人贷款业务也在快速增长，个人贷款的有效管理越发重要。

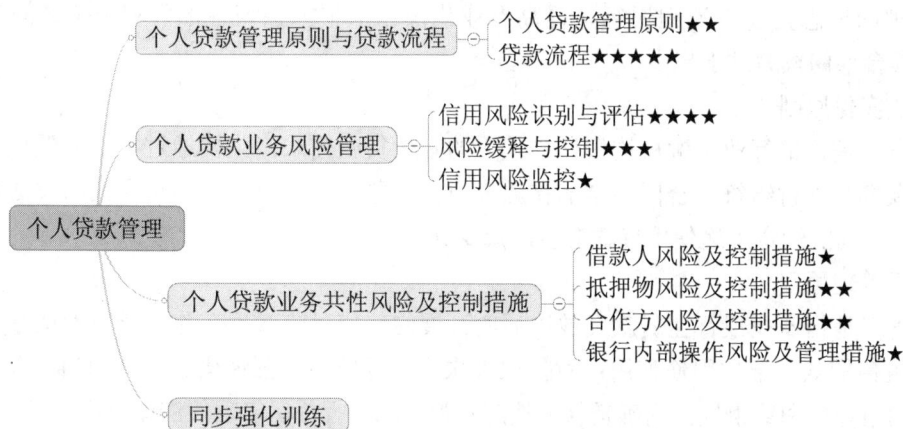

个人贷款管理原则与贷款流程 ┬ 个人贷款管理原则★★
　　　　　　　　　　　　　└ 贷款流程★★★★

个人贷款业务风险管理 ┬ 信用风险识别与评估★★★★
　　　　　　　　　　　├ 风险缓释与控制★★★
　　　　　　　　　　　└ 信用风险监控★

个人贷款管理

个人贷款业务共性风险及控制措施 ┬ 借款人风险及控制措施★
　　　　　　　　　　　　　　　　├ 抵押物风险及控制措施★★
　　　　　　　　　　　　　　　　├ 合作方风险及控制措施★★
　　　　　　　　　　　　　　　　└ 银行内部操作风险及管理措施★

同步强化训练

第1节　个人贷款管理原则与贷款流程

考点1　个人贷款管理原则

1. 全流程管理原则

全流程贷款管理强调将有效的信贷风险管理行为贯穿贷款生命周期中的每一个环节。强化贷款的全流程管理，可以推动银行个人贷款管理模式由粗放化向精细化的转变，有助于改善个人贷款的质量，提高贷款风险管理的有效性。

信贷管理不能仅大致地分为贷前管理、贷中管理和贷后管理3个环节，这种划分难以对信贷管理中的具体问题采取有针对性和操作性的措施，也难以对贷款使用实施有效的管控。贷款人要从加强贷款全流程管理的思路出发，将贷款过程管理中的各个环节进行分解，按照有效制衡的原则将各环节职责落实到具体的部门和岗位，并建立明确的问责机制。

2. 诚信申贷原则

诚信申贷主要包含两层含义：一是借款人恪守诚实守信原则，按照贷款人要求的具体方式和内容提供贷款申请材料，并且承诺所提供的材料是真实、完整、有效的；二是借款人应证明其信用记录良好、贷款用途和还款来源明确合法等。

3. 协议承诺原则

协议承诺原则要求银行业金融机构作为贷款人，应与借款人乃至其他相关各方通过签订完备的贷款合同等协议文件，规范各方有关行为，明确各方权利义务，调整各方法律关系，明确各方法律责任。

4. 审贷分离原则

审贷分离是指银行业金融机构将贷款审批与贷款发放作为两个独立的业务环节，分别进行管理和控制，以达到降低信贷业务操作风险的目的。贷放分控的要义是贷款审批通过不等于放款。

推行贷放分控，一方面可以加强商业银行的内部控制，防范操作风险；另一方面可以践行全流程管理的理念，建设流程银行，提高专业化操作水平，强调各部门和岗位之间的有效制约，避免前台部门权力过于集中。

5. 实贷实付原则

实贷实付是指银行业金融机构根据借款人的有效贷款需求，主要通过贷款人受托支付的方式，将贷款资金支付给符合合同约定的借款人交易对象的过程。实贷实付原则的关键是让借款人按照贷款合同的约定用途使用贷款资金，减少贷款挪用的风险。

6. 贷后管理原则

贷后管理是指商业银行在贷款发放以后所开展的信贷风险管理工作。贷后管理原则的主要内容是：监督贷款资金按用途使用；对借款人账户进行监控；强调借款合同的相关约定对贷后管理工作的指导性和约束性；明确贷款人按照监管要求进行贷后管理的法律责任。

长期以来，我国银行业金融机构一直存在"重贷轻管"的现象。一个有效的贷后管理机制，要求针对借款人所属行业及经营特点，通过定期与不定期的现场检查与非现场监测，分析借款人经营财务等变化状况，监测贷款资金的用途及流向，适时掌握各种影响借款人偿债能力的风险因素以及有可能导致贷款资金出现违约的因素，及时发现潜在的风险因素，并迅速采取措施，防范信贷损失。有效的贷后管理工作有助于银行业金融机构提高风险管理水平、防范风险于未然、控制信贷资产质量，是银行业金融机构建立长期、长效发展机制的基石。

例题1 个人贷款管理原则有( )。(多项选择题)

A. 全流程贷款管理原则　　　B. 诚信审贷原则　　　C. 协议承诺原则

D. 审贷分离原则　　　E. 实贷实付原则　　　F. 贷后管理原则

答案 ABCDEF

解析 以上6项均属于个人贷款管理原则。

例题2 审贷分离是指银行业金融机构将贷款审批与贷款发放作为两个独立的业务环节，分别进行管理和控制，以达到降低信贷业务操作风险的目的。( )(判断题)

答案 √

■ 考点2　贷款流程

个人贷款业务贷款流程包括贷款的受理与调查、审查与审批、签约与发放、支付管理和贷后管理5个环节。个人贷款操作流程中的各环节相对独立但又关系密切，无论哪个环节出现问题，都将对其他环节造成影响。一般来说，个人贷款流程(不含贷后管理)如图3.1所示。

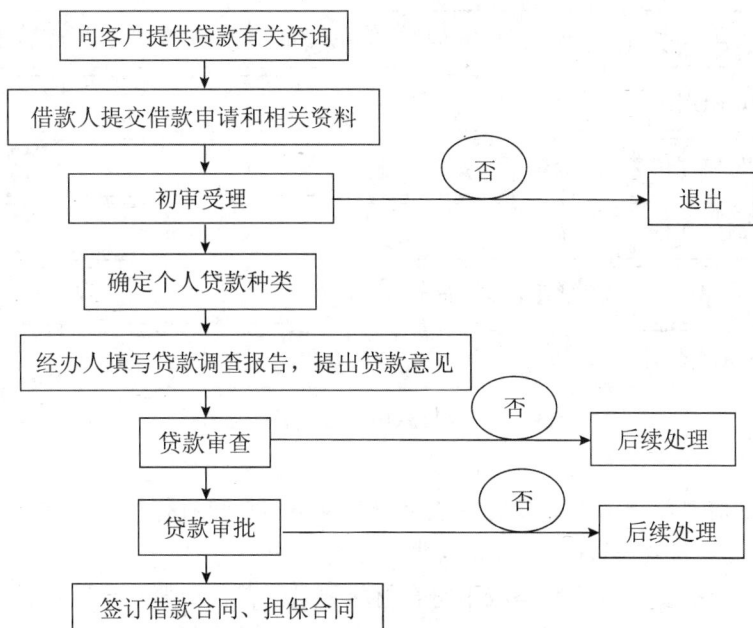

图3.1　个人贷款流程图(不含贷后管理)

1. 贷款的受理与调查

(1) 贷款的受理

① 贷前咨询

银行通过现场咨询、窗口咨询、电话银行、网上银行、业务宣传手册等渠道和方式，向拟申请个人贷款的个人提供有关信息咨询服务。贷前咨询的主要内容如图3.2所示。

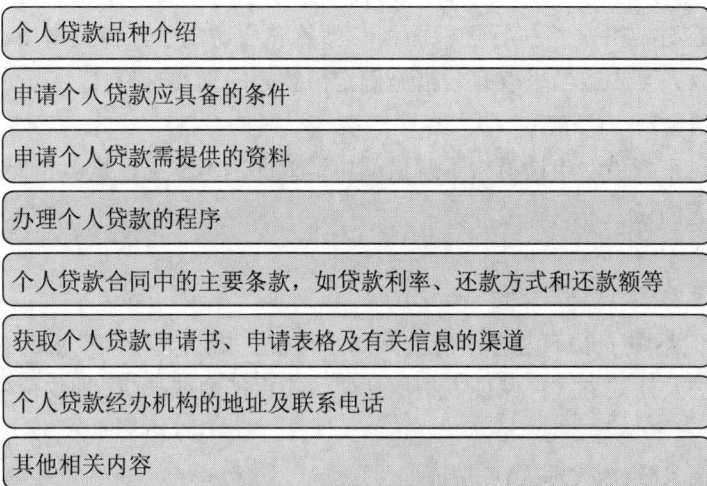

图3.2　贷前咨询的内容

② 贷款的受理程序

a. 接受申请

贷款受理人应要求借款申请人以书面形式提出个人贷款申请，并按要求提交能证明其符合贷款条件的相关申请材料。对于有共同申请人的，应同时要求共同申请人提交有关申请材料。个人贷款申请应具备以下条件，具体内容如图3.3所示。

借款人为具有完全民事行为能力的中华人民共和国公民或符合国家有关规定的境外自然人

贷款用途明确合法

贷款申请数额、期限和币种合理

借款人具备还款意愿和还款能力

借款人信用状况良好，无重大不良信用记录

贷款人要求的其他条件

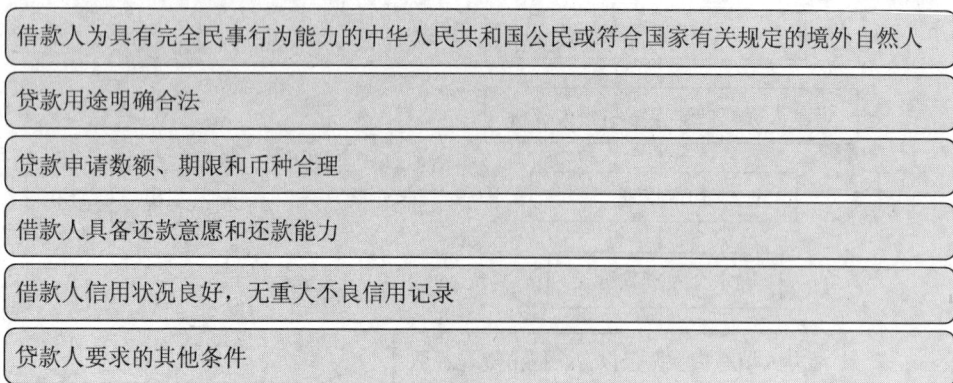

图3.3　个人贷款申请应具备的条件

b. 初审

贷款受理人应对借款申请人提交的借款申请书及申请材料进行初审，主要审查借款人的主体资格及借款人所提交材料的完整性与规范性。

如果借款申请人提交材料不完整或不符合材料要求规范，应要求借款申请人补齐材料或重新提供有关材料。如果不予受理，应退回贷款申请并向申请人说明原因。

经初审符合要求后，贷款受理人应将借款申请书及申请材料交由贷前调查人进行贷前调查。

(2) 贷前调查

贷前调查人受理借款人贷款申请后，应履行尽职调查职责，对个人贷款申请内容和相关情况的真实性、准确性、完整性进行调查核实，并形成调查评价意见。

① 调查的方式和要求

贷款调查应以实地调查为主、间接调查为辅，采取现场核实、电话查问以及信息咨询等途径和方法。贷款人应建立并严格执行贷款面谈、面签和居访制度。通过电子银行渠道发放低风险质押贷款的，贷款人至少应当采取有效措施确定借款人的真实身份。

a. 审查借款申请材料

贷前调查人通过审查借款申请材料了解借款申请人的基本情况、贷款担保情况等。

b. 与借款申请人面谈

c. 实地调查

② 调查的内容

贷款调查包括但不限于以下内容：借款人基本情况；借款人收入情况；借款用途；借款人还款来源、还款能力及还款方式；保证人担保意愿、担保能力或抵(质)押物价值及变现能力。

a. 材料一致性

b. 审核借款申请人(包括代理人)身份证明

c. 贷前调查人应对借款申请人的信用情况进行调查

d. 审核借款申请人偿还能力证明

e. 审核担保材料

f. 核实贷款真实性

③ 调查中应注意的问题

调查中应注意的问题如图3.4所示。

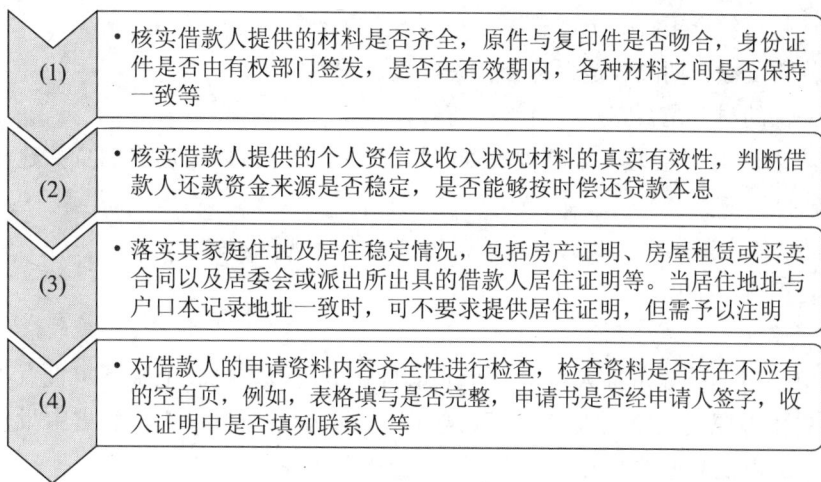

图3.4 调查中应注意的问题

贷前调查完成后，贷前调查人应对调查结果进行整理、分析，填写审批表或撰写调查报告，提出是否同意贷款的明确意见及贷款额度、贷款期限、贷款利率、担保方式、还款方式、划款方式等方面的建议，并形成对借款申请人还款能力、还款意愿、担保情况以及其他情况等方面的调查意见，连同申请资料等一并送交贷款审核人员进行贷款审核。

2. 贷款的审查与审批

(1) 贷款审查

贷款审查应对贷款调查内容的合法性、合理性、准确性进行全面审查，重点关注调查人的尽职情况和借款人的偿还能力、诚信状况、担保情况、抵(质)押比率、风险程度等。贷款审查人认为需要补充材料和完善调查内容的，可要求贷前调查人进一步落实。

贷款风险评价应以分析借款人现金收入为基础，采取定量和定性分析方法，全面、动态地进行贷款审查和风险评估。贷款人应建立和完善借款人信用记录和评价体系。

(2) 贷款审批

贷款人应根据审慎性原则，完善授权管理制度，规范审批操作流程，明确贷款审批权限，实行审贷分离和授权审批，确保贷款审批人员按照授权独立审批贷款。

贷款人应根据重大经济形势变化、违约率明显上升等异常情况，对贷款审批环节进行评价分析，及时并有针对性地调整审批政策，加强相关贷款的管理。

个人贷款的审批流程如下。

① 组织报批材料

个人贷款业务部门负责报批材料的组织。报批材料具体包括个人信贷业务审批申请表、报批材料清单以及申请的某类贷款相关办法及操作规程规定需提供的材料等。

② 审批

贷款审批人依据银行个人贷款办法及相关规定，结合国家宏观调控政策或行业投向政策，从银行利益出发审查每笔个人贷款业务的合规性、可行性及经济性，根据借款人的偿付能力以及抵押担保的充分性与可行性等情况，分析该笔业务预计给银行带来的收益和风险。贷款审批人应对以下内容进行审查。

a. 借款人资格和条件是否具备；

b. 借款用途是否符合银行规定；

c. 申请借款的金额、期限等是否符合有关贷款办法和规定；

d. 借款人提供的材料是否完整、合法、有效；

e. 贷前调查人的调查意见、对借款人资信状况的评价分析以及提出的贷款建议是否准确、合理；

f. 对报批贷款的主要风险点及其风险防范措施是否合规有效；

g. 其他需要审查的事项。

③ 提出审批意见

采用单人审批时，贷款审批人直接在个人信贷业务申报审批表上签署审批意见。采用双人审批方式时，先由专职贷款审批人签署审批意见，后送贷款审批牵头人签署审批意见。贷款审批人对个贷业务的审批意见类型为"同意"、"否决"两种。

④ 审批意见落实

业务部门应根据贷款审批人的审批意见做好以下工作，如图3.5所示。

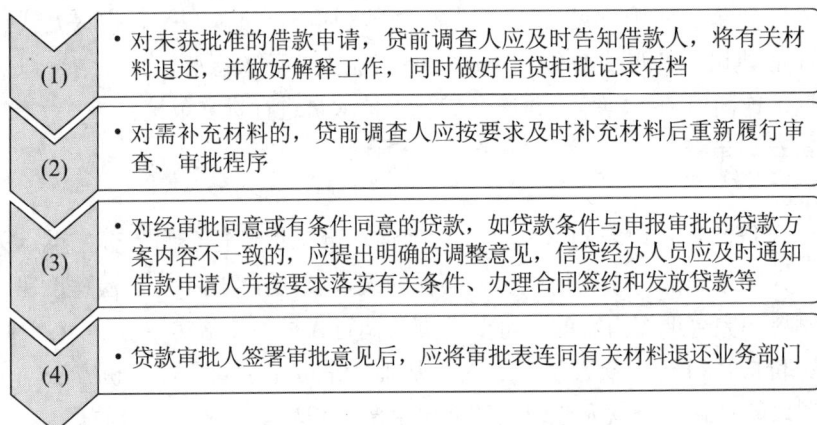

(1)	• 对未获批准的借款申请，贷前调查人应及时告知借款人，将有关材料退还，并做好解释工作，同时做好信贷拒批记录存档
(2)	• 对需补充材料的，贷前调查人应按要求及时补充材料后重新履行审查、审批程序
(3)	• 对经审批同意或有条件同意的贷款，如贷款条件与申报审批的贷款方案内容不一致的，应提出明确的调整意见，信贷经办人员应及时通知借款申请人并按要求落实有关条件、办理合同签约和发放贷款等
(4)	• 贷款审批人签署审批意见后，应将审批表连同有关材料退还业务部门

图3.5　业务部门根据贷款审批人的审批意见需做的工作

⑤ 贷款审批中需要注意的事项

贷款审批中需要注意的事项如图3.6所示。

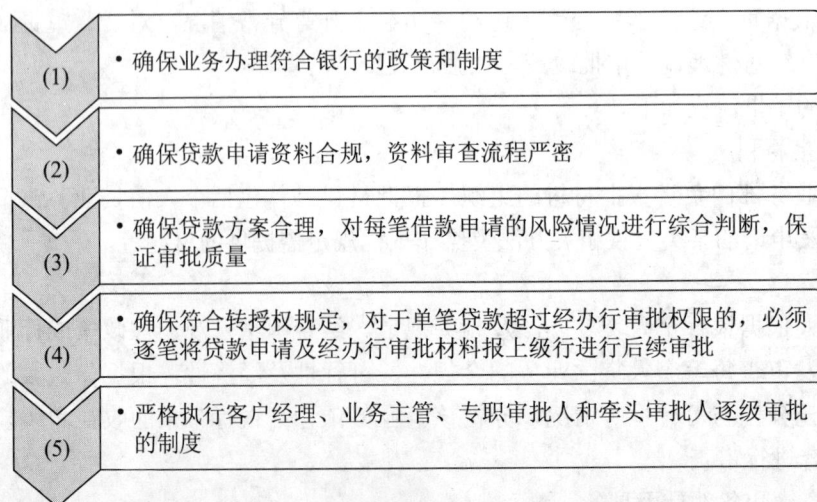

(1)	• 确保业务办理符合银行的政策和制度
(2)	• 确保贷款申请资料合规，资料审查流程严密
(3)	• 确保贷款方案合理，对每笔借款申请的风险情况进行综合判断，保证审批质量
(4)	• 确保符合转授权规定，对于单笔贷款超过经办行审批权限的，必须逐笔将贷款申请及经办行审批材料报上级行进行后续审批
(5)	• 严格执行客户经理、业务主管、专职审批人和牵头审批人逐级审批的制度

图3.6　贷款审批中需要注意的事项

3. 贷款的签约与发放

(1) 贷款的签约

贷款人应与借款人签订书面借款合同，需担保的应同时签订担保合同。贷款人应要求借款人当面签订借款合同及其他相关文件，电子银行渠道办理的贷款除外。

贷款人应健全合同管理制度，有效防范个人贷款法律风险。借款合同采用格式条款的，应当维护借款人的合法权益，并予以公示。贷款人应依照《物权法》、《担保法》等法律的规定，规范担保流程与操作。按合同约定办理抵押物登记的，贷款人应当参与。

借款合同应符合《中华人民共和国合同法》(以下简称《合同法》)的规定，明确约定各方当事人的诚信承诺和贷款资金的用途、支付对象(范围)、支付金额、支付条件、支付方式等。借款合同应设置相关条款，明确借款人不履行合同或怠于履行合同时需承担的违约责任。贷款的签约流程如下。

① 填写合同

贷款发放人员应根据审批意见确定应使用的合同文本并填写合同。在填写有关合同文本过程中，应注意以下问题，如图3.7所示。

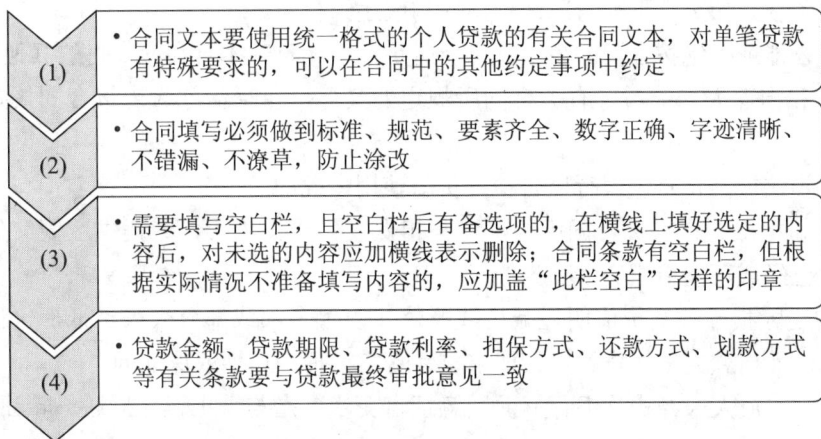

(1)	• 合同文本要使用统一格式的个人贷款的有关合同文本，对单笔贷款有特殊要求的，可以在合同中的其他约定事项中约定
(2)	• 合同填写必须做到标准、规范、要素齐全、数字正确、字迹清晰、不错漏、不潦草，防止涂改
(3)	• 需要填写空白栏，且空白栏后有备选项的，在横线上填好选定的内容后，对未选的内容应加横线表示删除；合同条款有空白栏，但根据实际情况不准备填写内容的，应加盖"此栏空白"字样的印章
(4)	• 贷款金额、贷款期限、贷款利率、担保方式、还款方式、划款方式等有关条款要与贷款最终审批意见一致

图3.7 填写合同时需要注意的问题

② 审核合同

合同填写完毕后，填写人员应及时将有关合同文本交合同复核人员进行复核。同笔贷款的合同填写人与合同复核人不得为同一人。具体内容如图3.8所示。

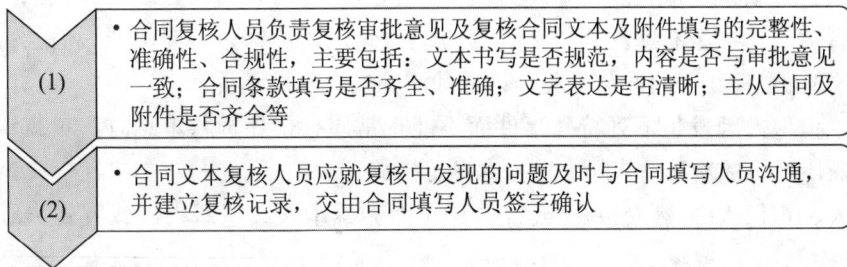

(1)	• 合同复核人员负责复核审批意见及复核合同文本及附件填写的完整性、准确性、合规性，主要包括：文本书写是否规范，内容是否与审批意见一致；合同条款填写是否齐全、准确；文字表达是否清晰；主从合同及附件是否齐全等
(2)	• 合同文本复核人员应就复核中发现的问题及时与合同填写人员沟通，并建立复核记录，交由合同填写人员签字确认

图3.8 审核合同

③ 签订合同

合同填写并复核无误后，贷款发放人应负责与借款人(包括共同借款人)、担保人(抵押人、出质人、保证人)签订合同。

a. 在签订(预签)有关合同文本前，应履行充分告知义务，告知借款人(包括共同借款人)、保证人等合同签约方关于合同内容、权利义务、还款方式以及还款过程中应当注意的问题等。

b. 借款人、保证人为自然人的，应当面核实签约人身份证明之后由签约人当场签字；贷款人委托第三方办理的，应对抵押物登记情况予以核实。如果签约人委托他人代替签字，签字人必须出具委托人委托其签字并经过公证的委托授权书。以保证方式担保的个人贷款，贷款工作应由不少于两名信贷人员完成。对保证人为法人的，保证方签字人应为其法定代表人或其授权代理人，授权代理人必须提供有效的书面授权文件。

c. 对采取抵押担保方式的，应要求抵押物共有人在相关合同文本上签字。

d. 借款人、担保人等签字后，贷款发放人应将有关合同文本、贷款调查审批表和合同文本复核记录等材料送交银行个人贷款合同有权签字人审查，有权签字人审查通过后在合同上签字或加盖按个人签字笔迹制作的个人名章，之后按照用印管理规定负责加盖银行个人贷款合同专用章。

e. 银行可根据实际情况决定是否办理合同公证。

在签订合同时，应对借款人、担保人的违约行为作出规定。借款人、担保人必须严格履行合同下的各项条款。如发生下列情况之一，均构成违约行为。

a. 借款人未能或拒绝按合同的条款规定及时足额偿还贷款本息和应支付的其他费用；

b. 借款人和担保人未能履行有关合同所规定的义务，包括借款人未按合同规定的用途使用贷款；

c. 借款人拒绝或阻挠贷款银行监督检查贷款使用情况的；

d. 借款人和担保人在有关合同中的陈述与担保发生重大失实，或提供虚假文件资料，或隐瞒重要事实，已经或可能造成贷款损失的；

e. 抵押物受毁损导致其价值明显减少或贬值，以致全部或部分失去了抵押价值，足以危害贷款银行利益，而借款人未按贷款银行要求重新落实抵押、质押或保证的；

f. 抵押人、出质人未经贷款银行书面同意擅自变卖、赠与、出租、拆迁、转让、重复抵(质)押或以其他方式处置抵(质)押物的；

g. 借款人、担保人在贷款期间的其他违约行为。

借款人、担保人在贷款期间发生任何上述违约事件，贷款银行可采取以下任何一项或全部措施：要求限期纠正违约行为；要求增加所减少的相应价值的抵(质)押物，或更换担保人；停止发放尚未使用的贷款；在原贷款利率基础上加收利息；提前收回部分或全部贷款本息；定期在公开报刊及有关媒体上公布违约人姓名、身份证号码及违约行为；向保证人追偿；依据有关法律及规定处置抵(质)押物；向仲裁机关申请仲裁或向人民法院起诉。

借款人、担保人因发生下列特殊事件而不能正常履行偿还贷款本息时，贷款银行有权采取停止发放尚未使用的贷款和提前回收贷款本息等措施。

a. 借款人、担保人(自然人)死亡或宣告死亡而无继承人或遗赠人，或宣告失踪而无财产代管人；

b. 借款人、担保人(自然人)破产、受刑事拘留、监禁，以致影响债务清偿的；

c. 担保人(非自然人)经营和财务状况发生重大的不利变化或已经法律程序宣告破产，影响债务清偿或丧失了代为清偿债务的能力；

d. 借款人、担保人对其他债务有违约行为或因其他债务的履行，影响贷款银行权利的实现的。

(2) 贷款的发放

贷款人应加强对贷款的发放管理，遵守审贷与放贷分离的原则，设立独立的放款管理部门或岗位，落实放款条件，发放满足约定条件的个人贷款。借款合同生效后，贷款人应按合同约定及时发放贷款。

① 落实贷款发放条件

贷款发放前，贷款发放人应落实有关贷款发放条件，主要包括：

a. 需要办理保险、公证等手续的，有关手续已经办理完毕；

b. 对采取委托扣划还款方式的借款人，要确认其已在银行开立还本付息账户用于归还贷款；

c. 对采取抵(质)押的贷款，要落实贷款抵(质)押手续；

d. 对自然人作为保证人的，应明确并落实履行保证责任的具体操作程序；对保证人有保证金要求的，应要求保证人在银行存入一定期限的还本付息额的保证金。

② 贷款划付

贷款发放条件落实后，贷款发放岗位人员应填写或打印相关文件，交信贷主管审核签字后，送会计部门作为开立贷款账户的依据。贷款发放人应按照合同约定将贷款发放、划付到约定账户，按照合同要求借款人需要到场的，应通知借款人持本人身份证件到场协助办理相关手续。贷款发放的具体流程如图3.9所示。

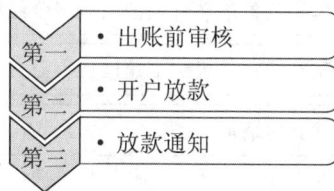

图3.9 贷款发放的流程

具体流程的内容如下。

第一，出账前审核。业务部门在接到放款通知书后，对其真实性、合法性和完整性进行审核。

第二，开户放款。业务部门在确定有关审核无误后，进行开户放款。

开户放款包括一次性开户放款和分次放款两种。一次性开户放款是根据合同约定的划款方式，一次性将全部贷款发放到有关账户中；分次放款是根据贷款的用途和使用要求，在合同中约定将贷款按照建立的分次放款计划分多次将贷款发放到有关账户中，各分次放款金额合计应与合同总金额一致。

第三，放款通知。当开户放款完成后，银行应将放款通知书、个人贷款信息卡等一并交借款人作回单。对于借款人未到银行直接办理开户放款手续的，会计部门应及时将有关凭证邮寄给借款人或通知借款人来银行取回。贷款发放后，业务部门应依据借款人相关信息建立贷款台账，并随时更新台账数据。

借款人可以委托贷款银行或其他代理人代为办理。委托贷款银行代办的，贷款银行应要求借款人出具授权证明，授权可以采取在合同中约定的方式，也可以采取出具授权委托书的方式。委托其他自然人代办的，代理人应持本人身份证件、借款人身份证件和借款人授权委托书到柜台办理。贷款银行认为有必要的，可以要求对授权委托书进行公证。

4. 支付管理

贷款人应按照借款合同约定，通过贷款人受托支付或借款人自主支付的方式对贷款资金的支付进行管理与控制。贷款人受托支付是指贷款人根据借款人的提款申请和支付委托，将贷款资金支付给符合合同约定用途的借款人交易对象。借款人自主支付是指贷款人根据借款人的提款申请将贷款资金直接发放至借款人账户，并由借款人自主支付给符合合同约定用途的借款人交易对象。

采用贷款人受托支付的，银行应明确受托支付的条件，规范受托支付的审核要件，贷款人应要求借款人在使用贷款时提出支付申请，并授权贷款人按合同约定方式支付贷款资金。贷款人应在贷款资金发放前审核借款人相关交易资料和凭证是否符合合同约定条件，支付后做好有关细节的认定记录。贷款人受托支付完成后，应详细记录资金流向，归集保存相关凭证。

采用借款人自主支付的，贷款人应与借款人在借款合同中事先约定，要求借款人定期报告或告知贷款人贷款资金的支付情况。贷款人应当通过账户分析、凭证查验或现场调查等方式，核查贷款支付是否符合约定用途。

个人贷款原则上应当采用贷款人受托支付的方式向借款人交易对象支付；属于下列情形之一的个人贷款，经贷款人同意可以采取借款人自主支付方式，具体内容如图3.10所示。

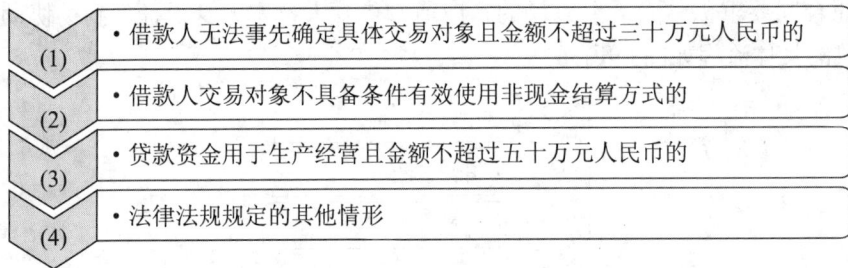

- (1) 借款人无法事先确定具体交易对象且金额不超过三十万元人民币的
- (2) 借款人交易对象不具备条件有效使用非现金结算方式的
- (3) 贷款资金用于生产经营且金额不超过五十万元人民币的
- (4) 法律法规规定的其他情形

图3.10 采取借款人自主支付方式

5. 贷后管理

个人贷款支付后，贷款人应采取有效方式对贷款资金使用、借款人的信用及担保情况变化等进行跟踪检查和监控分析，确保贷款资产安全。贷款人应区分个人贷款的品种、对象、金额等，确定贷款检查的相应方式、内容和频度。按照法律法规规定和借款合同的约定，对借款人未按合同承诺提供真实、完整信息和未按合同约定用途使用、支付贷款等行为追究违约责任。

贷款人内部审计等部门应对贷款检查职能部门的工作质量进行抽查和评价，并应进行个人贷款的贷后与档案管理，定期跟踪、分析、评估、借款人履行借款合同约定内容的情况，并作为与借款人后续合作的信用评价基础。

个人贷款的贷后与档案管理是指贷款发放后到合同终止期间对有关事宜的管理，包括贷后检查、合同变更、本息回收、贷款的风险分类与不良贷款管理以及贷款档案管理等工作。它关系到信贷资产能否安全收回，是个人贷款工作的重要环节之一。

(1) 贷后检查

贷后检查是以借款人、抵(质)押物、担保保证人、担保物为对象，通过客户提供、访谈、实地检查、行内资源查询等途径获取信息，对影响贷款资产质量的因素进行持续跟踪调查、分析，并采取相应补救措施的过程，从而可以判断借款人的风险状况，提出相应的预防或补救措施。

① 对借款人的检查

a. 借款人提供了虚假的证明材料而取得贷款的；

b. 借款人未按合同约定用途使用贷款的；

c. 借款期内，借款人累计一定月数(包括计划还款当月)未偿还贷款本息和相关费用的；

d. 借款人拒绝或阻碍贷款银行对贷款使用情况实施监督检查的；

e. 借款人卷入重大经济纠纷、诉讼或仲裁程序，足以影响其偿债能力的；

f. 借款人发生其他足以影响其偿债能力的事件的。

② 对担保情况的检查

a. 保证人失去担保能力的；

b. 作为保证人的法人，其经济组织发生承包、租赁、合并和兼并、合资、分立、联营、股份制改造、破产、撤销等行为，足以影响借款合同项下保证人承担连带保证责任的；

c. 作为保证人的自然人发生死亡、宣告失踪或丧失民事行为能力的；

d. 保证人拒绝贷款银行对其资金和财产状况进行监督的；

e. 保证人向第三方提供超出其自身负担能力的担保的。

③ 对抵押物的检查

发现抵押物出现下列情况的，应限期要求借款人更换贷款银行认可的新的担保，对于借款人拒绝或无法更换贷款银行认可的担保的，应提前收回已发放的贷款的本息，或解除合同。

a. 抵押人未妥善保管抵押物或拒绝贷款银行对抵押物是否完好进行检查的；

b. 因第三方人的行为导致抵押物的价值减少，而抵押人未将损害赔偿金存入贷款银行指定账户的；

c. 抵押物损毁、灭失、价值减少，足以影响贷款本息的清偿，而抵押人未在一定期限内向贷款银行提供与减少的价值相当的担保的；

d. 未经贷款银行书面同意，抵押人转让、出租、再抵押或以其他方式处分抵押物的；

e. 抵押人经贷款银行同意转让抵押物，但所得价款未用于提前清偿所担保的债权的；

f. 抵押物被重复抵押。

④ 对质押权利的检查

发现质押权利出现下列情况的，应限期要求借款人更换贷款银行认可的新的担保，对于借款人拒绝或无法更换贷款银行认可的担保的，应提前收回已发放的贷款的本息，或解除合同。

a. 质押权利出现非贷款银行因素的意外毁损、灭失、价值减少，而出质人未在一定期限内向贷款银行提供与减少的价值相当的担保的；

b. 出质人经贷款银行同意转让质押权利，但所得价款未用于提前清偿所担保的债权的；

c. 质押期间未经贷款银行书面同意，质押人赠与、转让、兑现或以其他方式处分质押权利的。

(2) 合同变更

① 基本规定

a. 合同履行期间，有关合同内容需要变更的，必须经当事人各方协商同意，并签订相应变更协议。在担保期内的，根据合同约定必须事先征得担保人书面同意的，须事先征得担保人的书面同意。如需办理抵押变更登记的，还应到原抵押登记部门办理变更抵押登记手续及其他相关手续。

b. 合同变更事宜应由合同当事人(包括借款人、担保人等)亲自持本人身份证件办理或委托代理人代办。委托代理人代办的，经办人应要求代理人持经公证的授权委托书和本人身份证件办理，并将委托书原件和代理人身份证件(复印件)留存。

② 合同主体变更

在合同履行期间，须变更借款合同主体的，借款人或财产继承人持有效法律文件，向借款银行提出书面申请。

经办人应对变更后的借款人主体资格、资信情况进行调查，核实担保人是否同意继续提供担保等，形成书面调查报告后，按贷款审批程序进行审批。

③ 借款期限调整

期限调整指借款人因某种特殊原因，向贷款银行申请变更贷款还款期限，包括延长期限、缩短期限等。

延长期限是指借款人申请在原来借款期限的基础上延长一定的期限，借款合同到期日相应延长。

缩短期限是指借款人申请在原来借款期限的基础上缩短一定的期限，借款合同到期日相应提前。

对于未按照借款合同约定偿还的贷款，贷款人应采取措施进行清收，或者协议重组。

④ 分期还款额的调整

提前还款是指借款人具有一定的偿还能力时，主动向贷款银行提出部分或全部提前偿还贷款的行为。提前还款包括提前部分还本和提前结清两种方式，借款人可以根据实际情况决定提前还款的方式。

对于提前还款，银行一般有以下基本约定：借款人应向银行提交提前还款申请书；借款人的贷款账户未拖欠本息及其他费用；提前还款属于借款人违约，银行将按规定计收违约金；借款人在提前还款前应归还当期的贷款本息。

银行应允许借款人在合同履行期间申请调整分期还款额，并分清原因，分别处理。

a. 借款人提前部分还款后，对于希望保持原贷款期限不变，仅调整分期还款额的申请，银行应在办理完提前部分还款手续后，按贷款余额、剩余贷款期限重新计算分期还款额。

b. 借款人提前部分还款后，如需要调整贷款期限并相应调整分期还款额的，经办人应要求借款人按调整贷款期限提出申请，并按借款期限调整的规定办理。

⑤ 还款方式变更

变更贷款还款方式，即将原来的还款方式变更为等额本息、等本递减、等额递减/递增、等比递减/递增，或银行规定的其他还款方式。

在贷款期内，借款人可以根据实际情况，提出变更还款方式。由于各种还款方式是在一定条件下，需要遵循不同的计息规定的，因此并不是所有的还款方式之间都可以随意互相变更。一种还款方式能否变更为另一种还款方式，需要根据银行的有关规定执行。

借款人若要变更还款方式，需要满足如下条件，如图3.11所示。

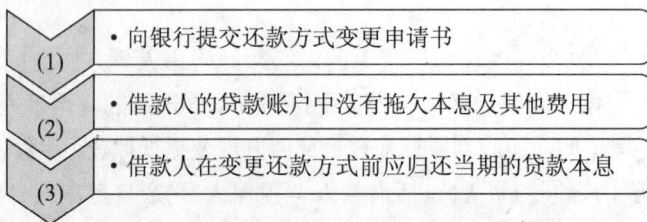

(1) · 向银行提交还款方式变更申请书

(2) · 借款人的贷款账户中没有拖欠本息及其他费用

(3) · 借款人在变更还款方式前应归还当期的贷款本息

图3.11 借款人变更还款方式需要满足的条件

⑥担保变更

在合同履行期间，借款人申请变更保证人或抵(质)押物的，须向银行提出变更贷款担保申请。经办人应审查新的保证人或抵(质)押物是否符合担保要求，该笔贷款是否有拖欠贷款本息及相关费用的情况，提出审查意见，按贷款审批程序进行审批。以房产作为新的抵押物的，必须由银行认可的评估机构对房产进行评估。变更担保后，贷款余额与新的抵(质)押物评估价值之比不得高于规定的抵(质)押率，新的保证人必须有足够的保证能力。

对经审批同意变更担保的，贷款银行应与借款人、担保人签订变更担保协议或重新签订担保合同，办理抵(质)押登记变更等有关手续。

(3) 贷款的回收

银行根据借款合同的约定进行贷款的回收。贷款的回收是指借款人按借款合同约定的还款计划和还款方式及时、足额地偿还贷款本息。贷款本息到期足额收回是贷后管理的最终目的。

借款人与银行应在借款合同中约定借款人归还借款采取的支付方式、还款方式和还款计划等。借款人按借款合同约定偿还贷款本息，银行则将还款情况定期告知借款人。

①贷款支付方式

贷款的支付方式有委托扣款和柜面还款两种方式。借款人可在合同中约定其中一种方式，也可以根据情况在贷款期间进行变更。

②还款方式

借款人要按照借款合同中规定的还款方式进行还款。

贷款回收的原则是先收息、后收本，全部到期、利随本清。一般来讲，短期贷款到期1周之前、中长期贷款到期1个月之前，贷后管理人员应向借款人发送还本付息通知单以督促借款人筹备资金按时足额还本付息。

(4) 贷款风险分类和不良贷款的管理

①贷款风险分类

商业银行应按照《贷款风险分类指引》，至少将贷款划分为正常、关注、次级、可疑和损失5类，并及时根据其风险变化情况调整分类结果，准确反映贷款质量状况。具体内容如表3.1所示。

表3.1 贷款风险的分类

正常贷款	借款人一直能正常还本付息，不存在任何影响贷款本息及时、全额偿还的不良因素，或借款人未正常还款属偶然性因素造成的
关注贷款	借款人虽能还本付息，但已存在影响贷款本息及时、全额偿还的不良因素
次级贷款	借款人的正常收入已不能保证及时、全额偿还贷款本息，需要通过出售、变卖资产、对外借款、保证人、保险人履行保证、保险责任或处理抵(质)押物才能归还全部贷款本息
可疑贷款	贷款银行已要求借款人及有关责任人履行保证、保险责任，处理抵(质)押物，预计贷款可能发生一定损失，但损失金额尚不能确定
损失贷款	借款人无力偿还贷款；履行保证、保险责任和处理抵(质)押物后仍未能清偿的贷款及借款人死亡，或依照《中华人民共和国民法通则》的规定，宣告失踪或死亡，以其财产或遗产清偿后，仍未能还清的贷款

②不良贷款的认定

按照5级分类方式，不良个人贷款包括5级分类中的后3类贷款，即次级、可疑和损失类贷款。银行应按照银行监管部门的规定定期对不良个人贷款进行认定。

③ 不良贷款的催收

对不同拖欠期限的不良个人贷款的催收，可采取不同的方式，如电话催收、信函催收、上门催收、通过中介机构催收，以及采取法律手段，如律师函、司法催收等方式，督促借款人按期偿还贷款本息，以最大限度降低贷款损失，有担保人的要向担保人通知催收。同时，应利用信息技术对不良贷款催收情况进行登记管理，实现不良贷款催收管理的自动化。

④ 不良贷款的处置

抵押物处置可采取与借款人协商变卖、向法院提起诉讼或申请强制执行依法处分。

对认定为呆账贷款的个人贷款，贷款银行应按照财政部、中国人民银行和商业银行有关呆账认定及核销的规定组织申报材料，按规定程序批准后核销。对银行保留追索权的贷款，各经办行应实行"账销案存"，建立已核销贷款台账，定期向借款人和担保人发出催收通知书，并注意诉讼时效。

对确需重组的借款人，银行可在严格5级分类标准、把握好偏离度和风险可控的前提下，重新进行贷款风险评价，重新测算借款人还款能力和偿还期限，并在履行信贷审查审批流程的基础上，科学合理地与借款人协商进行贷款重组，重新签订借款合同，对借款人、贷款品种、担保方式、还款期限、适用利率、还款方式等合同规定的还款条件进行调整，有效缓解借款人暂时的偿债困难。

(5) 贷款档案管理

个人贷款档案是指银行在经办和管理个人住房贷款工作中形成的具有史料价值及参考利用价值的贷款管理专业技术材料的总称。个人贷款档案管理是指个人贷款发放后有关贷款资料的收集整理、归档登记、保存、借(查)阅管理、移交及管理、退回和销毁的全过程。它是根据《档案法》及有关制度的规定和要求，对贷款档案进行规范的管理，以保证贷款档案的安全、完整与有效利用。

① 贷款档案的内容

贷款档案可以是原件，也可以是具有法律效力的复印件。贷款档案主要包括的内容如表3.2所示。

表3.2 贷款档案的主要内容

借款人的相关资料	借款人身份证件(居民身份证、户口本或其他有效证件)；贷款银行认可部门出具的借款人经济收入和偿债能力证明；抵押物或质物清单、权属证明、有处分权人同意抵押或质押的证明及有权部门出具的抵押物估价证明；保证人资信证明及同意提供担保的文件；个人贷款申请审批表；借款合同；抵押合同(质押合同、保证合同)；保险合同、保险单据；贷款凭证；委托转账付款授权书
贷后管理的相关资料	贷后检查记录和检查报告；逾期贷款催收通知书；贷款制裁通知书；法律仲裁文件；依法处理抵押物、质押物等形成的文件；贷款核销文件

② 档案的收集整理和归档登记

银行贷款经办人根据个人贷款归档要求，在贷款发放后，收集整理需要归档的个人贷款资料，并交档案管理人员进行登记。

银行可根据业务需要和人员配置情况，决定是否设立专门或兼职的个人贷款档案管理人员，档案管理人员应具备一定的档案专业知识和个人贷款业务知识，负责个人贷款档案资料的登记和管理工作。

银行可根据业务需要和所具备的条件，确定个人贷款档案是独立保管还是与银行其他档案共用保管场所。

档案管理员收到贷款经办人移交的个人贷款档案资料后，对归档档案资料的完整性和合规性进行必要的审查，并按照立卷原则对归档资料进行整理和归档登记。归档登记可以根据银行具备的条件利用计算机或其他媒介进行。在贷款归还阶段，银行信贷部门应及时整理补充材料和档案变更材料，并在规定时间内填写清单移交档案管理人员，由档案管理员插入、补充卷内目录内容。

③ 档案的借(查)阅管理

个人贷款档案借(查)阅是指对已登记的个人贷款档案资料的查阅、借出、归还等进行管理，并保留全部交易的历史信息，可以实现对借(查)阅已归档资料情况的登记及监控。档案的借(查)阅可以利用计算机系统或人工进行。

当已归档保存的个人贷款档案发生借出、借阅、归还时，档案管理员应根据有关的档案管理规定，要求借阅、查询人员填写有关的登记表并签字，对于借阅有关贷款的重要档案资料，必须经过有权人员的审批同意。档案管理员还应对借阅、归还等进行登记。

④ 档案的移交和接管

根据业务需要，有关个人贷款档案需要移交给其他档案管理机构或部门，进行档案的移交和接管工作时，移交和接管双方应根据有关规定填写移交和接管有关清单，双方签字，并进行有关信息的登记工作。

⑤ 档案的退回

借款人还清贷款本息后，一些档案材料需要退还借款人。

领取重要档案材料应由借款人本人办理，并出示身份证原件。借款人委托他人领取的，受托人应出示借款人签发的委托书原件及借款人身份证复印件、受托人本人身份证原件、受托人身份证复印件。

重要档案材料保管部门凭信贷部门和会计部门出具的"贷款本息结清通知书"，将重要档案材料退回信贷部门。信贷部门开具"重要档案材料清退确认书"。借款人或受托人和信贷人员在确认书上签字后，将重要档案退还借款人，确认书及有关资料归档，档案管理人员进行有关信息登记。

例题3　下列关于个人住房贷款合同的说法，错误的是(　　)。(单项选择题)

A. 应使用统一格式的个人住房贷款的有关合同文本

B. 对不准备填写内容的空白栏不需再做处理

C. 同笔贷款的合同填写人与合同复核人不得为同一人

D. 对采取抵押担保方式的，应要求抵押物共有人在相关合同文本上签字

答案　B

解析　个人住房贷款是指贷款人向借款人发放的用于购买住房的贷款。在填写有关合同文本的过程中，要填写空白栏，且空白栏后有备选项的，在横线上填写好选定的内容后，对未选的内容应加横线表示删除；合同条款有空白栏，但根据实际情况不准备填写内容的，应加盖"此栏空白"字样的印章。

例题4 借款人履行保证、保险责任和处理抵(质)押物后仍未能清偿的贷款属于(　　)。(单项选择题)

A. 关注贷款　　　　　B. 次级贷款　　　　　C. 可疑贷款　　　　　D. 损失贷款

答案 D

解析 损失贷款是指借款人无力偿还贷款,履行保证、保险责任和处理抵(质)押物后仍未能清偿的贷款及借款人死亡,或依照《中华人民共和国民法通则》的规定,宣告失踪或死亡,以其财产或遗产清偿后,仍未能还清的贷款。

例题5 下列关于个人住房贷款贷后档案管理的说法,错误的有(　　)。(多项选择题)

A. 贷款档案必须是原件

B. 个人住房货款档案必须独立保管,不得与银行其他档案共用保管场所

C. 对于借阅有关贷款的重要档案资料,必须经过有权人员的审批同意

D. 借款人还清贷款本息后,银行保存全部档案资料

E. 领取重要档案材料必须由借款人本人办理,不得委托他人

答案 ABDE

解析 A项贷款档案可以是原件,也可以是具有法律效力的复印件;B项银行可根据业务所需要和所具备的条件,确定个人住房贷款档案是独立保管还是与银行其他档案共用保管场所;C项为正确的,对于借阅有关贷款的重要档案资料,必须经过有权人员的审批同意;D项借款人还清贷款本息后,一些档案资料需要退换借款人;E项领取重要档案材料应由借款人本人办理,并出示身份证原件,借款人委托他人领取的,受托人应出示借款人签发的委托书原件及借款人身份证复印件、受托人本人身份证原件、受托人身份证复印件。

例题6 商用房贷款的贷后与档案管理包括(　　)。(多项选择题)

A. 不良贷款管理　　　　　B. 合同变更　　　　　C. 贷后检查

D. 贷款回收　　　　　E. 贷后档案管理

答案 ABCDE

解析 商用房贷款的贷后与档案管理是指贷款发放后到合同终止前对有关事宜的管理,包括贷款回收、合同变更、贷后检查、不良贷款管理及贷后档案管理5个部分。

例题7 贷款发放前,应落实有关贷款发放条件,其主要包括(　　)。(多项选择题)

A. 确保借款人首付款已全额支付或到位

B. 需要办理保险、公证等手续的,有关手续已经办理完毕

C. 对采取抵(质)押和抵押加阶段性保证担保方式的贷款,要落实贷款抵(质)押手续

D. 对自然人作为保证人的,应明确并落实履行保证责任的具体操作程序

E. 对采取抵(质)押和抵押加阶段性保证担保方式的贷款,抵押物或质押物已经转移到银行

答案 ABCD

解析 贷款发放前,贷款发放人应落实有关贷款发放条件,主要包括:①需要办理保险、公证等手续的,有关手续已经办理完毕;②对采取委托扣划还款方式的借款人,要确认其已在银行开立还本付息账户用于归还贷款;③对采取抵(质)押的贷款,要落实贷款抵(质)押手续;④对自然人作为保证人

的，应明确并落实履行保证责任的具体操作程序；对保证人有保证金要求的，应要求保证人在银行存入一定期限的还本付息额的保证金。

例题8 在个人汽车贷款业务中，贷款审批人审查的内容包括(   )。(多项选择题)

A. 贷款用途是否合规

B. 报批贷款的主要风险点及其风险防范措施是否合规有效

C. 贷前调查人的调查意见是否准确、合理

D. 借款人是否有还款能力

E. 借款人申请借款的期限是否符合有关贷款办法和规定

答案 ABCDE

解析 贷款审批人应对以下内容进行审查：①借款人资格和条件是否具备；②借款用途是否符合银行规定；③申请借款的金额、期限等是否符合有关贷款办法和规定；④借款人提供的材料是否完整、合法、有效；⑤贷前调查人的调查意见、对借款人资信状况的评价分析以及提出的贷款建议是否准确、合理；⑥对报批贷款的主要风险点及其风险防范措施是否合规有效；⑦其他需要审查的事项。

例题9 贷款的签约流程包括(   )。(多项选择题)

A. 填写合同　　　　　B. 审核合同　　　　　C. 签订合同

D. 落实贷款发放条件　　E. 出账前审核

答案 ABC

解析 落实贷款发放条件和出账前审核属于贷款的发放环节流程。贷款的签约流程包括填写合同、审核合同、签订合同。

例题10 根据《担保法》的规定，下列财产可以抵押的有(   )。(多项选择题)

A. 抵押人租赁的房屋和其他地上定着物

B. 抵押人所有的交通运输工具

C. 抵押人经营租赁的机器设备

D. 抵押人依法有权处分的国有的土地使用权

E. 抵押人依法承包的并经发包方同意抵押的荒山的土地使用权

答案 BDE

解析 根据我国《担保法》的规定，可以用作抵押的财产包括：①抵押人所有的房屋和其他地上定着物；②抵押人依法有权处分的国有的土地使用权、房屋和其他地上定着物；③抵押人所有机器、交通运输工具和其他财产；④抵押人依法承包并经发包方同意抵押的荒山、荒沟、荒丘、荒滩等荒地的土地使用权；⑤抵押人依法有权处分的国有的机器、交通运输工具和其他财产；⑥依法可以抵押的其他财产。A、C两项中的财产必须是抵押人所有的才可以抵押，租赁物不可以抵押。

例题11 在个人住房贷款业务中，贷款发放人应在贷款发放前落实的条件包括(   )。(多项选择题)

A. 确认借款人首付款已全额支付到位

B. 借款人所购房屋为新建房的，确认项目工程进度符合有关贷款条件

C. 需要办理保险、公证等手续的，确认有关手续已经办理完毕

D. 对采取委托扣划还款方式的借款人，确认其已在银行开立还本付息账户用于归还贷款

E. 对采取抵(质)押的贷款，落实贷款抵(质)押手续

答案　ABCDE

解析　在个人住房贷款业务中，贷款发放人应在贷款发放前落实的条件具体参照本节考点2的内容。

例题12　同笔贷款的合同填写人与合同复核人不得为同一人。(　　)(判断题)

答案　√

例题13　个人贷款调查应以(　　)方式为主。(单项选择题)

A. 电话查询　　　　B. 间接查询　　　　C. 信息查询　　　　D. 实地调查

答案　D

解析　贷款调查应以实地调查为主、间接调查为辅，采取现场核实、电话查问以及信息咨询等途径和方法。贷款人应建立并严格执行贷款面谈、面签和居访制度。通过电子银行渠道发放低风险质押贷款的，贷款人至少应当采取有效措施确定借款人的真实身份。

例题14　为证明借款人的偿贷能力，银行可接受的收入或财产证明有(　　)。(多项选择题)

A. 过去3个月的工资单流水账　　　　B. 股东分红决议

C. 个人所得税纳税证明　　　　D. 租赁合同及租金收入银行流水账

E. 验资报告

答案　ABCE

解析　借款申请人偿还能力证明材料主要包括：稳定的工资收入证明，如至少过去3个月的工资单、银行卡对账单、存折对账单等；投资经营收入证明，如验资报告、公司章程、股东分红决议、纳税证明等；财产情况证明，如房产证、存单、股票、债券等；其他收入证明材料。贷前调查人能通过有关渠道查询到申请人资信和偿还能力证明的，可不要求申请人提供。

例题15　按照5级分类方式，不良个人住房贷款包括(　　)类贷款。(多项选择题)

A. 正常　　　　B. 关注　　　　C. 次级

D. 可疑　　　　E. 损失

答案　CDE

解析　按贷款形态划分，贷款可分为正常、关注、次级、可疑和损失5类，不良个人住房贷款包括次级、可疑和损失类贷款。

例题16　个人住房贷款审批流程中，审批人应进行审查的内容包括(　　)。(多项选择题)

A. 借款人的资信状况　　　　B. 申请借款的金额、期限

C. 借款用途　　　　D. 借款人所购房产的面积、结构

E. 借款人资格和条件

答案　ABCE

解析　贷款审批人应对以下内容进行审查：①借款人资格和条件是否具备；②借款用途是否符合银行规定；③申请借款的金额、期限等是否符合有关贷款办法和规定；④借款人提供的材料是否完整、合法、有效；⑤贷前调查人的调查意见、对借款人资信状况的评价分析以及提出的贷款建议是否正确、合理；⑥对报批贷款的主要风险点及其风险防范措施是否合规有效；⑦其他需要审查的事项。

例题17　下列是个人住房贷款贷后检查对象的有(　　)。(多项选择题)

A. 借款人　　　　　　　B. 抵押物　　　　　　　C. 担保人

D. 质押物　　　　　　　E. 合作开发商及项目

答案　ABCDE

解析　个人住房贷款的贷后检查是以借款人、抵(质)押物、担保人、担保物、合作开发商及项目为对象，通过客户提供、访谈、实地检查、行内资源查询等途径获取信息，对影响个人住房贷款资产质量的因素进行持续跟踪调查、分析，并采取相应补救措施的过程，判断借款人的风险状况，提出相应的预防或补救措施。

例题18　在商业助学贷款中，借款人、担保人在贷款期间发生违约行为时，贷款银行可以采取的措施有(　　)。(多项选择题)

A. 要求更换担保人，或减少相应价值的抵(质)押物

B. 停止发放尚未使用的贷款

C. 要求限期纠正违约行为

D. 在原贷款利率基础上加收利息

E. 提前收回部分或全部贷款本息

答案　BCDE

解析　借款人、担保人在贷款期间发生违约事件，除B、C、D、E选项外，贷款银行还可采取以下任何一项或全部措施：要求增加所减少的相应价值的抵(质)押物，或更换担保人；定期在公开报刊及有关媒体上公布违约人姓名、身份证号码及违约行为；向保证人追偿；依据有关法律及规定处分抵(质)押物；向仲裁机关申请仲裁或向人民法院起诉。

例题19　商业助学贷款实行分次放款的形式。(　　)(判断题)

答案　×

解析　商业助学贷款的开户放款包括一次性开户放款和分次放款两种。国家助学贷款只实行分次放款的形式。

第2节　个人贷款业务风险管理

考点3　信用风险识别与评估

就潜在损失的程度而言，信用风险是首要的银行风险，少数重要客户的违约可能会给银行

带来巨大损失，甚至导致支付危机。因此，作为现代商业银行，必须加强信用风险管理。对商业银行面临的信用风险进行识别、评估，在此基础上回避、缓释或保留吸收风险，是信用风险管理的关键环节。

信用风险识别是指在各种风险发生之前，商业银行对业务经营活动中可能发生的风险种类、生成原因进行分析、判断，这是商业银行风险管理的基础。风险识别准确与否，直接关系到能否有效地防范和控制风险损失。抵御、防范信用风险的核心是要正确衡量信用风险。

1. 个人客户信用风险识别与评估

(1) 个人客户信用风险来源

商业银行与个人客户之间广泛存在着信息不对称，如银行对居民个人收入与信用方面的信息、居民个人现在与将来在收入与支出方面的信息的掌握非常有限。个人客户收入水平、财产数量、负债状况以及过去有无信用不良记录等个人信用信息，对银行授信决策很重要，但银行却不易全面获知；或虽通过专人调查研究能够获知但信息搜寻成本高昂，得不偿失。因此，当借款人或信用卡持卡人由于收入下降、失业等原因导致清偿能力下降，难以归还银行贷款时，就产生了信用风险。

市场价格波动也会引发信用风险。在个人消费贷款中，由于借款人的住房、汽车等抵押物有可能出现价格下跌风险，将使银行贷款存在不能得到全额清偿的风险。

(2) 个人客户信用风险评估衡量

专家判断法的最重要特征，就是银行信贷的决策权由银行经过长期训练、具有丰富经验的信贷人员所掌握，并由他们作出是否贷款的决定。因此，在信贷决策过程中，信贷人员的专业知识、主观判断以及某些要考虑的关键要素权重成为最重要的决定因素。

在专家判断法中，"5C"要素分析法长期以来得到广泛应用。

"5C"指借款人的道德品质(character)、能力(capacity)、资本(capital)、担保(collateral)、环境(condition)。

有些银行将客户的特征归纳为"5P"要素，即个人因素(personal factor)、资金用途因素(purpose factor)、还款来源因素(payment factor)、债权保障因素(protection factor)、前景因素(perspective factor)。

类似地，还有"5W"因素分析法，即借款人(who)、借款用途(why)、还款期限(when)、担保物(what)及如何还款(how)。

尽管专家判断法在银行信用风险分析中发挥着重要作用，然而实践证明它仍然存在着许多难以克服的缺点和不足。

2. 信用评分模型

信用评分模型是消费信贷管理中先进的技术手段，是商业银行个人授信业务最核心的管理技术之一，被广泛应用在信用卡生命周期管理、购车贷款管理、住房贷款管理等领域，在市场营销、风险管理、客户管理等各个方面都发挥着十分重要的作用。

信用评分模型运用先进的数据挖掘技术和统计分析方法，通过对消费者的人口特征、信用历史记录、行为记录、交易记录等大量数据进行系统分析，挖掘数据中蕴含的行为模式、信用特征，捕捉历史信息和未来信用表现之间的关系，发展出预测性的模型，以一个信用评分来综合评估消费者未来的某种信用表现。信用评分模型能为消费信贷管理人员提供大量具有高度预测力的信息，帮助管理人员制定行之有效的管理策略，以较高的精度有效开拓市场、管理风险、挖掘收益，实现消费信贷业务的高效益。

3. 个人客户统一授信管理

无论是专家判断法，还是信用评分模型，其目的都是切实加强以客户为基础的信用风险管理，实现个人客户的统一授信管理。

个人客户统一授信管理是指商业银行作为一个整体，对单一客户统一确定最高综合授信额度，并加以集中统一管理的信用风险管理制度。

(1) 个人客户统一授信管理应遵循的原则

① 统一管理原则

② 全面测算原则

③ 分类控制原则

④ 动态管理原则

(2) 个人客户统一授信的管理流程

个人客户统一授信管理并不代替具体各个品种贷款或信用卡的审批，对于单笔贷款或信用卡的调查、审查、审批还应符合各贷款品种或信用卡的相关管理办法和信贷政策。商业银行应开发相应程序用于辅助家庭收入偿债比和额度的具体测算。

对于提供抵(质)押物授信申请的审批，需根据客户所提交的借款申请人及其配偶的收入证明、财产证明等以及查询得到的征信报告，测算家庭收入偿债比；对于申请无抵押授信的审批流程，将根据相关资料同时计算家庭收入偿债比和无抵押授信限额。

对于已获得公司授信的有限责任公司、股份有限公司、个人独资企业、合伙企业的主要或控股股东、合伙人的个人经营性授信，应同时向公司授信风险管理部门索取企业公司授信的相关材料，并提交审批。专职审批人应在考虑企业公司授信的基础上决定对借款人的个人经营性授信。

例题20 5C要素分析法指的是( )。(多项选择题)

A. 借款人道德品质　　　B. 能力　　　　　　　C. 资本

D. 担保　　　　　　　　E. 环境

答案 ABCDE

解析 "5C"指借款人道德品质(character)、能力(capacity)、资本(capital)、担保(collateral)、环境(condition)。

例题21 5P是指( )。(多项选择题)

A. 个人因素　　　　　　B. 资金用途因素　　　C. 还款来源因素

D. 债权保障因素　　　　E. 前景因素

答案 ABCDE

解析 "5P"要素，即个人因素(personal factor)、资金用途因素(purpose factor)、还款来源因素(payment factor)、债权保障因素(protection factor)、前景因素(perspective factor)。

例题22 个人客户统一授信管理应遵循的原则有( )。(多项选择题)

A. 统一管理原则   B. 全面测算原则

C. 分类控制原则   D. 动态管理原则

答案 ABCD

解析 以上四项原则均属于个人客户统一授信管理应遵循的原则。

例题23 陈小姐是某公司职员,每月工资收入为人民币8000元,每月信用卡还款人民币2500元,每月支付保险费人民币500元,则其每月所有债务支出与收入比为( )。(单项选择题)

A. 37.5%   B. 31.3%   C. 47.2%   D. 53.5%

答案 A

解析 由题意知,陈小姐月所有债务支出与收入比为$(2500+500)/8000 \times 100\% = 37.5\%$。

考点4 风险缓释与控制

1. 抵押及担保

抵押是个人贷款信用风险缓释的主要方法,在银行实践中,也是普遍使用的重要风险缓释工具。按照巴塞尔协议Ⅱ,银行存在的信用风险暴露或潜在的信用风险暴露,可全部或部分以交易对象或代表交易对象的第三方的抵押品进行避险。

(1) 抵押作为风险缓释工具的功能分析

① 增加借款人的违约成本,防范抵押风险;

② 减少银行风险暴露,降低违约损失。

(2) 抵押品价值评估的必要性

抵押品作为减少银行损失的信用风险缓释工具,其发挥作用的重要前提条件是对借款人或借款人相关交易主体提供对抵押品价值的合理评估。

① 在贷款发放之前,抵押物的评估价值是银行进行审批决策、授信限额以及贷款定价的关键因素。

② 在贷款存续期间,抵押品价值是银行判断抵押品对信贷资产保护程度变化的重要依据,银行需要根据抵押品特点实行不同频率的动态监控,及时揭示价值波动,并采取相应的风险控制手段,如要求借款人及时补足抵押缺口或部分提前还款,以降低风险敞口。

③ 对于发生信用违约,银行需要通过处置抵押品来实现债权保障时,抵押品价值是判断银行可能收回资金额度的重要参考依据。抵押物处置的价格影响因素较多,涉及利益主体多,银行往往需要通过法院等执法机构,通过评估机构、拍卖行等中介机构处置抵押品。这些主体往往会出于自身利益的追求,以各种方式影响抵押品的处置价值。这些因素极为复杂,在一定程度上影响了评估机构对抵押物价值的准确评定。另外,价格越低,愿意购买的市场主体越多,交易成功率就越大,评估结果得到市场认可的可能性也就越大。这样,评估机构出于增加成交概率、提高市场认可度的目的,往往会趋向于低估抵押品的价值。而如果抵押品价值低估,银行以此为参考价格委托拍卖行拍卖,往往会导致银行的债权受损。

(3) 银行加强抵押品管理的主要措施

① 银行内部要建立抵押品内部评估及管理机制;

② 建立抵押品全程管理体系。

2. 催收管理

(1) 催收管理的目标

催收管理的目标是利用有限资源,最大限度地促使债务人清偿债务,管理对象是未能按照合同约定日期和金额还款的债务人,催收管理涉及的产品主要包括个人消费类贷款、个人投资经营类贷款、个人质押类贷款、其他个人贷款及信用卡应收账款等。

(2) 催收管理的手段

根据信贷机构的资源配置情况和债务人的具体情况,可采取多种催收管理的手段进行清收,主要包括5大类,具体内容如表3.3所示:

表3.3　催收管理的5类手段

电子批量催收	电子批量催收是以电子信息系统为平台,对于触发预设规则的债务人以自动发送短信、信函的形式提示或者要求债务人尽快清偿债务。电子批量催收的特点是时效性强、成本低,适合早期催收阶段。以短信、信函方式为主的电子批量催收一般需要包含债权人信息、还款金额、还款期限、相关利息费用收取提示、提醒借款人未履行还款义务可能面临的法律责任等
人工催收	人工催收是催收员通过致电债务人或者上门访问债务人等形式主张债权,与电子批量催收相比,人工催收的成本较高、单位时间内催收户数有限,但是催收效率较高,适用于金额较大、逾期时间较长、客户还款意愿较低的账户催收。人工催收的主要方式包括电话催收和上门催收
处理抵/质押品	对借款人明确表示丧失还款能力或拒绝继续履行合同的抵/质押贷款,应采取措施处置抵/质押物。抵/质押品的处置方式可分为抵/质押人自行处置与银行直接处置两种方式。对由抵/质押人自行处置押品的,处置金额必须征得银行同意,处置的过程和所得必须由银行监控。对银行直接处置抵/质押品的,银行事前应提示借款人及抵押人通过法律程序处置抵/质押品过程中所产生的费用,且相关费用均应由借款人承担,以尽可能与抵押人达成协议,采取折价、拍卖、变卖的方式处理抵/质押物
以物抵债	借款人无货币清偿能力时,应当以拍卖、变卖抵/质押财产或者其他财产所得清偿银行债务。财产暂时难以变现并符合有关规定的,可以办理以物抵债
法律催收	法律催收包括诉前法律催收和诉讼法律催收两部分。诉前法律催收主要方式为委托律师事务所发送律师函,诉讼法律催收是认定债务人属恶意逃避银行债务,在确认催收无效后通过起诉借款人、担保人,处置抵/质押物、控制借款人的其他财产等法律途径进行清收

(3) 催收记录

无论采取何种催收形式,催收人员都需要详细记录对客户的监控和催收情况,对催收工作进行监督和后评价,并作为日后不良资产处置、法律诉讼的凭证,催收记录的主要内容应包括客户基本信息、催收时间、信函发送地址、短信发送手机号码、人工催收对象(债务人本人或家属、同事)、电话接听的状态、债务人的应答信息及还款承诺、律师催收函记录、移送起诉或仲裁不良贷款记录、移交外包服务商催收的贷款台账及服务商记录等。

(4) 催收流程

根据催收客户数量、金额、逾期时间、还款意愿等因素,催收流程一般设置为早期催收、中期催收和不良贷款催收3大步骤,具体情况如表3.4所示。

表3.4 催收流程

流程	具体的内容
早期催收	早期催收是针对有偿还能力或偿还意愿，但存在一些可能对偿还产生不利影响的借款人，账户刚进入逾期，甚至尚未逾期时，银行采取的催收行动。早期催收面对的客户逾期时间较短、客户信息一般仍然有效，如果及时采取有效的催收手段，客户还款可能较高，但是催收客户数量较大，所以银行一般会采取电子集中催收和电话催收模式。从经验数据看，早期催收成本低，随着拖欠时间延长，催收成本会成倍增长
中期催收	中期催收是针对早期催收无效、偿还能力或偿还意愿下降，但仍有希望足额偿还本息的借款人，账户逾期一段时间后，银行采取的催收行动。中期催收面对的客户逾期时间相对较长、还款能力和还款意愿出现一定问题、部分客户已经无法联系，如果不采取较为严厉的催收手段，客户还款的可能较低。此时催收客户数量会相对较少，所以银行一般会采取上门催收和发送律师函催收模式
不良贷款催收	不良贷款催收是针对多次催收无效、借款人的还款意愿或还款能力出现明显问题，完全依靠其正常收入无法足额偿还贷款本息时，银行采取的催收行动。不良贷款催收面对的客户逾期时间长、客户还款意愿极差、贷款损失风险较大，或者始终无法联系到借款者本人，还款的可能性低。此时银行采取要求担保机构代偿、处理抵/质押品、以物抵债等催收方式进行催收，仍然无效时则须提出法律诉讼

(5) 催收评分模型

催收评分模型根据现有客户过去的行为，评估其还款可能性。催收评分模型已被普遍使用于从已经逾期的客户中选择需要优先催收的客户，阻止和避免已逾期账户持续和进一步逾期到更坏的状态。

催收评分模型可以将已经逾期的客户按照其还款可能性进行排序，一般来说，催收评分越高，客户风险越低，还款的可能性越高；催收评分越低，客户风险越高，还款的可能性越低。

使用催收评分模型可以有效地提高银行催收管理的效率，节约催收资源配置。举例来说，100个进入逾期的账户，其中评分最高的30个客户继续拖欠的可能性仅为2%，那么对这部分客户就不需要进行催收行动，或者仅需要发送一条短信提示还款；而评分最低的20个客户继续拖欠的可能性达到20%，那么对这部分客户则需要直接开始电话催收，甚至外包催收。

(6) 外包催收

在银行自主采取的各类催收办法无效，或经预测认定采取催收服务外包比自主催收更符合成本效益原则的情况下，银行会采取将不良贷款的催收和诉讼外包给专业机构进行催收。

外包催收可以节约银行催收成本，提高催收效率，但是银行也需要做好对催收外包机构的管理，防范出现以下风险：

① 声誉风险；

② 信息泄露风险；

③ 道德风险。

3. 外部合作机构管理

(1) 外部合作机构的主要分类

外部合作机构是指为银行个人贷款业务提供担保、中介服务、专业咨询或其他合作关系的业务第三方。按照在与银行授信合作中所履行的职责不同和对授信资产可能造成的影响程度，外部合作机构可分为以下3类，具体内容如表3.5所示。

表3.5 外部合作机构的主要分类

担保类合作方	是指为借款人个人贷款提供担保的合作机构，作为银行授信的第二还款来源，合作方包括专业担保公司和其他承担担保责任的合作方
公信类合作方	是指以其专业判断对银行授信提供支持，银行借助其专业判断进行授信决策，包括律师事务所、会计师事务所、评估事务所等
中介服务类合作方	是指向银行提供客户来源或与银行合作向客户提供服务，其信誉状况、操作水平对银行授信资产风险有一定影响的合作方，包括二手房中介公司、汽车经销商、保险公司、催收外包公司等

(2) 外部合作机构的管理要求

① 担保类合作方的管理要求，如表3.6所示。

表3.6 担保类合作方的管理要求

管理要求	具体内容
基本条件	主营业务必须是提供担保，为个人融资提供担保在其担保业务范围之内；必须依法在当地注册，具有完善的法人治理结构、有符合《公司法》要求的公司章程，有健全的经营管理机构、完善的业务操作流程、严格的财务管理制度，并且未发生重大违规现象，不从事担保业务以外的投资经营活动，企业经营及财务状况良好；有固定的营业场所，有科学的风险控制机制和严格的担保评估机制，配备或聘请适应工作需要的经济、法律、技术等方面的相关专业人才，有着较强的评估能力，对担保项目的风险评估审查严密
担保贷款债务承受额核定	银行应根据担保机构的资本情况及其信誉情况、对外担保的余额情况等因素，合理确定可接受的担保金额，控制其超过自身实力的过度担保 担保机构全部对外担保总额的上限一般不得超过10倍，对于由政府部门或机构出资设立的住房置业担保机构或公积金担保中心，其对外担保总额的上限一般不得超过30倍
明确责任	双方签订的合作协议中需明确担保类合作方应承担的责任，担保机构提供的担保为不可撤销的连带责任保证，放弃对担保债务的抗辩权。担保机构的担保范围原则上应为所担保的贷款合同项下银行的全部债权余额，包括本金、利息及实现债权的费用等

② 公信类合作方管理要求，如表3.7所示。

表3.7 公信类合作方的管理要求

管理要求	具体内容
基本条件	有固定的营业场所；具有较高的执业能力、在行业内具有较高的声誉；内部管理制度健全；具有充足的具备执业资格的人才；近三年无不良执业记录
明确责任	双方签订合作协议书，明确合作方的责任和义务，一旦合作方出现违约或欺诈行为，银行可依据协议约定追究其赔偿责任
动态调整	银行管理职能部门应根据合作使用情况的考核，动态调整库内合作方，同时管理职能部门要与行业协会及主管部门建立联系渠道，及时掌握各行业管理的最新信息。对工商部门或行业协会年检不合格、在行业协会及监管机构出现不良从业记录或出现严重质量或道德问题的合作方，应及时剔除出库

③ 中介服务类合作方管理要求，如表3.8所示。

表3.8 中介服务类合作方的管理要求

管理的要求	具体内容
基本条件	有固定的营业场所、明确的业务范围，经营实力强，收费合理，能够提供优质、高效的服务
明确责任	与中介服务类合作方签订正式协议，明确合作双方的责任和义务，一旦合作方出现违约或欺诈行为，银行可依据协议约定追究其赔偿责任

(续表)

管理的要求	具体内容
风险防控	对于自身进行经营的中介服务机构,如二手房中介、出国留学中介,应严格审查其经营的合法性和诚信状况,防止中介机构利用银行声誉违法开办自身业务,对客户进行诈骗,引起客户与银行的纠纷。同时,应对中介机构的收费情况进行必要的调查,防止中介机构打着银行的旗号,向客户收取高额的手续费、办理费
合理评价	银行对中介服务类合作方的合作态度、合作质量应及时总结评价,对合作机构的工作业绩进行后评价,评价的内容包括外包服务商的工作效率、给银行带来的收益或损失等内容,以便定期对外包服务商的工作绩效进行考核

4. 资产证券化

(1) 资产证券化的概念

资产证券化是指将缺乏流动性,但能产生稳定的现金流的资产,通过一定的结构安排,对资产中风险与收益要素进行分离与重组,进而转换成为在金融市场上可以出售和流通的证券的过程。

信贷资产证券化主要有两种类型:住房抵押贷款支持的证券化(mortgage-backed security,MBS)和资产支持的证券化(asset-backed securitization,ABS)。MBS与ABS并没有本质上的区别,只是基础资产不同。这种创新型金融工具在近30年的发展中,逐渐被许多国家广泛运用,并成为国际金融市场的发展趋势之一。

(2) 资产证券化的影响

资产证券化改变了信用市场的运作形态,也改变了货币政策对实体经济发生作用的方式和影响程度。

① 证券化的出现和发展改变了商业银行提供流动性的方式;

② 证券化也使货币政策对实体经济的影响方式和程度发生了很大改变;

③ 证券化的发展提高了银行向各类借款人提供信用的意愿;

④ 信贷资产二级市场的发展,推动了一级市场的迅速发展,并使银行的信贷标准发生了改变;

⑤ 资产证券化也改变了风险的传递模式,失去监管的证券化成为金融风险扩散的直接工具。

例题24 抵押作为风险缓释工具的功能有哪些? (　　)(多项选择题)

A. 增加借款人的违约成本,防范抵押风险

B. 减少银行风险暴露,降低违约损失

C. 建立抵押品全程管理体系

D. 银行内部要建立抵押品内部评估及管理机制

答案 AB

解析 A、B两项是抵押作为风险缓释工具的功能,而C、D两项是银行加强抵押品管理的主要措施。

例题25 催收管理手段有哪些? (　　)(多项选择题)

A. 电子批量催收　　　　B. 人工催收　　　　C. 处理抵/质押品

D. 以物抵债　　　　E. 法律催收

答案　ABCDE

解析　以上5项均属于催收管理手段。

例题26　催收的流程为(　　)。(多项选择题)

A. 早期催收

B. 中期催收

C. 不良贷款催收

D. 晚期催收

答案　ABC

解析　催收流程一般设置为早期催收、中期催收和不良贷款催收3大步骤。

■ 考点5　信用风险监控

信用风险监控与报告是信用风险管理流程的重要环节,对风险管理的实施和改进极为重要。它可以帮助各级管理人员了解资产组合在不同时段的表现和质量,对风险管理策略适时进行修正和调整,从而能够达到整个风险管理体系的逐步完善。

信用风险监控是指信用风险管理者通过各种监控手段,动态捕捉信用风险领域的异常变动,判断其是否已经达到引起关注的水平或已经超过阈值。信用风险监控是一个动态、连续的过程。商业银行应建立一整套信用风险内部报告体系,确保董事会、高级管理层、信用风险主管部门能够监控资产组合信用风险的变化情况;根据信息重要性、类别及报告层级的不同,商业银行应明确内部报告的频度和内容。

1. 客户风险监控

在实施零售贷款风险监控过程中,充分考虑不同风险评级客户的风险程度是不同的,按照差别管理、动态管理、重点关注的原则进行管理,具体内容如表3.9所示。

表3.9　客户风险监控

风险程度	具体内容
差别管理	授信风险越高的客户,贷后检查次数应越多、频率应越高,例如对于个人经营贷款、商业用房贷款等投资经营性质的高风险贷款,以及家庭授信余额超过一定限额的贷款人,必须每半年或每季度进行检查,而对于一般消费类贷款可要求一个月内进行首次回访,此后视情况确定检查频率
动态管理	客户风险状况发生变化时,贷后管理的频率、措施及考核的方式进行相应调整
重点关注	在风险监控过程中,对风险级别较高的客户,如贷款金额超过100万元(或根据当地市场情况设定)的大额贷款客户、一人多贷的客户、曾经有过不良记录的客户、有开发商或经销商垫款的客户等,要提高关注度,纳入重点关注客户清单进行管理

2. 资产组合风险监控

从资产组合角度分析,某个地区、某类产品、某类客户的风险状况总是变化的。因此,需要动态跟踪地区、产品、客户或其他维度资产组合的风险状况,建立多维度的风险监控机制,及时进行风险预警。

资产组合的风险监控通过观测风险指标变化进行。关键风险指标有4类,具体内容如表3.10所示。

表3.10 关键风险指标

指标	指标的具体内容
不良资产率指标	不良资产率,一般是指不良资产(次级类贷款+可疑类贷款+损失类贷款)与信贷资产总额之比。以风险分类为基础,可以定期对个人授信整体不良率、分地区不良率、分产品不良率、新发放和存量贷款不良率、不同账龄的不良率等进行监控,可以确定信用风险管理的重点所在,有针对性地制定策略和政策
贷款迁徙率指标	正常及关注类贷款迁徙率=(期初正常贷款中转为不良贷款的余额+关注类贷款转为不良贷款的余额)/(期初正常类贷款余额+关注类贷款余额)
不良贷款拨备覆盖率指标	不良贷款拨备覆盖率是准备金占不良贷款余额的比例,反映了商业银行对贷款损失的弥补能力和对贷款风险的防范能力
风险运营效率指标	为了对信用风险管理策略的执行情况进行监控,需要统计分析风险管理运营效率指标,主要包括审批处理量变动、审批通过率变动、催收成功率变动等

例题27 关键风险指标有4类,主要为(　　)。(多项选择题)

A. 不良资产率指标　　　　　　　　　　B. 贷款迁徙率指标

C. 不良贷款拨备覆盖率指标　　　　　　D. 风险运营效率指标

答案 ABCD

解析 以上4项均为关键风险指标。

第3节 个人贷款业务共性风险及控制措施

考点6 借款人风险及控制措施

1. 借款人风险

(1) 借款人个人的真实收入状况难以掌握,银行难以持续跟踪其收入的稳定性,诸如因失业、疾病、职业变更等原因引发的经济状况恶化,导致借款人还款能力或还款意愿下降,无法按照计划偿还贷款。

(2) 借款人以保值、投资甚至投机为目的的贷款,一旦判断失误,就可能拖延还款甚至放弃还款。

(3) 借款人行为风险。借款人因违规、违法行为受到处罚,如账户被司法机关冻结、营业执照被吊销、货物被没收等;或借款人经营失误,投资项目未能取得应有效益,导致还款来源缺失,从而影响借款人按期归还贷款。

(4) 借款人欺诈风险。借款人违反金融管理法规,采取捏造事实、隐瞒真相或其他不正当手段(如与银行内部人员勾结作案)等,恶意骗取银行贷款。

2. 借款人风险的管理措施

(1) 从借款人个人素质品行、还款能力、还款意愿、收入稳定性、投资经营能力等多方面考察借款人综合信用等级,分析借款人所处行业的发展前景、加强对借款人的经营能力、其所经营业务的盈利能力、现金流量的分析,在确保贷款资料的完整性和贷款行为的真实性的前提下,判断借款人第一还款来源的可靠性,审慎测算预期收入。

(2) 多途径证实借款人收入证明的真实性,包括个人所得税纳税材料、银行账户的交易流水账，必要时可以要求借款人提供个人财产证明资料，如个人存单(折)、房产、汽车、信用卡等。分析借款申请人的收入与其职业是否相符、是否具有内在逻辑关系。

(3) 通过人民银行征信记录、公安部身份验证系统对借款人的身份信息、交易信息、信用状况进行查询，查证借款人提供身份信息的真实性，了解借款人在其他金融机构是否具有不良信用记录。还可根据客户提供的资料在银行内部业务系统进行信息查询，了解客户在本行的存款情况，作为判断申请人资信和还款能力的重要参考。

(4) 银行客户经理人员要认真执行面签和访谈的有关规定，利用谈话技巧，判断借款人贷款的真正意图及买卖交易的真实性和可靠性，完整填写面签记录，逐笔与借款人本人现场签订借款合同。

(5) 充分利用电话核查、上门家访等各种方式进行贷前信息核查和贷后回访，及时掌握借款人的最新状况，并及时采取相应措施降低银行所面临的风险。

> **例题28** 借款人个人的真实收入状况难以掌握，银行难以持续跟踪其收入的稳定性，诸如因失业、疾病、职业变更等原因引发的经济状况恶化，导致借款人还款能力或还款意愿下降，无法按照计划偿还贷款。( )(判断题)
>
> **答案** √

考点7 抵押物风险及控制措施

1. 抵押物风险

(1) 银行未及时办理抵押手续或抵押手续无效而导致抵押物悬空，抵押权利无效，在发生贷款损失需处置抵押品时，银行权利无法得到法律保障。

(2) 抵押物权利瑕疵风险

(3) 抵押物价值下跌风险

(4) 抵押物处置风险

(5) 各地区政策不统一，地方法规不健全使银行推出产品和出台制度规定无法完全顾及地区差异，如各地对抵押登记的规定不尽相同，有的地区房产、地产分开办理抵押登记手续，不同地区对预抵押的法律效力解释不一，以及地方政府出于稳定社会、保障民生的考虑忽视银行正当权益而发生贷款风险。

2. 抵押物风险管理措施

抵押物风险管理措施，如图3.12所示。

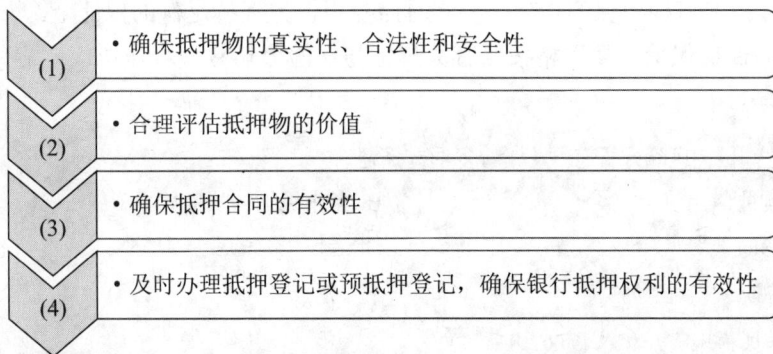

(1)	• 确保抵押物的真实性、合法性和安全性
(2)	• 合理评估抵押物的价值
(3)	• 确保抵押合同的有效性
(4)	• 及时办理抵押登记或预抵押登记，确保银行抵押权利的有效性

图3.12 抵押物风险管理措施

例题29 抵押物风险管理措施有哪些？（　　　）(多项选择题)

A. 确保抵押物的真实性、合法性和安全性

B. 合理评估抵押物的价值

C. 确保抵押合同的有效性

D. 及时办理抵押登记或预抵押登记，确保银行抵押权利的有效性

答案 ABCD

解析 以上4项均属于抵押物风险管理措施。

考点8 合作方风险及控制措施

合作机构的信用状况、偿债能力、管理水平、业界声誉等因素对商业银行个人贷款风险管理有着重要影响。

1. 合作机构风险分析

合作机构风险分析主要有以下4点，如表3.11所示。

表3.11 合作机构风险分析

合作机构的信用状况	从合作机构的信用记录中可以了解其信用状况。一方面，可以在金融监管机构、工商管理部门以及司法部门查看合作机构有无不良记录；另一方面，可以查看合作机构与银行的历史合作记录，了解合作机构有无违约记录，能否按照协议履行贷款保证责任和相关义务
合作机构的偿债能力	重点关注合作机构的资产负债情况。通过对资产负债表的分析，可以获取应付账款、短期负债、长期负债、流动比率、速动比率、资产负债率等参考指标，从而对企业的偿债能力作出判断
合作机构的管理水平	重点分析合作机构的组织结构是否健全；管理制度特别是财务制度是否完善；有无健全的财务监督机制；改制后企业的公司治理结构是否合理
合作机构的业界声誉	业界声誉是社会公众对合作机构的信任和认可程度，良好的声誉是长期努力的结果，充分了解业界声誉对银行的合作机构风险管理不可或缺

2. 合作机构管理措施

(1) 加强贷前调查，切实核查合作机构的资信状况。坚持实地调查原则，严格审查合作机构的信用记录、偿债能力、管理水平、业界声誉、履行责任的意愿和能力。

(2) 严格控制合作担保机构的准入，动态监控其经营管理情况、资金实力和担保能力，及时调整其担保额度。

(3) 对由专业担保机构担保的贷款，要实时监控担保方保持足额的保证金。

(4) 对于履约保证保险，要严格按照有关规定与保险公司签订合作协议，避免事后因为协议漏洞造成贷款损失。

例题30 合作机构风险分析有(　　　)。(多项选择题)

A. 合作机构的信用状况　　　　　　　　　B. 合作机构的偿债能力

C. 合作机构的管理水平　　　　　　　　　D. 合作机构的业界声誉

答案 ABCD

解析 合作机构风险分析包括以上4项的内容。

考点9 银行内部操作风险及管理措施

操作风险是指由不完善或有问题的内部程序、员工和信息科技系统，以及外部事件所造成的损失的风险，包括法律风险，但不包括策略风险和声誉风险。

1. 银行内部操作风险

(1) 银行业务人员不按操作流程要求或规章制度办理业务，如在贷款发放之前不进行面签或真实性调查，抵押担保手续未落实就放款，贷款管理过程中对贷款使用或偿还不能做到定期或不定期的检查和跟进，未能及时催收逾期贷款等。

(2) 银行内部贷款管理体制不健全，岗位设置不合理，责权不明确，对大额贷款和风险高的贷款品种没有进行认真的事前尽职调查和贷款后评价，导致贷款决策失误。

(3) 银行信贷人员法律保护意识淡薄，在签署借款、担保合同时，使主要条款出现疏漏，或合同要素不齐全、追偿已过时效等，导致银行合法债权得不到有效保护。

(4) 银行内部档案管理不规范，对借款合同和有价证券等重要法律文件和质押品不按规定保管，出现档案丢失等工作失误或使不法分子有机可乘。

(5) 银行业务系统风险。电脑系统发生故障、死机、系统业务流程设计出现问题，客户信息丢失或外泄，导致客户投诉，引发银行声誉风险。

2. 银行内部操作风险管理措施

银行内部操作风险管理的措施如下。

建立完善的银行内部控制体系，强化对业务操作过程的控制，建立操作风险预警机制，通过持续监测和早期预警，采用现场和非现场的监控手段，使管理人员及时采取预防措施。

建立完整而清晰的岗位职责制度，明确岗位的职责、岗位工作目标等；根据岗位特点，选择合适的员工从事该岗位的工作，做到量才施用；加强员工的风险教育培训，提高操作风险的识别和控制能力。实行严格的问责制度，对发生操作风险事件的直接经办人员和相关人员进行处理。

加强系统基础设施建设，完善系统控制，利用计算机程序监控等现代化手段，设置和锁定分支机构业务权限，使系统自动核对、实时准确地生成管理信息和报表，增强管理层和上级机构及时发现风险点的能力。

建立应急预案。重大操作风险事件发生后，迅速启动应急预案，以积极的姿态与客户、媒体、开发商或中介机构、政府部门等利益攸关者进行沟通，将负面影响降到最低。

例题31 下面几项属于银行内部操作风险的是(   )。(多项选择题)

A. 银行业务人员不按操作流程要求或规章制度办理业务

B. 银行内部贷款管理体制不健全，岗位设置不合理，责权不明确

C. 银行信贷人员法律保护意识淡薄

D. 银行业务系统风险

答案 ABCD

解析 以上4项均属于银行内部操作风险。

第4节 同步强化训练

一、单项选择题

1. 贷款人应要求借款人以(   )提出个人贷款申请,并要求借款人提供能够证明其符合贷款条件的相关资料。

A. 公开形式　　　　　B. 书面形式　　　　　C. 口头形式　　　　　D. 正式形式

2. 贷款调查应以(   )为主、(   )为辅,采取现场核实、电话查问以及信息咨询等途径和方法。

A. 实地调查　间接调查　　　　　　　B. 直接调查　间接调查

C. 间接调查　实地调查　　　　　　　D. 实地调查　问卷调查

3. 以保证方式担保的个人贷款,贷款工作应由不少于(   )名信贷人员完成。

A. 2　　　　　　　　　B. 3　　　　　　　　　C. 4　　　　　　　　　D. 5

4. 关于个人贷款的贷后管理,下列说法错误的是(   )。

A. 贷款人应定期跟踪分析评估借款人履行借款合同约定内容的情况

B. 经贷款人同意,个人贷款可以展期

C. 1年以上的个人贷款,展期期限累计不得超过原贷款期限

D. 对于未按照借款合同约定偿还的贷款,贷款人应采取措施进行清收,或者协议重组

二、多项选择题

1. 个人贷款应当遵循(   )的原则。

A. 依法合规　　　　　B. 审慎经营　　　　　C. 自主经营

D. 平等自愿　　　　　E. 公平诚信

2. 个人贷款申请应具备的条件有(   )。

A. 借款人必须是具有完全民事行为能力的中华人民共和国公民

B. 贷款申请数额、期限和币种合理

C. 借款人具备还款意愿和还款能力

D. 借款人信用状况良好,无重大不良信用记录

E. 贷款人要求的其他条件

3. 出现(   )情形之一的个人贷款,经贷款人同意可以采取借款人自主支付方式。

A. 借款人无法事先确定具体交易对象且金额不超过三十万元人民币的

B. 借款人交易对象不具备条件有效使用非现金结算方式的

C. 贷款资金用于生产经营且金额不超过一百万元人民币的

D. 借款人交易对象为符合国家有关规定的境外自然人的

E. 法律法规规定的其他情形的

三、判断题

1. 对未获批准的个人贷款申请,贷款人应告知借款人。(   )

答案与解析

一、单项选择题

1. 答案与解析 B

贷款受理人应要求借款申请人以书面形式提出个人贷款申请，并按要求提交能证明其符合贷款条件的相关申请材料。

2. 答案与解析 A

贷款调查应以实地调查为主、间接调查为辅，采取现场核实、电话查问以及信息咨询等途径和方法。

3. 答案与解析 A

以保证方式担保的个人贷款，贷款工作应由不少于两名信贷人员完成。

4. 答案与解析 C

可参照考点2 "5.贷后管理" 的内容。

二、多项选择题

1. 答案与解析 ABDE

个人贷款应当遵循依法合规、审慎经营、平等自愿、公平诚信等原则。

2. 答案与解析 BCDE

个人贷款申请应具备以下条件：

① 借款人为具有完全民事行为能力的中华人民共和国公民或符合国家有关规定的境外自然人；

② 贷款用途明确合法；

③ 贷款申请数额、期限和币种合理；

④ 借款人具备还款意愿和还款能力；

⑤ 借款人信用状况良好，无重大不良信用记录；

⑥ 贷款人要求的其他条件。

3. 答案与解析 ABE

属于下列情形之一的个人贷款，经贷款人同意可以采取借款人自主支付方式：

① 借款人无法事先确定具体交易对象且金额不超过30万元人民币的；

② 借款人交易对象不具备条件有效使用非现金结算方式的；

③ 贷款资金用于生产经营且金额不超过50万元人民币的；

④ 法律法规规定的其他情形。

三、判断题

1. 答案与解析 √

对未获批准的个人贷款申请，贷款人应告知借款人。

第4章

个人住房贷款

个人住房贷款是指银行向自然人发放的用于购买、建造和大修理各类型住房的贷款。个人住房贷款在各国个人贷款业务中都是最主要的产品，在我国也是最早开办、规模最大的个人贷款产品。

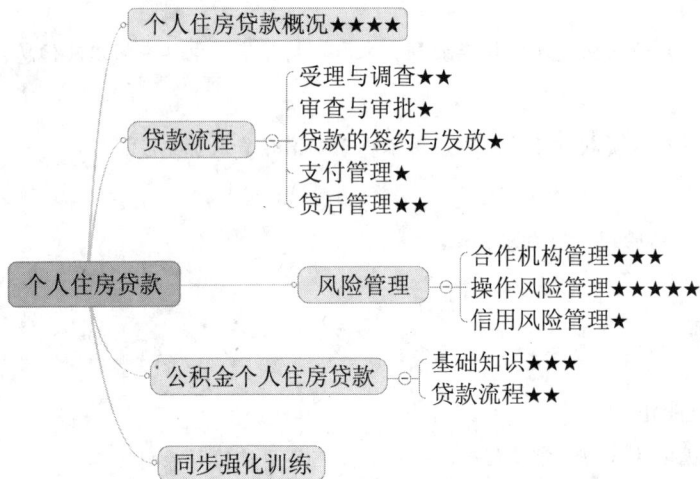

个人住房贷款概况★★★★

贷款流程
- 受理与调查★★
- 审查与审批★
- 贷款的签约与发放★
- 支付管理★
- 贷后管理★★

个人住房贷款

风险管理
- 合作机构管理★★★
- 操作风险管理★★★★
- 信用风险管理★

公积金个人住房贷款
- 基础知识★★★
- 贷款流程★★

同步强化训练

第1节 个人住房贷款概况

1. 个人住房贷款的概念和分类

个人住房贷款是指向借款人发放的用于购买、建造和大修理各类型住房的贷款。

(1) 按照资金来源划分，个人住房贷款包括自营性个人住房贷款、公积金个人住房贷款和个人住房组合贷款，具体内容如表4.1所示。

表4.1 按照资金来源划分的个人住房贷款

自营性个人住房贷款	也称商业性个人住房贷款，是指银行运用信贷资金向在城镇购买、建造或大修理各类型住房的个人发放的贷款
公积金个人住房贷款	也称委托性住房公积金贷款，是指由各地住房公积金管理中心运用个人及其所在单位所缴纳的住房公积金，委托商业银行向购买、建造、翻建或大修自住住房的住房公积金缴存人以及在职期间缴存住房公积金的离退休职工发放的专项住房贷款。该贷款不以营利为目的，实行"低进低出"的利率政策，带有较强的政策性，贷款额度受到限制。因此，它是一种政策性个人住房贷款
个人住房组合贷款	是指按时足额缴存住房公积金的职工在购买、建造或大修住房时，可以同时申请公积金个人住房贷款和自营性个人住房贷款，从而形成特定的个人住房贷款组合，简称个人住房组合贷款

(2) 按照住房交易形态划分，个人住房贷款可分为新建房个人住房贷款、个人二手房住房贷款，具体情况如表4.2所示。

表4.2 按照住房交易形态划分个人住房贷款

新建房个人住房贷款	新建房个人住房贷款俗称个人一手房贷款，是指银行向符合条件的个人发放的、用于在一级市场上购买住房的贷款
个人二手房住房贷款	个人二手房住房贷款是指银行向符合条件的个人发放的、用于购买在住房二级市场上合法交易的各类型个人住房的贷款

(3) 按照贷款利率的确定方式划分，个人住房贷款可分为固定利率贷款和浮动利率贷款。

2. 个人住房贷款的特征

个人住房贷款与其他个人贷款相比，具有以下特点，如表4.3所示。

表4.3 个人住房贷款的特征

特征	具体内容
贷款期限长	购房支出通常是家庭支出的主要部分，住房贷款也普遍占家庭负债的较大份额，因此，个人住房贷款相对于其他个人贷款而言金额较大，期限也较长，通常为10~20年，最长可达30年，绝大多数采取分期还本付息的方式
以抵押为前提建立的借贷关系	一般情况下，个人住房贷款是以住房作抵押这一前提条件发生的资金借贷行为。对于个人住房贷款的借方而言，其目的是通过借款融资而取得购买住房的资金，实现对住房的拥有；对于个人住房贷款的贷方而言，其取得该住房抵押权的目的并不是要实际占有住房，而是为了在贷出资金未能按期收回时，作为一种追偿贷款本息的保障。因此，从融通资金的方式来说，个人住房贷款是以抵押物的抵押为前提而建立起来的一种借贷关系
风险因素类似，风险具有系统性特点	由于个人住房贷款大多数为房产抵押担保贷款，因此风险相对较低。但由于大多数个人住房贷款具有类似的贷款模式，系统性风险也相对集中。除了客户还款能力和还款意愿等方面的因素外，房地产交易市场的稳定性和规范性对个人住房贷款风险的影响也较大

3. 个人住房贷款的发展历程

个人住房贷款在各国个人贷款业务中都是最主要的个人贷款产品，在我国也是最早开办、规模最大的个人贷款产品。国内个人住房贷款最早萌芽于改革开放初期，源于城市住宅制度的改革。当时党中央、国务院高度重视城市住宅建设工作，并多次在会议上提出了在住宅建设方面要充分发挥个人积极性的意见。1980年，在全国城市房屋住宅工作会议上，住房商品化作为今后的工作设想被提了出来，同时提出了购房可分期付款的思路。

20世纪80年代中期，作为首批住房体制改革的试点城市，烟台、蚌埠两市分别成立了住房储蓄银行，开始发放住房贷款。此外，中国建设银行也于1985年开办了住宅储蓄和住宅贷款业务，成为国内最早开办住房贷款业务的国有商业银行。1992年，中国建设银行、中国工商银行先后成立了住房信贷部门，出台了住房抵押贷款的相关管理办法，个人住房贷款开始陆续向规模化、制度化发展。1997年，中国人民银行先后颁布了《个人住房担保贷款管理试行办法》等一系列关于个人住房贷款的制度办法，标志着国内住房贷款业务的正式全面启动。此后，各商业银行陆续开办了此项业务。

住房贷款业务推出的最初几年，由于市场还没有形成普遍的需求，业务发展较慢。个人住房贷款真正的快速发展，应以1998年住房制度改革以及中国人民银行《个人住房贷款管理办法》的颁布为标志。1998年7月3日，国务院正式宣布停止住房实物分配，逐步实行住房分配货币化，同时，"建立和完善以经济适用住房为主的多层次城镇住房供应体系"被确定为住房体制改革的基本方向，个人住房贷款业务逐步进入快速发展阶段。

1998年以来，我国个人住房贷款规模迅速增长。2001年末，全国自营性个人住房贷款余额比1997年末增加了5400多亿元，增长了约33倍。2005年末，全国个人住房贷款余额达到1.84万亿元。截至2008年11月，我国个人住房贷款余额已达到2.95万亿元，比1997年末增长了155倍，占全部国内商业银行人民币贷款余额的10%。

4. 个人住房贷款的要素

(1) 贷款对象

个人住房贷款的对象应是具有完全民事行为能力的中华人民共和国公民或符合国家有关规定的境外自然人。申请人还须满足贷款银行的其他要求，如图4.1所示。

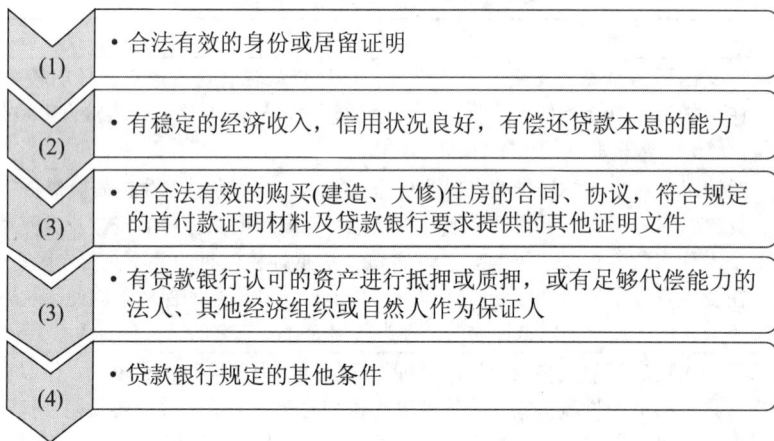

- (1) 合法有效的身份或居留证明
- (2) 有稳定的经济收入，信用状况良好，有偿还贷款本息的能力
- (3) 有合法有效的购买(建造、大修)住房的合同、协议，符合规定的首付款证明材料及贷款银行要求提供的其他证明文件
- (3) 有贷款银行认可的资产进行抵押或质押，或有足够代偿能力的法人、其他经济组织或自然人作为保证人
- (4) 贷款银行规定的其他条件

图4.1 申请人还须满足贷款银行的其他要求

(2) 贷款利率

客户本身存在一定的风险，因此银行都会在中国人民银行规定的贷款利率的上下限基础上确定每笔贷款的利率。个人住房贷款的利率按商业性贷款利率执行，上限放开，实行下限管理。根据现行说法，个人住房贷款利率浮动区间的下限仍为基准利率的0.7倍。对贷款购买第二套住房的家庭，贷款利率不得低于基准利率的1.1倍；各商业银行暂停发放居民家庭购买第三套及以上住房贷款；对不能提供1年以上当地纳税证明或社会保险缴纳证明的非本地居民暂停发放购房贷款。中国人民银行、银监会要指导和监督商业银行严格住房消费贷款管理。

个人住房贷款的计息、结息方式，由借贷双方协商确定。一般来说，个人住房贷款的期限在1年以内(含1年)的贷款，实行合同利率，遇法定利率调整不分段计息；贷款期限在1年以上的，合同期内遇法定利率调整时，可由借贷双方按商业原则确定，可在合同期间按月、按季、按年调整，也可采用固定利率的确定方式。但在实践中，银行多于次年1月1日起按相应的利率档次执行新的利率规定。

(3) 贷款期限

各个银行根据自身的情况，对这一规定会有所差异。部分银行有以下做法：个人一手房贷款和二手房贷款的期限由银行根据实际情况合理确定，最长期限都为30年。个人二手房贷款的期限不能超过所购住房的剩余使用年限。对于借款人已离退休或即将离退休的(目前法定退休年龄为男60岁，女55岁)，贷款期限不宜过长，一般男性自然人的还款年限不超过65岁，女性自然人的还款年限不超过60岁。符合相关条件的，男性可放宽至70岁，女性可放宽至65岁。

(4) 还款方式

个人住房贷款可采取多种还款方式进行还款。例如，一次还本付息法、等额本息还款法、等额本金还款法、等比累进还款法、等额累进还款法及组合还款法等多种方法。其中，以等额本息还款法和等额本金还款法最为常用。一般来说，贷款期限在1年以内(含1年)的，借款人可采取一次还本付息法，即在贷款到期日前一次性还清贷款本息。贷款期限在1年以上的，可采用等额本息还款法和等额本金还款法等。借款人可以根据需要选择还款方法，但一笔借款合同只能选择一种还款方法，贷款合同签订后，未经贷款银行同意，不得更改还款方式。

(5) 担保方式

个人住房贷款可实行抵押、质押和保证3种担保方式。贷款银行可根据借款人的具体情况，采用一种或同时采用几种贷款担保方式。

(6) 贷款额度

根据现行说法，个人住房贷款中有下列情形之一的，贷款人应对借款人执行第二套(及以上)差别化住房信贷政策：

借款人首次申请利用贷款购买住房，如在拟购房所在地房屋登记信息系统(含预售合同登记备案系统，下同)中其家庭已登记有一套(及以上)成套住房的；

借款人已利用贷款购买过一套(及以上)住房，又申请贷款购买住房的；

贷款人通过查询征信记录、面测、面谈(必要时居访)等形式的尽责调查，确信借款人家庭已有一套(及以上)住房的。

对贷款购买第二套住房的家庭，首付款比例不低于60%，人民银行各分支机构可根据当地人民政府新建住房价格控制目标和政策要求，在国家统一信贷政策的基础上，提高第二套住房贷款的首付款比例。各商业银行暂停发放居民家庭购买第三套及以上住房贷款。

例题1 以下关于个人住房贷款分类的说法，正确的是( )。(单项选择题)

A. 按照住房交易形态划分，个人住房贷款包括自营性个人住房贷款、公积金个人住房贷款和个人住房组合贷款

B. 按照住房交易形态划分，个人住房贷款可分为个人再交易住房贷款、自营性个人住房贷款和个人住房转让贷款

C. 按照贷款利率的确定方式划分，个人住房贷款可分为固定利率贷款和浮动利率贷款

D. 按照资金来源划分，个人住房贷款包括新建房个人住房贷款、公积金个人住房贷款和个人住房组合贷款

答案 C

解析 个人住房贷款是指贷款人向借款人发放的用于购买住房的贷款。按照资金来源划分，个人住房贷款包括自营性个人住房贷款、公积金个人住房贷款和个人住房组合贷款；按照住房交易形态划分，个人住房贷款可分为新建个人住房贷款、个人再交易住房贷款和个人住房转让贷款；按照贷款利率的确定方式划分，个人住房贷款可分为固定利率贷款和浮动利率贷款。

例题2 以下关于有担保流动资金贷款利率的说法，不正确的是( )。(单项选择题)

A. 贷款期限在1年以内(含1年)的，实行合同利率，遇法定利率调整不分段计息

B. 贷款期限在1年以内(含1年)的，合同期内遇法定利率调整时可采用固定利率的方式

C. 贷款期限在1年以上的，合同期内遇法定利率调整时可在合同期内按月、按季、按年调整

D. 贷款期限在1年以上的，合同期内遇法定利率调整时可采用固定利率的方式

答案 B

解析 贷款期限在1年以内(含1年)的，实行合同利率，遇法定利率调整不分段计息；贷款期限在1年以上的，合同期内遇法定利率调整时可在合同期内按月、按季、按年调整，也可采用固定利率的确定方式。

例题3 在我国，16岁以下未成年人可以申请住房贷款。( )(判断题)

答案 ×

解析 16岁以下未成年人作为无民事行为能力或限制民事行为能力的人，不能以贷款方式购买房屋。

例题4 不以营利为目的，带有较强的政策性的贷款是( )。(单项选择题)

A. 自营性个人住房贷款   B. 个人经营性贷款

C. 个人消费类贷款   D. 公积金个人住房贷款

答案 D

解析 公积金个人住房贷款是不以营利为目的，实行"低进低出"的利率政策，带有较强的政策性，贷款额度受限制的一种贷款。

例题5 按照住房交易形态来划分，个人住房贷款不包括( )。(单项选择题)

A. 个人住房转让贷款   B. 个人住房组合贷款

C. 个人再交易住房贷款   D. 新建房个人住房贷款

答案 B

解析 按照住房交易形态划分，个人住房贷款可分为新建房个人住房贷款、个人再交易住房贷款和个人住房转让贷款。

例题6 以下情形中，可以申请个人住房贷款的是( )。(多项选择题)

A. 个人自建自住房   B. 房地产开发商建造某个人住房楼盘

C. 个人对房屋进行大修   D. 个人租房

E. 个人购买第二套商品房

答案 ACE

解析 个人住房贷款是向购买、建造、翻建、大修自住住房的个人所发放的贷款。个人租房不可以申请个人住房贷款。房地产开发公司开发楼盘属于公司行为，不属于个人行为，应申请公司贷款。

例题7 一笔商用房贷款只能选择一种还款方式。( )(判断题)

答案 √

解析 借款人可根据需要选择还款方式，但一笔贷款只能选择一种还款方式，合同签订后，未经贷款银行同意不得更改。

例题8 公积金个人住房贷款是不以盈利为目的，实行"高进低出"的利率政策，带有较强的政策性，贷款额度受到限制的一类贷款。( )(判断题)

答案 ×

解析 我国公积金个人住房贷款实行"低进低出"的利率政策。"低进"指公积金的存款利率低于市场存款利率水平，"低出"指公积金的贷款利率也低于同期市场贷款利率的水平。

第2节 贷款流程

个人住房贷款业务操作流程包括贷款的受理与调查、审查与审批、签约与发放、支付管理和贷后管理5个环节。个人住房贷款操作流程中的各环节相对独立但又关系密切，无论哪个环节出现问题，都将对其他环节造成影响。

考点1 受理与调查

1. 贷款的受理

个人住房贷款的申请材料清单如下：

(1) 合法有效的身份证件，包括居民身份证、户口本、军官证、警官证、文职干部证、港澳台居民还乡证、居留证件或其他有效身份证件及婚姻状况证明；

(2) 借款人还款能力证明材料，包括收入证明材料和有关资产证明等；

(3) 合法有效的购房合同；

(4) 涉及抵押担保的，需提供抵押物的权属证明文件以及有处分权人同意抵押的书面证明(在一般的操作模式下，如果财产共有人在借款/抵押合同上直接签字，可无书面证明)；

(5) 涉及保证担保的，需保证人出具同意提供担保的书面承诺，并提供能证明保证人保证能力的证明材料；

(6) 购房首付款证明材料，包括借款人首付款交款单据(如发票、收据、银行进账单、现金交款单等)，首付款尚未支付或者首付款未达到规定比例的，要提供用于购买住房的自筹资金的有关证明；

(7) 银行规定的其他文件和资料。

2. 贷前调查

除参照个人贷款的贷前调查内容外，还应对开发商及住房楼盘项目材料的真实性、合法性、完整性、可行性等进行调查。

(1) 对开发商及楼盘项目的调查

对个人住房贷款楼盘项目的审查包括对开发商资信的审查、项目本身的审查以及对项目的实地考察。

① 开发商资信审查

具体内容如表4.4所示。

表4.4　开发商资信审查

所包含的项目	具体的内容
房地产开发商资质	为了加强对房地产开发企业的管理，规范房地产开发企业的行为，国家对房地产开发企业实行资质管理。房地产开发主管部门应根据房地产开发企业的资产、专业技术人员和开发经营业绩等对备案的房地产开发企业核定资质等级。房地产开发企业应按照核定的资质等级，承担相应的房地产项目
企业资信等级或信用程度	资信等级是企业信用程度的形象标识，它表明了企业守约或履约的主观愿望与客观能力
由国家工商行政管理机构核发的企业法人营业执照	企业法人营业执照是企业进行合法经营的凭证，通过审查营业执照，可了解开发商的经营是否合法，掌握企业的经营期限和经营范围，了解企业注册资本和法人代表，确定项目开发、销售是否在企业的经营范围内
税务登记证明	通过税务登记证明可以了解企业按期纳税的情况，会同企业的会计报表，可以较准确地掌握企业的经营业绩和依法纳税情况
会计报表	会计报表是综合反映企业在一定时期内的财务状况和经营成果的书面文件，一般包括资产负债表、损益表和财务状况变动表。通过会计报表可以了解开发商的财务状况和资金实力，从而对企业的担保能力作出判断
开发商的债权债务和为其他债权人提供担保的情况	通过对开发商的债权债务和为其他债权人提供担保情况的了解，可以对企业的担保能力、融资能力和楼宇能否按期竣工作出判断并提供参考资料
企业法人代表的个人信用程度和管理层的决策能力	企业领导的素质及信誉往往在一定程度上代表了企业的素质和信誉，企业领导的决策能力往往决定着企业的发展命运，左右企业的未来。开发商经营房地产，资金量大、周期长，企业决策稍有不慎，轻则影响项目的按时竣工和住房的销售，重则形成"烂尾"工程，导致购房人拒绝还款，产生银行的借贷纠纷。因此，企业法人代表的情况是银行选择合作伙伴的重要参考因素。银行在选择合作伙伴时，必须对企业法人代表的履历、资信状况、以往经营业绩、学历等情况进行了解，对企业领导班子的结构、凝聚力、信誉、决策能力进行分析，为今后能否合作以及怎样合作做好准备

②项目审查

具体内容包括：

a.项目资料的完整性、真实性和有效性审查；

b.项目的合法性审查；

c.项目工程进度审查；

d.项目资金到位情况审查。

③对项目的实地考察

④撰写调查报告

信贷人员依照银行的有关规定，通过对开发商资信调查、项目有关资料审查以及实地考察，然后撰写出项目调查报告，报告应包括以下内容，如图4.2所示。

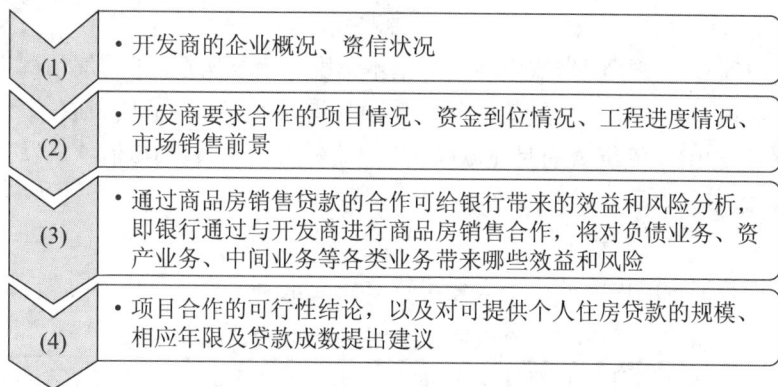

图4.2　调查报告的内容

项目调查报告经审核人员审核，交有权审批部门审查核准。

案例 4-1：多渠道验证信息，严把准入关

某行客户经理小陈得知当地一处楼盘的二期准备销售的信息(该楼盘一期销售情况较好，多家银行争办其贷款业务，该行由于种种原因未能取得一期的贷款业务)，再次主动与开发商的财务经理联系，表达该行愿意为该楼盘提供个人贷款业务的愿望。没想到开发商的财务经理态度很积极，第二天就按该行的要求提供了相关的材料，并催促该行尽快签订个人住房贷款合作协议。陈经理对相关的材料及项目的"五证"进行验证，觉得基本符合该行的准入条件。但陈经理觉得奇怪，因为在该项目一期销售时，该行花了很大精力都未能取得其贷款业务，可是二期项目的房贷业务营销却如此顺利。因此，陈经理决定对"五证"作进一步的核实。为了验证开发商提供的《商品房(预)销售许可证》的信息，陈经理先查询了当地的房地产网站，结果没有查到该楼盘二期的销售信息。陈经理又到当地建设部门去核查，在那里，他只看到了一期的销售许可证而没有二期的。陈经理立即和开发商的财务经理取得联系，仔细追问，财务经理才承认二期项目由于种种原因暂时未取得销售许可证，因目前急需资金，准备提前销售。考虑到一期没有找该行合作，该行对项目的情况不了解，于是该开发商用一期的销售许可证的扫描件进行修改，打印后提供给该行。虽然开发商后来承诺该项目二期的《商品房(预)销售许可证》会在近期办好，但陈经理考虑到目前的无效销售可能会使借款人购买的房屋产生法律纠纷或无法落实抵押登记，直接影响借款人的还款意愿或第二还款来源的可靠性，给银行带来潜在的风险，所以虽然同意向开发商提供贷款服务，但要求必须在其获得二期《商品房(预)销售许可证》后才会提供贷款服务。

(2) 对借款人的调查

① 调查的方式和要求

a. 审查借款申请材料

贷前调查人通过审查借款申请材料了解借款申请人的基本情况、借款所购(建)房屋情况、贷款担保情况等；

b. 与借款申请人面谈

贷前调查人应通过面谈了解借款申请人的基本情况、借款所购(建)房屋情况以及贷前调查人认为应调查的其他内容。本笔住房贷款的月还款额与借款人及其配偶的月收入之比应在50%(含)以下、月所有债务支出(本笔贷款的月还款额+其他债务月均偿付额)与借款人及其配偶的月收入之比应在55%(含)以下。

② 调查的内容

除参照个人贷款调查的内容外，个人住房贷款还应重点调查以下内容，如表4.5所示。

表4.5　个人住房贷款应重点调查的内容

审核首付款证明	个人住房贷款的首付款证明材料包括开发商开出的发票或收据、借款申请人支付首付款的银行进账单等，如果只有开发商开出的首付款收据而不能同时提供银行进账单，那么在对首付款收据查验确认真实、有效后，可视为首付款证明材料齐备 贷前调查人应查验发票是否为税务局核发的商品房专用发票；首付款证明是否由售房单位开具并加盖售房单位的财务专用章；首付款证明原件与复印件是否一致、首付款金额是否达到贷款条件要求、交款单据上列明的所购房产是否与购房合同或协议一致
审核购房合同或协议	贷前调查人应查验借款申请人提交的商品房销售合同或协议上的房屋坐落与房地产开发商的商品房销售许可证或售房单位的房地产权证是否一致，审核购房合同的销售登记备案手续是否办妥；查验合同签署日期是否明确，所购住房是现房还是期房，交房日期是否明确；所购住房面积、售价是否明确、合理等；核对商品房买卖合同中的卖方是否是该房产的所有人，签字人是否为有权签字人或其授权代理人，所盖公章是否真实有效；商品房买卖合同中的买方是否与借款人姓名一致等
审核担保材料	对开发商提供阶段性保证担保的，要对开发商的经营情况、信用情况(主要包括履行担保责任和履约情况等)、财务状况、高级领导层变动情况、是否卷入纠纷、与银行合作情况(主要包括是否在银行有房地产开发贷款、以前合作是否顺利等)等进行调查；对住房置业担保公司提供保证担保的，要对住房置业担保公司的营业期限、实有资本、经营状况、或有负债和是否按贷款银行要求存入足额保证金等进行全面调查，核实其担保能力
审核贷款真实性	贷前调查人应调查借款人家庭拥有住房情况是否符合规定，借款申请人购房行为的真实性，对存在虚假购房行为套贷的，不予贷款 贷前调查完成后，贷前调查人应对调查结果进行整理、分析，填写《个人住房贷款调查审批表》，提出是否同意贷款的明确意见及贷款额度、贷款期限、贷款利率、担保方式、还款方式、划款方式等方面的建议，并形成对借款申请人还款能力、还款意愿、担保情况以及其他情况等方面的调查意见，连同申请资料等一并送交贷款审核人员进行贷款审核

例题9　在个人住房贷款业务中，项目信贷人员撰写的调查报告应包括的内容有(　　)。(多项选择题)

A. 开发商的企业概况、资信状况

B. 开发商要求合作的项目情况、资金到位情况

C. 开发商要求合作的项目工程进度情况、市场销售前景

D. 通过商品房销售贷款的合作可给银行带来的效益和风险分析

E. 信贷人员所在银行的资本充足率情况

答案　ABCD

解析　项目调查报告应包括以下内容：①开发商的企业概况、资信状况；②开发商要求合作的项目情况、工程进度情况、资金到位情况、市场销售前景；③通过商品房销售贷款的合作可给银行带来的收益和风险分析；④项目合作的可行性结论，以及可提供个人住房贷款的规模、相应年限及贷款成数提出建议。

例题10 项目审查具体的内容包括：( )。(多项选择题)

A. 项目资料的完整性、真实性和有效性审查　　B. 项目的合法性审查

C. 项目工程进度审查　　　　　　　　　　　　D. 项目资金到位情况审查

答案 ABCD

解析 以上4项均属于项目审查的内容。

例题11 办理个人住房贷款时，借款人须向银行提供购房首付款证明文件，以下不属于首付款证明材料的是( )。(单项选择题)

A. 借款人提供全额付款的银行进账单

B. 借款人提供支付首付款的银行进账单

C. 借款人提供开发商开具的购房收据

D. 借款人提供开发商开具的购房发票

答案 A

解析 购房首付款证明材料包括：借款人首付款交款单据(如发票、收据、银行进账单、现金交款单等)，首付款尚未支付或者首付款未达到规定比例的，要提供用于购买住房的自筹资金的有关证明。

例题12 银行在挑选房地产开发商和房地产经纪公司作为个人住房贷款合作单位时，主要审查( )。(多项选择题)

A. 由国家工商行政管理机构核发的企业法人营业执照

B. 税务登记证明

C. 会计报表

D. 债权债务和为其他债权人提供担保的情况

E. 企业资信等级

答案 ABCDE

解析 银行在挑选房地产开发商和房地产经纪公司作为个人住房贷款合作单位时，主要审查以下几项内容：①由国家工商行政管理机构核发的企业法人营业执照；②税务登记证明；③会计报表；④开发商的债权债务和为其他债权人提供担保的情况；⑤企业资信等级；⑥企业法人代表的个人信用程度和领导班子的决策能力。

■ 考点2 审查与审批

1. 贷款审查

贷款审查人负责对借款申请人提交的材料进行合规性审查，对贷前调查人提交的《个人住房贷款调查审批表》、面谈记录以及贷前调查的内容是否完整进行审查。贷款审查人认为需要补充材料和完善调查内容的，可要求贷前调查人进一步落实。贷款审查人对贷前调查人提交的材料和调查内容的真实性有疑问的，可以重新进行调查。

贷款审查人审查完毕后，应对贷前调查人提出的调查意见和贷款建议是否合理、合规等在《个人住房贷款调查审查表》上签署审查意见，连同申请材料、面谈记录等一并送交贷款审批

人进行审批。

2. 贷款审批

个人住房贷款的审批流程可参照个人贷款部分，报批材料具体包括个人信贷业务报批材料清单、个人信贷业务申报审批表、个人住房借款申请书以及个人住房贷款办法及操作规程规定需提供的材料等。

例题13 个人住房贷款业务部门负责组织的报批材料有(　　)。(多项选择题)

A. 个人信贷业务报批材料清单　　　　　　B. 个人信贷业务申报审批表

C. 个人住房借款申请书　　　　　　　　　D. 个人住房贷款调查审查表

E. 个人住房贷款办法及操作规程规定需提供的材料

答案　ABCE

解析　个人住房贷款的审批流程可参照个人贷款部分，报批材料具体包括个人信贷业务报批材料清单、个人信贷业务申报审批表、个人住房借款申请书以及个人住房贷款办法及操作规程规定需提供的材料等。

考点3　贷款的签约与发放

1. 贷款的签约

经审批同意的，贷款银行与借款人、开发商签订个人住房贷款合同，明确各方权利和义务。借款合同应符合法律规定，明确约定各方当事人的诚信承诺和贷款资金的用途、支付对象、支付金额、支付条件、支付方式等。贷款的签约流程可参照个人贷款部分。

2. 贷款的发放

贷款发放前，贷款发放人应落实有关贷款发放条件。个人住房贷款应重点确认借款人首付款是否已全额支付到位；借款人所购房屋为新建房的，要确认项目工程进度符合人民银行规定的有关放款条件；其他内容要遵守个人贷款的规定。

例题14　经审批同意的，贷款银行与借款人、开发商签订个人住房贷款合同，明确各方权利和义务。(　　)(判断题)

答案　√

考点4　支付管理

贷款人可以采用受托支付或借款人自主支付的方式对贷款资金的支付进行管理与控制。贷款人受托支付是指贷款人根据借款人的提款申请和支付委托，将贷款资金支付给符合合同约定用途的借款人交易对象。借款人自主支付是指贷款人根据借款人的提款申请将贷款资金直接发放至借款人账户，并由借款人自主支付给符合约定用途的借款人交易对象。

采用贷款人受托支付方式的，银行应明确受托支付的条件，规范受托支付的审核要件，要求借款人在使用贷款时提出支付申请，并授权贷款人按合同约定方式支付贷款资金。银行应在贷款资金发放前审核借款人相关交易资料和凭证是否符合合同约定条件，支付后做好有关细节的认定工作。

贷款人受托支付完成后，应详细记录资金流向，归集保存相关凭证。

采用借款人自主支付的，贷款人应与借款人在借款合同中事先约定，要求借款人定期报告或告知贷款人贷款资金支付情况。贷款人应当通过账户分析、凭证查验或现场调查等方式，检查贷款支付是否符合约定用途。

> **例题15** 银行应在贷款资金发放后审核借款人相关交易资料和凭证是否符合合同约定条件，支付后做好有关细节的认定工作。(　　)(判断题)
>
> **答案** ×
>
> **解析** 银行应在贷款资金发放前审核借款人相关交易资料和凭证是否符合合同约定条件，支付后做好有关细节的认定工作。

考点5 贷后管理

1. 贷后检查

除参照个人贷款贷后检查的内容外，还应对开发商和项目以及合作机构进行调查，调查的要点如下：

(1) 开发商的经营状况及财务状况；

(2) 项目资金到位及使用情况；

(3) 项目工程进度；

(4) 项目销售情况及资金回笼情况；

(5) 产权证的办理情况；

(6) 履行担保责任的情况；

(7) 开发商履行商品房销售贷款合作协议的情况；

(8) 合作机构的资信情况、经营情况及财务情况等；

(9) 其他可能影响借款人按时、足额还贷的因素。

2. 合同变更

经审批同意变更借款合同主体后，贷款银行与变更后的借款人、担保人重新签订有关合同文本。在抵(质)押登记变更等有关手续办妥后，经办人填写《个人住房借款合同主体变更通知书》，连同一份借款合同交会计部门办理有关借款主体变更事宜。新合同借款利率按原合同约定的利率执行。

个人住房贷款一般采用分期还款方式。这类方式中又有几种不同的还款方式，借款人在借款时采用何种还款方式，应根据个人住房贷款的贷款品种、贷款期限等条件，按借款人和银行双方协商结果在借款合同中予以明确。一种还款方式能否变更为另一种还款方式，需要根据银行的有关规定执行。

3. 贷款的回收

银行根据借款合同的约定进行贷款的回收。借款人与银行应在借款合同中约定借款人归还借款采取的支付方式、还款方式和还款计划等。借款人按借款合同约定偿还贷款本息，银行则将还款情况定期告知借款人。

贷款的还款方式有委托扣款和柜面还款两种方式。借款人可在合同中约定其中一种方式，也可以根据情况在贷款期间进行变更。借款人要按照借款合同中规定的还款方式进行还款。常用的个人住房贷款还款法包括等额本息还款法和等额本金还款法两种。

4. 贷款风险分类和不良贷款的管理

关于个人住房贷款的贷款风险分类和不良贷款的管理，可参照个人贷款部分。

5. 贷款档案管理

个人住房贷款档案管理可参照个人贷款部分，贷款档案中的借款人的相关资料包括：借款人的身份证件(居民身份证、户口本或其他有效证件)；由贷款银行认可的部门出具的借款人经济收入和偿债能力证明；符合规定的购买住房意向书、合同书或其他有效文件；购房交易收件、收据；所购住房的估价证明；抵押物或质物清单、权属证明、有处分权人同意抵押或质押的证明及有权部门出具的抵押物估价证明；保证人资信证明及同意提供担保的文件；房屋他项权利证明书；个人住房借款申请审批表；借款合同；抵押合同(质押合同、保证合同)；保险合同、保险单据；个人住房贷款凭证；委托转账付款授权书。

一般档案材料需要退还借款人的，档案管理员将材料复印后，将原件退还借款人或委托人，将复印件归档，进行有关信息的登记。

例题16 对开发商和项目以及合作机构进行调查的要点有( )。(多项选择题)

A. 开发商的经营状况及财务状况　　　　　B. 项目资金到位及使用情况

C. 项目工程进度　　　　　　　　　　　　D. 项目销售情况及资金回笼情况

E. 产权证的办理情况

答案 ABCDE

解析 除参照个人贷款贷后检查的内容外，还应对开发商和项目以及合作机构进行调查，调查的要点有：①开发商的经营状况及财务状况；②项目资金到位及使用情况；③项目工程进度；④项目销售情况及资金回笼情况；⑤产权证的办理情况；⑥履行担保责任的情况；⑦开发商履行商品房销售贷款合作协议的情况；⑧合作机构的资信情况、经营情况及财务情况等；⑨其他可能影响借款人按时、足额还贷的因素。

例题17 贷后管理的主要内容有( )。(多项选择题)

A. 贷后检查　　　　　　　　B. 合同变更　　　　　　　C. 贷款的回收

D. 贷款风险分类和不良贷款的管理　　　　E. 贷款档案管理

答案 ABCDE

解析 以上5项均属于贷后管理的主要内容，各项内容的详情请看考点5。

第3节 风险管理

个人住房贷款业务是购房人(借款人)、贷款银行以及房屋卖方(开发商或二手房卖主)等多方交易主体以购房人所购的特定房屋为纽带，通过购房合同、借款合同、房屋抵押合同或其他担保合同所约定的权利、义务关系多元化的市场交易行为。各交易主体、购房人所购特定房屋及有关合同构成了个人住房贷款的完整要素，是个人住房贷款业务链条安全运转的必要条件。

在个人住房贷款中，一旦这些要素中的任何一个环节产生风险，就很可能产生系统性风险，并可能导致银行的风险，危及银行信贷资产安全，损害包括银行在内的交易各方的合法权益。因此，在个人住房贷款中银行的风险无时不在，且风险来源多元化，表现形式多样化。

考点6　合作机构管理

与外部机构合作，是当前和今后一段时间内个人住房贷款业务开展的主要方式。中介机构除了为银行提供客源之外，大多数还承担一定的担保责任。同时，专业从事担保业务的中介担保公司，也是商业银行个人住房贷款业务的重要合作机构。现阶段由于缺乏征信体系，国内商业银行个人住房贷款业务大多要依赖于合作机构所提供的担保方式来规避风险。因此，合作机构的资金实力、管理水平、资信状况往往对商业银行的个人住房贷款风险管理水平有着重要的影响。

在当前市场竞争过于激烈的情况下，这些合作机构在协商中占据主动地位，银行为了取得客户资源，提高市场份额，纷纷通过降低保证金标准等手段去争取更多的合作伙伴，却忽视了对合作机构资质水平的考察以及对其权责的约束。随着合作机构的住房贷款风险逐步暴露，商业银行开始认识到选择优质的合作机构的重要性。当前和今后相当长一段时期，个人住房贷款市场中多种机构的参与将是一种主要的模式。因此，商业银行有必要建立对合作机构规范管理的机制，严格合作机构的准入、定期审核和退出，从而保证个人住房贷款第二还款来源的可靠性。

1. 合作机构管理的内容

(1) 合作机构分析的要点

合作机构分析的要点，如表4.6所示。

表4.6　合作机构分析的要点

要点	具体内容
分析合作机构领导层素质	要想了解一个企业是否讲诚信，首先要从了解企业领导层着手。企业领导的素质及信誉往往在一定程度上代表了企业的素质和信誉。企业领导的决策能力往往决定企业的发展命运，左右企业的未来。对企业领导人作出评价时主要看领导层的身份、学历、履历、个人信用状况、以往经营业绩、对团队的影响力、决策能力、经营水平等，可以采取面谈、在企业职工中访谈、在网上查找相关资料等多种途径收集企业领导层的信息，并进行分析 一般来说，企业领导层文化程度高，知识阅历丰富，在社会上有一定的地位，则企业的信用风险相对较低；如果企业领导层的学历水平低，专业技术缺乏，管理理念陈旧，在重大决策上喜欢个人拍脑瓜儿，凭感觉和经验而定，决策的随意性很大，缺乏科学的论证和约束机制，这样的企业信用风险通常很大
分析合作机构的业界声誉	业界声誉是指一个合作机构获得社会公众信任和赞美的程度，以及在社会公众中影响效果好坏的程度。好的声誉必须经过长期的努力来造就。充分了解合作机构的声誉对客观反映其综合素质十分重要
分析合作机构的历史信用记录	合作机构的历史信用记录虽然代表过去，但可以从中看出一个企业的信用状况。对合作机构的历史信用记录，一方面，可以查看外部监管记录：在建设、工商、税务等国家管理部门及金融机构、司法部门查看合作机构有无不良记录。另一方面，也可以查看合作机构与银行历史合作的信用记录，通过公司业务部门了解合作机构在银行的公司贷款情况；了解合作机构与银行开展个人贷款业务有无"假个贷"；是否能按照合作协议履行贷款保证责任和相关的义务，有无违约记录等
分析合作机构的管理规范程度	重点分析合作机构的组织机构是否健全；有无完善的内部管理规章制度(包括公司章程、相关内部制度文件)；有无财务监督机制；对改制后的企业还要看其治理结构是否合理

(续表)

要点	具体内容
分析企业的经营成果	企业的经营成果是一个企业经营情况的体现。分析企业的经营成果可以看企业的利润表和现金流量表。利润表反映企业的获利能力、经营效率，可以对其行业中的竞争地位、持续发展的能力作出判断。反映获利能力的主要指标有：销售净利润、资产净利润、成本费用利润等
分析合作机构的偿债能力	分析企业的偿债能力时，重点看资产负债表。对房地产开发企业而言，财务报表有它的特殊性，一般应关注资产项下的存货、应收账款、其他应收账款、对外长短期投资、负债项下的预收账款、应付账款、银行借款、或有负债情况，对外担保中的对法人担保情况可以通过人民银行信贷查询系统获得。通过对资产负债表的分析，可以获取流动比率、速动比率、现金比率、运营资本、资产负债率、产权比率、已获利息倍数等重要指标，从而对企业的偿债能力和担保能力作出判断

(2) 与房地产开发商合作关系的确定及合作的执行

① 确立合作意向

开发商提供的项目经过银行有关部门核批后，凡银行同意为该项目提供商品房销售贷款的，在受理该项目购房人的个人住房贷款前，银行可以与开发商签订《商品房销售贷款合作协议书》，以明确双方合作事宜、职责等，也可以不签订协议，以其他方式确定合作意向。

② 合作后的管理

银行与开发商确立合作意向后，还需要加强对开发商和合作项目的管理，采取的措施主要包括的内容如图4.3所示。

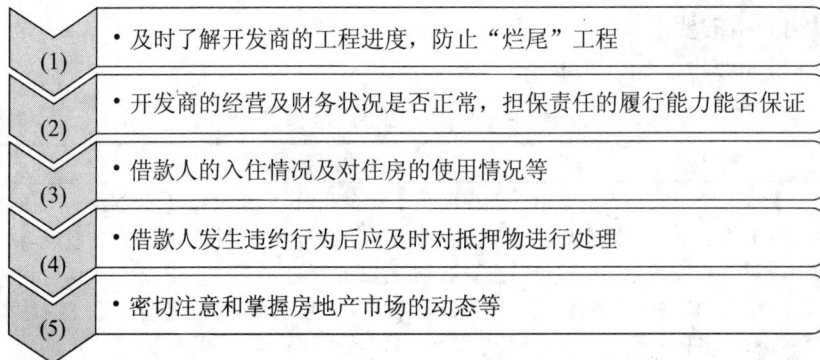

- (1) • 及时了解开发商的工程进度，防止"烂尾"工程
- (2) • 开发商的经营及财务状况是否正常，担保责任的履行能力能否保证
- (3) • 借款人的入住情况及对住房的使用情况等
- (4) • 借款人发生违约行为后应及时对抵押物进行处理
- (5) • 密切注意和掌握房地产市场的动态等

图4.3 银行与开发商合作后采取的措施

(3) 与其他社会中介机构的合作管理

其他社会合作机构包括：房地产评估机构、担保公司和律师事务所等。与这些机构合作的原则如图4.4所示。

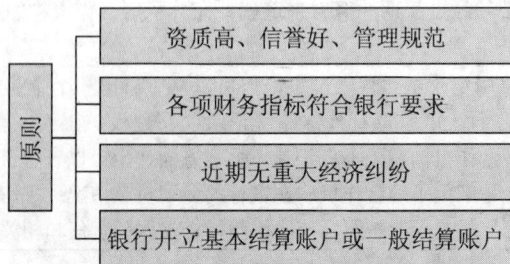

原则
- 资质高、信誉好、管理规范
- 各项财务指标符合银行要求
- 近期无重大经济纠纷
- 银行开立基本结算账户或一般结算账户

图4.4 银行与其他社会中介机构合作的原则

审查的资料如图4.5所示。

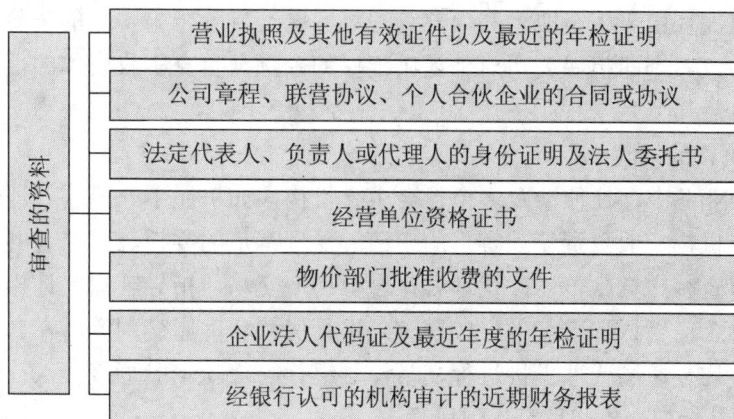

图4.5 审查的资料

2. 合作机构风险的表现形式

(1) 房地产开发商和中介机构的欺诈风险

房地产开发商和中介机构的欺诈风险主要表现为"假个贷"。所谓"假个贷"一般是指借款人并不具有真实的购房目的，采取各种手段套取银行个人住房贷款资金的行为。"假个贷"的"假"，一是指不具有真实的购房目的，二是指虚构购房行为使其具有"真实"的表象，三是指捏造借款人资料或者其他相关资料等。"假个贷"的主要成因包括开发商利用"个贷"恶意套取银行资金进行诈骗；开发商为缓解楼盘销售窘境而通过"假个贷"获取资金；开发商为获得优惠贷款而实施"假个贷"；银行的管理漏洞给"假个贷"以可乘之机等。

案例4-2：掌握"假个贷"特征，准确认定

1999年4月至2000年11月，先后有110人为购买某房地产开发公司开发的小区住宅向某银行支行申请个人住房贷款，金额从19万元到25万元不等，期限10年，总计购房贷款2400万元。

2003年2月，因机构改革，该行与该行另一支行合并，成立个人贷款中心。该中心加强贷后管理，组织专门催收人员，采取各种措施，加大不良贷款催收力度，资产质量明显提高。在催收过程中，客户经理小高发现该开发公司开发的小区住宅的借款人大都不还款。小高通过电话催收和上门催收调查该开发公司，发现了很多异常现象。例如，该楼盘销售状况不佳，大部分房屋空置，借款人对所购房产情况不明，房屋的位置、面积、朝向等不清楚，很多借款人为同一施工单位，部分借款人声称从没有申请贷款，查询个人贷款系统发现部分借款人同一时间还款，集中逾期，大部分借款合同填写较粗略、内容简化、大致相同、经办人笔迹相似等。

客户经理小高通过调查借款人、走访开发公司，反复了解、研究分析之后确认，这110人的购房贷款全部为"假个贷"。

(2) 担保公司的担保风险

在个人住房贷款业务中，由专业担保公司为借款人提供连带责任保证的情况比较常见。当借款人采用专业担保公司提供的保证担保申请个人住房贷款时，担保公司的担保能力不足会给银行带来风险。实践中，有地方政府背景的担保公司通常实力较强，而且经营相对规范，但民营背景的担保公司往往由于资金实力和内部管理等问题给贷款带来一定的风险，主要的表现是"担保放大倍数"过大，即担保公司对外提供担保的余额与自身实收资本的倍数过大，造成过度担保而导致最终无力代偿。

(3) 其他合作机构的风险

在二手房贷款业务中，往往涉及多个社会中介机构，如房屋中介机构、评估机构及律师事务所等。社会中介机构一般负责受理客户的申请，受理客户的委托，对交易的房产进行查册、通知评估，代理审查客户贷款申请，代理客户进行房产交易，指导客户签订相关合同和安排银行约见客户，代办公证"抵押手续"，代理客户进行房款和房屋交割等。在二手房交易中，由于房产的买卖双方均是通过代理机构进行交易，且银行的贷款一般直接转入社会中介机构的账户，因此，可能在社会中介机构环节出现风险。

3. 合作机构风险的防范措施

商业银行发展个人住房贷款业务，离不开合作机构。银行要深入了解和理解合作机构的运作，在充分利用合作机构的同时，采取多种措施有效控制由合作机构带来的风险，推动个人住房贷款业务的健康发展。

(1) "假个贷"的防控措施

① 加强一线人员建设，严把贷款准入关

能否发现"假个贷"，相关的一线经办人员责任重大。在"假个贷"的风险防范上，应该按银监会《商业银行房地产贷款风险管理指引》的要求，建立一套适合一线经办人员执行的行之有效的科学制度，提高贷款审批的独立性和科学性。同时，一线经办人员必须严格执行贷款准入条件，从源头上降低"假个贷"风险。在具体的操作上，要注意检查以下4个方面的内容，如表4.7所示。

表4.7　需要检查的内容

借款人身份的真实性	根据银监会的"房贷指引"，个人住房贷款申请人必须满足包括"有稳定的职业和收入，信用良好，有偿还贷款本息的能力"等条件。虽然开发商已经对骗贷中的借款申请人进行了精心的包装，但只要详加审查，仍不难发现其中的破绽
借款人的信用情况	一线经办人员要合理延长和增加与借款人的沟通时间和次数，利用谈话技巧，从中判断借款人真实的信用度，强化个人信用评级时录入信息的可靠性，尤其是对个人的收入水平、有无负债等必须要进行一定的核实，从而保证信用评级的正确性
各类证件的真实性	假证欺诈就属于权证不真实的"假个贷"类型，要防范这类风险，应该注意的是要对交易过程中的各类证件进行仔细的审查。主要内容有：上、下家情况是否真实，对上家资料要重点审查各种权证是否齐全，房屋是否被冻结等，以保证抵押物的真实性和安全性。对下家重点应该审查收入水平和还款能力，这对于那些故意抬高房价的借款人尤为有效，即使以后房价下跌，抵押物价值低于未偿还贷款，也会由于申请人较高的还款能力而降低损失。此外，也要注意上、下家的社会关系，以防止出现关联交易骗贷的情况
申报价格的合理性	为了防止部分借款申请人通过抬高房价的方式骗贷，应该对房屋进行全面的估价。首先是通过网上房地产进行询价，以确定房价大致的合理范围，这是大多数银行目前采用的主要方式；其次是建立自己的房地产交易信息库，通过对相同或是类似房屋的查询，利用房地产估价中的比较法进行价格的确定；最后可以与专业的房地产估价公司合作，对某些估价难度大的房屋进行联合估价

② 进一步完善个人住房贷款风险保证金制度

目前，部分商业银行已经开展了房地产中介商风险保证金制度，接下来应该对这个制度相关的细节问题，如损失的大小、责任的判定等作出具体的规定，从而有利于相关业务人员在进行实务时的可操作性，明确银行与房地产中介商的责、权、利，避免出现问题后互相推诿。

③ 要积极利用法律手段，追究当事人的刑事责任，加大"假个贷"的实施成本

"假个贷"的情况之所以屡禁不止，很大一部分原因是当事人责任较轻，使当事人无所顾忌。事实上，在我国《刑法》中已经有了对金融欺诈相关的处罚条款，银行可以采用法律手段来追究当事人的责任。在"假个贷"中，房地产开发商的行为已经涉嫌违反法律。因此，在发现"假个贷"情况后，要积极向司法机关报案，注意收集相关证据，使犯罪分子受到法律的制裁。

(2) 其他合作机构风险的防控措施

① 深入调查，选择讲信用、重诚信的合作机构

银行在选择合作机构时，一定要在细致的调查和分析的基础上，选择讲信用、重诚信的合作机构。一般来讲，应重点选择具有以下特征的合作机构：

a. 企业领导层比较稳定、从业时间长、专业技术高、团队稳定、在社会上有一定的地位；

b. 企业和主要领导人在业内具有良好的声誉；

c. 具有良好的信用记录；

d. 企业组织机构健全、具有较为完善的内部管理规章制度、企业治理结构合理；

e. 具有良好的历史经营业绩和较强的盈利能力；

f. 具有较强的资金实力和偿债能力。

② 业务合作中不过分依赖合作机构

银行与合作机构之间既有合作也相对独立，正如银行关注自己的贷款是否能正常收回一样，合作机构更加关注自己的经营是否正常。

③ 严格执行准入退出制度

银行应严格执行合作机构客户准入退出制度。准入前，要切实做好客户基本情况的调查工作。对客户提供的资料，认真负责地审查其真实性、有效性、完整性。对已经准入的客户，个人住房贷款经办人员要关注其经营情况，出现不利于银行的情况时，应及时执行相应的退出政策。

一般来说，对具有担保性质的合作机构的准入需要考虑以下几个方面：

a. 注册资金是否达到一定规模；

b. 是否具有一定的信贷担保经验；

c. 资信状况是否达到银行规定的要求；

d. 是否具备符合担保业务要求的人员配置、业务流程和系统支持；

e. 公司及主要经营者是否存在不良信用记录、违法涉案行为等。

④ 有效利用保证金制度

对承担担保责任的合作机构，银行应要求留存担保保证金，需要开立保证金专户存储，并在担保合作协议中明确该账户内保证金的用途及担保人使用限制条款，在借款人不履行合同义务时，银行直接扣收担保人的保证金。保证金制度可以促进合作机构履行其职责，它的存在有利于银企之间的合作。

⑤ 严格执行回访制度

对客户进行回访是银行贷后管理工作之一。严格执行回访制度，关注合作机构的经营情况，对合作机构进行动态管理，以应对合作机构经营风险。对已经准入的合作机构，银行应进行实时关注，随时根据其业务发展情况调整合作策略。存在下列情况的，应暂停与相应机构的合作：

a. 经营出现明显问题的；

b. 有违法违规经营行为的；

c. 与银行合作的存量业务出现严重不良贷款的；

d. 所进行的合作对银行业务拓展没有明显促进作用的；

e. 其他对银行业务发展不利的因素。

例题18 不属于"假个贷"行为的是( )。(单项选择题)

A. 没有特殊原因，滞销楼盘突然热销

B. 开发企业员工或关联方集中购买同一楼盘

C. 借款人由于公司倒闭终止还款

D. 借款人首付款非自己交付或实际没有交付

答案 C

解析 个人住房信贷的"假个贷"主要是指不以真实购买住房为目的，通过虚构住房买卖交易或以虚假的借款主体或违背借款人的真实意思，向银行提出住房按揭申请，骗取银行信贷资金的行为。没有特殊原因，滞销楼盘突然热销，开发企业员工或关联方集中购买同一楼盘，借款人首付款非自己交付或实际没有交付，都构成"假个贷"行为。

例题19 通过对资产负债表的分析，可以获取( )等重要指标，从而对企业的偿债能力和担保能力作出判断。(多项选择题)

A. 流动比率   B. 速动比率   C. 现金比率   D. 运营资本

E. 资产负债率   F. 产权比率和已获利息倍数

答案 ABCDEF

解析 通过对资产负债表的分析，可以获取流动比率、速动比率、现金比率、运营资本、资产负债率、产权比率、已获利息倍数等重要指标，从而对企业的偿债能力和担保能力作出判断。

例题20 以下不能反映获利能力指标的是( )。(单项选择题)

A. 资本周转率   B. 销售净利润   C. 成本费用率   D. 资产净利润

答案 A

解析 反映获利能力的指标有销售净利润、成本费用率和资产净利润。

例题21 可以反映企业的获利能力和经营效率的是( )。(单项选择题)

A. 资产负债表   B. 利润表   C. 现金流量表   D. 股东权益变动表

答案 B

解析 利润表反映了企业的获利能力、经营效率。

例题22 关于合作机构风险的防范,下列说法错误的是( )。(单项选择题)

A. 严格审查经销商的信用水平

B. 固定合作担保机构的担保额度

C. 对由专业担保机构担保的贷款,实时监控担保方是否保持足额的保证金

D. 与保险公司的履约保证保险合作

答案 B

解析 按照银行的相关要求,严格控制合作担保机构的准入,动态监控合作担保机构的经营管理情况、资金实力和担保能力,及时调整其担保额度。

考点7 操作风险管理

操作风险是指在个人住房贷款业务操作过程中,由于违反操作规程或操作中存在疏漏等情况而产生的风险,是一种发生在实务操作中的、内部形成的非系统性风险。从操作风险的角度看,由于缺乏必要的相关法律约束,再加上各大商业银行之间激烈的竞争,银行的业务部门有时为了扩大其业务范围,放松对借款人的审批条件。在操作过程中,没有严格的抵押住房登记制度,贷款的前台、中台与后台没有进行责任上的严格区分,对客户的资信情况没有进行严格把关。本节介绍个人住房贷款操作风险的主要内容和风险防控措施。

1. 贷款流程中的风险

(1) 贷款受理和调查中的风险

① 贷款受理中的风险

个人住房贷款的受理环节是经办人员与借款人接触的重要环节,对于贷款质量的高低有着至关重要的作用,这一环节的风险点主要有以下几个方面:

a. 借款申请人的主体资格是否符合所申请贷款管理办法的规定。其具体包括:是否具有完全民事行为能力;对不能提供1年以上当地纳税证明或社会保险缴纳证明的非本地居民,暂停发放购买住房贷款;是否有稳定、合法的收入来源以及按期偿还本息的能力。

b. 借款申请人提交的资料是否齐全,格式是否符合银行的要求;所有原件和复印件之间是否一致。

② 贷前调查中的风险

个人住房贷款贷前调查中的风险来自对项目的调查和对借款人的调查两个方面。

a. 项目调查中的风险

b. 借款人调查中的风险

(2) 贷款审查和审批中的风险

贷款审批环节主要业务风险控制点为:

① 未按独立公正原则审批;

② 不按权限审批贷款,使得贷款超授权发放;

③ 审批人员对应审查的内容审查不严,导致向不符合条件的借款人发放贷款。

(3) 贷款签约和发放中的风险

① 合同签订的风险

合同签订是个人住房贷款风险控制的又一主要环节，但通常由于个人住房贷款的合同往往是由总行层面统一制订的，因而业务一线的经办人员会忽视合同签订中存在的风险，从而造成法律、经济上的损失。这一环节主要有以下风险点：

a. 未签订合同或是签订无效合同。例如，出现"先放款、后签约"，或是银行单方面先签署合同后由借款人签约的情况，以及由非银行人员代为签约等。

b. 合同文本中的不规范行为。例如数字的书写不规范、签字(签章)不齐全、签字(签章)使用不规范简体字等。

c. 未对合同签署人及签字(签章)进行核实。例如借款相关人员(借款人、共同还款人)及其配偶必须到场而未到场，或是伪造授权书等。

② 贷款发放的风险

贷款发放是资金划拨的过程，主要从贷款发放的条件审查与贷款资金的划拨两个方面加以考虑，主要风险点如下：

a. 个人信贷信息录入是否准确；贷款发放程序是否合规。

b. 贷款担保手续是否齐备、有效；抵(质)押物是否办理抵(质)押登记手续。

c. 在发放条件不齐全的情况下放款，例如贷款未经审批或是审批手续不全，各级签字(签章)不全；借款人未在借款凭证上签字(签章)；未按规定办妥相关评估、公证等事宜；担保未落实等。

d. 在资金划拨中的风险点有会计凭证填制不合要求；未对会计凭证进行审查；贷款以现金发放的，没有"先记账、后放款"等。

e. 未按规定的贷款金额、贷款期限、贷款的担保方式、贴息等发放贷款，导致贷款错误核算，发放金额、期限与审批表不一致，造成错误发放贷款。

(4) 贷款支付管理中的风险

个人住房贷款支付管理环节的主要风险点包括：

① 贷款资金发放前，未审核借款人相关交易资料和凭证；

② 未按规定将贷款发放至相应账户；

③ 在未接到借款人支付申请、支付委托的情况下，直接将贷款资金支付出去；

④ 未详细记录资金流向和归集保存相关凭证。

(5) 贷后管理中的风险

① 贷后管理的风险，主要包括：

a. 未建立贷后监控检查制度，未对重点贷款使用情况进行跟踪检查；

b. 房屋他项权证办理不及时；

c. 逾期贷款催收不及时，不良贷款处置不力，造成贷款损失；

d. 未按规定保管借款合同、担保合同等重要贷款档案资料，造成合同损毁；他项权利证书未按规定进行保管，造成他项权证遗失，他项权利灭失；

e. 只关注借款人按月还款情况，在还款正常的情况下，未对其经营情况及抵押物价值、用途等变动情况进行持续的跟踪监测。

② 档案管理中的风险，主要包括：

a. 是否按照要求收集整理贷款档案资料，是否按要求立卷归档；

b. 是否对每笔贷款设立专卷，是否按贷款种类、业务发生时间编号，是否核对"个人贷款

档案清单";

c. 重要单证保管是否及时移交会计部门专管,档案资料使用是否实施借阅审批登记制度。

2. 法律和政策风险

对于个人住房贷款业务,各种法律、法规等强制性规范很复杂。从实践中涉诉的贷款纠纷来看,个人住房贷款的法律和政策风险点很多,主要集中在以下几个方面。

(1) 借款人主体资格

① 未成年人能否申请个人住房贷款的问题。

② 外籍自然人能否办理住房贷款的问题。

(2) 合同有效性风险

法律上,只有有效的合同才会受到法律保护,才能对订立合同的各方产生法律上的约束力。无效合同自始至终无效,不产生当事人所预期和追求的法律效果,不受法律保护。目前,个人贷款业务中所采用的借款合同基本上都是统一的格式文本,但实际业务中还会根据不同情况与客户签订补充协议及特别条款,这就要求银行必须注意合同及协议的有效性,防止相关条款或具体内容等出现问题,以规避可能的法律风险。

① 格式条款无效。

② 未履行法定提示义务的风险。

③ 格式条款解释风险。

④ 格式条款与非格式条款不一致的风险。

(3) 担保风险

银行个人住房贷款业务的担保方式主要有抵押、质押、保证3种方式。我国《担保法》及《物权法》司法解释对担保方式作了较为详尽的规定。个人住房贷款中的担保风险主要来源于以下几个方面:

① 抵押担保的法律风险

a. 抵押物的合法有效性。

b. 抵押物重复抵押。

c. 抵押物价值高估、不足值或抵押率偏高。

d. 抵押登记存在瑕疵,使得抵押担保处于抵押不生效的风险中。

② 质押担保的法律风险

质押担保目前主要是权利质押,较多的是存单、保单、国债、收费权质押。主要风险在于:

a. 质押物的合法性;

b. 对于无处分权的权利进行质押;

c. 非为被监护人利益以其所有权利进行质押;

d. 以非法所得、不当得利进行质押等。

③ 保证担保的法律风险

主要表现在:

a. 未明确连带责任保证,追索的难度大;

b. 未明确保证期间或保证期间不明;

c. 保证人保证资格有瑕疵或缺乏保证能力;

d. 借款人互相提供保证，无异于发放信用贷款；

e. 公司、企业的分支机构为个人提供保证；

f. 公司、企业职能部门、董事、经理越权对外提供保证等。

(4) 诉讼时效风险

在个人住房贷款实践中，由于经办人员法律知识的缺陷或工作责任心问题，未能及时中断诉讼时效或虽有中断诉讼时效行为但没有及时保留中断诉讼时效证据，导致诉讼中处于不利或被动的地位。

(5) 政策风险

政策风险是指政府的金融政策或相关法律、法规发生重大变化或是有重要的举措出台，引起市场波动，从而给商业银行带来的风险。政策风险属于个人住房贷款的系统性风险之一，由于这些风险来自外部，因此是单一行业、单一银行所无法避免的。比较常见的政策风险如下：

① 对境外人士购房的限制；

② 对购房人资格的政策性限制。

3. 操作风险的防范措施

操作风险是银行面临的最古老的风险之一，给全球范围内的许多金融机构造成了严重的经济损失。随着信用风险和市场风险管理技术的不断提高，操作风险对银行的影响越来越突出。因此，个人住房贷款的经办人员应该提高操作风险的认识水平，增强应对操作风险的能力。

(1) 提高贷款经办人员职业操守和敬业精神

人员因素引起的操作风险包括操作失误、违法行为(员工内部欺诈或内外勾结)等情况。在贷款经办人员的业务素质有待加强、业务流程有待完善、内控制度有待健全的情况下，人员因素引起的操作风险就成为银行面临的首要的操作风险。因此，要防范人员导致的操作风险，首先需要个人住房贷款经办人员努力培养自身的职业道德；其次要加强法制教育，加重对违规违纪行为的处罚力度；最后要加强并完善银行内控制度。

(2) 掌握并严格遵守个人住房贷款相关的规章制度和法律法规

任何一笔贷款业务都涉及较复杂的法律关系或政策要求，为应对个人住房贷款的法律风险和政策风险，个人住房贷款的经办人员需要学习相关的法律知识，具体包括借贷、签订合同、担保、抵押登记、商品房销售、诉讼和执行等法律常识。更重要的是，在实践工作中，个人住房贷款的经办人员应尽职尽责，避免违法违规操作。

(3) 严格落实贷前调查和贷后检查

个人住房贷款的经办人员应该认真负责地进行实地调查和资料收集，获取真实、全面的信息资料，独立地对借款人信用和经济收入作出评价和判断。调查和检查的工作重点如下：

① 确保客户信息真实性；

② 与合作机构合作前，要查看合作机构的准入文件、审批批复的合作机构担保金额及银行与合作机构签订的合作协议；

③ 贷款发放前，落实贷款有效担保；

④ 贷款发放后要对客户还款情况、担保人或抵(质)押物的变动情况进行有效的监控；

⑤ 加强贷后客户检查，按规定撰写客户贷后检查报告。

例题23 个人住房贷款的法律和政策风险点主要集中在( )。(多项选择题)

A. 借款人主体资格风险　　　　B. 合同有效性风险　　　　C. 担保风险

D. 诉讼时效风险　　　　E. 政策风险

答案 ABCDE

解析 从实践中涉诉的贷款纠纷来看，个人住房贷款的法律和政策风险点很多，主要集中在以下几个方面：①借款人主体资格风险；②合同有效性风险；③担保风险；④政策风险；⑤诉讼时效风险。

例题24 个人住房贷款支付管理环节的主要风险点包括：( )。(多项选择题)

A. 贷款资金发放前，未审核借款人相关交易资料和凭证

B. 未按规定将贷款发放至相应账户

C. 未详细记录资金流向和归集保存相关凭证

D. 在未接到借款人支付申请、支付委托的情况下，直接将贷款资金支付出去

答案 ABCD

解析 以上4项均属于个人住房贷款支付管理环节的主要风险点。

例题25 个人住房贷款中的担保风险主要来源下面哪几个方面( )。(多项选择题)

A. 抵押担保的法律风险　　　　　　　　B. 质押担保的法律风险

C. 保证担保的法律风险　　　　　　　　D. 信用风险

答案 ABC

解析 个人住房贷款中的担保风险主要来源于以下几个方面：①抵押担保的法律风险，②质押担保的法律风险，③保证担保的法律风险。

例题26 在个人住房贷款业务中，贷款审批环节的主要业务风险控制点不包括( )。(单项选择题)

A. 未按独立公正原则审批

B. 不按权限审批贷款，使得贷款超授权发放

C. 与借款人签订的合同无效

D. 审批人员对应审查的内容审查不严，导致向不符合条件的借款人发放贷款

答案 C

解析 在个人住房贷款业务中，贷款审批环节的主要业务风险控制点有：未按独立公正原则审批；不按权限审批贷款，使得贷款超授权发放；审批人员对应审查的内容审查不严，导致向不符合条件的借款人发放贷款。

例题27 下列不属于个人住房贷款操作风险的是( )。(单项选择题)

A. 贷款行所在地区抵押登记制度不健全

B. 降低借款人首付比例

C. 放松对借款人的审批条件

D. 贷款前、中、后台没有进行严格的责任区分

答案 A

解析 从操作风险的角度看，由于缺乏必要的相关法律约束，再加上各大商业银行之间激烈的竞争，银行的业务部门有时为了扩大其业务范围，放松对借款人的审批条件。在操作过程中，没有严格的抵押住房登记制度，贷款的前台、中台与后台没有进行责任上的严格区分，对客户的资信情况没有进行严格把关。操作风险是一种非系统性风险，而A选项中贷款行所在地区的抵押登记制度不健全属于系统性风险。

例题28 个人住房贷款中，银行操作可能存在的风险有(　　)。(多项选择题)

A. 未按规定对贷款业务的项目进行调查审核　　B. 未对合同签署人及签字(签章)进行核实

C. 未充分调查借款人身份及第一还款来源　　D. 落实抵押或担保后放款

E. 未建立贷后监控检查制度

答案 ABCE

解析 D选项落实抵押或担保后放款有利于控制操作风险的发生。

例题29 根据《担保法》规定，不得设定抵押的情形有(　　)。(多项选择题)

A. 学校

B. 医院

C. 宅基地使用权

D. 公司董事、经理以公司财产为个人提供抵押担保

E. 未取得共有人同意的共有财产

答案 ABCDE

解析 根据《担保法》规定，学校、医院等公益性事业单位的公益财产，所有权、使用权不明或有争议的财产，以及宅基地使用权，不得设定抵押，共有财产的抵押须取得共有人的同意，公司董事、经理不得以公司财产为个人提供抵押担保等。

例题30 下列情形中，抵押无效的有(　　)。(多项选择题)

A. 李四以自家宅基地使用权作为抵押，贷款10万装修住房

B. 张三以夫妻名下房产作为抵押申请汽车贷款，其配偶并不知道

C. 某幢房产在2002年的交易价格为50万，银行按照2009年的评估价60万核算贷款金额

D. 某公司老总以公司财产为自己购买汽车提供抵押担保

E. 红星中学提出以学校操场为抵押，贷款50万元翻新校舍

答案 ABDE

解析 根据《担保法》规定，学校、医院等公益性事业单位的公益财产，所有权、使用权不明或有争议的财产，以及宅基地使用权，不得设定抵押，共有财产的抵押须取得共有人的同意，公司董事、经理不得以公司财产为个人提供抵押担保等。

例题31 操作风险是一种发生在实务操作中的、内部形成的系统性风险。(　　)(判断题)

答案 ×

解析 操作风险是一种发生在实务操作中的、内部形成的非系统性风险。

考点8 信用风险管理

个人住房贷款的信用风险通常是因借款人的还款能力和还款意愿的下降而导致的。因此，防范个人住房贷款的信用风险，就要求个人住房贷款的经办人员通过细致的工作，把握好借款人的还款能力和还款意愿。

1. 信用风险表现形式

借款人的还款能力与还款意愿对银行个人住房贷款的安全有着至关重要的作用，借款人的信用风险主要表现为还款能力风险和还款意愿风险两个方面。

(1) 还款能力风险

从信用风险的角度来看，还款能力体现的是借款人客观的财务状况，即在客观情况下借款人能够按时足额还款的能力。个人住房贷款的顺利回收与借款人的家庭、工作、收入、健康等因素的变化息息相关，如果借款人因经济状况严重恶化而不能按期或无力偿还银行贷款，或者因借款人死亡、丧失行为能力，借款人的继承人放弃所购房屋，就会给银行利益带来损失。对于银行而言，把握住借款人的还款能力，就基本上把握住了第一还款来源，就能够保证个人住房贷款的安全。

个人住房贷款属于中长期贷款，其还款期限通常要持续在20~30年，在这段时间里，个人资信状况面临着巨大的不确定性，个人支付能力下降的情况很容易发生，这往往就可能转化为银行的贷款风险。考虑到当前个人住房贷款的申请者主要是收入水平波动较大的、收入市场化程度较高的工薪阶层，这种中长期内的风险尤其值得关注。而我国目前个人住房贷款中的浮动利率制度，使借款人承担了相当大比率的利率风险，这就导致了借款人在利率上升周期中出现贷款违约的可能性加大。

(2) 还款意愿风险

还款意愿是指借款人对偿还银行贷款的态度。在还款能力确定的情况下，借款人还可能故意欺诈，通过伪造的个人信用资料骗取银行的贷款，从而产生还款意愿风险。在实践中，有很多借款人根本不具备按期还款的能力，其通过伪造个人信用资料骗取银行的贷款购买房屋，再将该房屋出租，以租金收入还贷，一旦房屋无法出租，借款人也就无力继续还款，给银行带来风险。

2. 信用风险防范措施

(1) 加强对借款人还款能力的甄别

防范个人住房贷款违约风险需特别重视把握借款人的还款能力，改变以往"重抵押物、轻还款能力"的贷款审批思路。因此，银行应该进一步严格个人住房贷款的调查和审查，尤其是关注和评估借款人的还款能力，准确把握第一还款来源，从而有效控制个人住房贷款业务的信用风险。

在审核个人住房贷款申请时，必须对借款人的收入证明严格把关，尤其是自雇人士或自由职业者。除了向借款人的工作单位、工商管理部门、税务部门以及征信机构等独立的第三方进行查证外，还应审查其纳税证明、资产证明、财务报表、银行账单等，确保第一还款来源真实、准确、充足。具体的措施将从验证借款人的工资收入、租金收入、投资收入和经营收入4个方面来介绍。

①验证工资收入的真实性；

②验证租金收入的真实性；

③验证投资收入的真实性；

④ 验证经营收入的真实性。

(2) 深入了解客户的还款意愿

在当前的业务环境下，真实个人信息获取的成本和难度都比较大，往往造成工作中的信息不对称。事前的信息不对称使得一些优质客户被拒之门外，即经济学中的逆向选择；而事后的信息不对称使得银行的贷款资金遭受风险，即道德风险。为了防范这种信息不对称造成的风险，银行应该对借款人的还款意愿有良好的把握。

如果借款人是老客户，通常可以通过检查其以往的账户记录、还款记录以及当前贷款状态，了解其还款意愿。如果是新客户，往往可以通过职业、家庭、教育、年龄、稳定性等个人背景因素来综合判断。这些信息可以通过借款人提交的申请资料和人民银行的个人征信系统的信用报告来获取。而借款人的稳定性可以通过借款人在现职公司的工作年限、在现住址的年限来判断。银行查证借款人的身份证明文件、核实其就业状况及收入情况，审查借款人申请资料的真实性、准确性及品格特征是必不可少的贷款审查内容。同时，坚持贷款面谈制度，对申请人的还款意愿从细节上进行把握。

例题32 信用风险防范措施将从验证借款人的(　　)方面着手。(多项选择题)

A. 验证工资收入的真实性　　　　　　B. 验证租金收入的真实性

C. 验证投资收入的真实性　　　　　　D. 验证经营收入的真实性

答案　ABCD

解析　具体的措施将从验证借款人的工资收入、租金收入、投资收入和经营收入4个方面来介绍。

第4节 公积金个人住房贷款

考点9 基础知识

1. 公积金个人住房贷款的概念

公积金个人住房贷款也称委托性住房公积金贷款，是指由各地住房公积金管理中心运用个人及其所在单位所缴纳的住房公积金，委托商业银行向购买、建造、翻建、大修自住住房的住房公积金缴存人以及在职期间缴存住房公积金的离退休职工发放的专项住房消费贷款。公积金个人住房贷款是住房公积金使用的中心内容。公积金个人住房贷款实行"存贷结合、先存后贷、整借零还和贷款担保"的原则。

2. 公积金个人住房贷款的特点

公积金个人住房贷款的特点如表4.8所示。

表4.8　公积金个人住房贷款的特点

特点	具体的内容
互助性	公积金个人住房贷款的资金来源为单位和个人共同缴存的住房公积金
普遍性	只要是具有完全民事行为能力、正常缴存住房公积金的职工，都可申请公积金个人住房贷款
利率低	相对于商业贷款，公积金个人住房贷款的利率较低
期限长	目前，公积金个人住房贷款最长期限为30年(贷款期限不得超过法定离退休年龄后5年)

3. 公积金个人住房贷款的要素

(1) 贷款对象

公积金个人住房贷款是缴存公积金的职工才享有的一种贷款权利，只要是缴存公积金的职工，均可申请公积金个人住房贷款。申请公积金个人住房贷款必须符合住房公积金管理部门有关公积金个人住房贷款的规定。应具备的基本条件为：

① 具有城镇常住户口或有效居留身份；

② 按时足额缴存住房公积金并具有个人住房公积金存款账户；

③ 有稳定的经济收入，信用良好，有偿还贷款本息的能力；

④ 有合法有效的购买、大修住房的合同、协议以及贷款银行要求提供的其他证明文件；

⑤ 有当地住房公积金管理部门规定的最低额度以上的自筹资金，并保证用于支付购买(大修)住房的首付款；

⑥ 有符合要求的资产进行抵押或质押，或有足够代偿能力的法人、其他经济组织或自然人作为保证人；

⑦ 符合当地住房公积金管理部门规定的其他借款条件。

(2) 贷款利率

公积金个人住房贷款的利率按中国人民银行规定的公积金个人住房贷款利率执行。现行的公积金个人住房贷款利率如下：5年期以下(含5年)为3.33%，5年期以上为3.87%。

(3) 贷款期限

公积金个人住房贷款的期限最长为30年，如果当地公积金管理中心有特殊规定，按当地住房公积金信贷政策执行。

(4) 还款方式

公积金个人住房贷款的还款方式包括等额本息还款法、等额本金还款法和一次还本付息法。一般而言，贷款期限在1年以内(含1年)的实行到期一次还本付息；贷款期限在1年以上的，借款人从发放贷款的次月起偿还贷款本息，一般采取等额本息还款法或等额本金还款法。

(5) 担保方式

目前，公积金个人住房贷款担保方式一般有抵押、质押和保证3种。在实践中，住房置业担保公司所提供的连带责任担保是常见的保证方式。

各地住房公积金管理中心对公积金个人住房贷款的担保方式有不同的规定。承办银行应按当地公积金管理中心的委托要求和具体管理规定执行，并在《住房公积金借款合同》中与借款人进行具体约定。

(6) 贷款额度

具体的实施可参照建房(2010)83号、银发(2010)275号、国办发(2010)1号及新"国五条"的内容。

4. 公积金个人住房贷款业务的职责分工和操作模式

(1) 职责分工

① 公积金管理中心的基本职责

制定公积金信贷政策、负责信贷审批和承担公积金信贷风险。

② 承办银行的职责

a. 基本职责：公积金借款合同签约、发放、职工贷款账户设立和计结息以及金融手续操作。

b. 可委托代理职责：贷前咨询受理、调查审核、信息录入，贷后审核、催收、查询对账。

(2) 操作模式

具体的操作模式如表4.9所示。

表4.9　公积金个人住房贷款业务的操作模式

操作的模式	具体的内容
银行受理，公积金管理中心审核审批，银行操作	银行受托受理职工公积金借款申请，公积金管理中心负责审批，银行负责审核审批、办理合同签约和贷款发放等具体金融手续
公积金管理中心受理、审核和审批，银行操作	公积金管理中心受理职工公积金借款申请，审核审批后，由银行办理合同签约、贷款发放等具体金融手续
公积金管理中心和承办银行联动	银行受理职工公积金借款申请，通过网络实时将资料、审查结果和审查信息传达给公积金管理中心，公积金管理中心进行联机审核审批后，将审批意见通过网络发送给银行，银行根据审批意见办理具体金融手续，将相关账务信息通过网络传送给公积金管理中心，与公积金管理中心联机记账和对账

5. 公积金个人住房贷款与商业银行自营性个人住房贷款的区别

公积金个人住房贷款和商业银行自营性个人住房贷款的主要区别如表4.10所示。

表4.10　公积金个人住房贷款与商业银行自营性个人住房贷款的区别

承担风险的主体不同	公积金个人住房贷款是一种委托性住房贷款，它是国家住房公积金管理部门利用归集的住房公积金资金，由政府设立的住房置业担保机构提供担保，委托商业银行发放给公积金缴存人的住房贷款。从风险承担的角度上讲，商业银行本身不承担贷款风险。而自营性个人住房贷款是商业银行利用自有信贷资金发放的住房贷款，商业银行自己承担贷款风险
资金来源不同	公积金个人住房贷款的资金来自于公积金管理部门归集的住房公积金，而商业银行的自营性个人住房贷款来源于银行自有的信贷资金
贷款对象不同	公积金个人住房贷款的对象需要是住房公积金缴存人，而商业银行自营性个人住房贷款的对象不需要是住房公积金缴存人，而是符合商业银行自营性个人住房贷款条件的、具有完全民事行为能力的自然人
贷款利率不同	公积金个人住房贷款的利率比自营性个人住房贷款的利率低
审批主体不同	公积金个人住房贷款与商业银行自营性个人住房贷款审批之间存在区别。公积金个人住房贷款的申请由各地方公积金管理中心负责审批，而自营性个人住房贷款由商业银行自己审批

例题33 公积金个人住房贷款与商业银行自营性个人住房贷款的区别不包括(　　)。(单项选择题)

A. 审批主体不同　　　　B. 贷款对象不同　　　　C. 贷款条件不同　　　　D. 资金来源不同

答案　C

解析　公积金个人住房贷款和商业银行自营性个人住房贷款的主要区别如下：

①承担风险的主体不同；②资金来源不同；③贷款对象不同；④贷款利率不同；⑤审批主体不同。

例题34 公积金个人住房贷款与商业银行自营性个人住房贷款的区别包括(　　)。(多项选择题)

A. 承担风险的主体不同　　　　B. 资金来源不同　　　　C. 贷款对象不同

D. 贷款利率不同　　　　E. 审批主体不同

答案　ABCDE

解析　公积金个人住房贷款和商业银行自营性个人住房贷款的主要区别如下：

①承担风险的主体不同；②资金来源不同；③贷款对象不同；④贷款利率不同；⑤审批主体不同。

例题35 公积金个人住房贷款具有以下特点(   )。(多项选择题)

A. 互助性　　　　　B. 普遍性　　　　　C. 利率高

D. 期限长　　　　　E. 利率低

答案　ABDE

解析　公积金个人住房贷款的特点有：互助性、普遍性、利率低、期限长。

考点10　贷款流程

1. 贷款的受理与调查

银行要先和公积金管理中心签订《住房公积金贷款业务委托协议书》，取得公积金个人住房贷款业务的承办权，之后才能接受委托办理公积金个人住房贷款业务。根据委托协议及公积金管理中心的具体要求，接受当地公积金管理中心委托，承办银行受托办理公积金借款咨询和申请，经办人员会告知借款人必须符合当地公积金管理中心规定的住房公积金贷款条件。

只有参加住房公积金制度的职工才有资格申请公积金个人住房贷款，没有参加住房公积金制度的职工就不能申请公积金个人住房贷款。借款人申请公积金个人住房贷款，须具备以下基本条件，如图4.6所示。

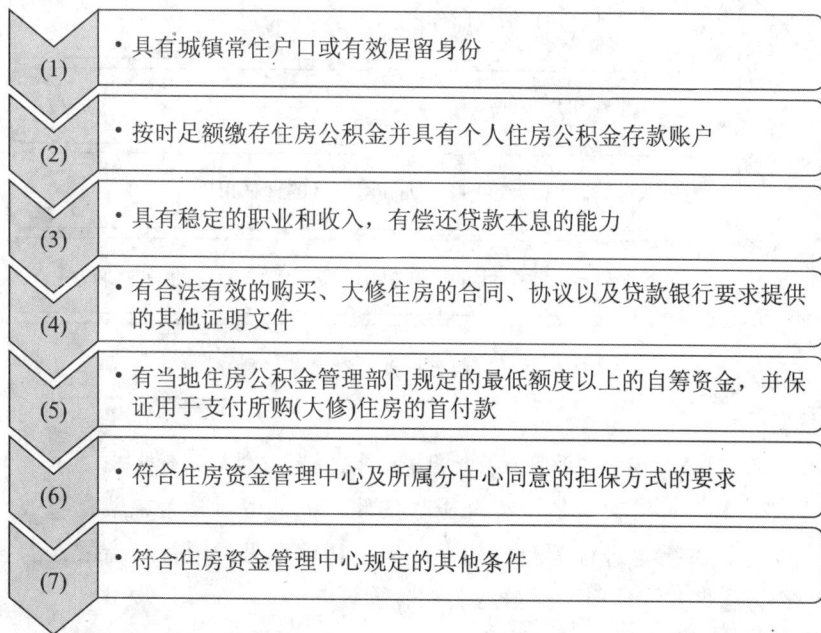

(1) ・具有城镇常住户口或有效居留身份

(2) ・按时足额缴存住房公积金并具有个人住房公积金存款账户

(3) ・具有稳定的职业和收入，有偿还贷款本息的能力

(4) ・有合法有效的购买、大修住房的合同、协议以及贷款银行要求提供的其他证明文件

(5) ・有当地住房公积金管理部门规定的最低额度以上的自筹资金，并保证用于支付所购(大修)住房的首付款

(6) ・符合住房资金管理中心及所属分中心同意的担保方式的要求

(7) ・符合住房资金管理中心规定的其他条件

图4.6　申请公积金个人住房贷款需具备的条件

借款人在符合基本条件后，申请不同的公积金个人住房贷款还需要提供相关的补充申请材料。

申请商品房公积金个人住房贷款的借款人，还须提供以下补充材料，如图4.7所示。

二手房办理是以所购住房作抵押担保，申请二手房公积金贷款，借款人须提供以下补充材料，如图4.8所示。

(1) · 借款人及参贷人(共同还款人、担保人)的居民身份证、户口簿原件及复印件和共同还款承诺书

(2) · 婚姻状况证明(已婚的提供结婚证复印件,其他情况由所在单位或派出所出具证明)

(3) · 合法的商品房购房合同或协议

(4) · 借款人及参贷人所在单位提供的个人资信证明

(5) · 借款人已交付不低于20%购房款的有效凭据

(6) · 有效的担保证明

(7) · 办理公积金个人住房贷款的期房楼盘,必须是由开发商与受委托银行签订个贷协议的楼盘,借款人可通过个贷银行办理贷款手续

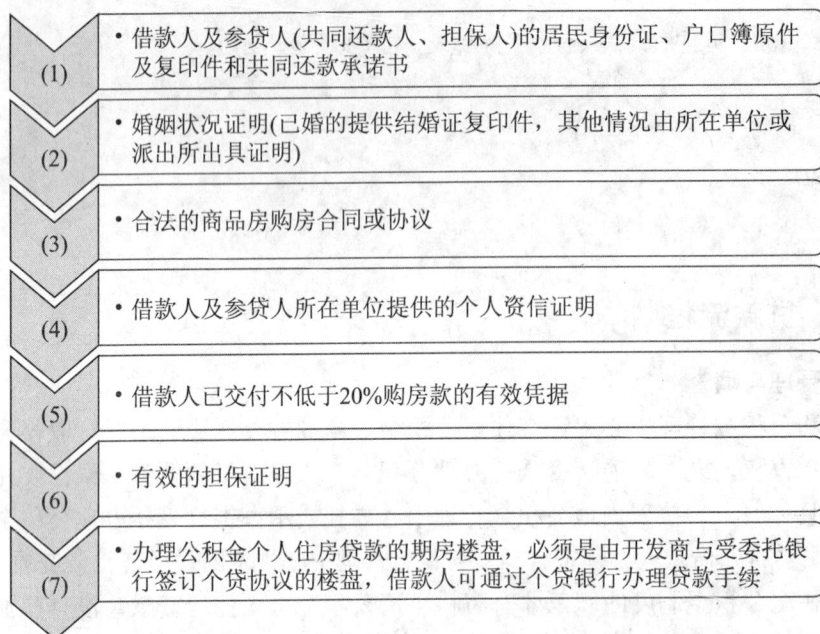

图4.7 申请商品房公积金个人住房贷款的借款人需要提供的补充材料

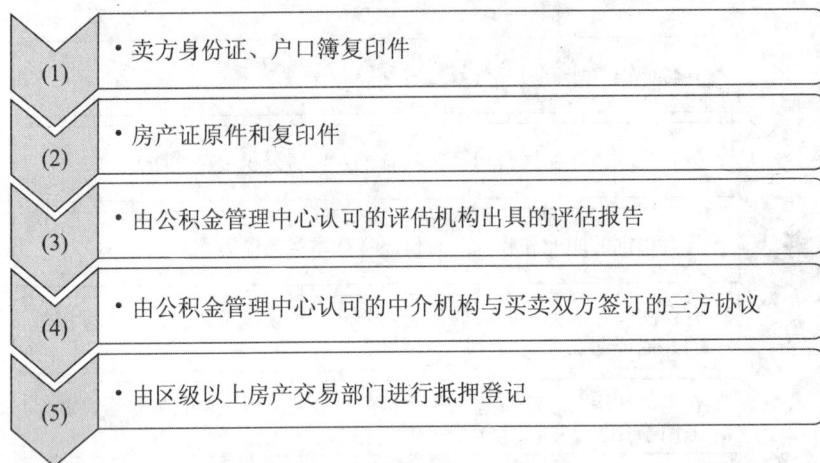

(1) · 卖方身份证、户口簿复印件

(2) · 房产证原件和复印件

(3) · 由公积金管理中心认可的评估机构出具的评估报告

(4) · 由公积金管理中心认可的中介机构与买卖双方签订的三方协议

(5) · 由区级以上房产交易部门进行抵押登记

图4.8 申请二手房公积金贷款的借款人须提供的补充材料

根据委托协议,银行对借款人是否符合贷款条件,提供资料是否完整、有效,以及提供的担保是否合法、安全、可靠等进行调查和初审,提出初审意见。银行对借款人的各种证件、资料审查合格后,签署意见并注明时间,报送公积金管理中心。

2. 贷款的审查与审批

(1) 贷前审查

管理中心收到申请材料后,先由业务部门经办人员对借款人的资信状况进行考察、测算、核实,签署意见,经业务部门负责人审查后,报管理中心分管负责人批准。审核的内容如表4.11所示。

表4.11 贷前审核的内容

借款人缴存住房公积金情况	借款人缴存住房公积金情况，包括借款人是否建立住房公积金存款账户，是否按时足额缴存住房公积金，是否欠缴住房公积金等
借款用途	审核借款人提供的购买住房合同或协议，建造、翻建或大修自住住房的由城市规划行政管理部门、房地产行政管理部门出具的证明文件
借款内容	对借款人提出的贷款额度、期限等申请进行审核，看其是否符合有关公积金个人住房贷款的规定
贷款资信审查	住房公积金管理中心应对借款人信用状况及偿还能力进行审查，并核实贷款担保情况，包括抵押物或质物清单、权属证明以及有处分权人同意的抵押或质押证明，有关部门出具的抵押物估价证明，保证人同意提供担保的书面文件和保证人资信证明等。住房公积金管理中心根据上述情况，对贷款进行审批。对借款人信用较差、无还款能力或贷款担保不落实等，贷款风险较大的，应不予批准发放贷款。对信用良好、贷款担保属实的借款人，给予发放贷款，并确定批准额度、期限和利率等内容

(2) 贷款审批

贷款审批的内容如表4.12所示。

表4.12 贷款审批的内容

登记台账	承办银行将通过初步审核的公积金贷款登记台账，按照公积金管理中心委托要求和管理规定，将贷款初步审核意见连同借款申请材料、面谈记录等公积金管理中心所需要的资料全部送交公积金管理中心审批
贷款审批	公积金贷款的贷款风险由公积金管理中心承担，公积金贷款的审批决策权属于公积金管理中心，公积金管理中心作为贷款审批环节的执行者，对贷款额度、成数、年限作出最终的决策
核对或登记台账	承办银行取回公积金管理中心出具的审批意见和《委托放款通知书》后，核对已登记台账。对于公积金管理中心受理贷款申请的，承办银行要跟踪公积金管理中心的审批进程，及时取回公积金管理中心出具的审批意见、《委托放款通知书》及贷款资料，并登记台账

3. 贷款的签约与发放

(1) 贷款签约

公积金管理中心审批借款人的申请后，向受委托主办银行出具《委托放款通知书》，明确贷款的对象、金额、期限、利率等内容，同时公积金管理中心将委托贷款基金划入银行的住房委托贷款基金账户。银行凭《委托放款通知书》与借款人签订借款合同和担保合同，办理抵押手续。借款合同生效后填制各类会计凭证，办理贷款划付手续。交易完成后，向客户出具借款回单，向公积金管理中心移交和报送公积金贷款发放明细资料，如表4.13所示。

表4.13 贷款签约的流程

流程	具体的内容
合同签约	承办银行按照公积金管理中心《委托放款通知书》审核预签合同或制作借款合同；落实借款人、住房置业公司等合同签约人在合同上盖章、签字(章)，经有权签字人审核同意，在合同上加盖合同专用章及有权签字人个人名章，由承办银行经办人员录入并检查、修改系统中的信息
担保落实	由承办银行办理与公积金贷款担保相关事宜，包括抵押贷款登记手续和住房置业担保公司担保手续等
申领和存拨基金	承办银行按公积金管理中心审批后待放的公积金贷款金额，向公积金管理中心申请住房委托贷款基金。公积金管理中心受理申请基金的申请和拨存住房委托贷款基金。承办银行为公积金管理中心建立住房委托贷款基金账户，根据公积金管理中心拨存委托贷款基金《资金划转通知单》划拨资金，核实委托贷款基金是否到账，并对住房委托贷款基金的使用、结余等方面进行统计管理，按委托要求定期与公积金管理中心对账，报送业务资料和报表等

(2) 贷款的发放

承办银行必须在收到公积金管理中心拨付的住房委托贷款基金，办妥所购房屋抵押登记(备案)手续，审核放款资料齐全性、真实性和有效性后发放贷款。除当地公积金管理中心有特殊规定外，公积金个人住房贷款资金必须以转账的方式划入售房人账户，不得由借款人提取现金。发放完贷款，承办银行向客户提供回单，并将有关放款资料报送公积金管理中心。

4. 支付管理

贷款人可以采用受托支付或借款人自主支付的方式对贷款资金的支付进行管理与控制。除当地公积金管理中心有特殊规定外，公积金个人住房贷款必须采用委托支付的支付管理方式，即贷款资金必须由贷款银行以转账的方式划入售房人账户，不得由借款人提取现金。

采用贷款人受托支付方式的，银行应明确受托支付的条件，规范受托支付的审核要件，要求借款人在使用贷款时提出支付申请，并授权贷款人按合同约定方式支付贷款资金。银行应在贷款资金发放前审核借款人相关交易资料和凭证是否符合合同约定的条件，支付后做好有关细节的认定工作。

受托支付的操作要点包括：明确借款人应提交的资料要求；明确支付审核要求；完善操作流程；合理确定流动资金贷款的受托支付标准；要合规使用放款专户。

贷款人受托支付完成后，应详细记录资金流向，归集保存相关凭证。

5. 贷后管理

按照公积金管理中心委托要求，承办银行定期(按日)将有关公积金管理中心的账户记账回单、公积金贷款回收、逾期及结清等资料移交和报送公积金管理中心，定期与公积金管理中心核对公积金个人住房贷款账务，协助不良贷款的催收，及时结算住房委托贷款手续费。

(1) 贷款检查

按照委托协议，承办银行应定期对公积金贷款的办理情况进行检查，检查内容包括业务操作的合规性、是否按委托协议要求的工作时限办理贷款业务、贷款账户的催收情况等。

(2) 协助不良贷款催收

承办银行应根据公积金管理中心的委托要求，协助公积金管理中心对不良贷款进行催收，及时向公积金管理中心报告情况。如果借款人违反了借款合同的约定而没有及时、足额地偿还贷款本息，贷款银行一般采取的催收措施为：

① 逾期90天以内的，选择短信、电话和信函等方式进行催收。

② 如果借款人超过90天不履行还款义务，贷款银行会向借款人发送《提前还款通知书》，有权要求借款人提前偿还全部借款，并支付逾期期间的罚息。

③ 如果在《提前还款通知书》确定的还款期限届满时，借款人仍未履行还款义务，贷款银行将就抵押物的处置与借款人达成协议。

④ 逾期180天以上，将对拒不还款的借款人提起诉讼，对抵押物进行处置；处分抵押物所得价款用于偿还贷款利息、罚金及本金。

(3) 对账工作

① 与公积金管理中心对账

为了保证贷款业务的真实性和准确性，保障住房委托贷款资金的安全，承办银行应与公积金管理中心定期对账，核对公积金管理中心划拨的基金与银行收到的基金是否一致；核对银行住房回收贷款本息金额与公积金管理中心收到的回收贷款本息是否一致。

② 与借款人对账

承办银行以定期(按月、按季、按年)寄发对账单或电子银行查询对账的形式与借款人进行账务核对。

(4) 基金清退和利息划回

承办银行应根据公积金管理中心的委托要求和具体规定，按时将回收贷款本金与利息划入公积金管理中心指定的结算账户和增值收益账户，及时进行资金清算。

(5) 贷款手续费的结算

按委托协议的约定，公积金管理中心应定期(每月、每季、每年)按比例将委托贷款手续费划归给承办银行。

(6) 担保贷后管理

对已发放贷款，具备抵押登记(含预登记)办理条件后及时办理抵押登记手续，并及时修改、维护抵押登记信息，完成抵押物账务的处理和他项权证的移交入库；结清贷款的，对注销的抵押登记相关资料进行核实审查，及时办理抵押登记注销手续和处理相关账务。

(7) 贷款数据的报送

承办银行应根据公积金管理中心的委托要求和具体规定，按时向公积金管理中心报送公积金贷款数据、报表及其他资料，并确保报送资料的真实性、完整性和准确性。

(8) 委托协议终止

公积金管理中心与承办银行的委托贷款协议终止时，承办银行应清算住房委托贷款手续费，办理公积金管理中心存款账户的销户交易，最后移交和报送公积金管理中心账户记账回单及相关业务资料。

(9) 档案管理

贷款档案是贷款在申请、审查、发放和回收等过程中形成的文件和资料。贷款发放后，经办人员应在一定时间内对贷款资料进行复查和清理，检查资料的有效性和完整性，对文件材料进行整理，合理编排顺序。

例题36 公积金个人住房贷款在贷款逾期90天以内，应当采取的措施是( )。(单项选择题)

A. 电话催收　　　　　　　　　　B. 向借款人发送"提前还款通知书"

C. 就抵押物的处置与借款人达成协议　　D. 对借款人提起诉讼

答案 A

解析 如果借款人违反了借款合同的约定而没有及时、足额地偿还贷款本息，贷款银行一般采取的催收措施为：逾期90天以内的，选择短信、电话和信函等方式进行催收；如果借款人超过90天不履行还款义务，则向借款人发送"提前还款通知书"，有权要求借款人提前偿还全部借款，并支付逾期期间的罚息；如果在"提前还款通知书"确定的还款期限届满时，借款人仍未履行还款义务，将就抵押物的处置与借款人达成协议；逾期180天以上，将对拒不还款的借款人提起诉讼，对抵押物进行处置，处分抵押物所得价款用于偿还贷款利息、罚金及本金。

例题37 公积金管理中心应( )按比例将委托贷款手续费划归给承办银行。(多项选择题)

A. 每月　　　B. 每季　　　C. 每半年　　　D. 每年　　　E. 每周

答案 ABD

解析 公积金管理中心应定期(每月、每季、每年)按比例将委托贷款手续费划归给承办银行。

第5节 同步强化训练

一、单项选择题

1. 下列各项中，( )是一种政策性个人住房贷款。

A. 自营性个人住房贷款　　　　　　B. 公积金个人住房贷款

C. 个人住房组合贷款　　　　　　　D. 个人住房转让贷款

2. 下列对个人住房贷款特点的说法中，错误的是( )。

A. 贷款金额大、期限长　　　　　　B. 实质是一种融资关系

C. 风险相对分散　　　　　　　　　D. 风险具有系统性特点

3. 个人住房贷款的利率按商业性贷款利率执行，( )。

A. 上限管理，下限放开

B. 上限放开，下限管理

C. 利率固定，商业银行不得自行调整

D. 上下限固定，商业银行在此范围内自行调整

4. 在实践中，个人住房贷款期限在1年以上的，合同期内遇法定利率调整时，银行多是于( )起，按相应的利率档次执行新的利率规定。

A. 法定利率调整即日　　　　　　　B. 法定利率调整次日

C. 法定利率调整的次月1日　　　　D. 法定利率调整的次年1月1日

5. 对于借款人已离退休或即将离退休的，贷款期限不宜过长，一般男性自然人的还款年限不超过( )岁，女性自然人的还款年限不超过( )岁。

A. 60，55　　　　B. 65，60　　　　C. 70，65　　　　D. 75，70

6. 在一手房贷款中，在房屋办妥抵押登记前一般由( )承担阶段性保证的责任。

A. 中介机构　　　　B. 担保机构　　　　C. 借款人　　　　D. 开发商

7. 个人住房贷款中采用抵押加阶段性保证时，开发商需要与商业银行签订( )。

A. 《商品房售后合作协议书》　　　B. 《商品房预售合作协议书》

C. 《商品房销售贷款合作协议书》　D. 《公积金房销售合作协议书》

8. 个人住房贷款采用保证担保方式时，保证人为借款人提供的贷款担保为( )连带责任保证，对于仅提供保证担保方式的，其贷款期限最高为( )。

A. 全额，15年　　B. 部分，15年　　C. 全额，5年　　D. 部分，5年

9. 目前我国个人住房贷款的最低首付款比例为( )。

A. 10%　　　　B. 15%　　　　C. 20%　　　　D. 30%

10. 对已利用贷款购买住房又申请购买第二套(含第二套)以上住房的，贷款首付比例不得低于(   )。

A. 40%　　　　　　　 B. 50%　　　　　　　 C. 60%　　　　　　　 D. 70%

11. 贷前调查是对住房楼盘项目和借款人提供的全部文件，材料的(   )，以及对借款人的品行、信誉、偿债能力、担保手段落实情况等进行的调查和评估。

A. 真实性、合法性、完整性、可行性　　　 B. 完整性、规范性

C. 真实性、合法性、完整性、规范性　　　 D. 真实性、合法性

12. 贷前调查中，对楼盘项目本身的审查不包括(   )。

A. 项目资料的完整性、真实性和有效性审查　　　 B. 项目销售的合法性审查

C. 项目资金到位情况审查　　　 D. 项目的实地考察

13. 在个人住房贷款业务中，可能作为保证人的是(   )。

A. 与借款人有关联的法人　　　 B. 在银行黑名单之列的法人

C. 有重大违法行为、损害银行利益的法人　　　 D. 三年内连续亏损的法人

14. 贷款发放前，贷款发放人应落实有关贷款发放条件，下列关于落实内容的说法中错误的是(   )。

A. 确认借款人首付款已全额支付到位

B. 借款人所购房屋为新建房的，要确认项目工程进度符合人民银行规定的有关贷款条件

C. 对采取抵(质)押的贷款，抵(质)押登记手续应由银行贷款发放人与抵(质)押人一起办理

D. 对采取委托扣划还款方式的借款人，要确认其已在银行开立还本付息账户用于归还贷款

15. 下列关于个人住房贷款合同主体变更的说法错误的是(   )。

A. 在合同履行期间，须变更借款合同主体的，借款人或财产继承人持有效法律文件，向贷款银行提出书面申请

B. 经审批同意变更借款合同主体后，贷款银行与变更后的借款人重新签订有关合同文本

C. 变更借款合同主体后，担保人不变的，不必重新签订有关合同文本

D. 新合同借款利率按原合同利率约定执行

16. 下列关于商业银行个人住房贷款风险管理的说法，错误的是(   )。

A. 贷款经办人员要向借款人说明其所提供的所有文件资料均将经过贷款审核人员的调查确认，并要求借款人据此签署书面声明

B. 商业银行对每一笔贷款申请都要做内部信息调查

C. 贷款审核人员对借款人的借款申请初审同意后，应由贷款经办人员对借款人提交的文件资料的完整性、真实性、准确性及合法性进行复审

D. 商业银行对申请人的所有信息应以风险评估报告的形式记录存档

17. 借款人的正常收入已不能保证及时、全额偿还贷款本息，需要通过出售、变卖资产、对外借款、保证人、保险人履行保证、保险责任或处理抵(质)押物才能归还全部贷款本息的贷款是(   )。

A. 关注贷款　　　 B. 次级贷款　　　 C. 可疑贷款　　　 D. 损失贷款

18. 下列哪些情况不应计入不良贷款? (   )

A. 张某因出差在外，未及时归还贷款本息

B. 史某宣告死亡，以其财产清偿后，仍未能还清其生前的贷款

C. 裴某由于金融危机而失去工作，目前无正常收入，暂无力偿还房贷

D. 曲某已无力归还贷款，银行将其抵押物拍卖，但损失金额尚不能确定

19. "假个贷"的主要成因不包括(　　)。

A. 开发商利用"假个贷"恶意套取银行资金进行诈骗

B. 消费者为了获得银行贷款而实施"假个贷"

C. 开发商为获得优惠贷款而实施"假个贷"

D. 银行的管理漏洞给"假个贷"以可乘之机

20. 房地产开发商和中介机构的欺诈风险主要表现为"假个贷"。"假个贷"的"假"并非指(　　)。

A. 虚构购房行为使其具有"真实"的表象　　　B. 不具有真实的购房目的

C. 借款人的全部资产不足以一次性购买房屋　　D. 捏造借款人资料或者其他相关资料

21. 在个人住房贷款业务中,担保公司的"担保放大倍数"是指(　　)。

A. 担保公司对外提供担保的余额和自身实收资本的倍数

B. 担保公司向银行的贷款和自身实收资本的倍数

C. 担保公司提供给借款者的贷款和自身实收资本的倍数

D. 担保公司的营业收入和自身实收资本的倍数

22. 在个人住房贷款业务中,贷款审批环节的主要业务风险控制点不包括(　　)。

A. 未按独立公正原则审批

B. 不按权限审批贷款,使得贷款超授权发放

C. 审批人员对应审查的内容审查不严,导致向不符合条件的借款人发放贷款

D. 与借款人签订的合同无效

23. 在个人住房贷款业务中,贷款签约环节的主要风险点不包括(　　)。

A. 未签订合同或签订无效合同　　　　　　　B. 合同文本中出现书写不规范的行为

C. 未对合同签署人及签字进行核实　　　　　D. 未按贷款合同规定发放贷款

24. 个人住房贷款档案管理中存在的风险不包括(　　)。

A. 未按照要求收集整理贷款档案资料

B. 未核对"个人贷款档案清单"

C. 未对档案资料使用实施借阅审批登记制度

D. 未按规定保管借款合同、担保合同等重要贷款档案资料,造成合同损毁

25. 下列不属于合同有效性风险的是(　　)。

A. 格式条款无效　　　　　　　　　　　　　B. 格式条款解释风险

C. 抵押物的合法有效性风险　　　　　　　　D. 未履行法定提示义务的风险

26. 防范个人住房贷款违约风险需特别重视把握(　　)。

A. 借款人的还款能力　　　　　　　　　　　B. 借款人的还款意愿

C. 保证人的保证能力　　　　　　　　　　　D. 抵(质)押物的价值

27. 下列情形不可以申请公积金个人住房贷款的是(　　)。

A. 购买商品房　　　　B. 集资建造住房　　　C. 翻建自有住房　　　D. 装修自有住房

28. 公积金个人住房贷款是住房公积金使用的中心内容,它实行的原则不包括(　　)。

A. 存贷结合　　　　　B. 先贷后还　　　　　C. 整借零还　　　　　D. 贷款担保

29. 下列关于公积金个人住房贷款的特点的说法,不正确的是(　　)。

A. 互助性　　　　　　B. 全民性　　　　　　C. 利率低　　　　　　D. 期限长

30. 公积金个人住房贷款的还款方式不包括( )。

A. 等额本金还款法　　　B. 等额本息还款法　　　C. 等额递增还款法　　　D. 一次还本付息法

31. 一般来讲，公积金个人住房贷款的发放方式是( )。

A. 借款人直接提取现金

B. 售房人直接提取现金

C. 资金以转账方式划入售房人账户

D. 资金以转账方式划入借款人账户

32. 下列不属于公积金管理中心的基本职责的是( )。

A. 制定公积金信贷政策

B. 负责信贷审批

C. 公积金贷款合同的签约

D. 承担公积金信贷风险

33. 承办银行可委托代理的职责不包括( )。

A. 职工贷款账户设立　　　B. 贷前咨询受理　　　C. 贷后审核　　　D. 贷后查询对账

34. 关于公积金个人住房贷款和商业银行自营性个人住房贷款的区别，下列说法正确的是( )。

A. 前者的贷款对象范围更广

B. 前者贷款利率较高

C. 后者是一种委托性个人住房贷款

D. 后者的信贷风险由商业银行自身承担

35. 借款人在符合基本条件后，申请不同的公积金个人住房贷款还需要提供相关的补充申请材料。下列哪一项不属于申请商品房公积金个人住房贷款须提供的补充材料？( )

A. 婚姻状况证明

B. 由区级以上房产交易部门进行抵押登记

C. 借款人已交付不低于20%购房款的有效凭据

D. 合法的商品房购房合同或协议

二、多项选择题

1. 下列关于个人住房贷款的说法，正确的有( )。

A. 绝大多数采取分期付款的方式

B. 是以抵押物的抵押为前提而建立起来的一种借贷关系

C. 实质是一种商品买卖关系

D. 风险相对较高

E. 风险具有系统性

2. 个人住房贷款的对象应满足的条件包括( )。

A. 具有完全民事行为能力

B. 具有合法有效的身份或居留证明

C. 具有稳定的经济收入

D. 具有合法有效的购买住房的合同

E. 有贷款银行认可的资产进行抵押或质押，或有足够代偿能力的保证人

3. 个人住房贷款过程中，银行应通过多种渠道和方式向借款人提供贷前咨询，咨询的主要内容包括( )。

A. 办理个人住房贷款的程序

B. 个人住房贷款合同中的主要条款

C. 个人住房贷款品种介绍

D. 申请个人住房贷款应具备的条件

E. 个人住房贷款经办机构的地址及联系电话

4. 个人住房贷款业务中，贷前调查的内容包括( )。

A. 住房楼盘项目

B. 借款人提供的全部文件、材料的真实性

C. 借款人的信誉

D. 借款人的偿债能力

E. 担保手段的落实情况

5. 在个人住房贷款贷前调查中,对开发商资信的调查包括(   )。

A. 房地产开发商资质,其应按照核定的资质等级承担相应的房地产项目

B. 企业及其竞争对手的资信等级或信用程度

C. 企业的税务登记证明、会计报表

D. 开发商的债权债务和为其他债权人提供担保的情况

E. 企业法人代表的个人信用程度和管理层的决策能力

6. 在个人住房贷款的贷前调查环节,对借款人可采取的调查方式包括(   )。

A. 审查借款申请材料   B. 与借款申请人面谈   C. 查询个人所有银行账户

D. 实地调查   E. 电话调查

7. 在个人住房贷款的贷前调查环节,可以作为借款申请人偿还能力证明材料的有(   )。

A. 过去1年的工资单   B. 过去2个月的存折对账单

C. 纳税证明等投资经营收入证明   D. 偶然的小额中奖收入

E. 股票、债券

8. 个人住房贷款业务部门组织报批时,需要提交的材料包括(   )。

A. 个人住房贷款调查审查表   B. 个人信贷业务报批材料清单

C. 个人信贷业务申报审批表   D. 个人住房借款申请书

E. 贷前调查人员提交的面谈记录

9. 个人住房贷款贷后检查的对象包括(   )。

A. 借款人   B. 抵押物   C. 质押物

D. 担保人   E. 合作机构

10. 在个人住房贷款业务的贷后检查中,对开发商和项目检查的要点包括(   )。

A. 开发商的经营状况及财务状况   B. 项目资金到位及使用情况

C. 项目工程进度   D. 履行担保责任情况

E. 土地使用及建设工程规划的许可

11. 按照5级分类方式,不良个人住房贷款包括(   )。

A. 正常贷款   B. 关注贷款   C. 次级贷款

D. 可疑贷款   E. 损失贷款

12. 下列关于个人住房贷款贷后档案管理的说法,错误的有(   )。

A. 贷款档案必须是原件

B. 个人住房贷款档案必须独立保管,不得与银行其他档案共用保管场所

C. 对于借阅有关贷款的重要档案材料,必须经过有权人员的审批同意

D. 借款人还清贷款本息后,银行保存全部档案材料

E. 领取重要档案材料必须由借款人本人办理,不得委托他人

13. 办理个人住房贷款时,对合作机构进行分析的要点包括(   )。

A. 合作机构的领导层素质   B. 合作机构的业界声誉

C. 合作机构的历史信用记录   D. 合作机构的管理规范程度

E. 合作机构的偿债能力

14. 银行在分析合作机构的管理规范程度时，重点分析的内容有(　　)。

A. 合作机构的组织机构是否健全　　　　　　B. 有无完善的内部管理规章制度

C. 有无财务监督机制　　　　　　　　　　　D. 合作机构在银行的公司贷款情况

E. 对改制后的企业还要看其治理结构是否合理

15. 银行与房地产开发商确立合作意向后，还需加强对开发商及合作项目的管理，可采取的措施包括(　　)。

A. 及时了解开发商的偿债能力　　　　　　　B. 了解开发商的管理规范程度

C. 了解借款人对住房的使用情况　　　　　　D. 借款人发生违约行为后应及时对抵押物进行处理

E. 密切注意和掌握房地产市场的动态

16. 为了降低"假个贷"风险，一线经办人员应严把贷款准入关，要注意检查(　　)。

A. 借款人身份的真实性　　　　　　　　　　B. 借款人的房产情况

C. 担保人的信用状况　　　　　　　　　　　D. 各类证件的真实性

E. 申报价格的合理性

17. 在个人住房贷款中，其他合作机构风险的防控措施主要有(　　)。

A. 深入调查，选择讲信用、重诚信的合作机构　B. 业务合作中充分依赖合作机构

C. 严格执行准入退出制度　　　　　　　　　D. 有效利用保证金制度

E. 严格执行回访制度

18. 在个人住房贷款业务中，贷款受理和调查中的风险点主要包括(　　)。

A. 借款申请人户籍所在地是否在贷款银行所在地区

B. 借款申请人提交的资料格式是否符合银行的要求

C. 借款人提供的保证人或抵押人、出质人的身份证件是否真实、有效

D. 借款申请人的担保措施是否足额、有效

E. 未按独立公正原则审批的风险

19. 为控制借款人调查中的风险，对借款申请人的调查内容应包括(　　)。

A. 借款申请人提供的直接划款账户是否是借款人本人所有的活期储蓄账户

B. 借款申请人家庭资产负债比率是否合理

C. 借款人主要依靠工资收入还款的，侧重分析其职务、其在所在公司收入的稳定性等

D. 借款申请人第一还款来源是否稳定、充足

E. 担保物是否容易变现，同区域同类型担保物价值的市场走势如何

20. 个人住房贷款发放是资金划拨的过程，主要从贷款发放的条件审查与贷款资金的划拨两个方面加以考虑，下列属于发放环节的主要风险点的有(　　)。

A. 个人信贷信息录入是否准确　　　　　　　B. 合同文本中数字书写不规范

C. 未按规定办妥相关评估、公证等事宜即放款　D. 会计凭证填制不合要求

E. 贷款以现金发放的，没有"先记账、后放款"

21. 在个人住房贷款中，个人住房贷款的合同有效性风险包括(　　)。

A. 未签订合同　　　　　　　　　　　　　　B. 合同格式条款无效

C. 未履行法定提示义务　　　　　　　　　　D. 对格式条款的理解发生争议的解释风险

E. 格式条款与非格式条款不一致

22. 抵押担保的法律风险主要包括(　　)。

A. 抵押物的合法有效性　　B. 抵押物重复抵押　　C. 抵押物价值高估、不足值

D. 抵押率偏低　　　　　　　E. 抵押登记存在瑕疵

23. 在个人住房贷款中，质押担保的法律风险主要有(　　)。

A. 质押物的合法性　　　　　　　　　　B. 对于无处分权的权利进行质押

C. 非为被监护人利益以其所有权利进行质押　　D. 质押股票的价格波动风险

E. 以不当得利进行质押

24. 在个人住房贷款中，保证担保的法律风险主要表现在(　　)。

A. 未明确连带责任保证，追索的难度大　　B. 未明确保证期间

C. 借款人互相提供保证　　　　　　　　　D. 公司的分支机构为个人提供保证

E. 公司职能部门经授权在授权范围内对外提供保证

25. 操作风险是银行面临的最古老的风险之一，给全球范围内的许多金融机构造成了严重的经济损失。下列关于操作风险防范措施的说法，错误的是(　　)。

A. 加强法制教育，加重违规违纪行为的处罚力度

B. 加强并完善银行内控制度

C. 经办人员应认真负责地进行实地调查和资料收集

D. 贷款发放前，落实贷款有效担保

E. 银行相关部门应积极预测即将出台的政策，以消除政策风险

26. 为防范信用风险，应加强对借款人还款能力的甄别，具体操作时应该重点审查借款人的(　　)。

A. 工资收入　　　　　　B. 租金收入　　　　　　C. 投资收入

D. 经营收入　　　　　　E. 偶然所得

27. 下列关于个人住房贷款信用风险防范措施的说法，错误的是(　　)。

A. 加强对借款人还款能力的甄别

B. 验证借款人收入的真实性

C. 深入了解客户的还款意愿

D. 防范个人住房贷款违约风险需特别重视把握借款人所提供担保的情况

E. 如果借款人是新客户，可以通过检查其以往的账户记录、还款记录以及当前贷款状态，了解其还款意愿

28. 下列关于公积金个人住房贷款的说法，正确的有(　　)。

A. 是一种专项住房消费贷款，资金来源为单位和个人共同缴存的住房公积金，具有互助性

B. 贷款审查比较宽松，只要是具有完全民事行为能力、住房公积金缴存人以及在职期间缴存了住房公积金的离退休职工，都可申请

C. 贷款利率比商业贷款高

D. 贷款期限在1年以内(含1年)的，实行到期一次还本付息

E. 目前，公积金个人住房贷款期限不得超过法定离退休年龄后5年

29. 申请公积金个人住房贷款，借款人应具备的基本条件包括(　　)。

A. 具有城镇常住户口或有效居留身份

B. 按时足额缴存住房公积金并具有个人住房公积金存款账户

C. 有符合要求的担保

D. 有合法有效的购买、大修住房的合同、协议

E. 有当地住房公积金管理部门规定的最低额度以上的自筹资金用于支付首付款

30. 缴存住房公积金的职工，在( )自住住房时，可以向住房公积金管理中心申请住房公积金贷款。

A. 购买   B. 建造   C. 精装   D. 简修   E. 翻建

31. 贷款期限在1年以上的个人住房公积金贷款的还款方式包括( )。

A. 等额本息还款法   B. 分批逐月还款法   C. 等额本金还款法

D. 一次还本付息法   E. 等额递减还款法

32. 在公积金个人住房贷款业务中，承办银行的职责包括( )。

A. 信贷审批   B. 公积金借款合同签约、发放

C. 承担公积金信贷风险   D. 职工贷款账户设立和计结息

E. 贷前咨询受理、调查审核

三、判断题

1. 个人住房贷款是我国开办最早、规模最大的个人贷款产品。( )

2. 《个人住房担保贷款管理试行办法》的颁布标志着国内住房贷款业务的真正的快速发展。( )

3. 只有缴存了住房公积金的借款人才可以申请个人住房组合贷款。( )

4. 个人住房贷款的利率按政策性贷款利率执行，实行上、下限同时管理。( )

5. 房地产交易市场的稳定性和规范性对个人住房贷款风险的影响一般不大。( )

6. 在个人住房贷款中，以房地产为抵押物的，应当办理抵押登记，在解除抵押权时也应办理注销登记手续。( )

7. 借款人以所购住房作抵押的，可将住房价值的一部分用于贷款抵押，银行往往规定用于贷款抵押的该部分价值不得低于总价值的一定比例。( )

8. 个人住房贷款的计息、结息方式，由中国人民银行统一规定。( )

9. 个人一手房贷款和二手房贷款的期限由银行根据实际情况合理确定，最长期限都为30年。( )

10. 个人住房贷款的借款人可以根据需要选择多种还款方法，且在贷款期间内可以根据需要进行变更。( )

11. 在个人住房贷款业务中，采取的担保方式以抵押担保为主，在未实现抵押登记前，普遍采取抵押加阶段性保证的方式，应由保证人单独与贷款银行签订独立的抵押加阶段性保证借款合同。( )

12. 借款人以所购住房作抵押的，必须将住房价值全额用于贷款抵押，若以贷款银行认可的其他财产作抵押的，银行往往规定其贷款额度不得超过抵押物价值的一定比例。( )

13. 在个人住房贷款中，对已利用贷款购买住房又申请购买第二套(含第二套)以上住房的，首付比例不得低于30%。( )

14. 在商用房贷款的受理过程中，对于有共同申请人的，应同时要求共同申请人提交有关申请材料。( )

15. 在个人住房贷款中，银行对项目有关资料进行审查合格后，不必对项目进行实地调查即可撰写调查报告。( )

16. 个人住房贷款原则上采用专项提款方式。(   )

17. 经审批同意变更借款合同主体后，贷款银行与变更后的借款人、担保人重新签订有关合同文本，新合同借款利率应重新约定。(   )

18. 在个人住房贷款中，若保证人向第三方提供超出其自身负担能力的担保的，银行应限期要求借款人更换贷款银行认可的新的担保。(   )

19. 次级贷款指的是贷款银行已要求借款人及有关责任人履行保证、保险责任、处理抵(质)押物，预计贷款可能发生一定损失，但损失金额尚不能确定的贷款。(   )

20. 个人住房贷款档案须是原件，复印件无效。(   )

21. 对于二手个人住房贷款，商业银行最主要的合作单位是房地产开发商。(   )

22. 我国法律不禁止未成年人作为购房人购买房屋，且未成年人可以以贷款方式购买房屋。(   )

23. 目前，个人住房贷款业务中所采用的借款合同基本上都是统一的格式文本。(   )

24. 在个人住房贷款业务中，当非格式条款与格式条款的意思表达不一致或矛盾时，格式条款的效力优于补充条款、特别约定条款等非格式条款。(   )

25. 从信用风险的角度看，还款意愿体现的是借款人客观的财务状况。(   )

26. 为防范信用风险，银行在审批个人住房贷款时应特别重视借款人的还款意愿。(   )

27. 事前的信息不对称使得一些优质客户被拒之门外，即道德风险。事后的信息不对称使得银行的贷款资金遭受风险，即逆向选择。(   )

28. 只有具有城镇常住户口才能申请住房公积金贷款。(   )

29. 目前在实践中，住房置业担保公司所提供的连带责任担保是常见的公积金个人住房贷款保证方式。(   )

30. 住房公积金贷款的风险，由经办银行承担。(   )

31. 公积金个人住房贷款的资金来源与商业银行的不同，前者来自公积金管理部门归集的住房公积金，后者来源于银行自有的信贷资金。(   )

32. 公积金个人住房贷款的申请由公积金管理中心负责审批，自营性个人住房贷款由商业银行自己审批。(   )

33. 贷款银行对逾期90天以内的不良贷款一般以短信、电话和信函等催收。(   )

34. 如果借款人超过180天不履行还款义务，银行应向借款人发送《提前还款通知书》，要求借款人提前偿还全部借款，并支付逾期期间的罚息。(   )

答案与解析

一、单项选择题

1. 答案与解析　B

公积金个人住房贷款不以营利为目的，实行"低进低出"的利率政策，带有较强的政策性，贷款额度受到限制。因此，它是一种政策性个人住房贷款。

2. 答案与解析　C

由于个人住房贷款大多数为房产抵押担保贷款，因此风险相对较低。但由于大多数个人住房贷款具有类似的贷款模式，系统性风险也相对集中。

3. 答案与解析　B

个人住房贷款的利率按商业性贷款利率执行，上限放开，实行下限管理。

4. 答案与解析　D

在实践中，银行多于次年1月1日起按相应的利率档次执行新的利率规定。

5. 答案与解析　B

对于借款人已离退休或即将离退休的，贷款期限不宜过长，一般男性自然人的还款年限不超过65岁，女性自然人的还款年限不超过60岁。

6. 答案与解析　D

在一手房贷款中，在房屋办妥抵押登记前，一般由开发商承担阶段性保证的责任，而在二手房贷款中，一般由中介机构或担保机构承担阶段性保证的责任。

7. 答案与解析　C

抵押加阶段性保证人通常是借款人所购住房的开发商或售房单位，且与银行签订了《商品房销售贷款合作协议书》。

8. 答案与解析　C

采用保证担保方式的，保证人应与贷款银行签订保证合同。保证人为借款人提供的贷款担保为全额连带责任保证，对于仅提供保证担保方式的，其贷款期限最高为5年。

9. 答案与解析　C

目前我国个人住房贷款的最低首付款比例为20%。

10. 答案与解析　C

对贷款购买第二套住房的家庭，首付款比例不低于60%。

11. 答案与解析　A

除参照个人贷款贷前调查内容外，还应对开发商及住房楼盘项目材料的真实性、合法性、完整性、可行性等进行调查。

12. 答案与解析　D

项目审查具体包括：①项目资料的完整性、真实性和有效性审查；②项目的合法性审查；③项目工程进度审查；④项目资金到位情况审查。

13. 答案与解析　A

有贷款银行认可的资产进行抵押或质押，或有足够代偿能力的法人、其他经济组织或自然人作为保证人。

14. 答案与解析　C

贷款发放前，贷款发放人应落实有关贷款发放条件。个人住房贷款应重点确认借款人首付款是否已全额支付到位，借款人所购房屋为新建房的，要确认项目工程进度符合人民银行规定的有关放款条件，其他内容请遵守个人贷款的规定。

15. 答案与解析　C

变更借款合同主体后，担保人不变的，重新签订有关合同文本。

16. 答案与解析　C

贷款审核人员对借款人的借款申请初审同意后，应由贷款经办人员对借款人提交的文件资料的完整性、真实性及有效性进行复审。

17. 答案与解析　B

次级贷款是借款人的正常收入已不能保证及时、全额偿还贷款本息，需要通过出售、变卖资产、对外借款、保证人、保险人履行保证、保险责任或处理抵(质)押物才能归还全部贷款本息的贷款。

18. 答案与解析　A

不良个人贷款包括5级分类中的后3类贷款，即次级、可疑和损失类贷款。银行应按照银行监管部门的规定定期对不良个人贷款进行认定。

19. 答案与解析　B

可参照考点6"2.合作机构风险的表现形式"的内容。

20. 答案与解析　C

"假个贷"的"假"，一是指不具有真实的购房目的，二是指虚构购房行为使其具有"真实"的表象，三是指捏造借款人资料或者其他相关资料等。

21. 答案与解析　A

"担保放大倍数"过大，即担保公司对外提供担保的余额与自身实收资本的倍数过大，造成过度担保而导致最终无力代偿。

22. 答案与解析　D

贷款审批环节主要业务风险控制点为：①未按独立公正原则审批；②不按权限审批贷款，使得贷款超授权发放；③审批人员对应审的内容审查不严，导致向不符合条件的借款人发放贷款。

23. 答案与解析　D

可参照考点7"1.贷款流程中的风险"的内容。

24. 答案与解析　D

档案管理中的风险，主要包括：①是否按照要求收集整理贷款档案资料，是否按要求立卷归档；②是否对每笔贷款设立专卷，是否按贷款种类、业务发生时间编序，是否核对"个人贷款档案清单"；③重要单证保管是否及时移交会计部门专管，档案资料使用是否实施借阅审批登记制度。

25. 答案与解析　C

可参照考点7"2.法律和政策风险"的内容。

26. 答案与解析　A

对于银行而言，把握住借款人的还款能力，就基本上把握住了第一还款来源，就能够保证个人住房贷款的安全。

27. 答案与解析　D

可参照考点9"3.公积金个人住房贷款的要素"的内容。

28. 答案与解析　B

公积金个人住房贷款是住房公积金使用的中心内容。公积金个人住房贷款实行"存贷结合、先存后贷、整借零还和贷款担保"的原则。

29. 答案与解析　B

可参照考点9"2.公积金个人住房贷款的特点"的内容。

30. 答案与解析　C

公积金个人住房贷款的还款方式包括等额本息还款法、等额本金还款法和一次还本付息法。

31. 答案与解析　C

除当地公积金管理中心有特殊规定外，公积金个人住房贷款资金必须以转账的方式划入售房人账户，不得由借款人提取现金。

32. 答案与解析　C

公积金管理中心基本职责：制定公积金信贷政策、负责信贷审批和承担公积金信贷风险。

33. 答案与解析　A

承办银行可委托代理的职责：贷前咨询受理、调查审核、信息录入，贷后审核、催收、查询对账。

34. 答案与解析　D

可参照考点9"5.公积金个人住房贷款与商业银行自营性个人住房贷款的区别"的内容。

35. 答案与解析　B

可参照考点10"1.贷款的受理与调查"的内容。

二、多项选择题

1. 答案与解析　ABE

可参照考点1的内容，该题目考察的是个人住房贷款的特征、发展历程等内容。

2. 答案与解析　ABCDE

5个选项均符合题意。

3. 答案与解析　ABCDE

5个选项均符合题意。

4. 答案与解析　ABCDE

5个选项均符合题意。

5. 答案与解析　ACDE

可参照考点1"2.贷前调查"的内容。

6. 答案与解析　ABDE

可参照考点1"(2)对借款人的调查"的内容。

7. 答案与解析　ACE

可参照考点8"2.信用风险防范措施"的内容。

8. 答案与解析　ABCDE

5个选项均符合题意。

9. 答案与解析　ABCDE

5个选项均符合题意。

10. 答案与解析　ABCD

可参照考点5的内容。

11. 答案与解析　CDE

不良个人住房贷款包括次级贷款、可疑贷款、损失贷款。

12. 答案与解析　ABDE

可参照考点5 "5.贷款档案管理" 的内容。

13. 答案与解析　ABCDE

5个选项均符合题意。

14. 答案与解析　ABCE

分析合作机构的管理规范程度：重点分析合作机构的组织机构是否健全；有无完善的内部管理规章制度(包括公司章程、相关内部制度文件)；有无财务监督机制；对改制后的企业还要看其治理结构是否合理。

15. 答案与解析　CDE

可参照考点6 "1.合作机构管理的内容" 的内容。

16. 答案与解析　ADE

可参照考点6 "3.合作机构风险的防范措施" 的内容。

17. 答案与解析　ACDE

可参照考点6 "3.合作机构风险的防范措施" 的内容。

18. 答案与解析　ABCD

可参照考点7 "1.贷款流程中的风险" 的内容。

19. 答案与解析　ABCDE

5个选项均符合题意。

20. 答案与解析　ACDE

主要风险点如下：①个人信贷信息录入是否准确；贷款发放程序是否合规。②贷款担保手续是否齐备、有效；抵(质)押物是否办理抵(质)押登记手续。③在发放条件不齐全的情况下放款，例如贷款未经审批或是审批手续不全，各级签字(签章)不全；借款人未在借款凭证上签字(签章)；未按规定办妥相关评估、公证等事宜；担保未落实等。④在资金划拨中的风险点有会计凭证填制不合要求；未对会计凭证进行审查；贷款以现金发放的，没有"先记账、后放款"等。⑤未按规定的贷款金额、贷款期限、贷款的担保方式、贴息等发放贷款，导致贷款错误核算，发放金额、期限与审批表不一致，造成错误发放贷款。

21. 答案与解析　BCDE

可参照考点7 "2.法律和政策风险" 的内容。

22. 答案与解析　ABCE

可参照考点7 "2.法律和政策风险" 的内容。

23. 答案与解析　ABCE

可参照考点7 "2.法律和政策风险" 的内容。

24. 答案与解析　ABCD

可参照考点7 "2.法律和政策风险" 的内容。

25. 答案与解析　ABCD

可参照考点7 "3.操作风险的防范措施" 的内容。

26. 答案与解析　ABCD

为防范信用风险，应加强对借款人还款能力的甄别，具体操作时应该重点审查借款人的工资收入、租金收入、投资收入和经营收入四个方面。

27. 答案与解析　ABC

可参照考点8 "2.信用风险防范措施" 的内容。

28. 答案与解析　ADE

可参照考点9的内容，该题考查的是公积金个人住房贷款的概念、特点、要素等。

29. 答案与解析　ABCDE

5个选项均符合题意。

30. 答案与解析　ABE

按时足额缴存住房公积金的职工在购买、建造或大修住房时，可以同时申请公积金个人住房贷款和自营性个人住房贷款，从而形成特定的个人住房贷款组合，简称个人住房组合贷款。

31. 答案与解析　AC

贷款期限在1年以上的，借款人从发放贷款的次月起偿还贷款本息，一般采取等额本息还款法或等额本金还款法。

32. 答案与解析　BDE

基本职责：公积金借款合同签约、发放、职工贷款账户设立和计结息以及金融手续操作。

三、判断题

1. 答案与解析　√

个人住房贷款是我国开办最早、规模最大的个人贷款产品。

2. 答案与解析　×

中国人民银行先后颁布了《个人住房担保贷款管理试行办法》等一系列关于个人住房贷款的制度办法，标志着国内住房贷款业务的正式全面启动。

3. 答案与解析　√

按时足额缴存住房公积金的职工在购买、建造或大修住房时，可以同时申请公积金个人住房贷款和自营性个人住房贷款，从而形成特定的个人住房贷款组合，简称个人住房组合贷款。

4. 答案与解析　×

个人住房贷款的利率按商业性贷款利率执行，上限放开，实行下限管理。

5. 答案与解析　×

房地产交易市场的稳定性和规范性对个人住房贷款风险的影响也较大。

6. 答案与解析　√

在个人住房贷款中，以房地产为抵押物的，应当办理抵押登记，在解除抵押权时也应办理注销登记手续。

7. 答案与解析　×

借款人以所购住房作抵押的，银行通常要求将住房价值全额用于贷款抵押；若以贷款银行认可的其他财产作抵押的，银行往往规定其贷款额度不得超过抵押物价值的一定比例。

8. 答案与解析　×

个人住房贷款的计息、结息方式，由借贷双方协商确定。

9. 答案与解析　√

个人一手房贷款和二手房贷款的期限由银行根据实际情况合理确定，最长期限都为30年。

10. 答案与解析　×

在贷款期间，经贷款银行同意，借款人可根据实际情况变更贷款担保方式。

11. 答案与解析　×

在个人住房贷款业务中，采取的担保方式以抵押担保为主，在未实现抵押登记前，普遍采取抵押加阶段性保证的方式。借款人、抵押人、保证人应同时与贷款银行签订抵押加阶段性保证借款合同。

12. 答案与解析　√

借款人以所购住房作抵押的，必须将住房价值全额用于贷款抵押，若以贷款银行认可的其他财产作抵押的，银行往往规定其贷款额度不得超过抵押物价值的一定比例。

13. 答案与解析　×

对贷款购买第二套住房的家庭，首付款比例不低于60%。

14. 答案与解析　√

在商用房贷款的受理过程中，对于有共同申请人的，应同时要求共同申请人提交有关申请材料。

15. 答案与解析　×

银行除对项目有关资料进行审查外，还需对项目进行实地调查。

16. 答案与解析　√

个人住房贷款原则上采用专项提款方式。

17. 答案与解析　×

经审批同意变更借款合同主体后，贷款银行与变更后的借款人、担保人重新签订有关合同文本。新合同借款利率按原合同利率约定执行。

18. 答案与解析　√

在个人住房贷款中，若保证人向第三方提供超出其自身负担能力的担保的，银行应限期要求借款人更换贷款银行认可的新的担保。

19. 答案与解析　×

次级贷款：借款人的正常收入已不能保证及时、全额偿还贷款本息，需要通过出售、变卖资产、对外借款、保证人、保险人履行保证、保险责任或处理抵(质)押物才能归还全部贷款本息。

20. 答案与解析　×

一般档案材料需要退还借款人的，档案管理员将材料复印后，将原件退还借款人或委托人，将复印件归档，进行有关信息的登记。

21. 答案与解析 ×

对于二手个人住房贷款，商业银行最主要的合作单位是房地产经纪公司。

22. 答案与解析 ×

未成年人作为无民事行为能力人或限制行为能力人，不能以贷款方式购买房屋。

23. 答案与解析 √

目前，个人住房贷款业务中所采用的借款合同基本上都是统一的格式文本。

24. 答案与解析 ×

可参照考点7"④格式条款与非格式条款不一致的风险。"的内容。

25. 答案与解析 ×

从信用风险的角度来看，还款能力体现的是借款人客观的财务状况。

26. 答案与解析 ×

防范个人住房贷款违约风险需特别重视把握借款人的还款能力。

27. 答案与解析 ×

事前的信息不对称使得一些优质客户被拒之门外，即经济学中的逆向选择；而事后的信息不对称使得银行的贷款资金遭受风险，即道德风险。

28. 答案与解析 ×

只有参加住房公积金制度的职工才有资格申请公积金个人住房贷款，没有参加住房公积金制度的职工就不能申请公积金个人住房贷款。

29. 答案与解析 √

目前在实践中，住房置业担保公司所提供的连带责任担保是常见的公积金个人住房贷款保证方式。

30. 答案与解析 ×

从风险承担的角度上讲，商业银行本身不承担贷款风险。而自营性个人住房贷款是商业银行利用自有信贷资金发放的住房贷款，商业银行自己承担贷款风险。

31. 答案与解析 √

公积金个人住房贷款的资金来源与商业银行的不同，前者来自公积金管理部门归集的住房公积金，后者来源于银行自有的信贷资金。

32. 答案与解析 √

公积金个人住房贷款的申请由公积金管理中心负责审批，自营性个人住房贷款由商业银行自己审批。

33. 答案与解析 √

贷款银行对逾期90天以内的不良贷款一般以短信、电话和信函等催收。

34. 答案与解析 ×

如果借款人超过90天不履行还款义务，银行应向借款人发送《提前还款通知书》，有权要求借款人提前偿还全部借款，并支付逾期期间的罚息。

第5章

个人消费贷款

个人消费贷款是银行向个人发放的用于消费的贷款。个人消费贷款是借助商业银行的信贷支持，以消费者的信用及未来的购买力为贷款基础，按照银行的经营管理规定，对个人发放的用于家庭或个人购买消费品或支付其他与个人消费相关费用的贷款。

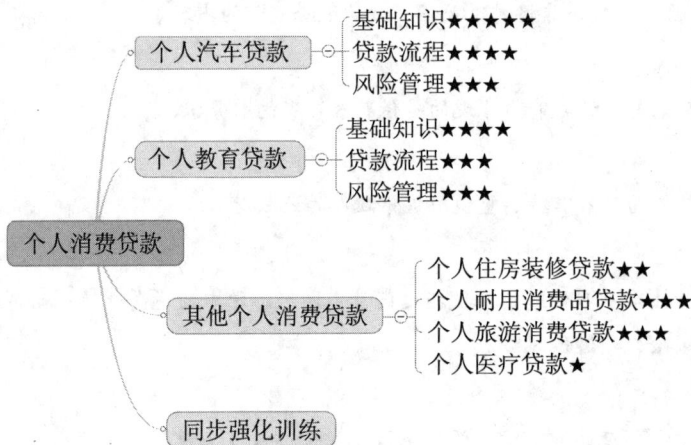

```
                              ┌─ 基础知识★★★★★
                个人汽车贷款 ─┼─ 贷款流程★★★★
                              └─ 风险管理★★★

                              ┌─ 基础知识★★★★
                个人教育贷款 ─┼─ 贷款流程★★★
                              └─ 风险管理★★★
个人消费贷款 ─
                              ┌─ 个人住房装修贷款★★
                              ├─ 个人耐用消费品贷款★★★
              其他个人消费贷款 ┤
                              ├─ 个人旅游消费贷款★★★
                              └─ 个人医疗贷款★

                同步强化训练
```

第1节 个人汽车贷款

考点1 基础知识

本部分主要介绍个人汽车贷款的含义、分类、特征、发展历程、原则和运行模式以及个人汽车贷款的要素(包括贷款对象、贷款利率、贷款期限、还款方式、担保方式和贷款额度)等。

1. 个人汽车贷款的含义和分类

个人汽车贷款是指银行向自然人发放的用于购买汽车的贷款。具体内容如表5.1所示。

表5.1　个人汽车贷款分类

按用途划分	自用车	自用车是指借款人申请汽车贷款购买的、不以营利为目的的汽车
	商用车	商用车是指借款人申请汽车贷款购买的、以营利为目的的汽车
按注册登记情况划分	新车	新买的车
	二手车	二手车是指从办理完机动车注册登记手续到规定报废年限一年之前进行所有权变更并依法办理过户手续的汽车

2. 个人汽车贷款的特征

继个人住房贷款之后，个人汽车贷款由于其业务操作方面的独特性，逐步发展成为个人贷款业务中自成特色的一类，该类贷款的特点主要体现在以下几个方面，如表5.2所示。

表5.2 个人汽车贷款的特点

特点	具体内容
作为汽车金融服务领域的主要内容之一	在汽车产业和汽车市场发展中占有一席之地。从国内外市场发展过程来看,汽车贷款除了是商业银行个人信贷的重要产品外,其在汽车市场中的地位和作用也非常突出。由于汽车产业属于资金密集型产业,对资金融通方面的需求较大,除了上游的汽车生产和批发环节外,作为大额消费品,汽车贷款在汽车销售市场中日益起到举足轻重的作用,这一点是被国内外市场所证实的
与汽车市场的多种行业机构具有密切关系	首先,借款申请人要从汽车经销商处购买汽车,银行贷款的资金将直接转移至经销商处;其次,由于汽车贷款多实行所购车辆作抵押,贷款银行会要求借款人及时足额购买汽车产品的保险,从而与保险公司建立业务关系。此外,汽车贷款业务拓展中还有可能涉及多种担保机构和服务中介等,甚至在业务拓展方面商业银行还要与汽车生产企业进行联系沟通。因此,银行在汽车贷款业务中不是独立作业的,而是需要多方的协调配合
风险管理难度相对较大	由于汽车贷款购买的标的产品为移动易耗品,以汽车作抵押的风险缓释作用有限,其风险相对于住房贷款来说更难把握。特别是在国内信用体系尚不完善的情况下,商业银行对借款人的资信状况较难评价,对其违约行为缺乏有效的约束力。因此,汽车贷款风险控制的难度相对较大

3. 个人汽车贷款的发展历程

国内最初的汽车贷款业务是作为促进国内汽车市场发展、支持国内汽车产业的金融手段而出现的,最早出现于1993年。当时受宏观经济紧缩政策的影响,汽车市场销售不畅,一些汽车经销商开始尝试分期付款的售车业务。银行业的汽车贷款业务萌芽于1996年,当时中国建设银行与一汽集团建立了长期战略合作伙伴关系。作为合作的一项内容,中国建设银行开始在部分地区试点办理一汽大众轿车的汽车贷款业务,开始了国内商业银行个人汽车贷款业务的尝试。

从1998年开始,中央决定实施扩大内需的宏观经济政策。中国人民银行相继出台了一系列启动消费的配套措施,1998年9月《汽车消费贷款管理办法(试点办法)》的颁布,是继1997年出台个人住房贷款业务的政策之后,中国人民银行推动消费信贷业务的又一新举措。初期开办仅限于4家国有商业银行,已有过试点经验的中国建设银行率先完成了业务开办的准备工作,成为中国人民银行批复开办汽车贷款业务的第一家商业银行,于当年10月正式推出。此后,各国有商业银行陆续开办了此项业务。最初,为规范业务发展,中国人民银行规定汽车贷款实行品牌管理,即商业银行需对本行办理汽车贷款的汽车品牌作限定。开办之初,由于国内汽车消费需求有限,所以业务规模较小。

进入21世纪,国内经济发展迅速,居民消费水平不断提高,对私家车消费的市场需求迅速增长。特别是2001年下半年起,国内汽车市场迅速升温,银行也纷纷在汽车贷款市场展开激烈竞争,业务进入快速增长阶段。2002年,汽车贷款余额新增700多亿元,达到1150亿元。2003年上半年,汽车贷款延续了快速增长的势头,仅第一季度新增贷款余额就达200多亿元。但从2003年开始,汽车贷款市场的热度开始有所降温。特别是8月国内保险公司退出履约保证保险市场业务之后,银行同业也逐步加强了对汽车贷款的规范管理,汽车贷款发展趋于谨慎和理性。

为了营造一个更加公平、规范的市场竞争环境,2004年8月,中国人民银行、银监会联合颁布了《汽车贷款管理办法》。《汽车贷款管理办法》在贷款人、借款人范围、车贷首付比例和年限等关键问题上,都与1998年的《汽车消费贷款管理办法(试点办法)》有很大不同。

另外，《汽车贷款管理办法》还明确规定，购车人在购买二手车时也可以申请贷款。

4. 个人汽车贷款的原则和运行模式

(1) 个人汽车贷款的原则

个人汽车贷款实行"设定担保，分类管理，特定用途"的原则，如图5.1所示。

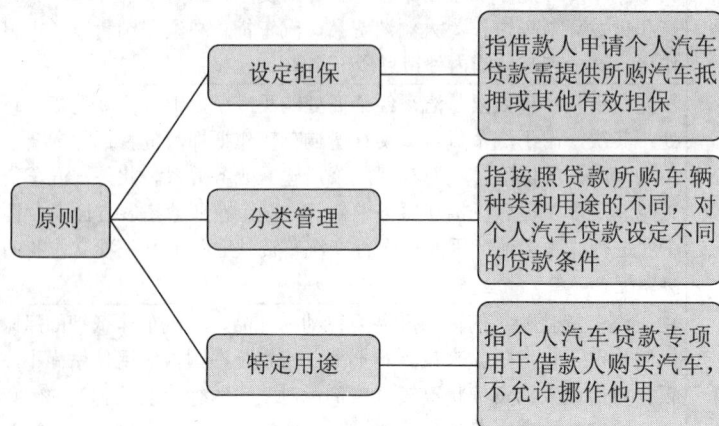

```
                        ┌─────────┐    指借款人申请个人汽车
              ┌────────│ 设定担保 │    贷款需提供所购汽车抵
              │         └─────────┘    押或其他有效担保
       ┌──────┐        ┌─────────┐    指按照贷款所购车辆
       │ 原则 │────────│ 分类管理 │    种类和用途的不同，对
       └──────┘        └─────────┘    个人汽车贷款设定不同
              │                        的贷款条件
              │         ┌─────────┐    指个人汽车贷款专项
              └────────│ 特定用途 │    用于借款人购买汽车，
                        └─────────┘    不允许挪作他用
```

图5.1　个人汽车贷款的原则

(2) 个人汽车贷款的运行模式

目前个人汽车贷款最主要的运行模式包括"间客式"与"直客式"两种，具体内容如表5.3所示。

表5.3　个人汽车贷款的运行模式

种类	概述	运行模式	流程
"间客式"模式	"间客式"运行模式在目前个人汽车贷款市场中占主导地位。该模式是指由购车人首先到经销商处挑选车辆，然后通过经销商的推荐到合作银行办理贷款手续。汽车经销商或第三方(如保险公司、担保公司)协助银行对贷款购车人的资信情况进行调查，帮助购车人办理申请贷款手续，提供代办车辆保险等一系列服务，部分经销商为借款人按时还款向银行进行连带责任保证或全程担保。在这种情况下，由于经销商或第三方在贷款过程中承担了一定风险并付出了一定的人力和物力，所以它们往往要收取一定比例的管理费或担保费	先买车，后贷款	选车——准备所需资料——与经销商签订购买合同——银行在经销商或第三方的协助下作资信情况调查——银行审批、放款——客户提车
"直客式"模式	客户先到银行申请个人汽车贷款，由银行直接面对客户，对客户资信情况进行调查审核，在综合评定后授予该客户一定的贷款额度，并与之签订贷款协议。客户在得到银行贷款额度后即可到市场上选购自己满意的车辆。在选定车型之后，到银行交清首付款，并签署与贷款有关的其他合同，由银行代客户向经销商付清余款，客户提车，之后就是借款人按月向银行还款了；在这种模式下，购车人首要与贷款银行做前期的接触，由银行直接对借款人的还款能力以及资信情况进行评估和审核，所以把这种信贷方式称为"直客式"模式	先贷款，后买车	到银行网点填写个人汽车贷款借款申请书——银行对客户进行资信调查——银行审批贷款——客户与银行签订借款合同——客户到经销商处选定车辆并向银行交纳购车首付——银行代理提车、上户和办理抵押登记手续——银行放款——客户提车

由于汽车贷款购车过程中需要与汽车经销商等机构合作，因此购车流程也可以与上述"间

客式"模式类似。但实质区别是,在"间客式"模式中银行将审贷责任交给经销商或者第三方,而在"直客式"模式中则是由银行负责客户的资信调查和信贷审批。

5. 贷款要素

(1) 贷款对象

个人汽车贷款的对象应该是具有完全民事行为能力的中华人民共和国公民或符合国家有关规定的境外自然人。借款人申请个人汽车贷款,须具备贷款银行要求的下列条件:

① 中华人民共和国公民,或在中华人民共和国境内连续居住1年(含1年)以上的港、澳、台居民及外国人;

② 具有有效身份证明、固定和详细住址且具有完全民事行为能力;

③ 具有稳定的合法收入或足够偿还贷款本息的个人合法资产;

④ 个人信用良好;

⑤ 能够支付贷款银行规定的首期付款;

⑥ 贷款银行要求的其他条件。

(2) 贷款利率

个人汽车贷款利率按照中国人民银行规定的同期贷款利率规定执行,并允许贷款银行按照中国人民银行利率规定实行上下浮动。

(3) 贷款期限

个人汽车贷款的贷款期限(含展期)不得超过5年,其中,二手车贷款的贷款期限(含展期)不得超过3年。

借款人应按合同约定的计划按时还款,如果确实无法按照计划偿还贷款,可以申请展期。借款人须在贷款全部到期前30天提出展期申请。贷款银行须按照审批程序对借款人的申请进行审批。每笔贷款只可以展期一次,展期期限不得超过1年,展期之后全部贷款期限不得超过贷款银行规定的最长期限,同时对展期的贷款应重新落实担保。

(4) 还款方式

个人汽车贷款的还款方式包括等额本息还款法、等额本金还款法、一次还本付息法、按月还息任意还本法等多种还款方式,具体方式根据各商业银行的规定来执行。

(5) 担保方式

申请个人汽车贷款,借款人须提供一定的担保措施,包括质押、以贷款所购车辆作抵押、房地产抵押和第三方保证等,还可采取购买个人汽车贷款履约保证保险的方式。在实际操作中,各商业银行通常会根据具体情况对各种担保方式作出进一步的细化规定。

(6) 贷款额度

所购车辆为自用车的,贷款额度不得超过所购汽车价格的80%;所购车辆为商用车的,贷款额度不得超过所购汽车价格的70%;所购车辆为二手车的,贷款额度不得超过借款人所购汽车价格的50%。

汽车价格,对于新车是指汽车实际成交价格与汽车生产商公布价格中的低者;对于二手车是指汽车实际成交价格与贷款银行认可的评估价格中的低者。上述成交价格均不得含有各类附加税费及保费等。

背景知识：某银行对个人汽车贷款担保方式的细化规定

以质押方式申请个人汽车贷款的，质押权利范围包括定期储蓄存款、凭证式国债(电子记账)和记账式国债、个人寿险保险单等，贷款额度最高为质押权利凭证的90%，贷款期限最长为5年，按照相关规定办理手续。

以贷款所购车辆作抵押的，借款人须在办理完购车手续后，及时到贷款经办行所在地的车辆管理部门办理车辆抵押登记手续，并将购车发票原件、各种缴费凭证原件、机动车登记证原件、行驶证复印件、保险单等交予贷款银行进行保管。如贷款发放在车辆抵押登记手续办妥之前，需由经销商或中介机构提供阶段性担保。在贷款期限内，借款人须持续按照贷款银行的要求为贷款所购车辆购买指定险种的车辆保险，并在保险单中明确第一受益人为贷款银行。在贷款期间要确保续保的连续性和有效性。

以房地产作抵押的，抵押物必须符合《担保法》及最高人民法院《关于适用〈中华人民共和国担保法〉若干问题的解释》等有关规定，并且产权明晰、价值稳定、变现能力强、易于处置。

(1) 借款人以本人或他人拥有完全所有权的房地产作抵押的，在符合有关贷款额度要求的同时，贷款金额与抵押物评估价值的比率须符合以下要求：以商品住房抵押的比率不超过60%；以写字楼抵押的，比例不超过50%；以商用房、别墅等抵押的，比率不超过40%。

(2) 以尚未还清贷款银行个人住房贷款、商用房贷款的房地产作抵押的，在符合有关贷款额度要求的同时，贷款金额与抵押物评估价值减去个人住房贷款、商用房贷款金额的比率须符合以下要求：以商品住房作抵押的，比率不超过60%；以写字楼作抵押的，比率不超过50%；以商用房、别墅等作抵押的，比率不超过40%。

(3) 不接受尚未还清贷款银行以外的其他金融机构的个人住房贷款、商用房贷款的房地产作抵押。

(4) 以其他财产作抵押的，按相应的规定执行。

抵押房地产须经贷款银行认可的评估机构评估并办理抵押登记手续，必要时需在贷款期限内持续为抵押物办理财产保险，在保险合同中明确贷款银行为第一受益人。抵押权设定后，所有能够证明抵押权属的文件原件以及抵押物保险单原件等，均由贷款银行保管。

采取第三方保证方式的，保证方应具备保证资格和贷款银行规定的保证条件。

采取购买个人汽车贷款履约保证保险方式的，借款人需购买与贷款银行有相关业务合作的保险公司的履约保证保险产品，并在保险单中明确第一受益人为银行。

例题1 个人汽车贷款的期限(含展期)不得超过(   )。(单项选择题)

A. 3年　　　　　　B. 5年　　　　　　C. 1年　　　　　　D. 10年

答案 B

解析 个人汽车贷款的贷款期限(含展期)不得超过5年，其中，二手车贷款的贷款期限(含展期)不得超过3年。

例题2 个人汽车贷款的借款人需要为贷款所购车辆购买指定险种的车辆保险，并在保险单中明确第一受益人为(   )。(单项选择题)

A. 贷款银行　　　B. 投保公司　　　C. 保证人　　　D. 借款人

答案 A

解析 在贷款期限内，借款人须持续按照贷款银行的要求为贷款所购车辆购买指定险种的车辆保险，并在保险单中明确第一受益人为贷款银行。在贷款期间要确保续保的连续性和有效性。

例题3 汽车贷款常用的还款方式不包括( )。(单项选择题)

A. 等额本金还款法　　　　　　　　B. 等额本息还款法

C. 一次还本付息法　　　　　　　　D. 等比累进还款法

答案 D

解析 个人汽车贷款的还款方式主要包括等额本息还款法、等额本金还款法、一次还本付息法、按月还息任意还本法等多种还款方式，具体方式根据各商业银行的规定执行。

例题4 下列关于"间客式"个人汽车贷款模式的说法，不正确的是( )。(单项选择题)

A. "间客式"运行模式在目前个人汽车贷款市场中占主导地位

B. "间客式"运行模式就是"先贷款，后买车"

C. 该模式涉及的第三方包括保险公司、担保公司

D. 部分经销商可以为借款人按时还款向银行进行连带责任保证或全程担保，并收取一定比例的管理费或担保费

答案 B

解析 "间客式"运行模式就是"先买车，后贷款"。

例题5 我国银行业的汽车贷款业务萌芽于( )年。(单项选择题)

A. 1989　　　　　B. 1993　　　　　C. 1996　　　　　D. 1999

答案 C

解析 银行业的汽车贷款业务萌芽于1996年，当时中国建设银行开始在部分地区试点办理一汽大众轿车的汽车贷款业务，开始了国内商业银行个人汽车贷款业务的尝试。

例题6 以下不属于《汽车贷款管理办法》与《汽车消费贷款管理办法(试点办法)》的不同点的是( )。(单项选择题)

A. 调整了贷款人主体的范围　　　　B. 细化了借款人的类型

C. 减少了贷款购车的品种　　　　　D. 扩大了贷款购车的品种

答案 C

解析 《汽车贷款管理办法》与《汽车消费贷款管理办法(试点办法)》的不同点有：调整了贷款人主体的范围、细化了借款人的类型、扩大了贷款购车的品种。

例题7 使用个人汽车贷款所购的汽车为商用车时，贷款额度不得超过所购汽车价格的( )。(单项选择题)

A. 80%　　　　　B. 70%　　　　　C. 60%　　　　　D. 50%

答案 B

解析 所购车辆为自用车的,贷款额度不得超过所购汽车价格的80%;所购车辆为商用车的,贷款额度不得超过所购汽车价格的70%;所购车辆为二手车的,贷款额度不得超过借款人所购汽车价格的50%。

例题8 以下不属于个人汽车贷款的特点的是( )。(单项选择题)
A. 在汽车产业和汽车市场发展中占有一席之地
B. 与汽车市场的多种行业机构具有密切关系
C. 与其他行业联系不大
D. 风险管理难度相对较大
答案 C
解析 个人汽车贷款的特点主要有:①在汽车产业和汽车市场发展中占有一席之地;②与汽车市场的多种行业机构具有密切关系:由于汽车销售领域的特色,汽车贷款业务的办理不是商业银行能够独立完成的,业务办理过程中需与经销商、保险公司、担保机构、服务中介等建立业务关系或进行联系沟通,与其他行业联系很大;③风险管理难度相对较大。

例题9 以下关于个人汽车贷款额度的描述,正确的是( )。(多项选择题)
A. 自用车的贷款额度不得超过所购汽车价格的80%
B. 商用车的贷款额度不得超过所购汽车价格的70%
C. 二手车的贷款额度不得超过所购汽车价格的50%
D. 新车的价格是指汽车实际成交价格与汽车生产商公布价格中的高者
E. 二手车的价格是指汽车实际成交价格与贷款银行认可的评估价格中的低者
答案 ABCE
解析 个人汽车贷款是指中国的商业银行针对18~60周岁的自然人发放的用于购买汽车的人民币贷款。个人汽车贷款所购车辆按用途可以划分为自用车和商用车,根据购置用途不同,贷款额度有所差异;按注册登记情况可以划分为新车和二手车。自用车的贷款额度不得超过所购汽车价格的80%;商用车的贷款额度不得超过所购汽车价格的70%;二手车的贷款额度不得超过所购汽车价格的50%。新车的价格是指汽车实际成交价格与汽车生产商公布价格中的低者。二手车的价格是指汽车实际成交价格与贷款银行认可的评估价格中的低者。

例题10 根据《汽车贷款管理办法》的规定,汽车贷款借款人可以是( )。(多项选择题)
A. 在中国境内有固定住所的中国公民
B. 在中国境内连续居住3年的港、澳、台居民
C. 在中国境内累计居住6个月的外国人
D. 在中国境内累计居住6个月的港、澳、台居民
E. 汽车经销商
答案 ABE
解析 《汽车贷款管理办法》为便于对汽车贷款进行风险管理,将借款人细分为个人、汽车经销商和机构借款人,并首次明确除中国公民以外,在中国境内连续居住1年(含1年)以上的港、澳、台居民以及外国人均可申请个人汽车贷款,所以ABE选项符合题意。

例题11 《汽车贷款管理办法》规定的贷款人发放二手车贷款的最低首付比例为30%。( )(判断题)

答案 ×

解析 贷款人发放自用车贷款的金额不得超过借款人所购汽车价格的80%;发放商用车贷款的金额不得超过借款人所购汽车价格的70%;发放二手车贷款的金额不得超过借款人所购汽车价格的50%。

例题12 个人汽车贷款的贷款期限(含展期)不得超过5年。( )(判断题)

答案 √

解析 个人汽车贷款是指中国的商业银行向个人发放的用于购买汽车的人民币贷款。针对18~60周岁的自然人,用于购置自用车或商用车,根据购置用途不同,贷款额度有所差异。个人汽车贷款的贷款期限(含展期)不得超过5年。

考点2 贷款流程

本节介绍个人汽车贷款的贷款流程,具体包括贷款的受理与调查、贷款的审查与审批、贷款的签约与发放、支付管理以及贷后管理5个环节,如图5.2所示。

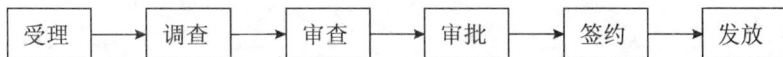

受理 → 调查 → 审查 → 审批 → 签约 → 发放

图5.2 个人汽车贷款银行内部操作流程(不含贷后管理)

1. 贷款的受理与调查

(1) 贷款的受理

个人汽车贷款的受理是指从客户向银行提交借款申请书、银行受理到上报审核的全过程。

银行可通过现场咨询、窗口咨询、电话银行、网上银行、客户服务中心、业务宣传手册等渠道和方式向拟申请个人汽车贷款的个人提供有关信息咨询服务。个人汽车贷款咨询的主要内容包括:

① 个人汽车贷款品种介绍;

② 申请个人汽车贷款应具备的条件;

③ 申请个人汽车贷款需提供的资料;

④ 办理个人汽车贷款的程序;

⑤ 个人汽车贷款借款合同中的主要条款,如贷款利率、还款方式及还款额等;

⑥ 与个人汽车贷款有关的保险、抵押登记和公证等事项;

⑦ 获取个人汽车贷款申请书、申请表格及有关信息的渠道;

⑧ 个人汽车贷款经办机构的地址及联系电话;

⑨ 其他相关内容。

贷款受理人应要求借款申请人以书面形式提出个人汽车贷款借款申请,并按银行要求提交能证明其符合贷款条件的相关申请材料。对于有共同申请人的,应同时要求共同申请人提交有关申请材料。申请材料清单如下:

① 合法有效的身份证件,包括居民身份证、户口本或其他有效身份证件,已婚的借款人还需要提供配偶的身份证明材料;

② 贷款银行认可的借款人还款能力证明材料,包括收入证明材料和有关资产证明等;

③ 由汽车经销商出具的购车意向证明(如为"直客式"模式办理,则不需要在申请贷款时提供此项);

④ 以所购车辆抵押以外的方式进行抵押或质押担保的,需提供抵押物或质押权利的权属证明文件和有处分权人(包括财产共有人)同意抵(质)押的书面证明(也可由财产共有人在借款合同、抵押合同上直接签字),以及贷款银行认可部门出具的抵押物估价证明;

⑤ 涉及保证担保的,需保证人出具同意提供担保的书面承诺,并提供能证明保证人保证能力的证明材料;

⑥ 购车首付款证明材料;

⑦ 如借款所购车辆为二手车,还需提供购车意向证明、贷款银行认可的评估机构出具的车辆评估报告书、车辆出卖人的车辆产权证明、所交易车辆的《机动车辆登记证》和车辆年检证明等;

⑧ 如借款所购车辆为商用车,还需提供所购车辆可合法用于运营的证明,如车辆挂靠运输车队的挂靠协议和租赁协议等;

⑨ 贷款银行要求提供的其他文件、证明和资料。

(2) 贷前调查

① 调查方式

贷前调查应以实地调查为主、间接调查为辅,贷前调查可以采取审查借款申请材料、与借款申请人面谈、查询个人信用、实地调查和电话调查及委托第三方调查等多种方式进行。除参照个人贷款贷前调查的内容外,还应对购车行为的真实性进行调查。

② 调查内容

贷前调查人在调查申请人基本情况、贷款用途和贷款担保等情况时,除参照个人贷款部分的内容,还应重点调查以下内容:

贷前调查人应通过借款申请人对所购汽车的了解程度、所购买汽车价格与本地区价格是否差异很大,以及二手车的交易双方是否有亲属关系等,判断借款申请人购车行为的真实性、了解借款申请人购车动机是否正常。

通过与借款人的交谈、电话查询、审查借款人提供的收入资料等方式,核实借款人的收入情况,判断借款人的支出情况,了解借款人正常的月均消费支出,除购车贷款以外的债务支出情况等。

贷前调查完成后,贷前调查人应对调查结果进行整理、分析,提出是否同意贷款的明确意见及贷款额度、贷款期限、贷款利率、担保方式、还款方式、划款方式等方面的建议,并形成对借款申请人还款能力、还款意愿、担保情况以及其他情况等方面的调查意见,连同申请资料等一并交贷款审核人进行贷款审核。

案例5-1:顺藤摸瓜确认借款人的身份

某周末,借款人王先生与其母亲一同到银行申请个人汽车贷款。该借款人年龄刚满20岁,提供的收入证明显示其收入为5000元/月,借款人所在单位为一家私营化工企业,借款人职位为该公司销售经理,工作年限两年。

贷前调查人员拿到资料后，首先打电话去王先生的单位进行核实，但由于是周末，借款人单位电话打通了却无人接听。于是贷前调查人员向王先生询问，了解其工作情况，包括单位名称、地址、联系电话、借款人在单位的工作年限和职务等。王先生的回答也基本上与收入证明的内容一致，而且比较流利。但由于其职务与年龄不太匹配，贷前调查人员拟对其收入的真实性作进一步核实，因此又追问借款人公司的一些情况，包括负责哪方面的工作等。王先生回答，他在公司里负责硫酸铜的销售。于是，调查人员找到了突破的契机，再次追问借款人当地硫酸铜的销售价格。此时，借款人面露难色，略微迟钝后回答说应该是每吨4000元左右。调查人员立即上网查询当地硫酸铜的价格，发现网上报价为每吨3万元左右，与借款人的回答相差甚远。由此，调查人员从这一细节推断借款人提供的收入信息与职业信息可能存在虚假。

分析：这是一个调查人员通过细节把握借款人收入真实性和身份真实性的案例。这一案例充分体现了调查人员对细节的敏感度和善于追问的贷前调查能力。

2. 贷款的审查与审批

关于个人汽车贷款的审查与审批，可参照个人贷款部分。

3. 贷款的签约与发放

(1) 贷款的签约

对经审批同意的贷款，应及时通知借款申请人以及其他相关人(包括抵押人和出质人等)，确认签约的时间，签署《个人汽车贷款借款合同》和相关担保合同。借款合同应符合法律规定，明确约定各方当事人的诚信承诺和贷款资金的用途、支付对象、支付金额、支付条件、支付方式等。贷款发放人应根据审批意见确定应使用的合同文本并填写合同，在签订有关合同文本前，应履行充分告知义务，告知借款人、保证人等合同签约方关于合同内容、权利义务、还款方式以及还款过程中应当注意的问题等。对采取抵押担保方式的，应要求抵押物共有人当面签署个人汽车借款抵押合同。

(2) 贷款的发放

① 落实贷款发放条件

贷款发放前，应落实贷款发放条件。同时，需要满足个人汽车贷款的担保条件：申请个人汽车贷款，借款人须提供一定的担保措施，包括以贷款所购车辆作抵押、第三方保证、房地产抵押和质押等。

以质押和房产抵押方式办理个人汽车贷款的，分别按照质押贷款业务流程和房产抵押登记流程办理；以贷款所购车辆作抵押的，借款人须在办理完购车手续后，及时到贷款银行所在地的车辆管理部门办理车辆抵押登记手续，并将购车发票原件、各种缴费凭证原件、机动车登记证原件、行驶证复印件、保险单等交予贷款银行进行保管。在贷款期限内，借款人须持续按照贷款银行的要求为贷款所购车辆购买指定险种的车辆保险，并在保险单中明确第一受益人为贷款银行。在担保条件的落实上，不得存在担保空白。

② 贷款发放

贷款发放条件落实后，贷款发放人应按照合同约定将贷款发放、划付到约定账户，按照合同要求借款人需要到场的，应通知借款人持本人身份证件到场协助办理相关手续。贷款发放的具体流程如图5.3所示。

图5.3　贷款发放的流程

4. 支付管理

个人汽车贷款可以采取受托支付和借款人自主支付两种方式发放贷款资金。采用贷款人受托支付方式的，银行应明确受托支付的条件，规范受托支付的审核要件，要求借款人在使用贷款时提出支付申请，并授权贷款人按合同约定方式支付贷款资金。

受托支付的操作要点包括：明确借款人应提交的资料要求；明确支付审核要求；完善操作流程；合理确定流动资金贷款的受托支付标准；要合规使用放款专户。

贷款银行应在贷款资金发放前审核借款人相关交易资料和凭证是否符合合同的约定条件，支付后做好相关细节的认定记录。

5. 贷后管理

(1) 贷后检查

个人汽车贷款的贷后检查是以借款人、抵(质)押物、保证人等为对象，通过客户提供、访谈、实地检查和行内资源查询等途径获取信息，对影响个人汽车贷款资产质量的因素进行持续跟踪调查、分析，并采取相应补救措施的过程。其目的就是对可能影响贷款质量的有关因素进行监控，及早发现预警信号，从而采取相应的预防或补救措施。

贷后检查的主要内容包括借款人情况检查和担保情况检查两个方面，具体内容如表5.4所示。

表5.4　贷后检查

项目	主要内容
对借款人进行贷后检查	① 借款人是否按期足额归还贷款 ② 借款人的工作单位、收入水平是否发生变化 ③ 借款人的住所、联系电话有无变动 ④ 有无发生可能影响借款人还款能力或还款意愿的突发事件，如卷入重大经济纠纷、诉讼或仲裁程序，借款人身体状况恶化或突然死亡等 ⑤ 对于经营类车辆应监测其车辆经营收入的实际情况
对保证人及抵(质)押物进行贷后检查	① 保证人的经营状况和财务状况 ② 抵押物的存续状况、使用状况和价值变化情况等 ③ 质押权利凭证的时效性和价值变化情况 ④ 经销商及其他担保机构的保证金情况 ⑤ 对以车辆抵押的，对车辆的使用情况及其车辆保险有效性和车辆实际价值进行检查评估 ⑥ 其他可能影响担保有效性的因素

(2) 合同变更

合同变更分为4个方面的内容，具体内容如表5.5所示。

表5.5　合同变更

项目	概述	具备的条件
提前还款	是指借款人具有一定的偿还能力时，主动向贷款银行提出部分或全部提前偿还贷款的行为。提前还款包括提前部分还本和提前结清两种方式，借款人可以根据实际情况决定采取提前还款的方式	① 借款人应向银行提交提前还款申请书 ② 借款人的贷款账户未拖欠本息及其他费用 ③ 提前还款属于借款人违约，银行将按规定计收违约金 ④ 借款人在提前还款前应归还当期的贷款本息

(续表)

项目	概述	具备的条件
期限调整	是指借款人因某种特殊原因，向贷款银行申请变更贷款还款期限，包括延长期限和缩短期限等。延长期限即展期，银行通常规定每笔贷款只可以展期1次，展期期限不得超过1年，展期之后全部贷款期限不得超过银行规定的最长期限。借款人需要调整借款期限的，应向银行提交期限调整申请书	① 贷款未到期 ② 无拖欠利息 ③ 无拖欠本金 ④ 本期本金已偿还
还款方式变更	个人汽车贷款的还款方式有多种，比较常用的是等额本息还款法、等额本金还款法和到期一次还本付息3种。在贷款期限内，借款人可根据实际情况提出变更还款方式，但由于各种还款方式需要遵循不同的计息规定，因此还款方式变更需要根据银行的有关规定执行	① 应向银行提交还款方式变更申请书 ② 借款人的贷款账户中没有拖欠本息及其他费用 ③ 借款人在变更还款方式前应归还当期的贷款本息
借款合同的变更与解除	借款合同依法需要变更或解除的，必须经借贷双方协商同意，协商未达成之前借款合同继续有效	① 借款合同依法需要变更或解除的，必须经借贷双方协商同意，协商未达成之前借款合同继续有效 ② 如需办理抵(质)押变更登记的，还应到原抵(质)押登记部门办理变更抵(质)押登记手续及其他相关手续 ③ 当发生保证人失去保证能力或保证人破产、分立、合并等情况时，借款人应及时通知贷款银行，并重新提供贷款银行认可的担保 ④ 借款人在还款期限内死亡、宣告死亡、宣告失踪或丧失民事行为能力后，如果没有财产继承人和受遗赠人，或者继承人、受遗赠人拒绝履行借款合同的，贷款银行有权提前收回贷款，并依法处分抵押物或质物，用以归还未清偿部分

(3) 贷款的回收

贷款的回收是指借款人按借款合同约定的还款计划、还款方式及时、足额地偿还贷款本息。贷款的支付方式有委托扣款和柜台还款两种方式。借款人可在合同中选定一种还款方式，也可根据具体情况在贷款期限内进行变更。贷款回收的原则是先收息、后收本，全部到期、利随本清。

(4) 贷款风险分类与不良贷款管理

商业银行应按照《贷款风险分类指引》，至少将贷款划分为正常、关注、次级、可疑和损失5类，后3类合称为不良贷款。详细内容可参考第3章"个人住房贷款风险分类和不良贷款管理"部分，以及中国银监会关于印发《贷款风险分类指引》的通知。

关于不良个人汽车贷款的管理，银行首先要按照贷款风险5级分类法对不良个人汽车贷款进行认定，认定之后要适时对不良贷款进行分析，建立个人汽车贷款的不良贷款台账，落实不良贷款清收责任人，实时监测不良贷款回收情况。对未按期还款的借款人，应采用电话催收、信函催收、上门催收、律师函和司法催收等方式督促借款人按期偿还贷款本息，以最大限度降低贷款损失，有担保人的要向担保人通知催收。

(5) 贷后档案管理

贷后档案管理是指个人汽车贷款发放后，有关贷款资料的收集整理、归档登记、保存、借

(查)阅管理、移交及接管、退回和销毁的全过程。它是根据《档案法》及有关制度的规定和要求，对贷款档案进行规范的管理，以保证贷款档案的安全、完整和有效利用。具体内容如表5.6所示。

表5.6 贷后档案管理

档案的收集整理和归档登记	贷款档案主要包括借款人相关资料和贷后管理相关资料，可以是原件，也可以是具有法律效力的复印件。银行贷款经办人根据个人汽车贷款归档要求，在贷款发放后收集整理需要归档的资料，并交档案管理人员进行归档登记
档案的借(查)阅管理	个人汽车贷款档案借阅是指对已登记的个人汽车贷款档案资料的查阅、借出和归还等进行管理，并保留全部交易的历史信息，可以实现对借阅已归档资料情况的登记及监控
档案的移交和接管	根据业务发展需要，有关个人汽车贷款档案需要移交给其他档案管理机构或部门时，需要进行档案的移交和接管工作，移交和接管双方应根据有关规定填写移交和接管有关清单，双方签字并进行有关信息的登记工作
档案的退回和销毁	借款人还清贷款本息后，一些档案材料需要退还借款人或销毁

例题13 贷款的回收是指借款人按借款合同约定的还款计划、还款方式及时、足额地偿还(   )。(单项选择题)

A. 贷款本息　　　　B. 贷款利息　　　　C. 贷款违约金　　　　D. 贷款本金

答案 A

解析 贷款的回收是指借款人按借款合同约定的还款计划、还款方式及时、足额地偿还贷款本息。

例题14 下列行为不发生在贷款发放环节的是(   )。(单项选择题)

A. 出账前审核　　　　B. 审核合同　　　　C. 开户放款　　　　D. 放款通知

答案 B

解析 贷款发放环节包括出账前审核、开户放款和放款通知。

例题15 贷前调查可以采取(   )等多种方式进行。(多项选择题)

A. 审查借款申请材料　B. 与借款申请人面谈　C. 查询个人信用

D. 电话调查　　　　E. 实地调查

答案 ABCDE

解析 贷前调查可以采取审查借款申请材料、与借款申请人面谈、查询个人信用、实地调查和电话调查及委托第三方调查等多种方式进行。

例题16 借款人调整借款期限必须具备的前提条件有(   )。(多项选择题)

A. 贷款已到期　　　　B. 贷款未到期　　　　C. 无欠息

D. 无拖欠本金　　　　E. 本期本金已归还

答案 BCDE

解析 借款人调整借款期限必须具备以下前提条件：贷款未到期；无拖欠利息；无拖欠本金，本期本金已归还。

例题17 对于车贷提前还款，银行一般约定( )。(多项选择题)

A. 借款人应向银行提交提前还款申请书

B. 借款人的贷款账户未拖欠本息及其他费用

C. 银行按规定计收违约金

D. 银行应退还提前还款额的利息

E. 借款人在提前还款前应归还当期的贷款本息

答案 ABCE

解析 个人车贷业务中，对于提前还款银行一般有以下基本约定：借款人应向银行提交提前还款申请书；借款人的贷款账户未拖欠本息及其他费用；提前还款属于借款人违约，银行将按规定计收违约金；借款人在提前还款前应归还当期的贷款本息。

例题18 个人向银行申请个人汽车贷款时，下列属于借款人必须提供的申请材料的有( )。(多项选择题)

A. 如所购车辆为二手车，需提供所交易车辆的"机动车辆登记证"

B. 如所购车辆为商用车，需提供车辆挂靠运输车队的挂靠协议

C. 涉及保证担保的，需保证人出具国家提供担保的书面承诺

D. 由汽车经销商出具的购车意向证明

E. 已婚的借款人，需提供本人及配偶的身份证明材料

答案 ABCDE

解析 除A、B、C、D、E5个选项外，申请个人汽车贷款时，借款人还必须提供的申请材料清单有：①贷款银行认可的借款人还款能力证明材料；②以所购车辆抵押以外的方式进行抵押或质押担保的，需提供抵扣物或质押权利的权属证明文件和有处分权人同意抵(质)押的书面证明，以及贷款银行认可部门出具的抵押物估价证明；③购车首付款证明材料；④贷款银行要求提供的其他文件、证明和资料。

例题19 关于借款合同的变更与解除，下列说法错误的是( )。(单项选择题)

A. 借款合同依法需要变更，必须经借贷双方协商同意，协商未达成之前借款合同继续有效

B. 如需办理抵押变更登记时，借款人应到原抵押登记部门办理变更抵押登记手续及其他相关手续

C. 当借款保证人失去保证能力时，借款人可申请以信用贷款替代原贷款

D. 借款人在还款期限内丧失民事行为能力后，如果没有财产继承人和受遗赠人，贷款银行有权提前收回贷款，并依法处分抵押物或质物，用以归还未清偿部分

答案 C

解析 借款合同的变更与解除：①借款合同依法需要变更或解除的，必须经借贷双方协商同意，协商未达成之前借款合同继续有效；②如需办理抵(质)押变更登记的，还应到原抵(质)押登记部门办理变更抵(质)押登记手续及其他相关手续；③当发生保证人失去保证能力或保证人破产、分立、合并等情况时，借款人应及时通知贷款银行，并重新提供贷款银行认可的担保；④借款人在还款期限内死亡、宣告死亡、宣告失踪或丧失民事行为能力后，如果没有财产继承人和受遗赠人，或者继承人、受遗赠人拒绝履行借款合同的，贷款银行有权提前收回贷款，并依法处分抵押物或质物，用以归还未清偿部分。

例题20 2007年1月1日，小张申请了一笔总贷款额度为200万元、期限为3年的个人抵押授信贷款，年利率为5.76%。到2009年6月30日，他实际已使用150万元。同一天，小张向银行申请展期4年并获批准，从7月1日起开始调整。已知2009年7月1日5年期以上贷款的挂牌年利率为5.94%。则在贷款到期时，小张累计支付的利息总额为(   )万元。(单项选择题)

    A. 60.325   B. 61.695   C. 67.915   D. 69.125

答案 B

解析 根据有关规定，在合同履行期间，如果借贷双方同意调整借款期限，若调整后累计的借款期限达到新的利率期限档次，从调整日起，贷款利率按新的期限档次利率执行，已计收的利息不再调整。本题贷款调整后的累计借款期限为：3+4=7年，则调整之日起，贷款利息应按5年以上的利率计息，即小张累计应付利息为150×5.76%×2.5+150×5.94%×4.5=61.695万元。

例题21 借款合同的变更，必须达到的要求是(   )。(单项选择题)

    A. 经借贷双方协商同意，并依法签订变更协议

    B. 经贷款方相关人员研究，通知借款人

    C. 借款人向中国人民银行申请，银行同意后通知贷款方

    D. 借款人有变更意向，并向贷款方申明

答案 A

解析 贷款合同需要变更的，必须经借贷双方协商同意，并依法签订变更协议。协商未达成之前借款合同继续有效。

例题22 银行向拟申请个人汽车贷款的个人提供有关信息咨询服务的方式和渠道包括(   )。(多项选择题)

    A. 电话银行   B. 客户服务中心   C. 窗口咨询

    D. 网上银行   E. 业务宣传手册

答案 ABCDE

解析 银行可通过电话银行、网上银行、客户服务中心、现场咨询、窗口咨询、业务宣传手册等渠道和方式向拟申请个人汽车贷款的个人提供有关信息咨询服务。

例题23 在个人汽车贷款的受理和发放中，贷款受理人应要求借款申请人填写个人汽车贷款借款申请表，并按银行要求提交相关材料。其中一定要包括汽车经销商出具的购车意向证明。(   )(判断题)

答案 ×

解析 在"间客式"模式下，汽车经销商须出具购车意向证明；如为"直客式"办理，则不需要在申请贷款时提供此项。

考点3　风险管理

    近年来，国内商业银行纷纷将个人汽车贷款业务作为个人贷款业务的发展重点，积极面对汽车金融市场领域的新形势，全力打造汽车贷款主导品牌，促进了该项业务的快速发展，个人

汽车贷款逐步成为各商业银行个人贷款业务的支柱产品。但是,随着个人汽车贷款市场的快速发展,由于法律规定不明确和操作不规范,汽车贷款风险凸显,甚至出现了一些不法分子利用商业银行的风险控制漏洞恶意骗贷的现象,严重影响了银行的信贷资金安全。

1. 合作机构管理

(1) 合作机构管理的内容

① 汽车经销商的欺诈风险

案例5-2:骗贷为何总能轻易得手

霍民是内蒙古赤峰市林西县村民。1983年,只有小学文化程度、年仅16岁的霍民到北京创业。那时候可能连霍民本人都没有想到,15年后的今天,自己居然能够从中国农业银行北京市分行昌平区支行骗走3.35亿元。2007年12月17日,这起北京迄今为止最大的车贷诈骗案在北京市第一中级人民法院宣判,霍民以合同诈骗罪被判处无期徒刑,其余4名同伙分别被判处有期徒刑11~15年不等。

据检方指控,北京日泽丰成经贸有限公司(以下简称日泽丰成)的法定代表人霍民,于2003年6月至2005年2月在该公司与昌平区支行签订、履行汽车贷款业务合作协议过程中,采取提供虚假个人汽车贷款资料、隐瞒贷款实际用途、出具虚假的首付款收据及其他贷款证明材料等手段,与银行签订汽车借款合同,骗取银行发放个人汽车贷款666笔,共计5.1亿元人民币。案发后,尚有被骗贷款共计3.36亿元人民币未归还。而日泽丰成还曾被昌平区支行评为信誉最好的AAA级企业。

每一起骗贷案都和银行内部人员有关,霍民案也不例外。涉案的4名昌平区支行职员,被检方指控在负责对日泽丰成发放汽车贷款进行贷前调查和贷后管理的过程中,未对借款人的借款用途、偿还能力、还款方式等情况进行严格审查即发放贷款,造成特别严重的损失。

霍民在接受记者采访时曾这样说:"我被判,我有责任,银行也有责任。银行放贷太容易了。"据霍民介绍,当时,各个银行内部都有放贷的工作量要求。昌平区支行的负责人联系了他,主动提出要给公司办理汽车贷款的资质,并在协议中把具体审核借款人资质的权力交给了他的公司。再贷款给日泽丰成时,银行根本就没有再进行审查。

分析:在这一案例中,银行在与汽车经销商签订合作协议后,放松了对借款人资信的审查,从而造成了银行资金的损失。

汽车经销商的欺诈行为主要包括:

a. 一车多贷;

b. 甲贷乙用;

c. 虚报车价;

d. 冒名顶替;

e. 全部造假。

② 合作机构的担保风险

合作机构的担保风险主要是保险公司的履约保证保险以及汽车经销商和专业担保公司的第三方保证担保。

a. 保险公司履约保证保险

银行在与保险公司的合作过程中可能存在下列风险：

- 保险公司依法解除保险合同，贷款银行的债权难以得到保障；
- 免责条款成为保险公司的"护身符"，贷款银行难以追究保险公司的保险责任；
- 保证保险的责任限制造成风险缺口；
- 银保合作协议的效力有待确认，银行降低风险的努力难以达到预期效果。

b. 第三方保证担保

第三方保证担保主要包括汽车经销商保证担保和专业担保公司保证担保。这一担保方式存在的主要风险在于保证人往往缺乏足够的风险承担能力，在仅提供少量保证金的情况下提供巨额贷款担保，一旦借款人违约，担保公司往往难以承担保证责任，造成风险隐患。

(2) 合作机构管理的风险防控措施

① 加强贷前调查，切实核查经销商的资信状况。

② 按照银行的相关要求，严格控制合作担保机构的准入，动态监控合作担保机构的经营管理情况、资金实力和担保能力，及时调整其担保额度。

③ 由经销商、专业担保机构担保的贷款，应实时监控担保方是否保持足额的保证金。

④ 与保险公司的履约保证保险合作，应严格按照有关规定拟定合作协议，约定履约保证保险的办理、出险理赔、免责条款等事项，避免事后因合作协议的无效或漏洞无法理赔，造成贷款损失情况的发生。

2. 操作风险管理

(1) 操作风险的内容

① 贷款受理和调查中的风险

个人汽车贷款受理和调查环节是经办人员与借款人接触的重要环节，对于贷款质量有着至关重要的作用，这一环节的风险点主要在以下几个方面：

a. 借款申请人的主体资格是否符合银行个人汽车贷款管理办法的相关规定；

b. 借款申请人所提交的材料是否真实、合法；

c. 借款人的欺诈风险；

d. 借款申请人的担保措施是否足额、有效。

② 贷款审查和审批中的风险

个人汽车贷款审查和审批环节的主要风险点包括：

a. 业务不合规，业务风险与效益不匹配；

b. 不按权限审批贷款，使得贷款超授权发放；

c. 审批人对应审查的内容审查不严，导致向不具备贷款发放条件的借款人发放贷款，贷款容易发生风险或出现内外勾结骗取银行信贷资金的情况。

③ 贷款签约和发放中的风险

个人汽车贷款签约和发放的风险主要包括：

a. 合同凭证预签无效、合同制作不合格、合同填写不规范、未对合同签署人及签字(签章)进行核实；

b. 在发放条件不齐全的情况下发放贷款，如贷款未经审批或是审批手续不全，各级签字(签章)不全；未按规定办妥相关评估、公证等事宜；

c. 未按规定的贷款额度和贷款期限、贷款的担保方式、结息方式、计息方式、还款方式、适用利率、利率调整方式和发放方式等发放贷款，导致错误发放贷款和贷款错误核算。

④ 贷款支付管理中的风险

个人汽车贷款支付管理环节的主要风险点包括：

a. 贷款资金发放前，未审核借款人相关交易资料和凭证；

b. 直接将贷款资金发放至借款人账户；

c. 未接到借款人支付申请和支付委托的情况下，直接将贷款资金支付给汽车经销商；

d. 未详细记录资金流向和归集保存相关凭证，造成凭证遗失。

⑤ 贷后管理中的风险

个人汽车贷款贷后管理环节的主要风险点包括：

a. 对贷款使用情况进行跟踪检查，逾期贷款催收、处置不力，造成贷款损失，比如银行害怕风险暴露，在贷款逾期时，不是及时采取有效措施保全债权，而是想尽办法掩盖真实资产质量，怠于行使权利，导致已经出现的风险进一步加大。

b. 贷后管理与贷款规模不相匹配，贷后管理力度偏弱，贷前调查材料较为简单，贷后往往只关注借款人按月还款情况；在还款正常的情况下，未对其抵押物的价值和用途等变动状况进行持续跟踪监测。

c. 未按规定保管借款合同、担保合同等重要贷款档案资料，造成合同损毁。

d. 他项权利证书未按规定进行保管，造成他项权证遗失，他项权利灭失。

背景知识：操作风险事件类型

巴塞尔委员会规定的可能造成实质性损失的操作风险事件类型，如图5.4所示。

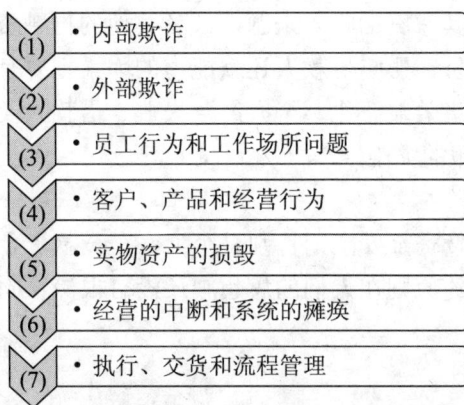

- (1) 内部欺诈
- (2) 外部欺诈
- (3) 员工行为和工作场所问题
- (4) 客户、产品和经营行为
- (5) 实物资产的损毁
- (6) 经营的中断和系统的瘫痪
- (7) 执行、交货和流程管理

图5.4 可能造成损失的操作风险事件类型

(2) 操作风险的防控措施

操作风险的防控措施，如图5.5所示。

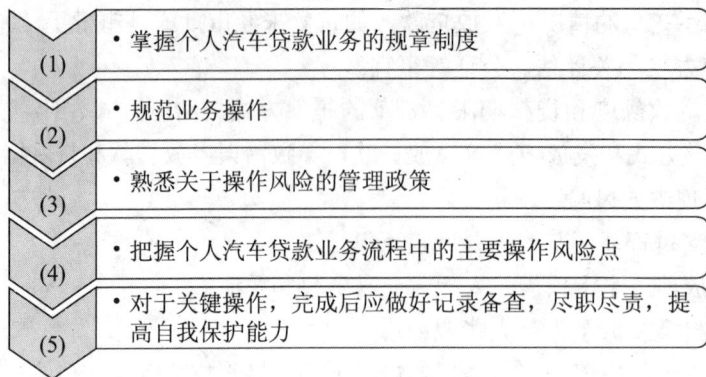

图5.5　操作风险的防控措施

3. 信用风险管理

借款人作为第一还款义务人，其资信状况直接影响汽车贷款的质量。由于我国目前个人征信体系尚不完善，商业银行难以全面、准确地了解借款人的资产负债、社会活动和不良信用记录等情况，仅凭借款申请人提供的身份证件、居住证明、结婚证、个人及其配偶的收入证明、谈话记录等资料以及上门调查，很难有效地识别、判断借款申请人的实际还款能力，不能对其资信水平作出有效评估。如果银行出于市场竞争的需要，将本应由自己履行的借款人资信审查义务转移给汽车经销商或保险公司，仅凭汽车经销商对借款人的推荐或保险公司对借款人投保资格的审查就作出贷款审批决定，更会导致借款人信用风险的增加，造成市场准入把关不严，埋下风险隐患。个人汽车贷款信用风险主要表现为借款人还款能力的降低和还款意愿的变化。另外，借款人的信用欺诈和恶意逃债行为也是对贷款资金安全威胁很大的信用风险。

(1) 信用风险的内容

① 借款人的还款能力风险

借款人的还款能力是个人汽车贷款资金安全的根本保证。借款人能否按时足额偿还贷款本息，根本上要依靠借款人及其家庭的收入来源，或者其他的再融资渠道，这就是所谓的还款能力。除非借款人主观恶意骗贷，影响借款人还款能力的因素主要有借款人及其家庭成员收入锐减、工作岗位变化、单位经济效益恶化、个人经营失败、借款人及其家庭成员重病死亡或家庭遭遇其他不可预见或不可克服的灾难。

② 借款人的还款意愿风险

借款人的还款意愿是信贷资金安全，特别是个人汽车贷款资金安全的重要前提。目前，诚实信用、公平有偿的市场契约原则在人们的思想中还没有根深蒂固，对此也缺乏有效的制约机制和惩罚措施。

(2) 信用风险的防控措施

① 严格审查客户信息资料的真实性

② 详细调查客户的还款能力

③ 科学合理地确定客户的还款方式

例题24　在个人汽车贷款业务中，合作机构的担保风险主要是保险公司的履约(　　)以及汽车经销商和专业担保公司的第三方保证担保。(单项选择题)

A. 交强险　　　　　B. 全险　　　　　C. 车损险　　　　　D. 保证保险

答案 D

解析 合作机构的担保风险主要是保险公司的履约保证保险以及汽车经销商和专业担保公司的第三方保证担保。

例题25 汽车经销商的欺诈行为主要包括( )。(多项选择题)

A. 虚假车行　　　　B. 经营亏损　　　　C. 虚报车价

D. 甲贷乙用　　　　E. 一车多贷

答案 ACDE

解析 汽车经销商的欺诈行为主要包括：一车多贷、甲贷乙用、虚报车价、冒名顶替、全部造假、虚假车行。

例题26 贷款受理和调查中的风险不包括( )。(单项选择题)

A. 借款申请人的主体资格不符合银行的相关规定

B. 借款申请人所提交的材料不真实、不合法

C. 借款申请人的担保措施不足额或无效

D. 审批人对借款人的资格审查不严

答案 D

解析 贷款受理和调查中的风险包括以下几方面：①借款申请人的主体资格是否符合银行个人贷款管理办法的相关规定；②借款申请人所提交的材料是否真实、合法；③借款申请人的担保措施是否足额、有效。

例题27 下列不属于个人汽车贷款贷前调查的重点内容的是( )。(单项选择题)

A. 材料一致性的调查

B. 借款人的身份、资信、经济状况和借款用途的调查

C. 担保情况的调查

D. 汽车经销商的资信调查

答案 D

解析 个人汽车贷款贷前调查人在调查申请人的基本情况、贷款用途和贷款担保等情况时，应重点调查以下内容：①材料一致性的调查；②借款人的身份、资信、经济状况和借款用途的调查；③担保情况的调查。

例题28 下列关于个人汽车贷款中，银行在与保险公司合作时可能存在的风险，表述不正确的是( )。(单项选择题)

A. 保证保险的责任范围包括贷款本金及利息、违约金、损害赔偿金和实现债权的费用等，保证保险的责任限制造成风险缺口

B. 银保合作协议的效力有待确认，银行降低风险的努力难以达到预期效果

C. 保险公司依法解除保险合同，贷款银行的债权难以得到保障

D. 免责条款成为保险公司的"护身符"，贷款银行难以追究保险公司的保险责任

答案 A

解析 个人汽车贷款中，银行在与保险公司合作时可能存在的风险主要包括以下几方面。①保证保险的责任范围仅限于贷款的本金和利息，而并非像保证担保那样包括贷款本金及利息、违约金、损害赔偿金和实现债权的费用等。因此，如果单一地以保证保险作为个人汽车贷款的风险补偿措施，则难以覆盖全部贷款风险，留下风险缺口。②银保合作协议的效力有待确认，银行降低风险的努力难以达到预期效果。③保险公司依法解除保险合同，贷款银行的债权难以得到保障。④免责条款成为保险公司的"护身符"，贷款银行难以追究保险公司的保险责任。

例题29 下列属于个人汽车贷款信用风险内容的是(　　)。(多项选择题)

A. 借款人的还款能力风险　　　　　　　B. 借款人的还款意愿风险

C. 借款人的欺诈风险　　　　　　　　　D. 借款人的收入水平波动

E. 借款人的工作变化

答案 ABC

解析 个人汽车贷款信用风险的内容包括借款人的还款能力风险、借款人的还款意愿风险和借款人的欺诈风险。

例题30 在个人汽车贷款中，担保人为第一还款义务人。(　　)(判断题)

答案 ×

解析 在个人汽车贷款中，借款人是第一还款义务人。

第2节 个人教育贷款

个人教育贷款是银行向在读学生或其直系亲属、法定监护人发放的用于满足其就学资金需求的贷款。在我国，个人教育贷款是作为支持教育事业发展的政策性举措推出的，具有较大的市场需求。目前，个人教育贷款主要包括两大产品，分别是国家助学贷款和商业助学贷款。

考点4 基础知识

本节主要介绍个人教育贷款的含义、分类、发展历程以及国家助学贷款和商业助学贷款的重要贷款要素，包括贷款对象、贷款利率、贷款期限、还款方式、担保方式和贷款额度等。

1. 个人教育贷款的含义和分类

个人教育贷款是银行向在读学生或其直系亲属、法定监护人发放的用于满足其就学资金需求的贷款。根据贷款性质的不同，个人教育贷款可以分为国家助学贷款和商业助学贷款。

(1) 国家助学贷款

国家助学贷款是由政府主导、财政贴息、财政和高校共同给予银行一定的风险补偿金，银行、教育行政部门与高校共同操作的，帮助高校家庭经济困难学生支付在校学习期间所需的学费、住宿费及生活费的银行贷款。

国家助学贷款是信用贷款，学生不需要办理贷款担保或抵押，但需要承诺按期还款，并承担相关法律责任。学生接到录取通知书后，可向学校咨询具体办理国家助学贷款的相关事宜。

学生到校报到后，可通过学校向金融机构申请办理国家助学贷款。

国家助学贷款采取"借款人一次申请、贷款银行一次审批、单户核算、分次发放"的方式，实行"财政贴息、风险补偿、信用发放、专款专用和按期偿还"的原则。其中，财政贴息是指国家以承担部分利息的方式，对学生办理国家助学贷款进行补贴；风险补偿是指根据"风险分担"的原则，按当年实际发放的国家助学贷款金额的一定比例对经办银行给予补偿；信用发放是指学生不提供任何担保方式办理国家助学贷款；专款专用是指国家助学贷款仅允许用于支付学费、住宿费和生活费用，不得用于其他方面，银行以分次发放的办法降低一次发放的金额，予以控制。

中国工商银行、中国农业银行、中国银行和中国建设银行为中国人民银行批准的国家助学贷款经办银行，负责办理国家助学贷款的审核、发放和回收等工作。为保证国家助学贷款政策的顺利实施，由教育部、财政部、中国人民银行和国家助学贷款经办银行组成全国助学贷款部际协调小组，负责制定国家助学贷款政策，确定中央部委所属高校年度国家助学贷款的指导性计划。

(2) 商业助学贷款

商业助学贷款是指银行按商业原则自主向个人发放的，用于支持境内高等院校困难学生学费、住宿费和就读期间基本生活费的商业贷款。商业助学贷款实行"部分自筹、有效担保、专款专用和按期偿还"的原则。

与国家助学贷款相比，商业助学贷款财政不贴息，各商业银行、城市信用社和农村信用社等金融机构均可开办。例如，中国农业银行的"金钥匙"助学贷款和中国建设银行的"圆梦"助学贷款等都属于商业助学贷款。

2. 个人教育贷款的特征

从各国情况来看，个人教育贷款具有与其他个人贷款所不同的一些特点，主要体现在以下两个方面：

一是具有社会公益性，政策参与程度较高；

二是多为信用类贷款，风险度相对较高。

3. 个人教育贷款的发展历程

个人教育贷款是个人贷款业务中的特色产品之一。从各国情况来看，个人教育贷款具有较大的市场需求。在我国，个人教育贷款是作为支持教育事业发展的政策性举措推出的。1999年，为推动科教兴国战略的实施，解决贫困学生求学问题，中国人民银行、教育部和财政部等有关部门联合下发了开办享受财政贴息的国家助学贷款业务的通知，并首先以中国工商银行为试点，在北京、上海、天津、重庆、武汉、沈阳、西安和南京等8个城市进行。从2000年9月1日起，国家助学贷款在全国范围内全面推行，所有普通高等学校均能申办国家助学贷款，此项业务经办机构范围也有所扩大，成为四大国有商业银行均可办理的业务。

在国内个人信用环境不佳以及缺乏相应制度规范的情况下，国家助学贷款作为面向借款学生的信用类贷款，风险度相对较高，该项业务在推广的过程中进展较慢。因此，自业务开办以来，政府各相关部门采取了多项推进业务发展的政策措施，出台了多种政策改进和完善个人教育贷款的运行机制。

2002年2月，三部委联合出台了个人教育贷款开办的"四定三考核"政策，即对国家助学贷款业务要定学校、定范围、定额度、定银行，并按月考核经办银行国家助学贷款的申请人数和申请金额、已审批借款人数和贷款合同金额、实际发放贷款人数和发放金额等指标。

2003年，在经过两年的快速发展后，个人教育贷款的风险问题开始显现。为抑制不良贷款的增长，2003年8月，中国人民银行出台助学贷款"双20标准"，即国家助学贷款违约率达到20%，且违约学生达到20人的高校，经办银行可以停止对其发放助学贷款。据此，多所高校因违约率高均被暂停办理国家助学贷款业务。如何理顺运行机制，促进国家助学贷款业务健康规范地发展，成为各管理机构和经办机构共同面对的一个亟待解决的问题。

2004年初，为扭转助学贷款业务停滞不前的状况，中国人民银行、银监会和教育部联合下发了《关于加强和改进国家助学贷款工作的通知》，提出停止执行"双20标准"等政策措施。经过半年的酝酿，教育部、财政部、中国人民银行和银监会等又正式出台了对国家助学贷款政策进行重大调整的几条措施，包括通过招投标方式确定国家助学贷款经办银行、实行助学贷款风险补偿制度和改变财政贴息方式等。此后，各管理部门、银行和高校等迅速开始新政策的实施工作。8月，完成了中央部属院校招标工作，中国银行中标，成为115所中央部属院校国家助学贷款业务的独家经办银行，各地方院校的招标工作也在此后陆续展开。

2006年7月11日，教育部与中国银行签署了《中央部门所属高校国家助学贷款业务合作协议》。2006—2010学年，中国银行将继续独家承办115所中央部属高校的国家助学贷款业务。2010年5月24日，中国银行又继续中标，成为中央部属高校2010—2014学年国家助学贷款业务承办银行。

虽然国家助学贷款业务在开展过程中阻力重重，但随着政策制度和市场环境的变化，这项业务机制将会逐步理顺，最终走上规模化发展的道路。

除了财政贴息的国家助学贷款，各商业银行也在积极探索开展助学贷款业务的其他途径。早在1999年，多家商业银行就开办了商业助学贷款业务，采取第三方保证等担保的方式发放助学贷款；2002年，中国农业银行开办了生源地助学贷款，即以学生家长作为借款人，向其发放用于就学的贷款资金。中国银行、中信银行等还开办了专门面向出国留学学生的留学担保贷款。这些尝试都为个人教育贷款业务的健康发展积累了有益的经验。

4. 贷款要素

(1) 国家助学贷款的要素

国家助学贷款的要素，具体如表5.7所示。

表5.7　国家助学贷款的要素

要素	具体内容
贷款对象	国家助学贷款的贷款对象是中华人民共和国境内的(不含香港特别行政区和澳门特别行政区、台湾地区)普通高等学校中经济确实困难的全日制本专科生(含高职生)、研究生和第二学士学位学生。借款人申请国家助学贷款，须具备贷款银行要求的下列条件：①具有中华人民共和国国籍，并持有合法、有效的身份证件；②家庭经济确实困难，无法支付正常完成学业所需的基本费用(包括学费、住宿费和基本生活费)；③具有完全民事行为能力(未成年人申请国家助学贷款需由其法定监护人书面同意)；④学习刻苦，能够正常完成学业；⑤诚实守信，遵纪守法，无违法违纪行为；⑥贷款银行规定的其他条件
贷款利率	国家助学贷款的利率执行中国人民银行规定的同期限贷款基准利率，不上浮。如遇中国人民银行调整贷款利率，执行中国人民银行的有关规定

(续表)

要素	具体内容
贷款期限	原《国家助学贷款管理办法》规定国家助学贷款的期限最长不得超过8年，新《国家助学贷款管理办法》规定借款人必须在毕业后6年内还清，贷款期限最长不得超过10年。贷款学生毕业后继续攻读研究生及第二学位的，在读期间贷款期限相应延长，贷款期限延长须经贷款银行许可
还款方式	新《国家助学贷款管理办法》的还款方法包括等额本金还款法、等额本息还款法两种，但借款人需在借款合同中约定一种还款方法 学生在校期间的贷款利息全部由财政补贴，毕业后开始偿还贷款本金，原《国家助学贷款管理办法》规定学生自毕业之日起开始偿还贷款本息，新《国家助学贷款管理办法》规定首次还款日应不迟于毕业后两年
担保方式	国家助学贷款的担保方式采用的是个人信用担保的方式
贷款额度	新《国家助学贷款管理办法》的贷款额度按照每人每学年最高不超过6000元的标准，总额度按正常完成学业所需年数乘以每学年所需金额确定，具体额度由借款人所在学校的总贷款额度、学费、住宿费和生活费标准以及学生的困难程度确定。每所院校的贷款总量根据全国和省级国家助学贷款管理中心确定的指标控制

(2) 商业助学贷款的要素

① 贷款对象

商业助学贷款的贷款对象是在境内高等院校就读的全日制本专科生(含高职生)、研究生和第二学士学位学生。贷款银行可根据业务发展需要和风险管理能力，自主确定开办针对境内其他非义务教育阶段全日制学校在校困难学生的商业助学贷款。

借款人申请商业助学贷款，须具备贷款银行要求的下列条件：

a. 具有中华人民共和国国籍，具有完全民事行为能力，并持有合法身份证件；

b. 无重大不良信用记录，不良信用等行为评价标准由贷款银行制定；

c. 必要时需提供有效的担保；

d. 必要时需提供其法定代理人同意申请贷款的书面意见；

e. 贷款银行要求的其他条件。

案例5-3：非贫困生也能申请商业助学贷款

小朱是北京某大学三年级的学生，由于家庭发生了一些变故，暂时陷入困境，但又没达到贫困生的标准，所以不能申请国家助学贷款。于是，他想到银行申请商业助学贷款，但他不知道自己符不符合条件。

分析：与国家助学贷款相比，商业助学贷款的适用范围更广，对象可以是在高等院校就读的全日制本专科学生(含高职生)、研究生和第二学位学生。商业助学贷款银行可要求借款人提供担保，担保方式可采用抵押、质押、保证或其他组合，也可以要求借款人投保相关保险。

② 贷款利率

商业助学贷款的利率按中国人民银行规定的利率政策执行，原则上不上浮。借款人可申请利息本金化，即在校年限内的贷款利息按年计入次年度借款本金。如遇中国人民银行调整贷款利率，执行中国人民银行的有关规定。

案例5-4：商业助学贷款利率原则上不上浮

小张是湖南某大学的学生，他想申请办理商业助学贷款，但又担心利率高、利息重，还担心上学期间无力支付利息造成麻烦影响学业，所以有些举棋不定。

分析：商业助学贷款需要贷款人自己还本付息。在利率设定方面，商业助学贷款按中国人民银行规定的利率政策执行，原则上不上浮。而在还款方式方面，贷款人在校期间可申请暂不付利息，而实行利息本金化，在校期间的利息按年计入次年度本金，减轻学生在校期间无收入或低收入情况下的付息压力，利率原则上不上浮；银行还可以给予贷款学生一定的宽限期，以缓解学生毕业或找工作和其他期间临时性的还款压力。

③ 贷款期限

商业助学贷款的期限原则上为借款人在校学制年限加6年，借款人在校学制年限指从贷款发放至借款人毕业或终止学业的期间。对借款人毕业后继续攻读学位的，借款人在校年限和贷款期限可相应延长，贷款期限延长须经贷款银行许可。

④ 还款方式

归还贷款在借款人离校后次月开始，贷款可按月、按季或按年分次偿还，利随本清，也可在贷款到期时一次性偿还。

贷款银行可视情况给予借款人一定的宽限期，宽限期内不还本金，也可视借款人困难程度对其在校期间发生的利息本金化，但借款合同签订后，如需变更还款方式，需事先征得贷款银行的同意。

⑤ 担保方式

申请商业助学贷款，借款人需提供一定的担保措施，包括抵押、质押、保证或其组合，贷款银行也可要求借款人投保相关保险。

以抵押方式申请商业助学贷款的，借款人提供的抵押物，应当符合《担保法》的规定，并按有关规定办理相应的登记手续。以质押方式申请商业助学贷款，需办理质物或其权利凭证转移占有手续及相关出质登记。贷款银行认为需要公证的，借款人(或出质人)应当办理公证。抵押物必须符合《担保法》的规定。用于抵(质)押的财产需要估价的，可以由贷款银行进行评估，也可委托贷款银行认可的资产评估机构进行估价。

抵押期间，抵押人未经贷款银行同意，不得转移、变卖或重复抵押已被抵押的财产；质押期间对质押的有价证券，未经质权人同意，不得以任何理由挂失。以资产作抵押的，借款人应根据贷款银行的要求办理抵押物保险，保险期不得短于借款期限，经借款人确认后，将保险单项下因保险事件发生而对保险人享有的保险金权益转让给贷款银行，无须另行签署转让合同，保险单不得有任何有损贷款银行权益的限制条件，保险所需费用由借款人负担。在贷款未偿清期间，保险单正本交贷款银行执管。在保险有效期内，借款人不得以任何理由中断或撤销保险，如保险中断，贷款银行有权代为投保，费用由借款人负担；如发生保险责任范围以外的损毁，借款人应及时通知贷款银行，并落实其他担保，否则，贷款银行有权提前收回贷款。

以第三方保证方式申请商业助学贷款的，保证人和贷款银行之间应签订"保证合同"，第三方提供的保证为不可撤销的连带责任保证。

保证人应具备品质良好、合法稳定的收入来源及与借款人具有同城户籍等条件，原则上不允许同学之间互保。如保证人失去保证能力、破产或发生合并、分立等重大事项的，借款人应及时通知贷款银行，并重新提供足额担保和重新签订"保证合同"，否则贷款银行有权提前收回贷款。

借款人和自然人保证人的工作单位及通信方式发生变更或法人保证人的法律关系、性质、名称、地址等发生变更时，借款人应提前30天通知贷款银行，借贷双方应签订借款合同修正文本和保证合同修正文本。

⑥ 贷款额度

商业助学贷款的额度不超过借款人在校年限内所在学校的学费、住宿费和基本生活费。贷款银行可参照学校出具的基本生活费或当地生活费标准确定有关生活费用贷款额度。

学费应按照学校的学费支付期逐笔发放，住宿费、生活费可按学费支付期发放，也可分次发放。

背景知识：出国留学贷款

中国银监会2008年印发的《商业助学贷款管理办法》附则中指出，各商业银行可根据业务发展需要和风险管控能力，自主确定开办借款人用于攻读境外高等院校硕士(含硕士)以上学历，且提供全额抵(质)押的商业助学贷款，即出国留学贷款。但目前各商业银行在开办出国留学贷款业务中规定各异，下面是某银行在出国留学贷款方面的相关规定。

1. 出国留学贷款的含义

出国留学贷款是指银行向个人发放的用于出国留学所需学杂费、生活费或留学保证金的个人贷款。出国留学贷款不但可以满足出国留学人员在留学签证过程中所需要的一切资金需求，还可以为出国留学人员解决在国外求学所需的各种学杂费用。出国留学贷款的基本原则是"部分自筹、有效担保、专款专用和按期偿还"的原则。

2. 出国留学贷款的要素

(1) 贷款对象

出国留学贷款的对象为拟留学人员或其直系亲属、配偶、法定监护人。借款人申请出国留学贷款，须具备贷款银行要求的下列条件：

① 年满18周岁的具有完全民事行为能力的中华人民共和国公民；

② 贷款到期日时的实际年龄不得超过55周岁；

③ 应具有可控制区域内的常住户口或其他有效居住身份，有固定住所、稳定职业和收入来源；

④ 借款用途为出国留学教育消费；

⑤ 借款人信用良好，有按期偿还贷款本息的能力；

⑥ 应持有拟留学人员的国外留学学校的入学通知书或其他有效入学证明和已办妥拟留学人员留学学校所在国入境签证的护照；

⑦ 贷款银行要求的其他条件。

(2) 贷款利率

出国留学贷款利率是根据中国人民银行公布的贷款利率档次和浮动幅度执行。如遇中国人民银行调整贷款利率, 执行中国人民银行的有关规定。

(3) 贷款期限

出国留学贷款期限最短6个月, 一般为1~6年, 最长不超过10年。

(4) 还款方式

贷款的偿还遵循"贷人民币还人民币"和"贷外汇还外汇"的原则。贷款期限1年(含1年)以内的, 到期时一次性还本付息, 利随本清; 贷款期限1年以上的, 采用借款人与贷款银行约定的还款方式偿还贷款。

(5) 担保方式

申请出国留学贷款, 借款人需提供一定的担保措施, 包括抵押、质押和保证等方式。

以抵押方式申请出国留学贷款的, 借款人提供的抵押物, 应当符合《中华人民共和国担保法》的规定, 并按有关规定办理相应登记手续。以质押方式申请商业性助学贷款, 需办理质物或其权利凭证转移占有手续及相关出质登记。贷款银行认为需要公证的, 借款人(或质押人)应当办理公证。抵(质)押物必须符合《中华人民共和国担保法》的规定。用于抵(质)押的财产需要估价的, 可以由贷款银行进行评估, 也可委托贷款银行认可的资产评估机构进行估价。

抵押期间, 抵押人未经贷款银行同意, 不得转移、变卖或重复抵押已被抵押的财产; 质押期间对质押的有价证券, 未经质权人同意, 不得以任何理由挂失。以资产作抵押的, 借款人应根据贷款银行的要求办理抵押物保险, 保险期不得短于借款期限, 经借款人确认后, 将保险单项下因保险事件发生而对保险人享有的保险金权益转让给贷款银行, 无须另行签署转让合同, 保险单不得有任何有损贷款银行权益的限制条件, 保险所需费用由借款人负担。在贷款未偿清期间, 保险单正本交贷款银行执管。在保险有效期内, 借款人不得以任何理由中断或撤销保险, 如保险中断, 贷款银行有权代为投保, 费用由借款人负担; 如发生保险责任范围以外的损毁, 借款人应及时通知贷款银行, 并落实其他担保, 否则, 贷款银行有权提前收回贷款。

以第三方保证方式申请出国留学贷款的, 保证人和贷款银行之间应签订"保证合同", 第三方提供的保证为不可撤销的连带责任保证。

保证人应具备品质良好、合法稳定的收入来源及与借款人具有同城户籍等条件, 原则上不允许同学之间互保。如保证人失去保证能力、破产或发生合并、分立等重大事项的, 借款人应及时通知贷款银行, 并重新提供足额担保和重新签订"保证合同", 否则贷款银行有权提前收回贷款。

借款人和自然人保证人的工作单位及通信方式发生变更或法人保证人的法律关系、性质、名称、地址等发生变更时, 借款人应提前30天通知贷款银行, 借贷双方应签订借款合同修正文本和保证合同修正文本。

(6) 贷款额度

出国留学贷款额度最低不少于1万元人民币, 最高不得超过借款人学杂费和生活费的80%。

例题31 国家助学贷款的担保方式是(   )。(单项选择题)

A. 个人信用担保

B. 国家信用担保

C. 借款人抵押

D. 担保人担保

答案 A

解析 国家助学贷款的担保采用的是个人信用担保的方式。

例题32 商业助学贷款的借款人可以申请(　　)。(单项选择题)

A. 财政贴息　　　　　B. 减免利息　　　　　C. 利息本金化　　　　　D. 本金利息化

答案 C

解析 商业助学贷款的利率按中国人民银行规定的利率政策执行,原则上不上浮。借款人可申请利息本金化,即在校年限内的贷款利息按年计入次年度借款本金。

例题33 新《国家助学贷款管理办法》规定,国家助学贷款的借款人必须在毕业后(　　)年内还清贷款,贷款期限最长不得超过(　　)年。(　　)(单项选择题)

A. 4;8　　　　　B. 6;8　　　　　C. 5;10　　　　　D. 6;10

答案 D

解析 新《国家助学贷款管理办法》规定,借款人必须在毕业后6年内还清贷款,贷款期限最长不得超过10年。

例题34 国家助学贷款的额度目前为每人每学年最高不超过(　　)。(单项选择题)

A. 100元　　　　　B. 1000元　　　　　C. 10000元　　　　　D. 6000元

答案 D

解析 新《国家助学贷款管理办法》规定的贷款额度为每人每学年最高不超过6000元,总额度按正常完成学业所需年数乘以每学年所需金额确定,具体额度由借款人所在学校的总贷款额度、学费、住宿费和生活费标准以及学生的困难程度确定。

例题35 商业助学贷款的利率按中国人民银行规定的利率政策执行,原则上(　　)。(单项选择题)

A. 上浮不超过5%　　　B. 上浮不超过10%　　　C. 上浮不超过20%　　　D. 不上浮

答案 D

解析 商业助学贷款的利率按中国人民银行规定的利率政策执行,原则上不上浮。如遇中国人民银行调整贷款利率,执行中国人民银行的有关规定。

例题36 下列关于出国留学贷款的说法,正确的有(　　)。(多项选择题)

A. 需要提供一定的担保措施

B. 贷款对象为拟留学人员或其直系亲属或其配偶

C. 贷款期限一般为1~6年

D. 贷款到期日时借款人的实际年龄不得超过60周岁

E. 贷款的偿还遵循"贷人民币还人民币"和"贷外汇还外汇"的原则

答案 ABCE

解析 D项错误,借款人在贷款到期日的实际年龄不得超过55岁。

例题37 以下关于国家助学贷款的说法,不正确的是(　　)。(单项选择题)

A. 国家助学贷款是由国家指定的商业银行面向在校的全日制高等学校中经济确实困难的本专科学生(含高职学生)、研究生以及第二学士学位学生发放的

B. 国家助学贷款采取借款人一次申请、贷款银行一次审批、单户核算、一次发放的方式

C. 实行"财政贴息、风险补偿、信用发放、专款专用和按期偿还"的原则

D. 中国工商银行、中国农业银行、中国银行和中国建设银行为中国人民银行批准的国家助学贷款经办银行，负责办理国家助学贷款的审核、发放和回收等工作

答案　B

解析　国家助学贷款是党中央、国务院在社会主义市场经济条件下，利用金融手段完善我国普通高校资助政策体系，加大对普通高校贫困家庭学生资助力度所采取的一项重大措施。国家助学贷款采取借款人一次申请、贷款银行一次审批、单户核算、分次发放的方式。

例题38　根据《助学贷款管理办法》，贷款人对高等学校的在读学生发放的助学贷款为(　　)助学款。(单项选择题)

A. 无担保　　　　　　B. 质押　　　　　　C. 保证　　　　　　D. 抵押

答案　A

解析　个人助学贷款是指商业银行向借款人发放的，用于借款人本人或其家庭成员支付特约教育单位的，除义务教育外的所有学历入学、本科(含本科)以上学历非入学所需教育费用的人民币贷款，包括国家助学贷款和商业助学贷款。根据《助学贷款管理办法》，贷款人对高等学校的在读学生发放的助学贷款为无担保助学贷款。

考点5　贷款流程

本节主要介绍个人教育贷款的贷款流程，具体包括贷款的受理与调查、贷款的审查与审批、贷款的签约与发放、支付管理以及贷后管理5个环节。由于国家助学贷款是一种信用贷款，无须担保，而商业助学贷款需要提供担保，从而使得国家助学贷款的贷款流程与商业助学贷款具有较大差异。鉴于此，本节分别介绍国家助学贷款和商业助学贷款的贷款流程。

1. 贷款的受理与调查

(1) 国家助学贷款的受理与调查

国家助学贷款的受理是指从借款人向学校提出申请，学校初审，银行受理到上报审核的全过程。国家助学贷款流程图如图5.6所示。

学生(申请人)在规定的时间内向所在学校国家助学贷款经办机构(以下简称学校机构)提出申请，领取国家助学贷款申请审批表等材料，如实完整填写，并准备好有关证明材料，一并交回学校机构。申请人须提交以下材料：

① 借款人有效身份证件的原件和复印件；

② 借款人学生证或入学通知书的原件和复印件；

③ 乡、镇、街道、民政部门和县级教育行政部门关于其家庭经济困难的证明材料；

④ 借款人同班同学或老师共两名见证人的身份证复印件及学生证或工作证复印件；

⑤ 贷款银行要求的其他材料。

(2) 商业助学贷款的受理与调查

① 贷款的受理

贷款受理人应要求商业助学贷款申请人填写贷款申请表，以书面形式提出贷款申请，按银

行要求提交相关申请材料。申请材料清单如下：

a. 借款人的合法身份证件，包括身份证、户口簿或其他有效居留证件原件，并提供以上证件的复印件；

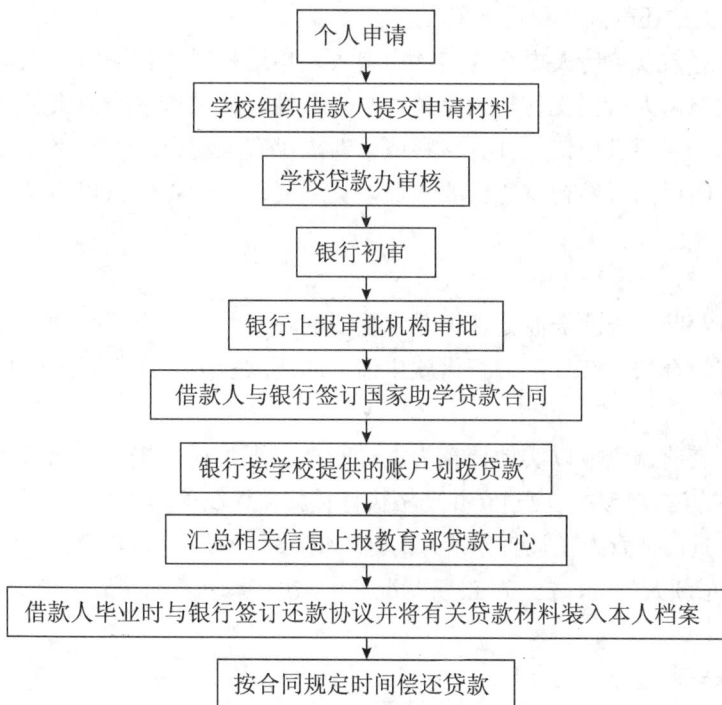

```
        ┌─────────────────────┐
        │      个人申请        │
        └─────────────────────┘
   ┌──────────────────────────────┐
   │  学校组织借款人提交申请材料  │
   └──────────────────────────────┘
        ┌─────────────────────┐
        │   学校贷款办审核     │
        └─────────────────────┘
        ┌─────────────────────┐
        │      银行初审        │
        └─────────────────────┘
      ┌───────────────────────────┐
      │   银行上报审批机构审批    │
      └───────────────────────────┘
   ┌──────────────────────────────────┐
   │  借款人与银行签订国家助学贷款合同 │
   └──────────────────────────────────┘
   ┌──────────────────────────────────┐
   │   银行按学校提供的账户划拨贷款   │
   └──────────────────────────────────┘
   ┌──────────────────────────────────┐
   │   汇总相关信息上报教育部贷款中心 │
   └──────────────────────────────────┘
┌────────────────────────────────────────────────┐
│借款人毕业时与银行签订还款协议并将有关贷款材料装入本人档案│
└────────────────────────────────────────────────┘
      ┌───────────────────────────┐
      │   按合同规定时间偿还贷款   │
      └───────────────────────────┘
```

图5.6 国家助学贷款流程图

b. 贷款银行需要的借款人与其法定代理人的关系证明；

c. 贷款银行认可的借款人或其家庭成员的经济收入证明；

d. 借款人为入学新生的，提供就读学校的录取通知书或接收函；借款人为在校生的，提供学生证或其他学籍证明；

e. 借款人就读学校开出的学生学习期内所需学费、住宿费和生活费总额的有关材料；

f. 以财产作抵(质)押的，应提供抵(质)押物权证和有处分权人(包括财产共有人)签署的同意抵(质)押的承诺，对抵押物需提交银行认可的机构出具的价值评估报告，对质物需提供权利凭证，以第三方保证担保的应出具保证人同意承担不可撤销连带责任担保的书面文件及有关资信证明材料；

g. 借款人和担保人应当面出具并签署书面授权，同意贷款银行查询其个人征信信息；

h. 银行要求提供的其他证明文件和材料。

借款人办理校源地贷款的，贷款银行还应联系借款人就读学校。借款人就读学校作为介绍人，应做好以下工作：

a. 向贷款银行推荐借款人，对借款人资格及申请资料进行初审；

b. 协助贷款银行对贷款的使用进行监督；

c. 将借款人在校期间失踪、死亡或丧失完全民事行为能力或劳动能力，以及发生休学、转学、出国留学或定居、自行离校、开除等情况及时通知贷款银行，并协助贷款银行采取相应的债权保护措施；

d. 在借款人毕业前，向贷款银行提供其毕业去向、就业单位名称、居住地址、联系电话等有关信息；

e. 协助贷款银行开展对借款人的信用教育和还贷宣传工作，讲解还贷的程序和方法，协助贷款银行做好借款人的还款确认和贷款催收工作。

贷款受理人应对借款申请人提交的借款申请表及申请材料进行初审，主要审查借款申请人的主体资格及借款申请人所提交材料的完整性与规范性。如果借款申请人提交材料不完整或不符合材料要求规范，应要求申请人补齐材料或重新提供有关材料；如果不予受理，应退回贷款申请并向申请人说明原因。经初审符合要求后，贷款受理人应将借款申请表及申请材料交由贷前调查人进行贷前调查。

② 贷前调查

贷前调查是商业助学贷款贷前处理中非常重要的环节，主要由银行贷前调查人审核申请材料是否真实、完整、合法、有效，调查借款申请人的还款能力、还款意愿的真实性以及贷款担保等情况。

a. 调查方式。贷前调查应以实地调查为主、间接调查为辅，采取现场核实、电话查问以及信息咨询等途径和方法。贷款人应建立并严格执行贷款面谈制度。

b. 调查内容。贷前调查人在调查申请人的基本情况、贷款用途和贷款担保等情况时，应重点调查材料一致性、借款人身份、资信、经济状况和借款用途、担保情况，详细内容请参照第3章个人贷款管理部分。

2. 贷款的审查与审批

(1) 国家助学贷款的审查与审批

① 贷款的审查

经办行在收到学校提交的信息表和申请材料后，由贷款审查人负责对学校提交的信息表和申请材料进行合规性、真实性和完整性审查。贷款审查人认为有差错或遗漏的，可要求学校进行更正或补充。贷款审查人审查完毕后，在"国家助学贷款申请审批表"上签署审核意见，连同申请材料等一并送交贷款审批人进行审批。

② 贷款的审批

贷款人应根据审慎性原则，完善授权管理制度，规范审批操作流程，明确贷款审批权限，实行审贷分离和授权审批，确保贷款审批人按照授权独立审批贷款。

贷款审批人应对以下内容进行审查：

a. 对贷款申请审批表和贫困证明等内容进行核对；

b. 审查每个申请学生每学年贷款金额是否超过6000元，具体金额根据学校的学费、住宿费和生活费标准以及学生的困难程度确定；

c. 学校当年贷款总金额和人数不超过全国学生贷款管理中心与银行总行下达的该校贷款年度计划额度；

d. 其他需要审查的事项。

贷款审批人应根据审查情况在"国家助学贷款申请审批表"上签署审批意见：对未获批准的贷款申请，应写明拒批理由，并告知借款人；对需补充材料后再审批的，应详细说明需要补充的材料名称与内容。

(2) 商业助学贷款的审查与审批

关于商业助学贷款的审查与审批，可参照第3章个人贷款管理部分。

3. 贷款的签约与发放

(1) 国家助学贷款的签约与发放

① 贷款的签约

对经审批同意的贷款，高校会收到经办银行的"国家助学贷款学生审查合格名册"。贷款发放人根据贷款审批意见确定应使用的合同文本并填写合同，在填写或打印有关合同文本过程中，借款合同应符合《合同法》的规定，明确约定各方当事人的诚信承诺和贷款资金的用途、支付对象(范围)、支付金额、支付条件、支付方式等，应做到贷款额度、贷款期限、贷款利率和还款方式等有关条款与贷款最终审批意见一致。

借款合同要体现协议承诺原则，保证借款合同的完善性、承诺的法律化乃至管理的系统化，要涵盖以下要点：

a.明确约定各方当事人的诚信承诺。在借款合同等协议文件中，要求借款人等当事人签订承诺性质的条款，自我声明其提供的申贷材料和信息是真实有效的，否则需承担相应的违约责任。

b.明确约定贷款资金的用途。要求借款人通过签订借款合同等协议文件承诺贷款的真实用途并承担挪用贷款的违约责任。

c.明确借款人不履行合同或怠于履行合同时应当承担的违约责任。

合同填写并复核无误后，贷款发放人应负责通知学校组织借款人签订"国家助学贷款借款合同"等协议文件，需担保的应同时签订担保合同，并提交经办银行。贷款发放人应要求借款人当面签订借款合同及其他相关文件，但电子银行渠道办理的贷款除外。

在签订有关合同文本前，应履行充分告知义务，告知借款人等合同签约方关于合同内容、权利义务、还款方式以及还款过程中应注意的问题等。

经办人员填写"个人贷款开立账户通知书"、"贷转存凭证"，协助借款人办理贷款发放手续，并将上述材料以及其他重要单据一起提交会计岗位进行账务处理。其他贷款资料直接移交档案管理岗整理、保管。

贷款发放人应建立健全合同管理制度，有效防范个人贷款的法律风险。贷款发放人应依照《担保法》等法律法规的相关规定，规范担保流程与操作。以保证方式担保的个人贷款，贷款工作应由不少于两名信贷人员完成。

② 贷款的发放

贷款发放要遵循审贷与放贷分离的原则，由独立的放款管理部门或岗位负责落实放款条件、发放满足约定条件的贷款。借款合同生效后，贷款发放人应按合同约定及时发放贷款。

放款部门在放贷前要确定有关审核无误，然后进行开户放款。国家助学贷款实行借款人一次申请、贷款银行一次审批、单户核算、分次发放的方式。其中，学费和住宿费贷款按学年(期)发放，直接划入借款人所在学校在贷款银行开立的账户上；生活费贷款(每年的2月和8月不发放生活费贷款)，根据合同约定定期划入有关账户。

贷款发放后，业务部门应依据借款人的相关信息建立"贷款台账"，并随时更新台账数据。

(2) 商业助学贷款的签约与发放

对经审批同意的贷款，应及时通知借款申请人以及其他相关人(包括抵押人和出质人等)，确认签约的时间，签署书面借款合同和相关担保合同等协议文件。签约流程主要包括填写合同、审核合同和签订合同3部分。关于商业助学贷款的签约与发放，可参考第3章个人贷款部分。

4. 支付管理

(1) 国家助学贷款的支付管理

对学费和住宿费贷款，银行应当采用贷款人受托支付方式向借款人交易对象(即借款人所在学校)支付，按学年(期)发放，直接划入借款人所在学校在贷款银行开立的账户上。

银行应要求借款人在使用贷款时提出支付申请，并授权贷款人按合同约定方式支付贷款资金。银行应在贷款资金发放前审核借款人相关凭证是否符合合同约定条件，支付后做好有关细节的认定记录。

对生活费贷款，银行可以采用贷款人受托支付方式直接划入借款人所在学校在贷款银行开立的账户上，再由学校返还借款人；银行也可以采取借款人自主支付的方式，根据借款人的提款申请，按照合同约定定期划入借款人在贷款银行开立的活期储蓄账户。银行应当通过账户分析、凭证查验或现场调查等方式，核查贷款支付是否符合约定用途。

贷款支付完成后，应详细记录资金流向，归集保存相关凭证。

(2) 商业助学贷款的支付管理

商业助学贷款的支付管理方式与国家助学贷款基本相同，所不同的是，商业助学贷款可以一次性放款，也可以分次放款。

对学费和住宿费贷款，银行应当采用贷款人受托支付方式向借款人交易对象(即借款人所在学校)支付，直接划入借款人所在学校在贷款银行开立的账户上。

银行应要求借款人在使用贷款时提出支付申请，并授权贷款人按合同约定方式支付贷款资金。银行应在贷款资金发放前审核借款人相关凭证是否符合合同约定条件，支付后做好有关细节的认定记录。

对生活费贷款，银行可以采用贷款人受托支付方式直接划入借款人所在学校在贷款银行开立的账户上，再由学校返还借款人；银行也可以采取借款人自主支付的方式，根据借款人的提款申请，按照合同约定定期划入借款人在贷款银行开立的活期储蓄账户。银行应当通过账户分析、凭证查验或现场调查等方式，核查贷款支付是否符合约定用途。

贷款支付完成后，应详细记录资金流向，归集保存相关凭证。

5. 贷后管理

(1) 国家助学贷款的贷后管理

① 贷后贴息管理

a. 经办银行在发放贷款后，于每季度结束后的10个工作日内，按照"中央部门所属高校国家助学贷款贴息资金汇总表"汇总已发放的国家助学贷款学生名单、贷款金额、利率、利息，经合作高校确认后上报总行。

b. 全国学生贷款管理中心在收到各贷款银行总行提供的贴息申请资料后的10个工作日内，将贷款贴息统一划入总行国家助学贷款贴息专户，由总行直接划入各经办行贴息专户。

c. 各经办银行在收到贴息经费后即时入账。

② 风险补偿金管理

a. 经办银行于每年9月底前，将上一年度(上年9月1日至当年8月31日)实际发放的国家助学贷款金额和违约率按各高校进行统计汇总，并经合作高校确认后填制"中央部门所属高校国家助学贷款实际发放汇总表"上报分行，分行按学校和经办银行汇总校内上报信息后，在5个工作日内上报总行，由总行提交全国学生贷款管理中心。

b. 全国学生贷款管理中心在收到经办行总行提交的"风险补偿金申请书"、"中央部门所属高校国家助学贷款实际发放汇总表"、"中央部门所属高校国家助学贷款风险补偿金确认书"后20个工作日内将对应的风险补偿金支付给贷款银行总行。

c. 总行将风险补偿金划拨至各分行，各分行在收到总行下拨的风险补偿金的当日将其划入对应账户。

③ 贷款的偿还

a. 每年借款学生毕业离校前，学校应组织借款学生与经办银行办理还款确认手续，制订还款计划，签订还款协议。

b. 如借款学生在学校期间发生休学、退学、转学、出国、被开除学籍等停止学业的事件，学校应在为借款学生办理相关手续之前及时通知银行，并要求学生到银行办理归还贷款或还款确认手续。

c. 借款学生毕业后申请出国留学的，应主动通知经办银行并一次性还清贷款本息，经办银行应及时为其办理还款手续。

④ 贷款的催收

a. 各经办银行应建立详细的还贷监测系统。

b. 各经办银行要加强日常还贷催收工作，做好催收记录，确认借款人已收到催收信息。

c. 各经办银行应按季将已到还款期的借款学生还款情况反馈给学校，学校负责协助经办银行联系拖欠还款的借款学生及时还款。

⑤ 贷后档案管理

a. 各经办银行在与借款学生签订还款协议后，需将相关信息补录入零售信贷系统。在收到借款人毕业后发回的"国家助学贷款毕业生资料确认书"后，应及时在系统上进行资料更新。

b. 各经办银行需严格按零售贷款档案管理办法管理国家助学贷款相关档案。

(2) 商业助学贷款的贷后管理

商业助学贷款的贷后管理是指对贷款发放后到合同终止前有关事宜的管理，包括贷后检查、贷款的偿还、贷款质量分类与风险预警、不良贷款管理及贷后档案管理等工作。

① 贷后检查

贷后检查是以借款人、抵(质)押物和保证人等为对象，通过客户提供、访谈、实地检查、行内资源查询等途径获取信息，对影响商业助学贷款资产质量的因素进行持续跟踪调查、分析，并采取相应补救措施的过程。其目的就是对可能影响贷款质量的有关因素进行监控，及早发出预警信号，从而采取相应的预防或补救措施。贷后检查的主要内容包括借款人情况检查和担保情况检查两个方面，如表5.8所示。

表5.8 贷后检查的内容

对借款人进行贷后检查	• 借款人是否按期足额归还贷款； • 借款人的住所、联系电话有无变动； • 有无发生可能影响借款人还款能力或还款意愿的突发事件，如借款人卷入重大经济纠纷、诉讼或仲裁程序，借款人身体状况恶化或突然死亡等

(续表)

对担保情况进行检查	· 对房产等抵押物的检查，包括检查房产等抵押物的存续状况和使用状况； · 有无使抵(质)押物价值减少的行为，了解抵(质)押物市场价格的变化，必要时进行重新估价，并对可变现性进行判断； · 检查抵押物的权属，包括检查抵押人有无擅自转让、出租、重复抵押或其他处分抵押物的行为； · 抵押物的保险单是否按合同约定续保； · 抵(质)押物的保管是否存在漏洞； · 其他可能影响担保有效性的因素

在贷后检查中发现的借款人工作单位、住址、联系电话等信息的变更情况，由贷后检查人员负责及时更新借款人联系方式等方面的信息；借款人主动提供情况的，由经办人负责及时更新借款人联系方式等方面的信息。

②贷款的偿还

借款人应按借款合同约定的还款计划、还款方式及时、足额地偿还贷款本息。贷款偿还的原则是先收息、后收本，全部到期、利随本清。

借款人要求提前还款的，应提前30个工作日向贷款银行提出申请。对借款人申请提前还款的，经办人应核实确认借款人在贷款银行有无拖欠贷款本息。对存在拖欠本息的，应要求借款人先归还拖欠贷款本息后才予受理提前还款业务。每笔贷款只可以展期1次，展期的原则按贷款通则规定执行。贷款期限在1年(含1年)以内的，展期期限累计不得超过原贷款期限；贷款期限在1年以上的，展期期限累计与原贷款期限相加，最长不得超过6年。在合同履行期间，信贷要素需要变更的，应当经当事人各方协商同意，并签订相应的变更协议。在担保期内的，根据合同约定必须征得担保人同意的，需事先征得担保人的书面同意；如需办理抵(质)押变更登记的，还应到原抵(质)押登记部门办理变更抵(质)押登记手续及其他相关手续。

③贷款质量分类与风险预警

银行要在贷后检查的基础上建立贷款质量分类制度和风险预警体系。

商业银行应按照《贷款风险分类指引》，至少将贷款划分为正常、关注、次级、可疑和损失5类，并及时根据其风险变化情况调整分类结果，准确反映贷款质量状况。

银行要建立良好的风险预警机制，设定科学的监测预警信号和指标，在贷后检查中发现借款人违反合同约定、触发预警指标或其他可能影响贷款安全的不利情形时，须及时启动应急预案，并根据借款合同有关约定和预警制度要求，及时采取相应措施防范、控制和化解风险，保障债权。

④不良贷款管理

关于不良个人教育贷款的管理，银行首先要按照贷款风险5级分类法对不良个人教育贷款进行认定，认定之后要适时对不良贷款进行分析，建立个人教育贷款的不良贷款台账，落实不良贷款清收责任人，实时监测不良贷款回收情况。对未按期还款的借款人，应采用电话催收、信函催收、上门催收、律师函、司法催收等方式督促借款人按期偿还贷款本息，以最大限度地降低贷款损失，有担保人的要向担保人通知催收。

⑤贷后档案管理

贷款发放后，应根据贷款种类分别建立信贷台账，台账应记录借款人的基本信息和贷款信息，贷款信息包括账号、合同金额、期限、放款日期、还款方式、担保方式、贷款利率、贷款余额、拖欠本金、应收利率、催收利息、账户状态、风险状态等要素。贷款台账可以采取电子台账或手工台账的形式。

例题39 商业助学贷款发放后，应建立信贷台账，其中记录的贷款信息包括(   )。(多项选择题)

A. 贷款金额　　　　　　B. 账号　　　　　　　　C. 贷款余额

D. 还款方式　　　　　　E. 担保方式

答案 BCDE

解析 贷款发放后，应根据贷款种类分别建立信贷台账，台账应记录借款人的基本信息和贷款信息，贷款信息包括账号、合同金额、期限、放款日期、还款方式、担保方式、贷款利率、贷款余额、拖欠本金、应收利率、催收利息、账户状态、风险状态等要素。

例题40 (   )对学生提交的国家助学贷款申请材料进行资格审查，对其完整性、真实性和合法性负责。(单项选择题)

A. 全国学生贷款管理中心　　　　　　B. 贷款经办银行

C. 贷款银行总行　　　　　　　　　　D. 学校国家助学贷款经办机构

答案 D

解析 所在学校国家助学贷款经办机构对学生提交的国家助学贷款申请材料进行资格审查，对其完整性、真实性和合法性负责，初审工作将在收到学生申请后的一定时间内完成。

例题41 国家助学贷款的借款学生自取得毕业证书之日(以毕业证书签发日期为准)起，下月1日(含1日)开始归还贷款利息，并可以选择在毕业后的(   )个月内的任何一个月开始偿还贷款本息，但原则上不得延长贷款期限。(单项选择题)

A. 24　　　　　　　B. 36　　　　　　　C. 12　　　　　　　D. 1

答案 A

解析 借款学生自取得毕业证书之日(以毕业证书签发日期为准)起，下月1日(含1日)开始归还贷款利息，并可以选择在毕业后的24个月内的任何一个月开始偿还贷款本息，但原则上不得延长贷款期限。

例题42 朱同学大学二年级时在某行申请了国家助学贷款，三年级时因病于当年9月休学1年，1年后继续上学，在休学期间，国家财政给其贴息。(   )(判断题)

答案 ×

解析 对于国家助学贷款，如借款学生在学校期间发生休学、退学、转学、出国、被开除学籍等停止学业的事件，学校应在为借款学生办理相关手续之前及时通知银行，并要求学生到银行办理归还贷款或还款确认手续。经办银行在得到学校通知后应停止发放尚未发放的贷款，并采取提前收回贷款本息和签订还款协议等措施，主动为学生办理相关手续。休学的借款学生复学当月恢复财政贴息。

■ 考点6　风险管理

在我国，个人教育贷款是作为支持教育事业发展的政策性举措推出的，具有较大的市场需求。但是，由于个人教育贷款的客户对象是暂时无收入的学生群体，因此风险相对较高，只有准确把握个人教育贷款的风险要素，提高个人教育贷款的风险防控能力，通过及时识别、衡量并处理风险，将损失控制在可知、可承受范围之内，才能促进我国个人教育贷款业务的健康发展。本节主要介绍个人教育贷款的操作风险和信用风险。

1. 操作风险管理

(1) 操作风险的内容

① 贷款受理与调查中的风险

贷款的受理与调查是个人教育贷款流程的一个重要环节，这一环节的风险点主要在于以下几个方面：

a. 借款申请人的主体资格是否符合银行个人教育贷款的相关规定。

b. 借款申请人所提交材料的真实性，包括借款人的身份是否真实、贫困证明是否真实有效、成绩是否优秀等。

c. 对于商业助学贷款而言，借款申请人的担保措施是否足额、有效。

d. 未按规定建立、执行贷款面谈、借款合同面签制度。

e. 授意借款人虚构情节获得贷款。

② 贷款审查与审批中的风险

个人教育贷款审查与审批环节的主要风险点包括：

a. 业务不合规，业务风险与效益不匹配；

b. 不按权限审批贷款，使得贷款超越授权发放；

c. 贷款调查、审查未尽职；

d. 将贷款调查的全部事项委托第三方完成；

e. 审批人对应审查的内容审查不严，导致向不具备贷款发放条件的借款人发放贷款，如向关系人发放信用贷款或向关系人发放担保贷款的条件优于其他借款人，贷款容易发生风险或出现内外勾结骗取银行信贷资金的情况。

③ 贷款签约与发放中的风险

个人教育贷款签约与发放中的风险点主要包括：

a. 合同凭证预签无效、合同制作不合格、合同填写不规范、未对合同签署人及签字(签章)进行核实；

b. 在发放条件不齐全的情况下发放贷款，如贷款未经审批或是审批手续不全，各级签字(签章)不全；未按规定办妥相关评估、公证等事宜；

c. 未按规定的贷款额度、贷款期限、贷款的担保方式、结息方式、计息方式、还款方式、适用利率、利率调整方式和发放方式等发放贷款，导致错误发放贷款和贷款错误核算；

d. 借款合同采用格式条款未公示。

④ 支付管理中的风险

个人教育贷款支付管理中的风险点主要包括：

a. 将学费和住宿费的贷款资金全额发放至借款人账户；

b. 未详细记录资金流向和归集保存相关凭证，造成凭证遗失；

c. 未通过账户分析、凭证查验或现场调查等方式核查贷款支付是否符合约定用途。

⑤ 贷后与档案管理中的风险

个人教育贷款贷后与档案管理的风险点主要包括：

a. 未对贷款使用情况进行跟踪检查，逾期贷款催收、处置不力，造成贷款损失；

b. 未按规定保管借款合同、担保合同等重要贷款档案资料，造成合同损毁；

c. 他项权利证书未按规定进行保管，造成他项权证遗失，他项权利灭失；

d. 对借款人违背借款合同约定的行为应发现而未发现，或虽发现但未采取有效措施。

(2) 操作风险的防控措施

① 规范操作流程，提高操作能力

a. 掌握个人教育贷款业务的规章制度；

b. 规范业务操作；

c. 熟悉关于操作风险的管理政策；

d. 把握个人教育贷款业务流程中的主要操作风险点；

e. 对于关键操作，完成后应做好记录备查，尽职尽责，提高自我保护能力。

② 完善银行、高校及政府在贷款管理方面的职责界定

由于个人教育贷款的借款人多为尚未毕业的学生，而学生毕业后的流动性很大，贷前审查、贷后跟踪及催收等程序均需要高校、政府(包括财政、教育等行政管理部门)的配合和支持。在业务实践中，应当明确高校及政府管理部门在借款学生资质审核、风险防控等方面的职责，充分发挥各方优势，从而提高银行的风险管理能力。

③ 规范并加强对抵押物的管理

对于商业助学贷款，还要规范并加强对抵押物的管理。借款人以自有或第三人的财产进行抵押，抵押物须产权明晰、价值稳定、变现能力强、易于处置。银行在实际操作中要注意：

a. 抵押文件资料的真实有效性、抵押物的合法性、抵押物权属的完整性、抵押物存续状况的完好性等；

b. 贷款抵押手续办理的相关程序应规范，原则上贷款银行经办人员应直接参与抵押手续的办理，不可完全交由外部中介机构办理；

c. 谨慎受理产权、使用权不明确或当前管理不够规范的不动产抵押，包括自建住房、集体土地使用权、划拨土地及地上定着物、工业土地及地上定着物、工业用房、仓库等。

2. 信用风险管理

(1) 信用风险的内容，如表5.9所示。

表5.9　信用风险

| 借款人的还款能力风险 | 借款人的还款能力是个人教育贷款资金安全的根本保证。借款人能否按时足额偿还贷款本息，根本上要依靠借款人及其家庭的收入，或者其他的再融资渠道，这就是所谓的还款能力。影响个人教育贷款借款人还款能力的因素包括：借款人为受教育人的，毕业后如一时难以找到工作，无还款来源，其父母等关系人又因失业、疾病等原因致使家庭经济条件恶化，无法按计划偿还贷款；借款人为受教育人父母的，随着国有企业改制和政府机构改革的深化，受教育者父母的下岗或分流压力加大，未来收入难以预测。而目前我国社会化保障程度不高，商业保险的意识和能力不强，一旦借款人或家庭遭受意外，风险就直接转嫁给了银行 |

借款人的 还款意愿 风险	借款人的还款意愿是个人教育贷款资金安全的重要前提。目前，诚实信用、公平有偿的市场契约原则在人们的思想中还没有根深蒂固，对此也缺乏有效制约机制和惩罚措施，因此，贷款的偿还情况很大程度上取决于借款人的还款意愿。大学生作为社会上一批没有任何工作经历和信用记录的群体，其信用根本无法去衡量与评估。一些借款学生根本不珍惜这种银行赋予他们的信用，恶意拖欠甚至不归还贷款，更有甚者以"赖账"为荣，而学生毕业后工作单位流动性的提高又增加了信用追踪的难度。教育贷款本来是想形成一个良性循环机制，但是，借款人素质低，主观上不愿还款，把风险转嫁给了银行
借款人的 欺诈风险	借款人的恶意欺诈、骗贷等现象也是个人教育贷款信用风险的重要表现形式。借款人一般具有谋取非法所得、带有犯罪性质的动机和行为。比如借款人违反金融管理法规，采取捏造事实、隐瞒真相或其他不正当手段骗取银行放款；借款人与银行内部人员相互勾结骗取银行贷款等
借款人的 行为风险	借款人可能因违规、违法等行为受到处罚，如被学校开除，或因学习成绩不好，未能拿到毕业证书或学位证书，毕业后找不到工作等

(2) 信用风险的防控措施

① 加强对借款人的贷前审查

加强对借款人的贷前审查有助于从源头上控制个人教育贷款的信用风险，其审查要点如下。

a. 对以学生父母为借款人的，要审查其收入的真实性，要对借款人的基本情况进行分析，分析其所处行业的发展趋势等因素，判断其职业的稳定性和收入的可靠性等，并在此基础上制订合理的还款计划；对于借款人是学生本人的，要审查学生本人的基本情况，如学习成绩、在校表现等，对其所学专业的就业情况也要有一定的了解，对其未来收入进行合理的预测。

b. 通过入学通知书等判断贷款申请的真实性和合法性，防止借款人利用上学欺骗银行，套取资金；要对借款人目前的家庭情况、居住地址、工作单位和通信方式等资料进行核实，并定期回访或联系。

② 建立和完善防范信用风险的预警机制

科学的风险预警机制是防范信用风险的关键。风险预警机制就是组建一个专门的组织机构，利用一定的监测工具，确定若干科学细分的指标网络。如有的学校已经开始建立大学生信用评估体系，采取一些量化的指标评估大学生的信用程度，对那些经考察有不良行为记录的应作出预警或要求提前还款，同时扣发贷款学生的毕业证书。有的学校将学生的贷款情况放入学生的档案中；有的学校向用人单位推荐毕业生时，对用人单位说明这位毕业生是享受了国家助学贷款的，等等。因为学生流动性大，学校如果想使国家助学贷款持续下去，就必须建立这样一个预警机制，由专门的人对贷款学生进行跟踪监测。

③ 完善银行个人教育贷款的催收管理系统

借款学生毕业后，经办银行要实施严格的贷后风险监测，一旦发现借款学生不及时还款或不与银行联系，银行贷款清收部门应立刻与学生所在单位联系和交涉，督促其还款。所在单位不详或不知去向者，银行贷款清收部门应立即与学生家长联系，由其父母提供学生的联系方式并督促学生还款，必要时由其父母替其归还。通过家庭仍无法联系上的借款学生，银行贷款清收部门应立即与公安部门联系，通过其唯一的身份证号码在全国范围内进行查询。

④ 建立有效的信息披露机制

信息的公开披露是实施有效监管的基础，同时也能起到约束作用。建立信用披露制度，定期在大众媒体报道失信人黑名单，使那些失信的人有所收敛。当然，信用的建立要靠全社会的共同努力，个人教育贷款的实施要靠全社会的共同监督，特别是对已毕业的贷款学生，社会的监督意义更大，有效的信息披露制度能约束其信用行为。

案例5-5：个人征信系统在教育贷款中的重要作用

某学校有两名2003届毕业生(一男一女)，在毕业后第三年有意购买某市某住宅商品房，于2006年5月向某银行提出个人住房贷款申请。银行通过中国人民银行贷款信用查询后发现，男方在学校就读期间曾获得国家助学贷款8000元，根据学生本人与银行签订的《国家助学贷款借款合同》规定：毕业生应在毕业后两年开始每年归还全部贷款的1/4，分4年还清。而这名学生已毕业3年，却未按时归还贷款，信用记录显示已有2笔贷款逾期，金额合计达4000元。因此，银行拒绝为其办理个人住房贷款。

面对该市商品房价格的快速增长，为尽快获得银行的个人住房贷款，两人立即到银行将国家助学贷款全额还清。可为时已晚，银行以他的信用记录有污点为由，拒绝为其办理个人住房贷款。由于他们已领取结婚证书，信用污点将影响整个家庭，也就是说，即使女方申请贷款，也将会被拒绝，因此银行声明两年内都不再给两人办理任何贷款。此时，两人购买的那套商品房价格已从原来的3700元/平方米升至6000元/平方米，中间差价为2300万/平方米，价格相差27万元之多。面对这样的结局，借款人当场流下了悔恨的泪水。

分析：这一案例有力地说明了中国人民银行的个人征信系统已和各家银行联网，各类贷款记录均自动记录在案。这样一来，银行可以随时查询借款人的信用记录，使那些恶意拖欠国家助学贷款的学生有所收敛。

⑤ 加强学生的诚信教育

学校应当加强对学生的诚信意识教育，加强学生的法制教育，把培养大学生的人格修养与诚信教育结合起来，并且要加强讲信用光荣、不讲信用可耻的诚信教育，坚持正确的舆论导向，强化借款人的还款意愿，形成良好的社会信用文化。

例题43 办理个人教育贷款时，可能面临的信用风险不包括( )。(单项选择题)

A. 借款人还款能力降低

B. 借款人还款意愿发生变化

C. 审批人对应审查的内容审查不严，导致内外勾结骗取银行信贷

D. 借款人的信用欺诈和恶意骗贷、逃债行为

答案 C

解析 信用风险的内容有：借款人的还款能力风险、借款人的还款意愿风险、借款人的欺诈风险、借款人的行为风险。

例题44 防控个人教育贷款操作风险的措施包括( )。(多项选择题)

A. 规范业务操作

B. 规范并加强对抵押物的管理

C. 掌握个人教育贷款业务的规章制度

D. 完善银行、高校及政府在贷款管理方面的职责界定

E. 把握个人教育贷款业务流程中的主要操作风险点

答案 ABCDE

解析 个人教育贷款操作风险的防控措施包括以下几方面。①规范操作流程，提高操作能力；掌握个人教育贷款业务的规章制度；规范业务操作；熟悉关于操作风险的管理政策；把握个人教育贷款业务流程中的主要操作风险点；对于关键操作，完成后应做好记录备查，尽职尽责，提高自我保护能力。②完善银行、高校及政府在贷款管理方面的职责界定。③规范并加强对抵押物的管理。

例题45 个人教育贷款签约和发放中的风险包括( )。(多项选择题)

A. 合同凭证预签无效，合同制作不合格，合同填写不规范，未对合同签署人及签字(盖章)进行核实

B. 在发放条件不齐全的条件下发放贷款

C. 未按规定的贷款额度和贷款期限、贷款的担保方式、结息方式、计息方式、还款方式、使用利率、利率调整方式和发放方式等发放贷款，导致错误发放贷款和贷款错误核算

D. 审批人对应审查的内容审查不严，导致向不具备贷款发放条件的借款人发放贷款

E. 未按规定保管借款合同、担保合同等重要贷款档案资料，造成合同损毁

答案 ABCD

解析 个人教育贷款签约与发放中的风险点主要包括：①合同凭证预签无效、合同制作不合格、合同填写不规范、未对合同签署人及签字(签章)进行核实；②在发放条件不齐全的情况下发放贷款，如贷款未经审批或是审批手续不全，各级签字(签章)不全；未按规定办妥相关评估、公证等事宜；③未按规定的贷款额度、贷款期限、贷款的担保方式、结息方式、计息方式、还款方式、适用利率、利率调整方式和发放方式等发放贷款，导致错误发放贷款和贷款错误核算；④借款合同采用格式条款未公示。

例题46 下列属于个人教育贷款借款人还款意愿风险的是( )。(单项选择题)

A. 借款人读书期间出现违法行为被学校开除

B. 借款人毕业后工作不理想，收入不足以偿还贷款

C. 借款人伪造入学通知书，骗取教育贷款

D. 借款人毕业后利用出国读书的机会不再与银行联系，拖欠还款

答案 D

解析 A选项属于借款人的行为风险；B选项属于借款人的还款能力风险；C选项属于借款人的欺诈风险。

例题47 加强对借款人的贷前审查是防范个人教育贷款信用风险的关键。( )(判断题)

答案 ×

解析 加强对借款人的贷前审查有助于从源头上控制个人教育贷款的信用风险，而科学的风险预警机制才是防范信用风险的关键。

第3节 其他个人消费贷款

考点7 个人住房装修贷款

个人住房装修贷款是指银行向自然人发放的、用于装修自用住房的人民币担保贷款。个人住房装修贷款可以用于支付家庭装潢和维修工程的施工款、相关的装修材料和厨卫设备款等。

开办住房装修贷款业务的银行有签订特约装修公司的，借款人需与特约公司合作才可以取得贷款；有些银行则没有作此项规定。

1. 贷款对象

个人住房装修贷款的贷款对象需满足以下条件：

(1) 具有完全民事行为能力的中华人民共和国公民或符合国家有关规定的境外自然人；

(2) 有当地常住户口或有效居留身份，有固定和详细的住址；

(3) 有正当职业和稳定可靠的收入来源，信用良好，具备按期偿还贷款本息的能力；

(4) 提供借款人认可的财产抵(质)押或第三方保证，保证人为贷款银行认可的具有代偿能力的个人或单位，承担连带责任；

(5) 银行规定的其他贷款条件。

2. 贷款利率

按中国人民银行规定的贷款利率政策执行。

3. 贷款期限

一般为1~3年，最长不超过5年(含5年)，具体期限根据借款人性质确定。以抵押担保方式贷款的，贷款期限最长不超过10年。

4. 贷款额度

各银行规定有所区别。有的银行规定个人住房装修贷款金额不超过20万元人民币。

例题48 2009年1月1日，小李为小王向银行申请的一笔个人住房装修贷款提供连带责任保证，贷款金额10万元，如果贷款到期时，小王未按时偿还，银行( )。(单项选择题)

A. 只能先要求小王偿还，然后才能要求小李偿还

B. 只能先要求小李偿还，然后才能要求小王偿还

C. 可要求小王或小李二者之中的任何一个偿还，但只能要求小李偿还部分金额

D. 可要求小王或小李二者之中的任何一个偿还全部金额

答案 D

解析 在申请个人住房装修贷款时，借款人须提供银行认定的财产抵(质)押或第三方保证，保证人应承担连带责任，即保证人要与债务人共同对债务负责，偿还顺序不分先后，且偿还金额不受限制。因此，在本题中，当贷款到期时，银行可要求小王偿还全部金额或小李偿还全部金额。

例题49 个人住房装修贷款的贷款期限( )。(单项选择题)

A. 一般为1~2年，最长不超过3年

B. 一般为1~2年，最长不超过5年

C. 一般为1~3年，最长不超过5年

D. 一般为1~5年，最长不超过5年

答案　C

解析　一般为1~3年，最长不超过5年(含5年)，具体期限根据借款人性质确定。

考点8　个人耐用消费品贷款

个人耐用消费品贷款是指银行向自然人发放的、用于购买大额耐用消费品的人民币担保贷款。

所谓耐用消费品通常是指价值较大、使用寿命相对较长的家用商品，包括除汽车、住房外的家用电器、电脑、家具、健身器材、乐器等。

该类贷款通常由银行与特约商户合作开展，即借款人需在银行指定的商户处购买特定商品。特约商户通常与银行签订耐用消费品合作协议，该类商户应有一定的经营规模和较好的社会信誉。

个人耐用消费品贷款也是国内开办较早的个人信贷产品，早在1999年就有许多家商业银行开办此项业务，但由于其单笔金额相对较小，贷款成本较高，且市场需求量有限，因此，近几年的业务规模处于不断萎缩状态。

1. 贷款对象

个人耐用消费品贷款的贷款对象需满足以下条件：

(1) 具有完全民事行为能力的中华人民共和国公民或符合国家有关规定的境外自然人，且年龄在18~60周岁；

(2) 有正当职业和稳定的经济收入，具有按期偿还贷款本息的能力；

(3) 有贷款银行认可的抵押或质押，或有足够代偿能力的个人或单位作为偿还贷款本息并承担连带责任的保证人；

(4) 购买商品的目的是为了本人或自己家庭使用；

(5) 信用良好，且有诚意分期或一次性还款；

(6) 银行规定的其他条件。

2. 贷款利率

个人耐用消费品贷款的利率执行中国人民银行规定的同档次贷款利率。

3. 贷款期限

个人耐用消费品贷款期限一般在1年以内，最长为3年(含3年)。将至退休年龄的借款人，贷款期限不得超过退休年限(一般女性为55岁，男性为60岁)。以抵押担保方式贷款的，贷款期限最长不超过10年。

4. 贷款额度

个人耐用消费品贷款起点一般为人民币2000元，最高额不超过10万元。借款人用于购买耐用消费品的首期付款额不得少于购物款的20%~30%，各家银行的规定有所不同。

例题50　购买健身器材时申请的贷款属于下列哪一方式？(　　)(单项选择题)

A. 个人耐用消费品贷款　　　　　　B. 个人消费额度贷款

C. 设备贷款　　　　　　　　　　　D. 流动资金贷款

答案　A

解析 个人耐用消费品贷款是指银行向个人发放的，用于购买大额耐用消费品的人民币担保贷款。所谓耐用消费品，通常是指价值较大、使用寿命相对较长的家用商品，包括除汽车、房屋以外的家用电器、电脑、家具、健身器材和乐器等。该类贷款通常由银行与特约商户合作开展，即借款人需在银行指定的商户处购买特定商品。所以，购买健身器材时申请的贷款应属于个人耐用消费品贷款。

例题51 个人耐用消费品贷款的贷款期限一般为( )。(单项选择题)

A. 个人住房装修贷款期限一般为1~3年，最长不超过5年(含5年)

B. 有的银行规定个人住房装修贷款金额不超过人民币20万元

C. 个人耐用消费品贷款期限一般在1年以内，最长为3年(含3年)

D. 女性个人耐用消费品贷款年限不得超过60岁

答案 C

解析 个人耐用消费品贷款期限一般在1年以内，最长为3年(含3年)。将至退休年龄的借款人，借款期限不得超过退休年限(一般女性为55岁，男性为60岁)。

例题52 个人购买( )，可以申请个人耐用消费品贷款。(多项选择题)

A. 汽车　　　　B. 电脑　　　　C. 家用电器　　　　D. 家具　　　　E. 房屋

答案 BCD

解析 所谓耐用消费品通常是指价值较大、使用寿命相对较长的家用商品，包括除汽车、住房外的家用电器、电脑、家具、健身器材、乐器等。个人购买上述耐用消费品时，可以申请个人耐用消费品贷款。

考点9 个人旅游消费贷款

个人旅游消费贷款是指银行向自然人发放的、用于借款人个人及其家庭成员(包括借款申请人的配偶、子女及其父母)参加银行认可的各类旅行社(公司)组织的国内、境外旅游所需费用的贷款。

1. 贷款对象

个人旅游消费贷款的贷款对象需满足以下条件：

(1) 具有完全民事行为能力的中华人民共和国公民；

(2) 有当地常住户口或有效居留身份，有固定和详细的住址；

(3) 有正当职业和稳定可靠的收入来源，信用良好，具备按期偿还贷款本息的能力；

(4) 有银行认可的抵押或质押，或有足够代偿能力的个人或单位作为偿还贷款本息并承担连带责任的保证人；

(5) 必须选择银行认可的重信誉、资质等级高的旅行社(公司)；

(6) 银行规定的其他贷款条件。

2. 贷款利率

个人旅游消费贷款的利率执行中国人民银行规定的同档次贷款利率。

3. 贷款期限

各银行对个人旅游消费贷款的贷款期限的规定有所区别，一般为1~3年，最长不超过5年(含

5年)，具体期限根据借款人性质分别确定。以抵押担保方式贷款的，贷款期限最长不超过10年。

4. 贷款额度

个人旅游贷款通常要求借款人先支付一定比例的首期付款，通常为旅游费用的20%以上，各银行的规定有所区别。具体贷款额度可根据各地实际消费水平及担保情况确定，贷款最高限额原则上不超过10万元人民币。

例题53 各银行对个人旅游消费贷款的贷款期限的规定有所不同，一般为1~3年，最长不超过5年(含5年)。( )(判断题)

答案 √

解析 各银行对个人旅游消费贷款的贷款期限的规定有所不同，一般为1~3年，最长不超过5年(含5年)。

例题54 目前，商业银行的个人贷款业务中还没有委托性个人贷款。( )(判断题)

答案 ×

解析 各商业银行为了更好地满足客户的多元化需求，不断推出个人贷款业务新品种。目前，既有自营性个人贷款，也有委托性个人贷款。

例题55 个人旅游消费贷款只能用于借款申请人本人参加的旅游消费。( )(判断题)

答案 ×

解析 个人旅游消费贷款是指银行向个人发放的、用于借款人个人及其家庭成员(包括借款申请人的配偶、子女及其父母)参加银行认可的各类旅行社(公司)组织的国内、境外旅游所需费用的贷款。

考点10 个人医疗贷款

个人医疗贷款是指银行向自然人发放的、用于解决市民及其配偶或直系亲属伤病就医时的资金短缺问题的贷款。

个人医疗贷款一般由贷款银行和保险公司联合当地特定合作医院办理，借款人到特约医院领取并填写经特约医院签章认可的借款申请书，持医院出具的诊断证明及住院证明，到开展此业务的银行机构申办贷款，获批准后持个人持有的银行卡和银行盖章的贷款申请书及个人身份证，到特约医院就医、结账。

1. 贷款对象

个人医疗贷款的贷款对象需满足以下条件：具有完全民事行为能力的中华人民共和国公民；有当地常住户口或有效居留身份，有固定和详细的住址；具有良好的信用记录和还款意愿，在商业银行及其他金融机构无不良信用记录，遵纪守法，没有违法行为；有正当职业和稳定可靠的收入来源，具备按期偿还贷款本息的能力；能够提供银行认可的合法、有效、可靠的担保；银行规定的其他贷款条件。

2. 贷款利率

个人医疗贷款的利率按中国人民银行公布的同期利率执行。

3. 贷款期限

一般情况下，个人医疗贷款的期限最短为半年，最长可达3年。以抵押担保方式贷款的，贷款期限最长不超过10年。

4. 贷款额度

个人医疗贷款的额度通常按照抵(质)押物的一定抵(质)押率确定。例如，有的银行规定以个人医疗寿险保单质押的，贷款额度最低不低于3000元，最高不得超过保单现金价值额的80%。

> **例题56** 关于个人医疗贷款的表述，正确的有(　　)。(多项选择题)
>
> A. 个人医疗贷款的对象能够提供银行认可的合法、有效、可靠的担保
>
> B. 个人医疗贷款的对象是具有完全民事行为能力的自然人
>
> C. 个人医疗贷款的额度可按抵(质)押物的100%或抵(质)押率确定
>
> D. 个人医疗贷款的利率按中国人民银行公布的同期利率上浮10%执行
>
> E. 个人医疗贷款是指银行向个人发放的，只可解决借款人本人的就医资金短缺问题
>
> **答案**　AB
>
> **解析**　个人医疗贷款的额度通常按照抵(质)押物的一定抵(质)押率确定；
>
> 个人医疗贷款的利率按中国人民银行公布的同期利率执行；
>
> 个人医疗贷款是指银行向自然人发放的、用于解决市民及其配偶或直系亲属伤病就医时的资金短缺问题的贷款。

第4节　同步强化训练

一、多项选择题

1. 国家助学贷款发放的特点是(　　)。

A. 帮助借款人支付在校期间的学费

B. 帮助借款人支付在校期间的日常生活费

C. 由教育部门设立"助学贷款专户资金"给予财政贴息

D. 运用金融手段支持教育，资助经济困难学生完成学业

2. 商业助学贷款发放的原则包括(　　)。

A. 部分自筹　　　　B. 有效担保　　　　C. 专款专用　　　　D. 按期偿还

3. 个人教育贷款的业务特征包括(　　)。

A. 具有社会公益性　　　　　　　B. 政策参与程度较高

C. 多为信用类贷款　　　　　　　D. 风险程度相对较高

4. 2002年2月，三部委联合出台了的"四定三考核"政策是指(　　)。

A. 对国家助学贷款业务要定学校、定范围、定额度、定银行

B. 按月考核经办银行国家助学贷款的申请人数和申请金额

C. 按月考核已审批借款人数和贷款合同金额

D. 按月考核实际发放贷款人数和发放金额等指标

5. 申请国家助学贷款须具备的条件有( )。

A. 具有中华人民共和国国籍，具有完全民事行为能力

B. 家庭经济确实困难，无法支付正常完成学业所需的基本费用

C. 学习刻苦，能够正常完成学业

D. 必要时须提供有效的担保

6. 以下关于国家助学贷款的规定正确的是( )。

A. 学生在校期间的贷款利息全部由财政补贴

B. 毕业后开始偿还贷款本息，但首次还款日应不迟于毕业后一年

C. 担保方式采用的是个人信用担保的方式

D. 贷款额度为每人每学年最高不超过5000元

7. 以下关于商业助学贷款的规定正确的是( )。

A. 借款人须提供一定的担保措施，包括抵押、质押、保证或其组合

B. 贷款银行可要求借款人投保相关保险

C. 贷款额度不超过借款人在校年限内所在学校的学费、住宿费和基本生活费

D. 学费应按照学校的学费支付期逐笔发放

8. 商业助学贷款贷前调查的内容包括( )。

A. 申请材料是否真实、完整、合法、有效　　　B. 借款申请人的还款能力

C. 还款意愿的真实性　　　D. 贷款担保情况

9. 国家助学贷款的审批内容包括( )。

A. 对贷款申请审批表和贫困证明等内容进行核对

B. 审查每个申请学生每学年贷款金额是否超过6000元

C. 学校当年贷款总金额和人数不超过全国学生贷款管理中心与银行总行下达的该校贷款年度计划额度

D. 其他需要审查的事项

10. 商业助学贷款发放的具体流程是( )。

A. 出账前审核放款通知

B. 开户放款

C. 当开户放款完成后，银行应将放款通知书、"个人贷款信息卡"等一并交借款人作回单

D. 业务部门依据借款人相关信息建立"贷款台账"，并随时更新台账数据

11. 商业助学贷款偿还的原则是( )。

A. 先收息　　　B. 后收本　　　C. 全部到期　　　D. 利随本清

12. 个人教育贷款审查和审批环节的主要风险点包括( )。

A. 业务不合规，业务风险与效益不匹配　　　B. 不按权限审批贷款，使得贷款超授权发放

C. 审批人对应审查的内容审查不严　　　D. 向不具备贷款发放条件的借款人发放贷款

13. 个人教育贷款操作风险的防控措施主要包括( )。

A. 规范操作流程，提高操作能力

B. 完善银行、高校及政府在贷款管理方面的职责界定

C. 规范并加强对抵押物的管理

D. 加强对借款人资格的审查

答案与解析

一、多项选择题

1. 答案与解析 ABCD

4个选项均符合题意。

2. 答案与解析 ABCD

4个选项均符合题意。

3. 答案与解析 ABCD

4个选项均符合题意。

4. 答案与解析 ABCD

4个选项均符合题意。

5. 答案与解析 ABC

申请国家助学贷款，须具备贷款银行要求的下列条件：a.具有中华人民共和国国籍，并持有合法、有效的身份证件；b.家庭经济确实困难，无法支付正常完成学业所需的基本费用(包括学费、住宿费和基本生活费)；c.具有完全民事行为能力(未成年人申请国家助学贷款需由其法定监护人书面同意)；d.学习刻苦，能够正常完成学业；e.诚实守信，遵纪守法，无违法违纪行为；f.贷款银行规定的其他条件。

6. 答案与解析 AC

新《国家助学贷款管理办法》规定首次还款日应不迟于毕业后两年。新《国家助学贷款管理办法》的贷款额度按照每人每学年最高不超过6000元的标准。

7. 答案与解析 ABCD

4个选项均符合题意。

8. 答案与解析 ABCD

4个选项均符合题意。

9. 答案与解析 ABCD

4个选项均符合题意。

10. 答案与解析 ABCD

4个选项均符合题意。

11. 答案与解析 ABCD

4个选项均符合题意。

12. 答案与解析 ABCD

4个选项均符合题意。

13. 答案与解析 ABC

可参照考点6"(2)操作风险的防控措施"的内容。

第6章 个人经营性贷款

个人经营性贷款是指银行向从事合法生产经营的个人发放的，用于定向购买商用房，以及用于满足个人控制的企业(包括个体工商户)生产经营流动资金需求和其他合理资金需求的贷款。目前，各银行对此类贷款产品没有统一的贷种称谓，但近几年市场需求旺盛，各银行业务规模也不断增长，该项业务正逐步成为银行个人贷款业务的主要增长点之一。个人经营性贷款包括个人商用房贷款、个人经营贷款、农户贷款和下岗失业小额担保贷款，部分还设有农户小额信用贷款和农户联保贷款，它们是农户贷款的两种不同形式。农户小额信用贷款是指农村中小金融机构基于农户的信誉，在核定的额度和期限内向农户发放的不需要提供担保的贷款。农户联保贷款是指在农村中小金融机构营业区域内，没有直系亲属关系的农户在自愿基础上组成联保小组，贷款人对联保小组成员发放的，并由联保小组成员相互承担连带保证责任的贷款。

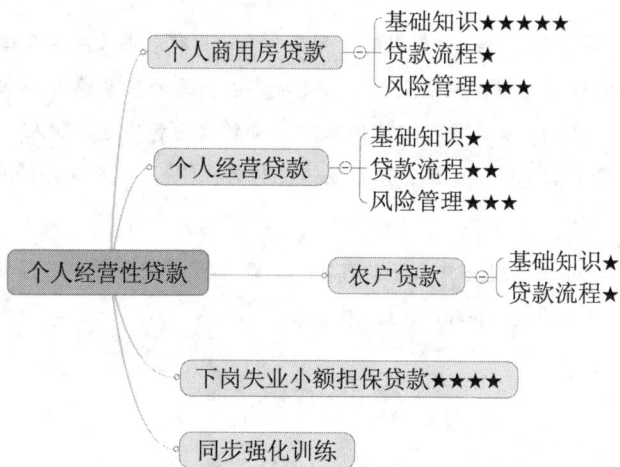

```
                          ┌─ 基础知识★★★★
              个人商用房贷款 ─┼─ 贷款流程★
                          └─ 风险管理★★★

                          ┌─ 基础知识★
              个人经营贷款 ──┼─ 贷款流程★★
                          └─ 风险管理★★★

个人经营性贷款 ─┤      农户贷款 ──┬─ 基础知识★
                          └─ 贷款流程★

              下岗失业小额担保贷款★★★★

              同步强化训练
```

第1节 个人商用房贷款

考点1 基础知识

1. 个人商用房贷款的含义

个人商用房贷款是指贷款人向借款人发放的用于购买商业用房的贷款，如中国银行的个人商业房贷款、交通银行的个人商铺贷款。目前，商用房贷款主要为了解决自然人购买用以生产经营用商铺(销售商品或提供服务的场所)资金需求的贷款。

2. 个人商用房贷款的要素

(1) 贷款对象

商用房包括商铺、住宅小区的商业配套房、办公用房(写字楼)，贷款支持的商用房须满足以下条件：商用房所占用土地使用权性质为出让，土地类型为住宅、商业、商住两用或综合用地；商用房为一手房的，该房产应为已竣工的房屋，并取得合法销售资格；商用房为二手房的，应取得房屋所有权证及土地使用权证。

同时，借款人须具备以下基本条件：

① 具有完全民事行为能力的自然人，年龄在18(含18)~65(含65)周岁之间；外国人以及港、澳、台居民为借款人的，应在中华人民共和国境内居住满1年并有固定住所和职业，同时还须满足我国关于境外人士购房相关政策；

② 具有合法有效的身份证明、户籍证明(或有效居留证明)及婚姻状况证明(或未婚声明)；

③ 具有良好的信用记录和还款意愿；

④ 具有稳定的收入来源和按时足额偿还贷款本息的能力；

⑤ 具有所购商用房的商品房销(预)售合同或房屋买卖协议；

⑥ 已支付所购商用房市场价值50%(含50%)以上的首付款(商住两用房首付款比例须在45%及其以上)，并提供首付款银行进账单或售房人开具的首付款发票或收据；

⑦ 在银行开立个人结算账户；

⑧ 以借款人拟购商用房向贷款人提供抵押担保；

⑨ 两个以上的借款人共同申请借款的，共同借款人限于配偶、子女和父母；对共同购房人作为共同借款人的，不受上述规定限制；

⑩ 贷款人规定的其他条件。

(2) 贷款利率

个人商用房贷款的利率不得低于人民银行规定的同期同档次利率的1.1倍。个人商用房贷款执行浮动利率，如人民银行调整利率，应按照合同约定的调整时间进行调整。

(3) 贷款期限

个人商用房贷款的期限最短为1年(含1年)，最长不超过10年。

(4) 还款方式

个人商用房贷款可采用按月等额本息还款法、按月等额本金还款法、按周(双周、三周)还本付息还款法等还款法。

(5) 担保方式

申请商用房贷款，借款人需提供一定的担保措施，包括抵押、质押和保证等，还可以采取履约保证保险的方式。

(6) 贷款额度

贷款额度通常不超过所购或所租商用房价值的50%，所购商用房为商住两用房的，贷款额度不得超过所购商用房价值的55%。

例题1 以下各项中，贷款对象与其他三项不同的是(　　)。(单项选择题)

A. 商用房贷款　　　　　　　　　　B. 无担保流动资金贷款

C. 设备贷款　　　　　　　　　　　D. 有担保流动资金贷款

答案 A

解析 商用房贷款的贷款对象为具有中华人民共和国国籍，年满18周岁，且具有完全民事行为能力的自然人，设备贷款、无担保流动资金贷款、有担保流动资金贷款的贷款对象为持有工商行政管理机关核发的非法人营业执照的个体户、合伙制企业和个人独资企业或自然人。

例题2 下列关于商用房贷款期限调整的说法，不正确的是(　　)。(单项选择题)

A. 期限调整包括延长期限和缩短期限

B. 借款人缩短还款期限无需向银行提出申请

C. 借款人申请调整期限的贷款应无拖欠利息

D. 展期之后，全部贷款期限不得超过银行规定的最长期限

答案 B

解析 无论借款人缩短还是延长期限，都需要向银行提出申请，所以B项错误。

例题3 以"商住两用房"名义申请商用房贷款的，贷款额度不超过(　　)。(单项选择题)

A. 40%　　　　　　B. 50%　　　　　　C. 55%　　　　　　D. 60%

答案 C

解析 以"商住两用房"名义申请商用房贷款的，贷款额度不超过55%。

例题4 采用第三方保证方式申请商用房贷款的，第三方提供的保证应为(　　)。(单项选择题)

A. 不可撤销的承担非连带责任的全额有效担保

B. 可撤销的承担连带责任的部分额度有效担保

C. 不可撤销的承担连带责任的全额有效担保

D. 不可撤销的承担连带责任的部分额度有效担保

答案 C

解析 采用第三方保证方式申请商用房贷款，借款人应提供贷款银行可接受的第三方连带责任保证。第三方提供的保证为不可撤销的承担连带责任的全额有效担保。

例题5 个人商用房贷款不能采取(　　)贷款方式。(单项选择题)

A. 保证　　　　　　B. 信用　　　　　　C. 履约保证保险　　　　D. 抵押

答案 B

解析 申请商用房贷款，借款人须提供一定的担保措施，包括抵押、质押和保证等，还可以采取履约保证保险的方式。

例题6 借款人申请个人商用房贷款，须具备的条件包括(　　)。(多项选择题)

A. 必须先付清不低于所购或所租的商用房全部价款20%以上的首期付款

B. 所购或所租的商业用房必须手续齐全，项目合法，并由开发商出示证明

C. 申请贷款购买或租赁的商业用房，通常要求所在区位良好

D. 有稳定的职业和收入，信用良好，有偿还贷款本息的能力

E. 具有当地常住户口或有效居留身份

答案 BCDE

解析 除B、C、D、E 4个选项外，申请个人商用房贷款还须具备如下条件：①申请数额、期限

和币种合理；②申请贷款购买或租赁的商用房，一般要求是位于大中城市中心区和次中心区，具有优良的发展前景，并且属于永久性建筑的商用房；③与开发商签订购买或租赁商用房的合同或协议；④必须先付清不低于所购或所租的商用房全部价款50%以上的首期付款；⑤提供经贷款银行认可的有效担保；⑥当前无不利的相关民事纠纷和刑事案件责任；⑦贷款银行规定的其他条件。

例题7 采用履约保证保险申请商用房贷款的，在保险有效期内，借款人可以随意中断或撤销保险。( )(判断题)

答案 ×

解析 采用履约保证保险申请商用房贷款的，在保险有效期内，借款人不得以任何理由中断或撤销保险。如保险中断，贷款银行有权代为投保；如发生保险责任范围以外的损毁，借款人应及时通知贷款银行，并落实其他担保，否则，贷款银行有权提前收回贷款。

考点2 贷款流程

1. 商用房贷款的受理与调查

(1) 贷款的受理

贷款受理人应要求商用房贷款申请人以书面形式提出贷款申请，填写借款申请表，并按银行要求提交相关申请材料。申请材料清单如下：

① 借款申请表；

② 借款人及其配偶的有效身份证件、户籍证明(户口簿或其他有效居住证明)、婚姻状况证明(结婚证、离婚证、未婚声明等)原件及复印件；

③ 个人收入证明，如个人纳税证明、工资薪金证明、在银行近6个月内平均金融资产(含存款、国债、基金)证明等；

④ 借款人与售房人签订的商品房销(预)售合同或房屋买卖协议原件；

⑤ 所购商用房为一手房的，须提供首期付款的银行存款凭条或开发商开具的首期付款的发票原件及复印件；所购商用房为二手房的，须提供售房人开具的首期付款的收据原件及复印件；

⑥ 拟购房产为共有的，须提供共有人同意抵押的证明文件；抵押房产如需评估，须提供评估报告原件；

⑦ 贷款人要求提供的其他文件或资料。

(2) 贷前调查

个人商用房贷款调查由贷款经办行负责，贷款实行双人调查和见客谈话制度，在调查申请人的基本情况、贷款用途、收入情况和贷款担保等情况时，应重点调查以下内容：

① 借款申请人所提供的资料是否真实、合法和有效，借款行为是否自愿、属实，购房行为是否真实，并告知借款人须承担的义务与违约后果；

② 借款人的收入来源是否稳定，是否具备按时足额偿还贷款本息的能力，收入还贷比是否符合规定；在计算借款人收入时，可将所购商用房未来可能产生的租金收入作为借款人的收入。所购商用房租金的估算，可参考该商用房内外部评估报告中确认的收益水平，或由调查人员参考同一区域同类型商用房近1年的平均租金进行计算；

③ 通过查询银行特别关注客户信息系统、人民银行个人信息基础数据库，判断借款人资信

状况是否良好，是否具有较好的还款意愿；

④ 贷款年限加上借款人年龄是否符合规定；

⑤ 借款人购买商用房的价格是否合理，是否符合规定的条件；

⑥ 借款人是否已支付首期房款，首付款比例是否符合要求；

⑦ 双人现场核实借款人拟购买的房产是否真实、合法、有效。抵押房产已办理所有权证书的，要查询抵押房产权属证书记载的事项与登记机关不动产登记簿上的相关内容是否一致，银行抵押物清单记载的财产范围与登记机关不动产登记簿上的相关内容是否一致，并将核实情况记录在调查审查审批表中或其他信贷档案中；对有共有人的抵押房产，还应审查共有人是否出具了同意抵押的书面证明或在合同中签字确认；需进行价值评估的，评估报告是否真实，评估价格是否合理；

⑧ 贷款申请额度、期限、成数、利率与还款方式是否符合规定。贷款经办行调查完毕后，应及时将贷款资料(包括贷款申请资料、贷款调查资料及调查审查审批表)移交授信审批部门。

2. 商用房贷款的审查与审批

(1) 贷款的审查

贷款审查应对贷款调查内容的合法性、合理性、准确性进行全面审查，重点关注调查人的尽职情况和借款人的偿还能力、诚信状况、担保情况、抵(质)押比率、贷款风险因素、风险程度等。

对贷前调查人提交的面谈记录以及贷前调查的内容，贷款申请人认为需要补充材料和完善调查内容的，可要求贷前调查人进一步落实；贷款审查人对贷前调查人提交的材料和调查内容的真实性有疑问的，可以重新进行调查。贷款调查人、审查审批人及签批人应按各自的职责要求填写调查、审查审批表。

贷款人应开展风险评价工作，以分析借款人的现金收入为基础，采取定性和定量分析方法，全面动态地进行贷款审查和风险评估。贷款人应建立和完善借款人信用记录和评价体系。

贷款审查和风险评价完成后，应形成书面审查意见，连同申请材料、面谈记录等一并送交贷款审批人进行审批。

(2) 贷款的审批

贷款人应根据审慎性原则，完善授权管理制度，规范审批操作流程，明确贷款审批权限，实行审贷分离和授权审批，确保贷款审批人按照授权独立审批贷款。贷款审批人员应该依据银行商用房贷款办法及相关规定，结合国家宏观调控政策，从银行利益出发，审查每笔商用房贷款的合规性、可行性及经济性，根据借款人的还款能力以及抵押担保的充分性与可行性等情况，分析该笔业务预计给银行带来的收益和风险。

贷款审批人应对以下内容进行审查：

① 贷款资料是否完整、齐全，资料信息是否合理、一致，首付款金额与开发商开具的发票(收据)或银行对账单是否一致，有无"假按揭"贷款嫌疑；

② 借款人是否符合条件、资信是否良好、还款来源是否足额可信；

③ 抵押房产是否合法、充足和有效，价值是否合理，权属关系是否清晰，是否易于变现；

④ 贷款金额、成数、利率、期限、还款方式是否符合相关规定。

个人商用房贷款的签批工作由有权签批人负责。各行根据本行实际情况，也可实行审查人与审批人分离的审查审批模式。

贷款审批人应根据审查情况签署审批意见，对未获批准的贷款申请，应写明拒批理由；对需补充材料后再审批的，应详细说明需要补充的材料名称与内容；对同意或有条件同意贷款的，如贷款条件与申报审批的贷款方案内容不一致的，应提出明确的调整意见。贷款审批人签署审批意见后，应将审批表连同有关材料退还业务部门。对未获批准的贷款申请，贷款人应告知借款人，说贷款签批人不同意发放。

3. 贷款的签约发放与支付管理

对审批和签批同意的贷款，签约人对借款合同和借据载明的要素核对一致后，签署个人购房借款/担保合同，并将贷款资料交贷款经办行综合管理员。综合管理员负责落实审批签批意见后，将审批签批意见落实的证明材料交签约人。签约人核实审批签批意见落实的证明材料后，签署借据。综合管理员按规定要求办理贷款发放手续。

在贷款资金发放前，银行应该审核借款人相关交易资料和凭证，例如与开发商签订的购买合同或协议是否符合合同约定条件。贷款资金支付后要做好有关细节的认定记录。银行应当通过账户分析、凭证查验或现场调查等方式，核查贷款支付是否符合约定用途。

关于个人商用房贷款的签约与发放的详细流程，请参照第3章"个人贷款"部分。

个人商用房贷款须采取受托支付的方式，借款人须委托贷款经办行将贷款资金支付给符合合同约定用途的借款人交易对象。银行应要求借款人在使用商用房贷款时提出支付申请，并授权贷款人按合同约定方式支付贷款资金。受托支付完成后，贷款经办行应详细记录资金流向，归集相关凭证并纳入贷款资料归档保存。

4. 贷后管理

个人商用房贷款贷后管理相关工作由贷款经办行及信贷管理部门共同负责。贷款经办行贷后管理内容包括客户关系维护、押品管理、违约贷款催收及相应的贷后检查等工作。信贷管理部门负责贷后监测、检查及对贷款经办行贷后管理工作的组织和督导。个人商用房贷款的贷后管理除了参照第3章"个人贷款贷后管理"部分的相关内容外，还应重点关注以下内容。

贷款经办行贷后管理和检查工作具体包括：

(1) 定期了解借款人的信息变化情况，包括联系方式、居住地点、职业收入、其他融资和负债情况的变化以及其他家庭重大变化等；

(2) 定期查询银行相关系统，了解借款人在银行及其他金融机构的信用状况，若借款人已被列入潜在风险客户名单，贷款行要予以关注并采取适当的风险控制措施；如果借款人在本行或其他银行的部分债务已经不良，其贷款应由正常至少调整至关注类；

(3) 至少每年检查一次抵押房产状况及价值、权属是否发生变化；如发现影响抵押房产价值变化的重大因素，可能造成抵押房产的债权保障能力不足时，应及时重评抵押房产价值；

(4) 检查违约贷款的违约原因，以及是否存在违规操作行为；

(5) 定期检查大额贷款及"一人多贷"借款人是否能按时偿还贷款本息，是否存在影响贷款按时偿还的因素；

(6) 及时对违约贷款进行催收，对通过电话等通信方式无法联系到的借款人进行上门催收；

(7) 检查逾期贷款是否在诉讼时效之内，催收贷款本息通知书是否合规、合法。

各行根据本行实际情况，确定贷后检查频率。贷后检查应填制贷后检查表，发现重大风险应及时向主管领导报告，并及时采取风险控制措施。

例题8 关于商用房贷款的流程，下列说法正确的有( )。(多项选择题)

A. 贷前调查人需要提出贷款利率方面的建议

B. 贷前调查人需要提出是否同意贷款的明确意见

C. 贷款审查人负责对贷前调查人提交的材料进行合规性审查

D. 贷款审查人需要对贷前调查人提交的面谈记录以及贷前调查的内容是否完整进行审查

E. 贷款审批人应根据审查情况签署审批意见，对不同意贷款的，可以直接把材料退回，不需注明理由

答案 ABCD

解析 贷款审批人应根据审查情况签署审批意见，对未获批准的贷款申请，应写明拒批理由；对需补充材料后再审批的，应详细说明需要补充的材料名称与内容；对同意或有条件同意贷款的，如贷款条件与申报审批的贷款方案内容不一致，应提出明确的调整意见。

考点3 风险管理

1. 合作机构管理

商用房贷款主要面临的是开发商带来的项目风险和估值机构、地产经纪等带来的欺诈风险；商用房贷款开展中应规范与外部合作机构的合作，既要充分发挥合作机构在业务拓展、客户选择和贷后管理等方面的积极作用，又要有效防范合作中可能产生的风险，把握好风险控制的主动权。

(1) 商用房贷款合作机构风险的内容

商用房贷款合作机构风险主要包括：开发商不具备房地产开发的主体资格、开发项目"五证"虚假或不全("五证"是指国有土地使用证、建设用地规划许可证、建设工程规划许可证、建筑工程施工许可证、商品房预售许可证)；估值机构、地产经纪和律师事务所等联合借款人欺诈银行骗贷。

(2) 商用房贷款合作机构风险的防控措施

商用房贷款合作机构风险的防控措施具体内容如表6.1所示。

表6.1 商用房贷款合作机构风险的防控措施

加强对开发商及合作项目的审查	在通过合作项目批量获取个人贷款客户的情况下，一旦合作项目发生风险，极易给银行商用房贷款带来批量风险，因此，对开发商和项目风险应重点防范。其具体措施包括： • 重点审查开发商的资质、资信等级、领导层的信誉及管理水平、资产负债及盈利水平；已开发项目的建设情况、销售情况、履行保证责任的意愿及能力、是否卷入诉讼或纠纷、与银行的业务合作情况等 • 加强对合作项目的审查。重点审查项目开发及销售的合法性、资金到位情况、工程进度情况以及市场定位和销售前景预测等，防止开发商套取、挪用商用房贷款资金，或因企业经营不善、开发资金存在缺口等造成项目风险
加强对估值机构、地产经纪和律师事务所等合作机构的准入管理	在该类机构的选择上，银行应把握以下几条总体原则： • 具有合法、合规的经营资质 • 具备较强的经营能力和好的发展前景，在同业中处于领先地位 • 内部管理机制科学完善，包括高素质的高管人员、有明确合理的发展规划、业务人员配备充足和有完善的业务办理流程等 • 通过合作切实有利于商用房贷款业务的发展，包括可以拓展客户营销渠道、提高业务办理效率和客户服务质量、降低操作成本等

(续表)

业务合作中不过分依赖合作机构	银行与合作机构之间既有合作也有对立，正如银行关注自己的贷款能否安全收回一样，合作机构更关注自己的经营是否正常。银行与合作机构虽然在合作协议中已经清晰地约定了双方的权利和义务，但当自身经营受到很大影响时，合作机构首先考虑的是自己如何渡过难关。因此，银行不能过分依赖合作机构，只有银行履行了其应尽的职责，才能防范合作机构隔断银行与借款人的关系而暗做手脚的风险

2. 操作风险管理

(1) 商用房贷款操作风险的主要内容

① 贷款受理与调查中的风险

a. 商用房贷款受理与调查环节是经办人员与借款人接触的重要环节，对于贷款质量有着至关重要的作用，这一环节的风险点主要表现在以下几个方面：

- 借款申请人的主体资格是否符合银行商用房贷款管理办法的相关规定。

案例6-1：借款人不具备主体资格，银行债权无从追讨

2005年6月，借款人李先生向银行申请商用房贷款20万元，期限10年，用于购买商用房一套。在审查相关材料之后，银行经办人员未发现异常，该行如约发放贷款。1年后，该笔贷款连续逾期6个月，催收后仍未还款，随后该行向李先生提起了诉讼。

法院在审理过程中发现，借款人李先生在申请贷款前患有精神病，至今未愈，其子女提供了相关的有效证明。据此法院以借款人不具备完全民事行为能力为由，判定该行借款合同无效，对其请求不予支持。

分析：在这个案例中，银行没有准确掌握借款人的健康状况，没有准确分析借款人的民事行为能力，致使贷款逾期后的诉讼阶段，法院判定借款合同无效，不予支持诉讼请求。因此，银行业务人员在实际工作中，要认真分析借款人是否具备民事行为能力，是否具备借款主体资格。

- 借款申请人所提交的材料是否真实、合法。
- 借款申请人的担保措施是否足额、有效。
- 未按规定建立、执行贷款面谈、借款合同面签制度。
- 授意借款人虚构情节获得贷款。

b. 贷款审查与审批中的风险。商用房贷款审查与审批环节的主要风险点包括：

- 业务不合规，业务风险与效益不匹配；
- 未按权限审批贷款，使得贷款超授权发放；
- 审批人员对应审查的内容审查不严，导致向不具备贷款发放条件的借款人发放贷款，如向关系人发放信用贷款或向关系人发放担保贷款的条件优于其他借款人，贷款容易发生风险或出现内外勾结骗取银行信贷资金的情况；
- 将贷款调查的全部事项委托第三方完成。

c. 贷款签约与发放中的风险。商用房贷款签约与发放环节的主要风险点包括：

- 合同凭证预签无效、合同制作不合格、合同填写不规范、未对合同签署人及签字(签章)进

行核实；

- 在发放条件不齐全的情况下发放贷款，如贷款未经审批或是审批手续不全，各级签字(签章)不全；未按规定办妥相关评估、公证等事宜；
- 未按规定的贷款额度、贷款期限、担保方式、结息方式、计息方式、还款方式、适用利率、利率调整方式和发放方式等发放贷款，导致错误发放贷款和贷款错误核算；
- 借款合同采用的格式条款未公示。

d. 贷款支付管理中的风险。商用房贷款支付管理环节的主要风险点包括：

- 贷款资金发放前未审核借款人相关交易资料和凭证，例如与开发商签订的购买或租赁商用房合同或协议是否符合合同约定条件；
- 直接将贷款资金发放至借款人账户；
- 未接到借款人支付申请和支付委托的情况下，直接将贷款资金支付给房地产开发商；
- 未详细记录资金流向和归集保存相关凭证，造成凭证遗失；
- 未通过账户分析、凭证查验或现场调查等方式核查贷款支付是否符合约定用途。

e. 贷后管理中的风险。商用房贷款贷后管理环节的主要风险点包括：

- 未对贷款使用情况进行跟踪检查，房屋他项权证到位不及时，逾期贷款催收、处置不力，造成贷款损失；
- 贷款管理与其规模不相匹配，贷款管理力度偏弱，贷前调查材料较为简单，贷后往往只关注借款人按月还款情况，在其还款正常的情况下，未对其经营情况及抵押物的价值、用途等变动状况进行持续跟踪监测；
- 未按规定保管借款合同、担保合同等重要贷款档案资料，造成合同损毁；
- 他项权利证书未按规定进行保管，造成他项权证遗失，他项权利灭失；
- 对借款人违背借款合同约定的行为应发现而未发现，或虽发现但未采取有效措施。

(2) 商用房贷款操作风险的防控措施

商用房贷款操作风险的防控措施具体内容如表6.2所示。

表6.2　商用房贷款操作风险的防控措施

建立并严格执行贷款面谈制度	面谈前业务人员应做好充分的准备，拟定详细的面谈工作提纲
提高贷前调查的深度	贷前调查必须遵循真实、准确、完整、有效的原则，业务人员要勤勉尽责地履行调查义务，尽可能地掌握借款人各方面的情况，包括借款人所控制主要实体的经营情况、真实财务状况及抵押物情况、评估偿债能力等，揭示分析潜在的风险因素
加强真实还款能力和贷款用途的审查	对名义借款人与实际借款人不一致的，原则上不得受理；对以贷款所购房屋的租金收入作为还款主要来源，或借款人为外地人且在当地无经营实体的，要谨慎办理；严格审查贷款用途，防止以商用房贷款形式套取贷款，用于不符合法律法规、国家产业政策和贷款银行信贷政策的项目
合理确定贷款额度	贷款额度不能简单按照抵押物评估价值和贷款最高成数来确定，要对借款人所经营的实体进行风险限额测算，在风险限额内根据借款人可实际支配的还贷资金额确定贷款控制额度
加强抵押物管理	进一步完善抵押物审查、评估、抵押登记等环节的管理，客观、公正地估值，合法、有效地落实抵押登记手续。对商业前景不明的期房及单独处置困难的产权式商铺等房产，原则上不得接受抵押

(续表)

完善授权管理	银行应根据审慎性原则，完善授权管理制度，规范审批操作流程，明确贷款审批权限，实行审贷分离和授权审批，确保贷款审批人员按照授权独立审批贷款。严格执行对单个借款人的授信总量审批权，控制个人授信总量风险。对以实际借款人及其关系人多人名义申请贷款，用于购买同一房产的，按单个借款人适用审批权限
加强贷款合同管理	建立健全贷款合同管理制度，加强贷款合同规范性审查管理，做好监督、归档和检查等工作
加强对贷款的发放和支付管理	遵循审贷与放贷分离的原则，设立独立的放款管理部或岗位，负责落实放款条件、发放满足约定条件的贷款，对贷款资金的支付进行严格管理与控制
强化贷后管理	加大贷后检查力度，将借款人的经营状况及抵押房产的价值、用途变化情况作为监控重点；对已形成不良贷款的，根据成因及实际风险状况尽快采取保全措施

3. 信用风险管理

(1) 商用房贷款信用风险的主要内容

① 借款人的还款能力发生变化

还款能力主要体现的是借款人的客观财务状况，即在客观情况下借款人能够按时足额还款的可能性。在实践中，银行把握借款人还款能力的风险还存在相当大的难度，主要存在以下几方面的原因：

a. 国内尚未建立完善的个人财产登记制度与个人税收登记制度，全国性的个人征信系统还有待进一步完善，银行因而很难从整体上把握借款人的资产与负债状况并作出恰当的信贷决策。

b. 国内失信惩戒制度尚不完善，借款人所在单位、中介机构协助借款人出具包括假收入证明在内的虚假证明文件(如个人收入证明、营业执照等)的现象比较普遍，对主动作假或协助作假的行为尚缺乏有力的惩戒措施。

② 商用房的出租情况发生变化

主要包括所在地段经济发展重心转移、大范围拆迁等情况。

③ 保证人的还款能力发生变化

如保证人的资格和担保能力发生变化、还款意愿不足等情况。

(2) 商用房贷款信用风险的防控措施

① 加强对借款人还款能力的调查和分析

对于收入稳定的工薪阶层，可通过核实借款人在贷款银行及其他行的存款及资产情况(如定期存款、活期存款、理财产品等)来获得借款人的基本收入状况，主要把握以下几方面：

a. 要了解、掌握其收入水平的稳定性；

b. 对其收入水平的真实性进行判断，结合其个人学历学位、从业年限、职位等信息，对其收入水平的合理性作出经验判断，必要时进行调查、取证；

c. 收入水平对偿还贷款的覆盖度，对此类客户原则上应对其贷款余额与其家庭年收入水平的比率设一定的上限。

② 加强对商用房出租情况的调查和分析

商用房主要是用于赢利的经营性房屋，与普通个人住房贷款以工资薪金收入作为主要还款来源不同，商用房贷款(特别是金额较大的商用房贷款)的还款来源主要是借款人的经营性收入，包括租金收入和其他经营收入等。商用房的租金收入存在较多的不确定因素，稳定性较差，如单纯以租金收入作为还款来源，风险较高。其他经营收入来源复杂，有的借款人经营或实际控制多个实体，关系复杂，其实际经营状况是银行难以准确、全面掌握的；有的借款人为外地人，经营实体也在外地，还款可靠性难以保障。因此，要调查借款人所购商用房所在商业地段繁华程度以及其他商用房出租情况、租金收入情况，同时也要调查了解该地段的未来发展规划，是否会出现大的拆迁变动、经济发展重心转移等情况。

案例6-2：关注还款稳定性

借款人黄先生选择了城南一套价值40余万元的商用房作为投资，在银行办理了商用房贷款。由于黄先生本来就在外企工作，有稳定的工资收入，且现在把房子以4000元/月的价格租给了某外省城市办事处，还款压力很小。于是，他又向银行申请了两笔商用房贷款，用于购买城南和城中的两套商用房，准备出租来获取收益。银行在综合考虑其抵押物价值稳定、现金流覆盖家庭正常支出及贷款月供后，发放了这两笔贷款。但是，天有不测风云，外省驻该城市办事处由于开展业务不力被撤回本部，这样一来，黄先生赖以还贷的租金没有了，一时又找不到新的承租方，三套房子的月供仅凭其收入来还，使他感到极大的压力。第三个月，黄先生购买第三套房子的贷款就出现了逾期。由于黄先生不是恶意拖欠，银行按照规定采取了必要的催收手续外，也积极帮助黄先生寻找新的租户或买家。在逾期两个月后，银行终于找到了一个租户，解决了黄先生的燃眉之急。

分析：在这一案例中，黄先生显然是有还款意愿的，但是其连续购买三套商用房，以租养贷，租金具有很大的不稳定性。虽然租金能够作为借款人收入的组成部分综合考虑，但如果将其租金收入作为主要的还款来源，那么一旦租金来源出现问题，银行的贷款归还就无法得到有效的保障。银行在考察黄先生的还款能力时，主要关注了黄先生每月收入的金额和抵押物的价值，但对其收入的稳定性以及家庭财产的抗风险能力没有进行充分的分析评价，导致黄先生一旦失去租金收入就很容易出现逾期。

③ 加强对保证人还款能力的调查和分析

保证人经济实力下降或信用状况恶化是导致保证人还款能力下降的主要原因，这种风险会使保证担保对银行债权的保障能力降低、第二还款来源严重不足。

在贷款保证期间，保证人保证能力可能会发生变动。对此，银行要有预见性并采取相应的预防措施。在贷后管理过程中，银行要同重视借款人的情况一样，抓好对保证人的管理。

a. 密切关注保证期间影响保证人保证能力的各种因素的变化情况。

b. 在对借款人进行贷后检查的同时，要了解保证人的情况。不注意跟踪了解保证人的情况，出现保证风险时就难以及时采取补救措施。

c. 经过调查了解，充分证明保证人的保证能力不足时，应要求借款人提出更换保证人或采取其他担保方式。

d. 在保证期间，银行如发现保证人出现以下变化，必须引起高度重视，需要对保证人资信进行重新评估的，马上组织评估；发现保证人保证能力和保证意愿严重弱化的，及时通知借款人，要求变更担保措施。这些情况有：保证人发生隶属关系变更、高层人事变动、公司章程修改以及组织结构调整；保证人生产经营、财务状况是否发生重大诉讼、仲裁，可能影响其履约保证责任；保证人改变资本结构；保证人为第三人债务提供保证担保或者以其主要资产为自身或第三人债务设定抵押、质押，可能影响履行保证责任；保证人有低价或无偿转让有效资产、非法改制等逃债行为；保证人有恶意破产倾向。

例题9 商用房贷款操作风险的主要内容不包括(　　)。(单项选择题)

A. 借款人还款能力变化风险　　　　B. 贷后管理中的风险

C. 贷款签约和发放中的风险　　　　D. 贷款受理、调查、审查、审批中的风险

答案 A

解析 商用房贷款操作风险的主要内容包括：①贷款受理和调查中的风险；②贷款审查与审批中的风险；③贷款签约与发放中的风险；④贷款支付管理中的风险；⑤贷后管理中的风险。A选项属于信用风险的范畴。

例题10 个人商用房贷款的还款来源主要是(　　)。(单项选择题)

A. 商用房的租金收入和借款人的其他经营收入

B. 借款人的投资收益

C. 个人商用房的资产增值

D. 借款人的工资、薪金收入

答案 A

解析 商用房主要是用于赢利的经营性房屋，与普通个人住房贷款以工资、薪金收入作为主要还款来源不同，商用房贷款(特别是金额较大的商用房贷款)的还款来源主要是借款人的经营性收入，包括租金收入和其他经营收入等。

例题11 对借款人还款能力的调查包括(　　)。(多项选择题)

A. 借款人的基本收入情况　　　　B. 收入水平对偿还贷款的覆盖度

C. 借款人的其他收入情况　　　　D. 借款人的其他资产收益情况

E. 借款人及其家庭所拥有总资产的状况

答案 ABCDE

解析 借款人还款能力的调查包括：借款人的基本收入情况，借款人的其他收入情况，借款人的其他资产收益情况，借款人及其家庭所拥有总资产的状况。主要通过以下方面来了解掌握其收入水平的稳定性：调查其在现有单位、现有职位的任职期限，所从事行业及单位的前景和稳定性等；对其收入水平的真实性进行判断，结合其个人学历学位、从业年限、职位等信息，对其收入水平的合理性作出经验判断，必要时进行调查、取证；收入水平对偿还贷款的覆盖度，对此类客户原则上应对其贷款余额与其家庭年收入水平的比率设一定的上限，原则上借款人年还款金额应不超过其家庭年收入总额的80%。

第2节 个人经营贷款

考点4 基础知识

1. 个人经营贷款的含义

个人经营贷款是指用于借款人合法经营活动的人民币贷款，其中借款人是指具有完全民事行为能力的自然人，贷款人是指银行开办个人经营贷款业务的机构，比如中国银行的个人投资经营贷款、中国建设银行的个人助业贷款。

2. 个人经营贷款的贷款要素

(1) 贷款对象

个人经营贷款的对象应该是具有合法经营资格的企业法人或个体工商户。

借款人申请个人经营贷款，需具备银行要求的下列条件：

① 具有完全民事行为能力的自然人，年龄在18(含18)~60(不含60)周岁之间。

② 具有合法有效的身份证明、户籍证明(或有效居住证明)及婚姻状况证明。

③ 借款人具有合法的经营资格，能提供个体工商户营业执照、合伙企业营业执照或企业法人营业执照。

④ 具有稳定的收入来源和按时足额偿还贷款本息的能力。

⑤ 具有良好的信用记录和还款意愿，借款人及其经营实体在银行及其他已查知的金融机构无不良信用记录。

⑥ 能提供贷款人认可的合法、有效、可靠的贷款担保。

⑦ 借款人在银行开立个人结算账户。

⑧ 贷款人规定的其他条件。

(2) 贷款用途

个人经营贷款的用途为借款人或其他经营实体合法的经营活动，且符合工商行政管理部门许可的经营范围。

借款人须承诺贷款不以任何形式流入证券市场、期货市场和用于股本权益性投资、房地产项目开发，不用于借款牟取非法收入，以及用于其他国家法律法规明确规定不得经营的项目。

(3) 贷款利率

个人贷款利率需同时符合中国人民银行和总行对相关产品的风险定价政策，并符合总行利率授权管理规定，个人经营贷款可在基准利率的基础上上浮或适当下浮。

(4) 贷款期限

个人经营贷款的期限一般不超过5年，采用保证担保方式的不得超过1年。贷款人应根据借款人的经营活动及还款能力确定贷款期限。

(5) 贷款还款方式

个人经营贷款可采用按月等额本息还款法、按月等额本金还款法、按周还本付息还款法。

贷款期限在1年(含1年)以内的，可采用按月付息、到期一次性还本的还款方式。

采用低风险质押担保方式且贷款期限在1年以内的，可采用到期一次性还本付息的还款方式。

(6) 担保方式

申请个人经营贷款，借款人需提供一定的担保措施，包括抵押、质押和保证3种方式。

采用抵押担保方式的，抵押物须为借款人本人或第三人(限自然人)名下已取得房屋所有权证的住房、商用房或商住两用房、办公用房、厂房或拥有土地使用权证的出让性质的土地。贷款人应与抵押人(或其代理人)到房产所在地的房地产登记机关或土地登记机关办理抵押登记，取得他项权证或其他证明文件。

贷款期限不得超过抵押房产剩余的土地使用权年限，贷款金额最高不超过抵押物价值的70%。抵押房产或土地，应由银行确定的评估公司进行评估定价，也可由符合银行规定的相关资格的内部评估人员对抵押房产或土地进行价值评估。抵押房产或土地需满足以下条件，如图6.1所示。

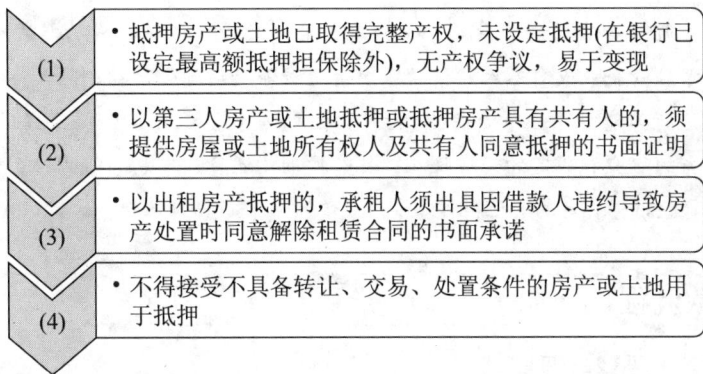

图6.1　抵押房产或土地需满足的条件

贷款采用质押担保的，可接受自然人(含第三人)名下的各家银行存单及国债作为质物，相关规定按照《个人质押贷款管理办法》的相关规定执行。

贷款采用保证担保的，保证人须为银行认可的专业担保公司，并严格执行保证金管理制度。

(7) 贷款额度

个人经营贷款的额度由各商业银行根据贷款风险管理相关原则确定，通常各家银行会根据不同的抵(质)押物制定相应的抵(质)押率，有关抵(质)押率将成为贷款的额度。

案例6-3：个人经营贷款

孙先生，36岁，私营企业主，从事餐饮业，开业两年来，经过辛勤的劳动，饭店生意越来越好，买卖越做越大，但此时他却开始发起愁来，为什么呢？原来，在孙先生所开饭店的对面，又新开了一家饭店。这家饭店的规模与孙先生所开饭店的规模相仿，但装修却相当高档，抢走了孙先生的不少老主顾。看着市场一天天地被挤占，孙先生心里很不好受，有意重新装修，可是随着生意的红火、营业额的扩大，孙先生连周转的资金都感到困难，哪有钱去装修呢？以企业的名义到银行贷款？可是像他这种规模的小企业根本就达不到银行的授信评级标准。正当孙先生一筹莫展之际，孙先生从朋友那里听说××银行新推出了"个人助业贷款"，专门支持个人的创业发展。孙先生抱着试试看的态度来到了××银行，银行客户经理热情地接待了他。通过一番业务介绍，孙先生以自己现有的评估价值为800万元的饭店营业铺面作抵押，取得了480万元的现金贷款，不但实现了营业场所的装修，还缓解了资金周转不足的压力。现在，饭店的老主顾都回来了，孙先生的脸上整天都洋溢着笑容。

分析：企业的发展离不开银行资金的支持，个人的发展也同样离不开银行资金的支持。该案例中，孙先生通过向银行申请个人经营贷款解决了自己生产经营的流动资金需求。

例题12 借款人申请无担保流动资金贷款，须具备的条件中不正确的是(　　)。(单项选择题)

A. 具有完全民事行为能力，且年龄在18~60周岁之间的自然人

B. 具有当地常住户口或有效居留身份

C. 具有正当的职业和稳定的经济收入，具有按期偿还贷款本息的能力

D. 个人信用为借款人单位所评定认可

答案 D

解析 无担保流动资金贷款的贷款对象是持有工商行政管理机关核发的非法人营业执照的个体户、合伙人企业和个独资企业或自然人。借款人申请无担保流动资金贷款，须具备银行要求的下列条件：①具有完全民事行为能力，且年龄在18~60周岁之间的自然人；②具有当地的常住户口或有效居留身份；③具有正当的职业和稳定的经济收入，具有按期偿还贷款本息的能力；④个人信用为贷款银行所评定认可；⑤贷款银行规定的其他条件。

考点5　贷款流程

1. 个人经营贷款的受理与调查

(1) 贷款的受理

贷款受理人应要求个人经营贷款申请人填写借款申请书，以书面形式提出个人贷款申请，并按银行要求提交相关的申请材料。对于有共同申请人的，应同时要求共同申请人提交有关申请材料。申请材料清单如图6.2所示。

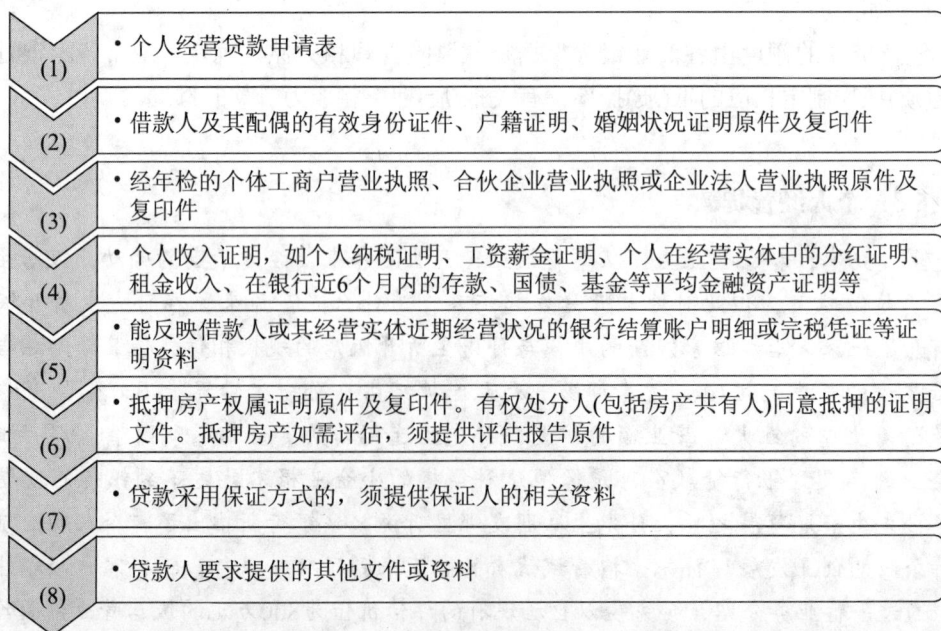

图6.2　申请个人经营贷款所需的材料清单

(2) 贷前调查

贷款人受理借款人个人经营贷款申请后，应履行尽职调查职责，对个人经营贷款申请的内容和相关情况的真实性、准确性、完整性进行调查核实，形成贷前调查报告。

① 调查方式

贷前调查应以实地调查为主、间接调查为辅，采取现场核实、电话查问以及信息咨询等途径和方法。贷款人应建立并严格执行贷款面谈制度，如表6.3所示。

表6.3 调查方式

实地调查	贷前调查人应通过实地调查了解申请人的抵押物状况，判断借款人所经营企业的发展前景等
与借款申请人面谈	贷前调查人应通过面谈了解借款申请人的基本情况、贷款用途、还款意愿和还款能力，以及调查人认为应调查的其他内容，尽可能多地了解会对借款人的还款能力产生影响的信息，如借款人所经营企业的盈利状况等

此外，可配合电话调查和其他辅助调查方式核实申请人的身份、收入等情况。

② 调查内容

个人经营贷款调查由贷款经办行负责，贷款实行双人调查和见客谈话制度。调查人对贷款资料的真实性负责。调查要点包括：

a. 借款申请人所提供的资料是否真实、合法和有效，通过面谈了解借款人的申请是否自愿、属实，贷款用途是否真实合理，是否符合银行规定。

b. 借款人收入来源是否稳定，是否具备按时足额偿还贷款本息的能力。

c. 通过查询银行特别关注客户信息系统、人民银行个人信息基础数据库，判断借款人资信状况是否良好，是否具有较好的还款意愿。

d. 借款人及其经营实体信誉是否良好，经营是否正常。

e. 对借款人拟提供的贷款抵押房产进行双人现场核实，调查借款人拟提供的抵押房产权属证书记载事项与登记机关不动产登记簿上的相关内容是否一致，银行抵押物清单记载的财产范围与登记机关不动产登记簿上的相关内容是否一致，并将核实情况记录在调查审查审批表或其他信贷档案中。

对有共有人的抵押房产，还应审查共有人是否出具了同意抵押的书面证明。

以第三方房产提供抵押的，房产所有人是否出具了同意抵押的书面证明。

f. 贷款采用保证担保方式的，保证人是否符合银行相关规定，保证人交存的保证金是否与银行贷款余额相匹配。

g. 贷款申请额度、期限、成数、利率与还款方式是否符合规定。

贷款经办行调查完毕后，应及时将贷款资料(包括贷款申请资料、贷款调查资料及调查审查审批表)移交授信审批部门。

2. 个人经营贷款的审查与审批

银行的授信审批部门负责在调查人提供的调查资料基础上，对贷款业务的合规性审查。贷款审查应对贷前调查人提交的个人经营贷款调查审查审批表、贷款调查内容的合法性、合理性、准确性进行全面审查，重点关注调查人的尽职情况和借款人的偿还能力、诚信状况、担保情况、抵(质)押比率、风险程度等，分析贷款风险因素和风险程度，调查意见是否客观，并签署审批意见。详细内容请参照第3章"个人贷款管理"部分。

3. 个人经营贷款的签约与发放

详细内容请参照第3章"个人贷款管理"部分。

4. 个人经营贷款的支付管理

《个人贷款管理暂行办法》规定，对于借款人无法事先确定具体交易对象且金额不超过30万元人民币的个人贷款，以及贷款资金用于生产经营且金额不超过50万元人民币的个人贷款，经贷款人同意，可以采取借款人自主支付的方式。

个人经营贷款资金应按借款合同约定用途向借款人的交易对象支付。如借款人交易对象不具备条件有效使用非现金结算方式的，经授信审批部门审批同意，贷款资金可向借款人发放，由借款人向其交易对象支付。

贷款人支付贷款资金，应对相关凭证进行审核，确保支付符合借款合同约定的条件。

5. 个人经营贷款的贷后管理

个人经营贷款的贷后管理相关工作由贷款经办行负责，管理内容包括客户关系维护、押品管理、违约贷款催收及相应的贷后检查等工作。信贷管理部门负责贷后监测、检查及对贷款经办行贷后管理工作的组织和督导。

贷款发放后，贷款人要按照主动、动态、持续的原则要求进行贷后检查，通过现场检查和非现场监测方式，对借款人有关情况的真实性、收入的变化情况，以及其他影响个人经营贷款资产质量的因素进行持续跟踪调查、分析，并采取相应补救措施的过程。其目的就是对可能影响贷款质量的有关因素进行监控，及早发现预警信号，从而采取相应的预防或补救措施。贷后检查的主要内容包括借款人情况检查和担保情况检查两个方面。

个人经营贷款的还款方式有多种，比较常用的是等额本息还款法、等额本金还款法和到期一次还本法3种。在贷款期限内，借款人可根据实际情况提出变更还款方式，但由于各种还款方式需要遵循不同的计息规定，因此还款方式变更需要根据银行的有关规定执行。

借款人变更还款方式，需满足如下条件：应向银行提交还款方式变更申请书；借款人的贷款账户中没有拖欠本息及其他费用；借款人在变更还款方式前应归还当期的贷款本息。

另外，个人经营贷款还需特别关注以下内容，如表6.4所示。

表6.4 个人经营贷款需特别关注的内容

日常走访企业	在政策、市场、经营环境等外部环境发生变化，或借款人自身发生异常的情况下，应不定期地就相关问题走访企业，并及时检查借款人的借款资金及使用情况
企业财务经营状况的检查	通过测算与比较资产负债表、损益表、现金流量表及主要财务比率的变化，动态地评价企业的经济实力、资产负债结构、变现能力、现金流量情况，进一步判断企业是否具备可靠的还款来源和能力
项目进展情况的检查	对固定资产贷款还应检查项目投资和建设进度、项目施工设计方案及项目投资预算是否变更、项目自筹资金和其他银行借款是否到位、项目建设与生产条件是否变化、配套项目建设是否同步，项目投资缺口及建设工期等

例题13 下列关于商用房贷款还款方式的说法，正确的有( )。(多项选择题)

A. 比较常用的是等额本息还款法、等额本金还款法和一次还本付息法

B. 贷款期限在1年以内的，借款人可采取一次还本付息法

C. 贷款期限在1年以上的，借款人可采用等额本息还款法和等额本金还款法

D. 对于一笔贷款，借款人只能选择一种还款方式，合同签订后，未经贷款银行同意不得更改

E. 借款人如想提前偿还全部或部分贷款本息，应提前20个工作日向贷款银行提出申请

答案 ABCD

解析 对于商用房贷款还款方式，比较常用的是等额本息还款法、等额本金还款法和一次还本付息法。贷款期限在1年以内的，借款人可采取一次还本付息法；贷款期限在1年以上的，借款人可采用等额本息还款法和等额本金还款法。借款人如想提前偿还全部或部分贷款本息，应提前30个工作日向贷款银行提出申请。对于一笔贷款，借款人只能选择一种还款方式，合同签订后，未经贷款银行同意不得更改。

例题14 对商用房贷款申请人进行贷前调查，可采取的调查方式有( )。(多项选择题)

A. 审查借款申请材料　B. 与借款申请人面谈　C. 查询个人信用

D. 实地调查　E. 电话调查

答案 ABCDE

解析 商用房贷款的贷前调查应以实地调查为主、间接调查为辅，采取现场核实，电话查问以及信息咨询等途径和方法。

考点6 风险管理

1. 个人经营贷款的合作机构管理

与商用房贷款不同，个人经营贷款的合作机构主要是担保机构。为了有效地规避担保机构给银行贷款带来的风险，银行应采取如下防控措施：

(1) 严格专业担保机构的准入

在个人经营贷款开办初期，应严格个人经营贷款外部担保机构的准入。基本准入资质应符合以下几方面要求，如图6.3所示。

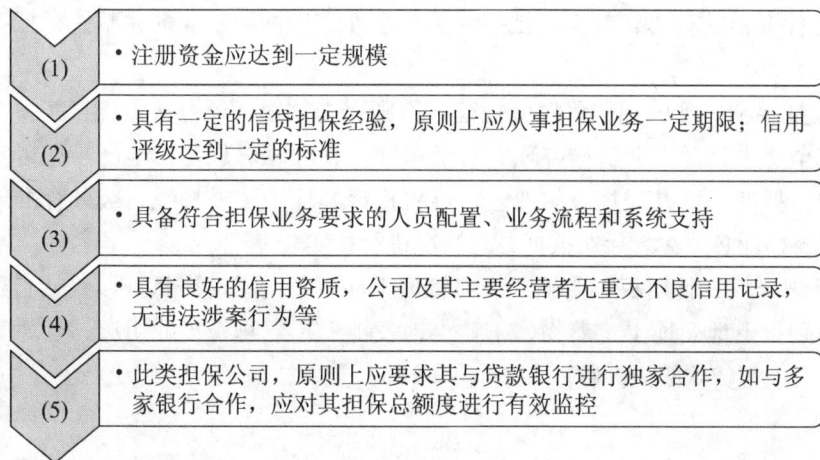

(1) • 注册资金应达到一定规模

(2) • 具有一定的信贷担保经验，原则上应从事担保业务一定期限；信用评级达到一定的标准

(3) • 具备符合担保业务要求的人员配置、业务流程和系统支持

(4) • 具有良好的信用资质，公司及其主要经营者无重大不良信用记录，无违法涉案行为等

(5) • 此类担保公司，原则上应要求其与贷款银行进行独家合作，如与多家银行合作，应对其担保总额度进行有效监控

图6.3 准入资质符合的要求

(2) 严格执行回访制度

严格执行回访制度，关注担保机构的经营情况，对担保机构进行动态管理，以应对担保机

构经营风险，不合格的应及时清出。对于已经准入的担保机构，应进行实时关注，动态管理，随时根据业务发展情况调整合作策略。存在以下情况的，银行应暂停与该担保机构的合作，如图6.4所示。

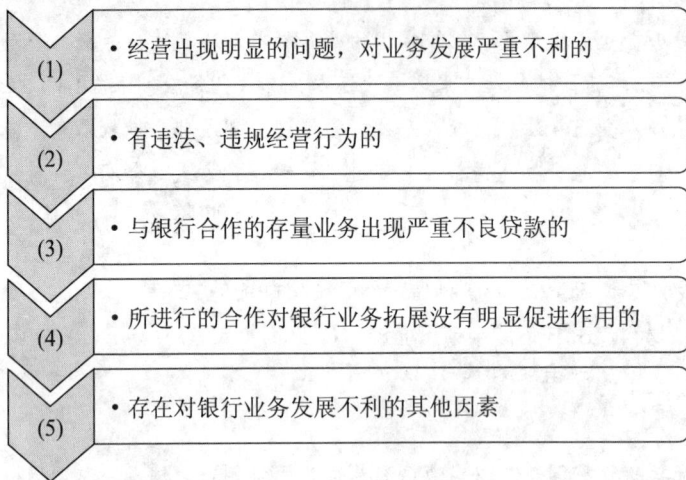

- (1) • 经营出现明显的问题，对业务发展严重不利的
- (2) • 有违法、违规经营行为的
- (3) • 与银行合作的存量业务出现严重不良贷款的
- (4) • 所进行的合作对银行业务拓展没有明显促进作用的
- (5) • 存在对银行业务发展不利的其他因素

图6.4 严格执行回访制度时应暂停与担保机构合作的情况

在动态管理过程中，要随时评价与担保机构的合作情况，建立优质机构档案及不良机构黑名单，为将来的合作提供决策依据。

2. 个人经营贷款的操作风险管理

对于个人经营贷款的操作风险，除参考本章第1节中"商用房贷款的操作风险点"外，还应特别关注借款人控制企业的经营情况变化和抵押物情况的变化。因此，对于个人经营贷款的操作风险，银行还应采取如下防控措施。

(1) 在贷款发放后，银行应保持与借款人的联络，对借款期间发生的突发事件及时反应。

(2) 借款人以自有或第三人的财产进行抵押，抵押物须产权明晰、价值稳定、变现能力强、易于处置。银行在实际操作中要注意：

① 抵押文件资料的真实有效性、抵押物的合法性、抵押物权属的完整性、抵押物存续状况的完好性等。

② 贷款抵押手续办理的相关程序应规范，原则上贷款银行经办人员应直接参与抵押手续的办理，不可完全交由外部中介机构办理。对于房地产管理相对规范的地区，如可实施房地产抵押情况的查询、抵押手续办理规范的地区，可将抵押办理手续委托经一级分行准入的中介机构代为办理，但经办行必须在之后对抵押办理情况进行核实。

③ 谨慎受理产权、使用权不明确或当前管理不够规范的不动产抵押，包括自建住房、集体土地使用权、划拨土地及地上定着物、工业土地及地上定着物、工业用房、仓库等，原则上不接受它们为个人经营贷款的抵押物。

案例6-4：还款无着落，租赁阻变现

2007年10月，某公司徐先生申请个人经营贷款80万元，期限9个月，以徐先生拥有的一处自用商用房作抵押，抵押物评估价值约200万元，抵押率符合银行的贷款要求，银行在落实了抵押物的真实性、合法性后发放了该笔贷款。但在贷款到期后，徐先生却拒不还款。银行向法院提起诉讼并胜诉，但在处置抵押物时却发现：该房产已被借款人擅自出租，借款人在未告知银行的情况下，自2005年6月开始，擅自将该房产租给了一家公司，租期5年，每年租金15万元，5年租金已一次性收取。当银行申请处置抵押物时，承租人以不知情为由拒不配合银行处置资产，给银行变现抵押物工作带来不便。

分析：在这一案例中，因为抵押租赁问题导致银行难以处置抵押物，之所以出现这类分歧，借款人不守信用固然可憎，但更主要的却是银行在准入时没有落实好抵押物是否抵押前出租问题、贷后没有对抵押物进行动态监控。针对此类情况，应建议借款人更换抵押物，在无法更换合适抵押物的情况下，要具体分析租赁的期间、租金的支付方式等因素，综合判断抵押物的处置风险并事先就抵押物处置风险的化解进行安排，可考虑由经办行与抵押人、承租人共同协商，承租人出具"如贷款银行处置抵押物需要，同意提前终止租赁合同，借款人预收的租金由借款人退还承租人"的书面承诺。

3. 个人经营贷款的信用风险管理

(1) 个人经营贷款信用风险的主要内容

① 借款人的还款能力发生变化

② 借款人所控制的企业经营情况发生变化

③ 保证人的还款能力发生变化

④ 抵押物的价值发生变化

抵押物的价值发生变化，主要是指由于抵押物价格降低、抵押物折旧、毁损、功能落后等原因导致价值下跌，不能足额抵偿借款人所欠银行贷款本息的情况。

(2) 个人经营贷款信用风险的防控措施

① 加强对借款人还款能力的调查和分析

② 加强对借款人所控制企业经营情况的调查和分析

为有效地规避借款人所控制企业经营状况发生变化而带来的信用风险，主要从以下几个方面加以考察：

a. 经营的合法、合规性；

b. 经营的信誉情况；

c. 经营的盈利能力和稳定性。

③ 加强对保证人还款能力的调查和分析

④ 加强对抵押物价值的调查和分析

抵押物的价值会因市场的波动而表现出不同的价格，当抵押物价值下降到可能危及银行贷款安全时，银行应要求借款人提前归还部分或全部贷款，或再追加提供其他贷款银行认可的抵押物，以保证全部抵押物现值乘以最高抵押率后仍大于或等于剩余贷款本金。为了有效地规避抵押物价值变化而带来的信用风险，可以采取以下措施，如表6.5所示。

表6.5　规避抵押物价值变化而带来的信用风险的措施

要求借款人恢复抵押物价值	如已经为抵押物购买保险的，借款人通过保险得到理赔后，银行要及时要求借款人恢复抵押物的原有价值；如因第三方原因导致抵押物毁损或灭失的，银行可提示借款人通过协商或依法获得赔偿，并向借款人提出恢复抵押物价值的要求
更换为其他足值抵押物	在抵押物价值明显贬值，不能满足银行抵押率要求，或出现毁损、灭失情况时，对银行贷款会造成较大风险，可要求借款人更换其他足值抵押物
按合同约定或依法提前收回贷款	对抵押物已经发生毁损或灭失，抵押人不按银行要求恢复抵押物价值且不能提供其他担保的借款人，应按合同约定或依法提前收回贷款；对借款人不注意抵押物使用，使银行抵押物不能得到妥善保管、合理使用的，银行可要求借款人停止其行为，恢复抵押物价值，借款人不予履行的，应按合同约定或依法提前收回贷款
重新评估抵押物的价值，择机及时处置抵押物	如发现抵押物价值贬值，但在抵押率合理控制下，抵押物价值能覆盖贷款本息，这时银行要密切关注抵押物，并解决好两个问题：抵押物是否将继续贬值，抵押物价值究竟是多少。解决好这两个问题，需要银行具有较强的市场判断力。只有把握了抵押物的价值，其价格波动带给银行信贷的影响才能受到控制，银行要合理使用价值规律来判断贷款风险

例题15 对有担保流动资金贷款借款人的生产经营收入，应重点调查的内容不包括(　　)。(单项选择题)

A. 经营收入的合法性　　　　　　　　　B. 经营收入的稳定性

C. 未来收入预期的合理性　　　　　　　D. 经营成本的稳定性

答案　D

解析　对借款人的生产经营收入，应重点调查其经营收入的稳定性、合法性和未来收入预期的合理性。

例题16 不属于有担保流动资金贷款信用风险内容的是(　　)。(单项选择题)

A. 借款人的家庭发生变化

B. 借款人所控制的企业经营情况发生变化

C. 借款人的还款能力发生变化

D. 保证人的还款能力发生变化，抵押物的价值发生变化

答案　A

解析　有担保流动资金贷款的信用风险包括：①借款人的还款能力发生变化；②借款人所控制的企业经营情况发生变化；③保证人的还款能力发生变化；④抵押物的价值发生变化。

例题17 为有效规避抵押物价值变化带来的信用风险，商业银行可以采取的措施有(　　)。(多项选择题)

A. 按合同规定提前收回贷款　　　　　　B. 及时处置抵押物，提前收回贷款

C. 更换为其他的足值抵押物　　　　　　D. 重新评估抵押物的价值

E. 要求借款人恢复抵押物的价值

答案　ACDE

解析　为了有效地规避抵押物价值变化而带来的信用风险，可以采取以下措施：①要求借款人恢复抵押物的价值；②更换为其他足值抵押物；③按合同约定或依法提前收回贷款；④重新评估抵押物的价值，择机处置抵押物。

例题18 为了有效地规避有担保流动资金贷款的保证人的还款能力发生变化的风险，贷款银行应当选择信用等级高、还款能力强的保证人，且保证人的信用等级不能低于借款人。(　　)(判断题)

答案 √

解析 银行应加强对保证人还款能力的调查和分析。为了有效地规避有担保流动资金贷款的保证人的还款能力发生变化的风险，贷款银行应当选择信用等级高、还款能力强的保证人，且保证人的信用等级不能低于借款人，不接受股东之间和家庭成员之间的单纯第三方保证方式。

第3节 农户贷款

考点7 基础知识

1. 农户贷款的含义

农户贷款是指银行业金融机构向符合条件的农户发放的用于生产经营、生活消费等用途的本外币贷款。其中，农户是指长期居住在乡镇和城关镇所辖行政村的住户、国有农场的职工和农村个体工商户。

2. 农户贷款的要素

关于农户贷款的要素，具体内容如表6.6所示。

表6.6 农户贷款的要素

贷款对象	农户申请贷款应当具备以下条件： (1) 农户贷款以户为单位申请发放，并明确一名家庭成员为借款人，借款人应当为具有完全民事行为能力的中华人民共和国公民 (2) 户籍所在地、固定住所或固定经营场所在农村金融机构服务辖区内 (3) 贷款用途明确、合法 (4) 贷款申请数额、期限和币种合理 (5) 借款人具备还款意愿和还款能力 (6) 借款人无重大不良信用记录 (7) 在农村金融机构开立结算账户 (8) 农村金融机构要求的其他条件
贷款利率	农村金融机构应当综合考虑农户贷款资金及管理成本、贷款方式、风险水平、合理回报等要素，以及农户生产经营利润率和支农惠农要求，合理确定利率水平
贷款期限	农村金融机构应当根据贷款项目生产周期、销售周期和综合还款能力等因素合理确定贷款期限
还款方式	农村金融机构应当建立借款人合理的收入偿债比例控制机制，合理确定农户贷款的还款方式。农户贷款的还款方式根据贷款种类、期限及借款人的现金流情况，可以采用分期还本付息、分期还息到期还本等方式。原则上1年期以上贷款不得采用到期利随本清方式
贷款额度	农村金融机构应当根据借款人的生产经营状况、偿债能力、贷款真实需求、信用状况、担保方式、机构自身资金状况和当地农村经济发展水平等因素，合理确定农户贷款的额度

例题19 农村金融机构应当综合考虑( )等要素，以及农户生产经营利润率和支农惠农要求，合理确定利率水平。(多项选择题)

A. 农户贷款资金及管理成本　　　　　　B. 贷款方式

C. 风险水平　　　　　　　　　　　　　D. 合理回报

答案 ABCD

解析 农村金融机构应当综合考虑农户贷款资金及管理成本、贷款方式、风险水平、合理回报等要素，以及农户生产经营利润率和支农惠农要求，合理确定利率水平。

考点8 贷款流程

1. 贷款的受理与调查

农村金融机构应当要求农户以书面形式提出贷款申请，并提供能证明其符合贷款条件的相关资料，建立完善的信用等级及授信额度动态评定制度。农村金融机构受理借款人贷款申请后，应当履行尽职调查职责，对贷款申请内容和相关情况的真实性、准确性、完整性进行调查核实，对信用状况、风险、收益进行评价，形成调查评价意见。

贷前调查包括但不限于下列内容，如图6.5所示。

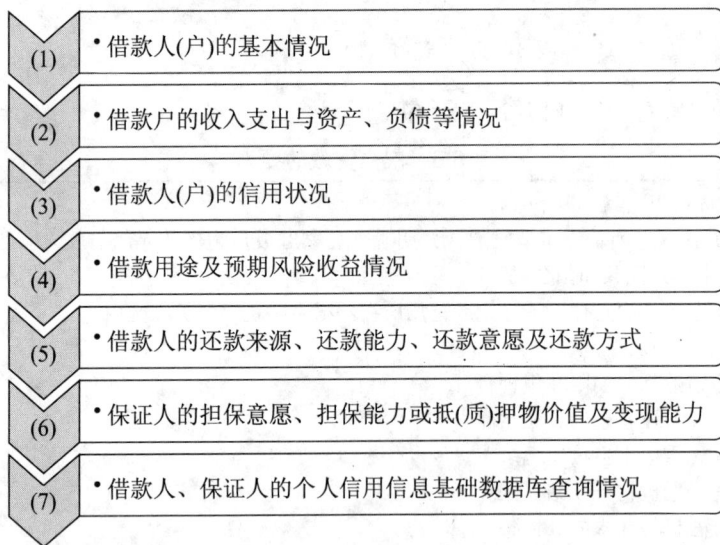

- (1) 借款人(户)的基本情况
- (2) 借款户的收入支出与资产、负债等情况
- (3) 借款人(户)的信用状况
- (4) 借款用途及预期风险收益情况
- (5) 借款人的还款来源、还款能力、还款意愿及还款方式
- (6) 保证人的担保意愿、担保能力或抵(质)押物价值及变现能力
- (7) 借款人、保证人的个人信用信息基础数据库查询情况

图6.5 贷前调查的内容

此外，贷前调查应当有效借助村委会、德高望重的村民、经营共同体带头人等社会力量，深入了解借款人的情况及经营风险、借款户收支、经营情况，以及人品、信用等软信息，并与借款人及其家庭成员进行面谈，做好面谈记录，面谈记录包括文字、图片或影像等，根据借款人的实际情况对借款人进行信用等级评定，并结合贷款项目的风险情况初步确定授信限额、授信期限及贷款利率等。

2. 贷款的审查与审批

农村金融机构应当遵循审慎性与效率原则，建立完善、独立的审批制度，完善农户信贷审批授权，根据业务职能部门和分支机构的经营管理水平及风险控制能力等，实行逐级差别化授权，逐步推行专业化的农户贷款审贷机制；根据产品特点，采取批量授信、在线审批等方式，提高审批效率和服务质量；根据外部经济形势、违约率变化等情况，对贷款审批环节进行评价分析，及时、有针对性地调整审批政策和授权。

贷中审查应当对贷款调查内容的合规性和完备性进行全面审查，重点关注贷前调查的尽职情况、申请材料的完备性和借款人的偿还能力、诚信状况、担保情况、抵(质)押及经营风险等。依据贷款审查结果，确定授信额度，作出审批决定，在办结时限以前将贷款审批结果及时、主动地告知借款人。

3. 贷款的发放与支付

农村金融机构应当要求借款人当面签订借款合同及其他相关文件，需担保的应当当面签订担保合同。采取指纹识别、密码等措施，确认借款人与指定账户的真实性，防范冒名贷款问题。

借款合同应当符合《中华人民共和国合同法》以及《个人贷款管理暂行办法》的规定，明确约定各方当事人的诚信承诺和贷款资金的用途、支付对象(范围)、支付金额、支付条件、支付方式、还款方式等。借款合同应当设立相关条款，明确借款人不履行合同或怠于履行合同时应当承担的违约责任。

农村金融机构应当遵循审贷与放贷分离的原则，加强对贷款的发放管理，设立独立的放款管理部门或岗位，负责落实放款条件，对满足约定条件的借款人发放贷款。

有下列情形之一的农户贷款，经农村金融机构同意可以采取借款人自主支付：

(1) 农户生产经营贷款且金额不超过50万元，或用于农副产品收购等无法确定交易对象的；

(2) 农户消费贷款且金额不超过30万元的；

(3) 借款人交易对象不具备有效使用非现金结算条件的；

(4) 法律法规规定的其他情形。

鼓励采用贷款人受托支付方式向借款人交易对象进行支付。

采用借款人自主支付的，农村金融机构应当与借款人在借款合同中明确约定；农村金融机构应当通过账户分析或现场调查等方式，核查贷款使用是否符合约定用途。

借款合同生效后，农村金融机构应当按合同约定及时发放贷款。贷款采取自主支付方式发放时，必须将款项转入指定的借款人结算账户，严禁以现金方式发放贷款，确保资金发放给真实的借款人。

4. 贷后管理

农村金融机构应当建立贷后定期或不定期检查制度，明确首贷检查期限，采取实地检查、电话访谈、检查结算账户交易记录等多种方式，对贷款资金使用、借款人信用及担保情况变化等进行跟踪检查和监控分析，确保贷款资金安全。

在农村金融机构贷后管理中，应当着重排查防范假名、冒名、借名贷款，包括建立贷款本息独立对账制度、不定期重点检(抽)查制度，以及至少两年一次的全面交叉核查制度。

农村金融机构风险管理部门、审计部门应当对分支机构贷后管理情况进行检查。

农村金融机构应当建立风险预警制度，定期跟踪分析评估借款人履行借款合同约定内容的情况以及抵(质)押担保情况，及时发现借款人、担保人的潜在风险并发出预警提示，采取增加抵(质)押担保、调整授信额度、提前收回贷款等措施，并作为与其后续合作的信用评价基础。

农村金融机构应当在贷款还款日之前预先提示借款人安排还款，并按照借款合同的约定按期收回贷款本息。

农村金融机构对逾期贷款应当及时催收，按逾期时间长短和风险程度逐级上报处理，掌握借款人的动态，及时采取措施保护信贷资产的安全。

对于因自然灾害、农产品价格波动等客观原因造成借款人无法按原定期限正常还款的，由借款人申请，经农村金融机构同意，可以对还款意愿良好、预期现金流量充分、具备还款能力的农户贷款进行合理展期，展期时间结合生产恢复时间确定。已展期贷款不得再次展期。展期贷款最高列入关注类进行管理。

对于未按照借款合同约定收回的贷款，应当采取措施进行清收，也可以在利息还清、本金部分偿还、原有担保措施不弱化等情况下协议重组。

农村金融机构应当严格按照风险分类的规定，对农户贷款进行准确分类及动态调整，真实反映贷款的形态。

对确实无法收回的农户贷款，农村金融机构可以按照相关规定进行核销，按照账销案存原则继续向借款人追索或进行市场化处置，并按责任制和容忍度规定，落实有关人员的责任。

农村金融机构应当建立贷款档案管理制度，及时汇集、更新客户信息及贷款情况，确保农户贷款档案资料的完整性、有效性和连续性。根据信用情况、还本付息和经营风险等情况，对客户信用评级与授信限额进行动态管理和调整。

农村金融机构要建立优质农户与诚信客户正向激励制度，对按期还款、信用良好的借款人采取优惠利率、利息返还、信用累积奖励等方式，促进信用环境不断改善。

例题20 贷款人应要求借款人以( )提出个人贷款申请，并要求借款人提供能够证明其符合贷款条件的相关资料。(单项选择题)

A. 公开形式 　　B. 书面形式 　　C. 口头形式 　　D. 正式形式

答案 B

解析 贷款人应要求借款人以书面形式提出个人贷款申请。

第4节 下岗失业小额担保贷款

下岗失业小额担保贷款是指银行在政府指定的贷款担保机构提供担保的前提下，向中华人民共和国境内(不含港、澳、台地区)的下岗失业人员发放的人民币贷款。

政府指定的担保机构是指中国人民银行《下岗失业人员小额担保贷款管理办法》中规定的，下岗失业人员小额担保贷款担保基金会委托的各省(自治区、直辖市)、市政府出资的中小企业信用担保机构或其他信用担保机构。

下岗失业人员小额担保贷款遵循"担保发放、微利贴息、专款专用、按期偿还"的原则。贷款对象特殊，主要为下岗失业人员再就业提供金融支持。

1. 贷款对象

下岗失业人员小额担保贷款的贷款对象需满足以下条件：

(1) 中华人民共和国境内(不含港、澳、台地区)身体健康、资信良好、具备一定劳动技能的下岗失业人员；

(2) 年龄在60周岁以内，具有完全民事行为能力；

(3) 具有当地城镇居民户口；

(4) 持有"再就业优惠证"，同时具备一定的劳动技能，具有还款能力；

(5) 在各个银行均没有不良贷款记录。

2. 贷款利率

自2008年1月1日起，小额担保贷款经办金融机构(以下简称经办金融机构)对个人新发放的小额担保贷款，其贷款利率可在中国人民银行公布的贷款基准利率的基础上上浮3个百分点。其中，微利项目增加的利息由中央财政全额负担；所有小额担保贷款在贷款合同有效期内如遇上基准利率调整，均按贷款合同签订日约定的贷款利率执行。

非微利项目的小额担保贷款，不享受财政贴息。微利项目小额担保贷款，由中央财政据实全额贴息(不含东部七省市)，展期不贴息。

3. 贷款期限

期限最长不超过2年，借款人提出延长期限，经担保机构同意继续提供担保的，可按中国人民银行的规定延长还款期限一次。延长期限在原贷款到期日的基础上顺延，最长不得超过1年。

4. 贷款额度

下岗失业人员小额担保贷款额度起点一般为人民币2000元，对个人新发放的小额担保贷款的最高额度为5万元，对符合现行小额担保贷款申请人条件的城镇妇女，最高额度为8万元，对符合条件的妇女合伙经营和组织起来就业的，可将人均最高贷款额度提高至10万元，还款方式合计、结息方式由借贷双方商定。

贷款未清偿之前，不得对同一借款人发放新的贷款。合伙经营项目申请小额担保贷款的，实行项目额度总量控制、贷款单户管理的原则。每个申请人均由同一担保机构进行独立的担保，项目总额度为各借款人额度之和且总额度最高不超过10万元(含10万元)。合伙经营借款人之间要承担连带责任保证。

例题21 下岗失业人员小额担保贷款非微利项目的小额担保贷款，(　　)。(单项选择题)

A. 不享受财政贴息　　　　　　　　　B. 享受财政半额贴息

C. 享受财政全额贴息　　　　　　　　D. 视具体情况而定

答案　A

解析　小额担保贷款是指通过政府出资设立担保基金，委托担保机构提供贷款担保，由经办商业银行发放，以解决符合一定条件的待就业人员从事创业但自筹资金不足问题的一项贷款业务，包括自谋职业、自主创业或合伙经营和组织起来创业的开办经费和流动资金。下岗失业人员小额担保贷款利率执行中国人民银行规定的同期贷款利率，不上浮。非微利项目的小额担保贷款，不享受财政贴息。

例题22 以下关于下岗失业人员小额担保贷款的说法中，不正确的是(　　)。(单项选择题)

A. 贷款未清偿之前，不得对同一借款人发放新的贷款

B. 合伙经营项目申请小额担保贷款的，实行项目额度总量控制、贷款单户管理的原则

C. 每个申请人均由同一担保机构进行独立的担保，项目总额度为各借款人额度之和，且总额度最高不超过20万元(含20万元)

D. 合伙经营借款人之间要承担连带责任保证

答案　C

解析　小额担保贷款是指通过政府出资设立担保基金，委托担保机构提供贷款担保，由经办商业银行发放，以解决符合一定条件的待就业人员从事创业但自筹资金不足问题的一项贷款业务，包括自谋职业、自主创业或合伙经营和组织起来创业的开办经费和流动资金。下岗失业人员小额担保贷款金额一般掌握在2万元左右。

例题23　下列关于下岗失业人员小额担保贷款的说法，正确的有(　　)。(多项选择题)

A. 执行中国人民银行规定的同期贷款利率，不上浮

B. 单户贷款额度一般在人民币2000~20 000元之间

C. 期限最长不超过2年，并不得延期

D. 合伙经营项目申请小额担保贷款的，担保机构只需提供项目总额担保

E. 合伙经营项目申请小额担保贷款的，合伙经营借款人之间承担连带责任保证

答案　ABCE

解析　合伙经营项目申请小额担保贷款的，每个申请人均由同一担保机构进行独立的担保，合伙经营借款人之间要承担连带责任保证。所以，D项错误。

例题24　下岗失业人员小额担保贷款须由(　　)作为担保。(单项选择题)

A. 借款人的质押物　　　　　　　　　　B. 借款人的抵押物

C. 借款人的个人信用　　　　　　　　　D. 政府指定的贷款担保机构

答案　D

解析　下岗失业人员小额担保贷款是指银行在政府指定的贷款担保机构提供担保的前提下，向中华人民共和国境内(不含港、澳、台地区)的下岗失业人员发放的人民币贷款。

例题25　下列关于下岗失业人员小额担保贷款的说法中，错误的是(　　)。(单项选择题)

A. 贷款期限最长不超过5年

B. 贷款未清偿之前，不得对同一借款人发放新的贷款

C. 贷款利率执行中国人民银行规定的同期贷款利率，不上浮

D. 非微利项目的小额担保贷款，不享受财政贴息

答案　A

解析　对于下岗失业人员小额担保贷款，贷款期限最长不超过2年，借款人提出延长期限，经担保机构同意继续提供担保的，可按中国人民银行的规定延长还款期限一次。延长期限在原贷款到期日的基础上顺延，最长不得超过1年。

第5节 同步强化训练

一、多项选择题

1. 个人经营性贷款的用途包括( )。

A. 借款人定向购买商用房、机械设备

B. 满足个人控制的企业生产经营流动资金需求

C. 满足个人控制的企业其他合理资金需求

D. 借款人定向租赁商用房、机械设备

2. 根据贷款用途的不同，个人经营性贷款可以分为( )。

A. 个人经营专项贷款   B. 个人经营特种贷款

C. 个人经营固定资金贷款   D. 个人经营流动资金贷款

3. 个人经营性贷款的特征是( )。

A. 适用面广，可以满足不同层次的私营企业主的融资需求

B. 银行审批手续相对简便

C. 贷款期限相对较短，贷款用途多样

D. 风险控制难度较大

4. 以下关于商用房贷款利率的说法正确的是( )。

A. 商用房贷款的利率不得低于中国人民银行规定的同期同档次利率

B. 贷款期限在1年(含1年)以内的，实行合同利率，遇法定利率调整不分段计息

C. 贷款期限在1年以上的，可以调整利率，也可采用固定利率

D. 银行大多于次年1月1日起按相应的利率档次执行新的利率规定

5. 商用房贷款的贷前调查方式包括( )。

A. 审查借款申请材料   B. 与借款申请人面谈

C. 查询个人信用   D. 实地调查和电话调查

6. 与有担保流动资金贷款相比，商用房贷款还需要审批的内容包括( )。

A. 与开发商签订的购买或租赁商用房合同或协议

B. 开发商出具的有权部门批准可出售或出租商用房已办妥的全部文件，包括可办妥产权证的证明

C. 开发商的资信情况

D. 商业用房的地段及质量状况

7. 商用房贷款落实贷款发放条件包括( )。

A. 确保借款人首付款已全额支付到位

B. 需要办理保险、公证等手续的，有关手续已经办理完毕

C. 对采取抵(质)押的贷款，要落实贷款抵(质)押手续

D. 对自然人作为保证人的，应明确并落实履行保证的责任

答案与解析

一、多项选择题

1. 答案与解析　ABCD

4个选项均符合题意。

2. 答案与解析　AD

根据贷款用途的不同，个人经营性贷款可以分为个人经营专项贷款和个人经营流动资金贷款。

3. 答案与解析　ABCD

4个选项均符合题意。

4. 答案与解析　BCD

个人商用房贷款的利率不得低于人民银行规定的同期同档次利率的1.1倍。

5. 答案与解析　ABCD

4个选项均符合题意。

6. 答案与解析　ABCD

4个选项均符合题意。

7. 答案与解析　ABCD

4个选项均符合题意。

其他个人贷款

个人贷款根据担保方式的不同，可分为个人抵押授信贷款、个人质押贷款、个人信用贷款和个人保证贷款。

个人抵押授信贷款，是指借款人将本人或第三人(限自然人)的物业抵押给银行，银行以抵押物评估值的一定比率为依据，设定个人最高授信额度的贷款。其抵押物一般为借款申请人本人或第三人(限自然人)名下的拥有房屋所有权，且产权处于自由权利状态下的住房或商用房。

个人质押贷款，是借款人以合法有效、符合银行规定条件的质物出质，向银行申请取得一定金额的人民币贷款，并按期归还贷款本息的个人贷款业务。按照《物权法》规定，存单、国债、保单、股票、基金、仓单、黄金等都可以用来抵押。

个人信用贷款，是银行向自然人发放的无须提供任何担保的贷款。个人信用评级高可多得信用额度，信用评级低可少得信用额度。

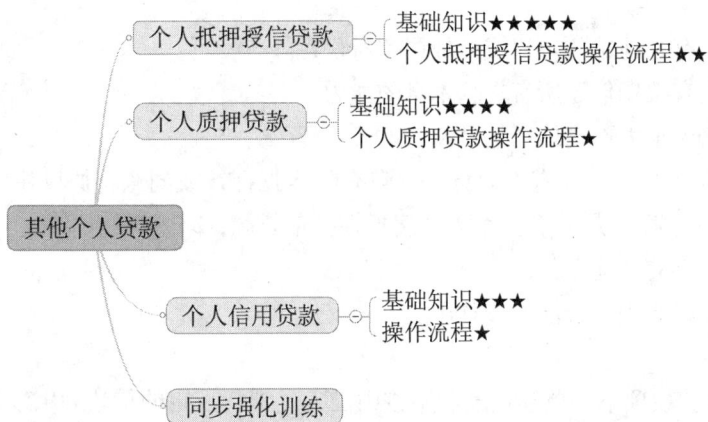

```
                              ┌ 基础知识★★★★
        ┌ 个人抵押授信贷款 ┤
        │                     └ 个人抵押授信贷款操作流程★★
        │
        │                     ┌ 基础知识★★★★
        ┌ 个人质押贷款 ────┤
        │                     └ 个人质押贷款操作流程★
其他个人贷款 ┤
        │                     ┌ 基础知识★★★
        ┌ 个人信用贷款 ────┤
        │                     └ 操作流程★
        │
        └ 同步强化训练
```

第1节 个人抵押授信贷款

考点1 基础知识

1. 个人抵押授信贷款的含义

抵押是指债务人或者第三人不转移对法定财产的占有，将该财产作为债权的担保。债务人不履行债务时，债权人有权依法以该财产折价或者以拍卖、变卖财产的价款优先受偿。债务人或第三人为抵押人，债权人为抵押权人，提供担保的财产为抵押物。

个人抵押授信贷款是指借款人将本人或第三人(限自然人)的物业抵押给银行，银行以抵押物评估值的一定比率为依据，设定个人最高授信额度的贷款。个人抵押授信贷款的抵押物一般为借款申请人本人或第三人(限自然人)名下的拥有房屋所有权且产权处于自由权利状态下的住房或商用房。

2. 个人抵押授信贷款的特点

个人抵押授信贷款的特点如表7.1所示。

表7.1 个人抵押授信贷款的特点

特点	具体的内容
先授信，后用信	借款人向银行申请办理个人抵押授信贷款手续，取得授信额度后，借款人方可使用贷款
一次授信，循环使用	借款人只需要一次性地向银行申请办理个人抵押授信贷款手续，取得授信额度后便可以在有效期和贷款额度内循环使用。个人抵押授信贷款提供了一个有明确授信额度的循环信贷账户，借款人可使用部分或全部额度，一旦已经使用的余额得到偿还，该信用额度又可以恢复使用
贷款用途综合	个人抵押授信贷款没有明确指定用途，其用途比较综合，个人只要能够提供贷款用途证明即可

3. 个人抵押授信贷款的要素

(1) 贷款对象

个人抵押授信贷款的贷款对象需满足以下条件：

① 具有完全民事行为能力、年满18周岁的中华人民共和国公民或符合国家有关规定的境外自然人；

② 借款申请人有当地常住户口或有效居留身份；

③ 借款申请人有按期偿还所有贷款本息的能力；

④ 借款申请人无重大不良信用记录；

⑤ 借款申请人及其财产共有人同意以其自有住房抵押，或同意将原以住房抵押的个人住房贷款(以下简称原住房抵押贷款)转为个人住房抵押授信贷款；

⑥ 各行自行规定的其他条件。

⑦ 要具有真实、明确、合法的贷款用途。

(2) 贷款利率

个人抵押授信贷款项下的单笔贷款利率按中国人民银行规定的贷款利率政策执行。

(3) 贷款期限

抵押授信贷款有效期限各行规定不同，期限最长为30年。

① 以新购住房作抵押授信贷款的，有效期间起始日为"个人住房借款合同"签订日的前一日。

② 将银行原住房抵押贷款转为个人抵押授信贷款的，有效期间起始日为原住房抵押贷款发放日的前一日。

③ 抵押授信贷款下单笔贷款届满日不可超出抵押授信贷款有效期届满日。

(4) 还款方式

① 还款方式由借贷双方按照不同贷款品种的管理规定和借款人的实际情况具体确定，并在合同中载明。可根据借款人的经济情况和还款计划，选择最合适的还款方式，具体可采用等额本息还款法、等额本金还款法等。

② 个人抵押授信贷款项下的各笔贷款，可采取委托扣款方式或柜面还款方式偿还贷款本息。借款人可以根据需要选择还款方式。提前还款目前一般采取柜台还款方式。

(5) 贷款额度

① 贷款额度的确定

a. 以所购新建商品住房作抵押的，贷款额度一般不超过所购住房全部价款的70%。

b. 以所购再交易住房、未设定抵押的自有住房作抵押或将原住房抵押贷款的抵押住房转为抵押授信贷款，贷款额度根据抵押住房价值和抵押率确定。

抵押率根据抵押房产的房龄、当地房地产价格水平、房地产价格走势、抵押物变现情况等因素确定，一般不超过70%。

贷款额度的计算公式：

$$贷款额度=抵押房产价值 \times 对应的抵押率$$

如经贷款银行核定的贷款额度小于原住房抵押贷款剩余本金的，不得转为抵押授信贷款。

c. 以在银行的原住房抵押贷款的抵押住房设定第二顺序抵押授信贷款的，可根据上述b款的规定确定贷款额度。

② 可用贷款额度的确定

有效期内某一时点借款人的可用贷款额度是核定的贷款额度与额度项下未清偿贷款余额之差。可用贷款额度根据贷款额度及已使用贷款的情况确定。其中以银行原住房抵押贷款的抵押住房设定第二顺序抵押授信贷款的，可用贷款余额是核定的贷款额度与原住房抵押贷款余额、额度项下未清偿贷款余额之差。

如果当地房地产市场价格出现重大波动，贷款银行应对抵押房产价值进行重新评估，并根据评估后的价值重新确定贷款额度。

例题1 下列申请人中，最可能获得个人抵押授信贷款的是( )。(单项选择题)

A. 小黄今年16岁，欲购买一辆切诺基越野车，因而以其父母的住房为抵押向银行申请个人贷款

B. 小李平时遵纪守法，信用良好，前几年他开办了一家高级餐馆，餐馆利润连年稳定增长，最近规模扩大需要资金，小李便以其自有住房为抵押向银行提出申请

C. 小红是一名典型的宅女，在家写作为生，想以其作品为抵押申请一笔贷款

D. 小王具有完全民事行为能力，因与妻子关系不和，欲自行将二人共有的住房抵押，申请个人贷款

答案 B

解析 个人抵押授信贷款的贷款对象需满足以下条件：①具有完全民事行为能力、年满18周岁的自然人；②借款申请人有当地常住户口或有效居留身份；③借款申请人无不良信用和不良行为记录；④借款申请人有按期偿还所有贷款本息的能力；⑤借款申请人及其财产共有人同意以其自有住房抵押，或同意将原以住房抵押的个人住房贷款转为个人住房抵押授信贷款；⑥各行自行规定的其他条件。对照以上条件可知，只有小李符合条件。小黄不够18周岁，小红收入不稳定、还款能力不确定，小王未经财产共有人同意以共有财产申请贷款，他们均不符合贷款条件。

例题2 个人抵押授信贷款中，借款人一次性地向银行申请好办理个人抵押授信贷款手续，取得授信额度，此额度的有效期间一般为( )。(单项选择题)

A. 半年内　　　　B. 1年内　　　　C. 3年内　　　　D. 5年内

答案 B

解析 个人抵押授信贷款指借款人将本人或第三人(限自然人)的物业抵押给银行，银行按抵押物评估值的一定比率为依据，设定个人最高授信额度的贷款。根据规定，借款人只需要一次性地向银行申请办理个人抵押授信贷款手续，取得授信额度后，便可以在有效期间(一般为1年内)和贷款额度内循环使用。

例题3 抵押是指债务人或者第三人转移对法定财产的占有权，将该财产作为债权的担保。( )(判断题)

答案 ×

解析 根据抵押定义，抵押是指债务人或者第三人不转移对法定财产的占有，将该财产作为债权的担保。质押是指债务人或者第三人转移对法定财产的占有，将该财产作为债权的担保。

例题4 个人抵押授信贷款以新购住房作抵押授信贷款的，有效期间起始日为"个人住房贷款合同"签订日的( )。(单项选择题)

A. 后一日　　　　　B. 当日　　　　　C. 前一日　　　　　D. 后两日

答案 C

解析 个人抵押授信贷款的有效期限最长为30年。具体规定为：①以新购住房作抵押授信贷款的，有效期间起始日为"个人住房借款合同"签订日的前一日；②将银行原住房抵押贷款转为个人抵押授信贷款的，有效期间起始日为原住房抵押贷款发放日的前一日；③抵押授信贷款下单笔贷款届满日不可超过抵押授信贷款有效期届满日。

例题5 下列关于抵押授信贷款的表述，正确的是( )。(多项选择题)

A. 单笔贷款届满日不可超出抵押授信贷款有效期届满日

B. 还款时可采取委托扣款方式或柜面还款方式偿还贷款本息

C. 以所购新建商品住房作抵押的，贷款额度一般不超过所购住房全部价款的80%

D. 期限最长为20年

E. 贷款对象是具有完全民事行为能力、年满18周岁的自然人

答案 ABE

解析 以所购新建商品住房作抵押的，贷款额度一般不超过所购住房全部价款的70%；个人抵押授信贷款的有效期限最长为30年。

考点2　个人抵押授信贷款的操作流程

1. 贷款的受理与调查

(1) 贷款的受理

各级分支机构应通过现场咨询、窗口咨询、电话银行、网上银行、业务宣传手册等渠道和方式，向拟申请个人抵押授信贷款的个人提供有关信息咨询服务。主要咨询内容包括个人抵押授信贷款产品介绍，申请抵押授信贷款应具备的条件，需提供的资料，办理程序，合同中的主要条款(如贷款利率、期限及还款方式等)，以及贷款经办机构的地址及联系电话等。

借款人申请个人抵押授信贷款，应向贷款银行提交以下资料：

① 借款人的身份证明材料及婚姻状况证明材料；

② 借款人的偿债能力证明材料；

③ 房屋权属证明材料；

④ 抵押房产共有人同意办理抵押授信贷款的声明，如抵押房产共有人在有关合同文本上签字，则无须提供原住房抵押贷款的借款合同原件；

⑤ 贷款用途证明文件;

⑥ 贷款银行规定的其他文件和资料。

(2) 贷前调查

贷前调查是对借款人提供的申请材料真实性、完整性、合法性、有效性以及借款人的信用情况、还款能力、抵押房产价值及原有住房抵押贷款的履约情况等进行评估和调查。

贷前调查可以采取与借款申请人面谈、电话访谈、实地考察、通过行内外有关信息系统调查等多种方式进行。

贷前调查人必须至少直接与借款申请人(包括共同申请人)面谈一次,可以在签订(预签)合同时进行。贷前调查人应通过面谈了解借款申请人的基本情况、借款所抵押房屋情况、贷款用途是否真实明确,是否符合国家法律、法规和有关政策规定以及调查人员认为应调查的其他内容,并做好相应记录,内容主要为可能存在真实性风险的内容,申请材料中未包含但应作为贷款审批依据的内容,以及其他可能对贷款产生重大影响的内容。面谈记录可以采取书面记录形式,由贷前调查人签字确认后存档,作为贷款审批依据,也可以由贷前调查人在贷款申请表中作相应表述。

贷前调查完成后,贷前调查人应对调查结果进行整理、分析,撰写贷前调查报告,提出是否同意贷款的明确意见,送贷款审核人员进行贷款审核。

2. 贷款的审查与审批

(1) 贷款的审查

贷款审查人员负责对借款人提交的材料进行合规性、真实性、完整性审查。

(2) 贷款的审批

贷款人应根据审慎性原则,完善授权管理制度,规范审批操作流程,明确贷款审批权限,实行审贷分离和授权审批,确保贷款审批人按照授权独立审批贷款。贷款审批人应依据银行各类个人贷款办法及相关规定,结合国家宏观调控政策或行业投向政策,从银行利益出发,审查每笔抵押授信贷款业务的合规性、可行性及经济性,根据借款人的偿付能力以及贷款担保的充分性与可行性等情况,分析该笔业务预计给银行带来的收益和风险。

3. 贷款的签约与发放

对经审批同意的贷款,应及时通知借款申请人以及其他相关人,确认签约的时间,签订书面借款合同等协议文件。其流程如图7.1所示。

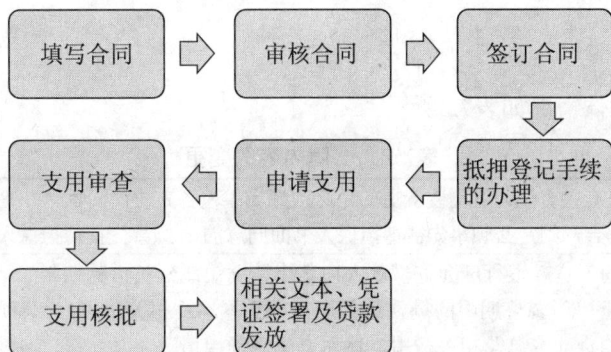

图7.1　个人抵押授信贷款的签约与发放流程图

借款合同应符合《合同法》的规定,明确约定各方当事人的诚信承诺和贷款资金的用途、支付对象(范围)、支付金额、支付条件、支付方式等，应做到贷款额度、贷款期限、贷款利率和还款方式等有关条款与贷款最终审批意见一致。借款合同应设立相关条款，明确借款人不履行合同或怠于履行合同时应当承担的违约责任。

借款合同生效后，贷款人应按合同约定及时发放贷款。

贷款发放要遵循审贷与放贷分离的原则，由独立的放款管理部门或岗位负责落实放款条件，发放满足约定条件的贷款。

抵押授信贷款应建立台账进行贷款额度管理，可通过个人贷款系统提供的专门报表实现。在此之前，贷款银行可建立手工台账进行贷款额度的管理。贷款银行应及时记录贷款额度情况，在借款人每次申请支用贷款时，必须查阅台账，对贷款额度和可用贷款额度进行核实和确认。

贷款银行应在台账中建立抵押授信贷款的贷款额度、可用贷款额度、有效期间、抵押物价值、抵押率等指标，记录抵押授信贷款项下各笔贷款的贷款金额、贷款期限、贷款利率、有效期间调整等数据，并设立专门的贷款额度调整、贷款失效及终止的记录栏，记录贷款额度的调整、失效、终止及其他变更情况。

4. 支付管理

贷款人应按照借款合同约定，通过贷款人受托支付或借款人自主支付的方式对贷款资金的支付进行管理与控制。

《个人贷款管理暂行办法》规定，对于借款人无法事先确定具体交易对象且金额不超过30万元人民币的个人贷款，以及贷款资金用于生产经营且金额不超过50万元人民币的个人贷款，经贷款人同意，可以采取借款人自主支付方式。采用借款人自主支付的，贷款人应与借款人在借款合同中事先约定，要求借款人定期报告或告知贷款人贷款资金的支付情况。贷款人应当通过账户分析、凭证查验或现场调查等方式，核查贷款支付是否符合约定用途。

贷款人采用贷款人受托支付方式向借款人交易对象支付的，贷款人应要求借款人在使用贷款时提出支付申请，并授权贷款人按合同约定方式支付贷款资金。贷款人应在贷款资金发放前审核借款人相关交易资料和凭证是否符合合同约定条件，支付后做好有关细节的认定记录。贷款人应当通过账户分析、凭证查验或现场调查等方式，核查贷款支付是否符合约定用途。贷款人受托支付完成后，应详细记录资金流向，归集保存相关凭证。

5. 贷后管理

(1) 合同内容变更

合同内容变更的具体情况如表7.2所示。

表7.2　合同内容的变更

基本规定的变更	合同履行期间，有关合同内容需要变更的，必须经当事人各方协商同意，并签订相应的变更协议。在担保期内的，根据合同约定必须事先征得担保人书面同意的，须事先征得担保人的书面同意
借款期限的调整	在合同履行期间，贷款银行应允许借款人向其申请缩短或延长借款期限 贷款银行需审查申请调整期限的贷款是否拖欠贷款本息及相关费用，如有此类问题的，应要求借款人先归还拖欠的贷款本息及相关费用，然后予予受理申请 贷款银行应根据新计算的分期还款额调查、审查借款人的还款能力，并由相关责任人出具调查及审批意见

(续表)

借款期限的调整	贷款银行应审查所调整期限是否符合贷款管理规定，如属延长期限的，则原贷款期限与延长期限之和不得超过抵押授信贷款约定的最长贷款期限
	调整后累计的贷款期限达到新的利率期限档次时，从调整日起，贷款利率按新的期限档次利率执行，已计收的利息不再调整
利率调整	贷款期限内，如遇法定利率调整，按中国人民银行和贷款银行总行有关利率管理规定调整

(2) 贷后检查

贷后检查的内容如表7.3所示。

表7.3 贷后检查

检查要求	按照规定及时对抵押授信贷款进行风险分类
	对正常、关注类贷款可采取抽查的方式不定期进行检查，对次级、可疑、损失类贷款采取全面检查的方式，每季度至少进行一次贷后检查。贷后检查应形成书面报告，经信贷主管或负责人签字后及时归档
检查的主要手段	贷后检查的主要手段包括监测贷款账户、查询不良贷款明细台账、电话访谈、见面访谈、实地检查、监测资金使用等
检查的主要内容	贷后检查的主要内容包括借款人依合同约定归还贷款本息的情况；借款人的工作单位、住址、联系电话等信息的变更情况；借款人的职业、收入、健康状况等影响还款能力和还款意愿的因素的变化情况；担保的变化情况，包括保证人、抵押物、质押权利等；其他可能影响个人住房贷款资产质量的因素的变化情况
有关风险事项的处理程序	贷后检查中发现存在违约及其他风险事项的，经办人应及时向部门负责人汇报，制定相应的处理方案。属于重大风险事项的，还应及时报告信贷风险管理部门和上级业务主管部门
	发现借款人未按照合同约定的还款计划及时、足额偿还贷款本息的，将该笔贷款计入不良贷款管理与处置程序进行处理

例题6 对经审批同意的个人抵押授信贷款，签约与发放贷款的流程正确的是(　　)。(单项选择题)

①填写合同　②申请支用　③审核合同　④抵押登记手续的办理

⑤签订合同　⑥支用核批　⑦相关文本、凭证签署及贷款发放　⑧支用审查

A. ④①②③⑤⑥⑦⑧　　　　　　　　B. ①③⑤④②⑧⑥⑦

C. ①④③⑤②⑧⑦⑥　　　　　　　　D. ④①③⑤②⑦⑧⑥

答案 B

解析 对经审批同意的个人抵押授信贷款，签约与发放贷款的流程如下所示：

填写合同→审核合同→签订合同→抵押登记手续的办理→申请支用→支用审查→支用核批→相关文本、凭证签署及贷款发放。

例题7 个人抵押授信贷款的贷后检查中，对正常、关注类贷款可采取抽查的方式不定期进行检查，对次级、可疑、损失类贷款采取全面检查的方式，每季度至少进行一次贷后检查。(　　)(判断题)

答案 √

解析 个人抵押授信贷款贷后检查中，银行要按照规定及时对抵押授信贷款进行风险分类。对正常、关注类贷款可采取抽查的方式不定期进行检查，对次级、可疑、损失类贷款采取全面检查方式，每季度至少进行一次贷后检查。贷后检查应形成书面报告，经信贷主管或负责人签字后及时归档。

第2节 个人质押贷款

考点3 基础知识

1. 个人质押贷款的含义

个人质押贷款是借款人以合法、有效、符合银行规定条件的质物出质，向银行申请取得一定金额的人民币贷款，并按期归还贷款本息的个人贷款业务。

从严格意义上说，个人质押贷款并非一种贷款产品，而是贷款的一种担保方式。质押贷款应该是国内最早开办的个人贷款业务，早在20世纪80年代末，国内就已经有银行开办此项业务。

按照《物权法》第二百二十三条规定，可作为个人质押贷款的质物主要有：

(1) 汇票、支票、本票；

(2) 债券、存款单；

(3) 仓单、提单；

(4) 可以转让的基金份额、股权；

(5) 可以转让的注册商标专用权、专利权、著作权等知识产权中的财产权；

(6) 应收账款；

(7) 法律、行政法规规定可以出质的其他财产权利。

2. 个人质押贷款的特点

个人质押贷款的特点如表7.4所示。

表7.4 个人质押贷款的特点

特点	具体的内容
贷款风险较低，担保方式相对安全	由于借款人需将价值充足、变现性强的权利凭证质押给银行，银行贷款风险较低，担保方式相对安全。此类贷款的风险控制重点是关注质物的真实性、合法性和可变现性，因而银行在对借款人的信用评价方面可以有所省略
时间短、周转快	个人质押贷款一般是急用，要求效率较高，办理时间短，手续简便
操作流程短	个人质押贷款一般在柜台办理，按照网点授权大小进行审批，同行开出的权利凭证办理质押贷款便于核实，效率较高。同城同业、异地同业的权利凭证核实手续也要共同遵守，以防止欺诈风险
质物范围广泛	按照《物权法》第二百二十三条规定，个人有处分权的很多权利凭证都可以出质

3. 个人质押贷款的要素

(1) 贷款对象

个人质押贷款的对象主要需要满足以下两个条件，如图7.2所示。

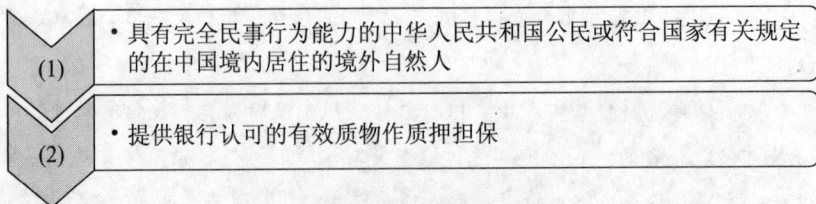

(1) · 具有完全民事行为能力的中华人民共和国公民或符合国家有关规定的在中国境内居住的境外自然人

(2) · 提供银行认可的有效质物作质押担保

图7.2 贷款对象需满足的条件

(2) 贷款利率

个人质押贷款利率按中国人民银行规定的同期同档次期限贷款利率执行，各银行贷款利率可在中国人民银行规定的范围内上下浮动。以个人凭证式国债质押的，贷款期限内如遇利率调整，贷款利率不变。

(3) 贷款期限

对于个人质押贷款的贷款期限，一般规定不超过质物的到期日。用多项质物作质押的，贷款到期日不能超过质物的最早到期日。

例如，中国建设银行规定个人质押贷款的贷款期限最长为5年，以保单质押贷款的，最长期限为1年。中国工商银行规定个人质押贷款的贷款期限一般为1年，最长不超过3年(含3年)。中国银行则按照质物的不同对贷款期限有不同的规定：个人存单质押贷款期限不超过质押存单的到期日，且最长不超过1年，如有多张个人存单质押，以距离到期日最近的时间确定贷款期限；办理自动转存的存单视自动转存期限长短确定；凭证式国债质押贷款期限最长不超过用以质押的凭证式国债到期日，如果使用不同期限的多张凭证式国债作质押，以距离到期日最近者确定贷款期限；个人记账式国债质押贷款期限最长不超过1年。

(4) 还款方式

个人质押贷款还款方式包括等额本息还款法，等额本金还款法，任意还本、利随本清法，按月还息、分次任意还本法，到期一次还本付息法等还款方式，各银行规定略有差别，具体还款方式由贷款银行与借款人协商确定并在借款合同中约定。

(5) 贷款额度

各家银行对个人质押贷款额度的规定不尽相同，对于质物不同的个人抵押贷款，其贷款额度也有所区别。

例如，中国工商银行规定个人质押贷款额度单笔最低5000元(含5000元)，其中，网上银行个人质押贷款单笔贷款金额不得超过30万元，同时单户贷款总额不得超过100万元。中国建设银行规定个人质押贷款额度起点为人民币5000元(含5000元)。通过"乐当家"理财卡自助质押的，贷款起点可以为1000元(含1000元)。中国银行则根据个人质押贷款的质物不同确定其贷款额度，规定个人存单质押贷款额度起点为1000元人民币；贷款质押率不超过质押存单面额的90%(外币存款按当日公布的外汇(钞)买入价折成人民币计算)；凭证式国债质押贷款额度起点为5000元；贷款最高限额应不超过质押权利凭证面额的90%；记账式国债质押贷款额度起点为5000元；贷款最高限额应不超过记账式国债账户余额的80%。

例题8 (　　)贷款是借款人以合法有效、符合银行规定条件的质物出质，向银行申请取得一定金额的人民币贷款，并按期归还贷款本息的个人贷款业务。(单项选择题)

A. 个人质押　　　　B. 个人抵押　　　　C. 个人抵押授信　　　　D. 个人信用

答案　A

解析　个人质押贷款是借款人以合法有效、符合银行规定条件的质物出质，向银行申请取得一定金额的人民币贷款，并按期归还贷款本息的个人贷款业务。

例题9　下列关于个人质押贷款特点的说法，错误的是(　　)。(单项选择题)

A. 贷款风险高　　　　B. 时间短　　　　C. 操作流程短　　　　D. 质物范围广泛

答案 A

解析 个人质押贷款是借款人以合法有效、符合银行规定条件的质物出质，向银行申请取得一定金额的人民币贷款，并按期归还贷款本息的个人贷款业务。个人质押贷款的特点包括：①贷款风险较低，担保方式相对安全；②时间短，周转快；③操作流程短；④质物范围广泛。

例题10 个人质押贷款的风险控制重点在于(   )。(单项选择题)

A. 确定出质人的职业
B. 质物的真实性、合法性和可变现性
C. 明确出质人的担保意愿
D. 防止虚报质押财产价值

答案 B

解析 个人质押贷款的风险控制重点是关注质物的真实性、合法性和可变现性，因而银行在对借款人的信用评价方面可以有所省略。

例题11 关于个人质押贷款的特点，下列说法不正确的是(   )。(单项选择题)

A. 时间短   B. 贷款风险高   C. 操作流程短   D. 周转快

答案 B

解析 个人质押贷款的特点包括：①贷款风险较低，担保方式相对安全；②时间短，周转快；③操作流程短。

考点4 个人质押贷款的操作流程

个人质押贷款的操作流程主要包括贷款的受理与调查、贷款的审查与审批、贷款的签约与发放、支付管理和贷后管理。业务操作重点在于对质物真实性的把握和质物冻结有效性的控制。

1. 贷款的受理与调查

经办人员接到客户提出的质押贷款申请后，应对质物的有效性和真实性进行调查。检验质物是否已经冻结或设定质权，票面记载的事项与银行内部的记录是否一致。

确认无误后，经办人员应指导借款人填写"个人质押贷款申请表"并按照银行《个人质押贷款管理办法》的要求合理确定贷款金额、期限、利率和还款方式。借款人应提供本人名下的个人活期存款账户作为贷款收款账户。经办人员应核实借款人提供的贷款收款账户户名、身份证号与借款人身份证件上记载的内容是否一致。整理贷款申报审批资料送交贷款审核人员进行贷款审核。

经办人员在完成上述受理和调查工作后，应及时对质物进行质权设定。将"个人质押贷款申请表"连同质物凭证原件、借款人身份证原件/复印件交本网点负责人或业务主管审批。

2. 贷款的审查与审批

贷款人应根据审慎性原则，完善授权管理制度，规范审批操作流程，明确贷款审批权限，实行审贷分离和授权审批，确保贷款审批人按照授权独立审批贷款。

审批人员收到材料后，对于符合网点审批质押贷款权限和要求的，可以由网点负责人或业务主管在本网点的审批授权范围内进行独立审批。对不符合网点审批要求或不在网点审批权限内的，超出网点审批权的或者网点无质押贷款授权的，根据申报材料和银行个人贷款业务审批操作的有关规定审批。

3.贷款的签约与发放

对经审批同意的贷款,应及时通知借款人以及其他相关人,确认签约的时间,经办人员应按照审批意见,指导客户填写"个人质押贷款合同"等协议文件。

对于网点审批的,执行质权设定/贷款发放和贷款结清/解除质权必须换人操作。本网点经办受理调查业务的柜员不得进行贷款发放操作,网点负责人或业务主管应指定其他柜员办理贷款发放手续。

借款合同应符合《合同法》的规定,明确约定各方当事人的诚信承诺和贷款资金的用途、支付对象(范围)、支付金额、支付条件、支付方式等,应做到贷款额度、贷款期限、贷款利率和还款方式等有关条款与贷款最终审批意见一致。

借款合同生效后,贷款人应按合同约定及时发放贷款。贷款发放要遵循审贷与放贷分离的原则,由独立的放款管理部门或岗位负责落实放款条件,发放满足约定条件的贷款。

贷款发放人员应核对质物凭证、"个人质押贷款合同"的相关要素内容是否一致,核对无误后完成开立账户、划款等账务处理。

4.支付管理

贷款人应按照借款合同约定,通过贷款人受托支付方式或借款人自主支付方式对贷款资金的支付进行管理与控制。

《个人贷款管理暂行办法》规定,对于借款人无法事先确定具体交易对象且金额不超过30万元人民币的个人贷款,以及贷款资金用于生产经营且金额不超过50万元人民币的个人贷款,经贷款人同意可以采取借款人自主支付方式。采用借款人自主支付的,贷款人应与借款人在借款合同中事先约定,要求借款人定期报告或告知贷款人贷款资金的支付情况。贷款人应当通过账户分析、凭证查验或现场调查等方式,核查贷款支付是否符合约定用途。

贷款人采用贷款人受托支付方式向借款人交易对象支付的,贷款人应要求借款人在使用贷款时提出支付申请,并授权贷款人按合同约定方式支付贷款资金。贷款人应在贷款资金发放前审核借款人相关交易资料和凭证是否符合合同约定条件,支付后做好有关细节的认定记录。贷款人应当通过账户分析、凭证查验或现场调查等方式,核查贷款支付是否符合约定用途。

贷款人受托支付完成后,应详细记录资金流向,归集保存相关凭证。

5.贷后管理

贷后管理的内容如表7.5所示。

表7.5 贷后管理的内容

贷后检查	借款人基本情况检查内容具体包括借款人的工作单位、住址、联系电话等信息的变更情况,并根据检查结果及时更新借款人的信息 质物检查内容主要包括:质物冻结的有效性检查;质物的保管是否存在漏洞等
贷款要素变更	贷款发放后,如遇基准利率调整,按中国人民银行和商业银行总行有关利率管理规定进行调整 如借款人提前偿还全部或部分贷款,一般应提前向银行提出申请 关于贷款展期问题,各家银行视质物的不同,规定也不相同
贷款本息回收	借款人按"个人质押贷款合同"的约定归还贷款本息,贷款结清后,客户凭结清证明、质押收据和本人身份证件领回质物
档案管理	贷款发放后,"贷款转存凭证"的业务部门留存联应该返回信贷部门存档

例题12　质押贷款档案管理中，贷款发放后，"贷款转存凭证"的业务部门保管留存联并对其进行存档。(　　)(判断题)

答案　√

解析　贷款发放后，"贷款转存凭证"的业务部门留存联应该返回信贷部门存档。

第3节　个人信用贷款

考点5　基础知识

1. 个人信用贷款的含义

个人信用贷款是银行向自然人发放的无须提供任何担保的贷款。

个人信用贷款主要依据借款申请人的个人信用记录和个人信用评级确定贷款额度，信用评级高可多得信用额度，信用评级低可少得信用额度，根据个人信用不同都有一个信用额度，只是大小不同而已。

2. 个人信用贷款的特点

个人信用贷款的特点如表7.6所示。

表7.6　个人信用贷款的特点

特点	具体的内容
准入条件严格	银行对个人信用贷款的借款人一般有严格的规定，需要经过严格审查
贷款额度小	个人信用贷款额度较小，最高不超过100万元。对于信用卡来说，有的额度甚至只有1000元
贷款期限短	个人信用贷款主要根据个人信用记录和个人信用评级确定贷款额度和贷款期限，而个人信用记录和个人信用评级时刻都在变化，因此需要时时跟踪个人的信用变化状况，根据个人信用状况对贷款期限进行相应调整，相对其他产品而言，个人信用贷款期限较短

3. 个人信用贷款的要素

(1) 贷款对象

商业银行对个人信用贷款的借款人一般有严格的规定。申请个人信用贷款，首先需要具备下列基本条件，如图7.3所示。

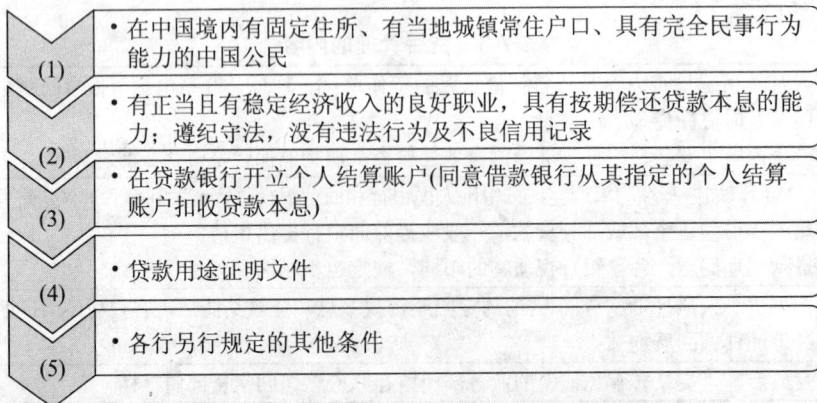

- (1) 在中国境内有固定住所、有当地城镇常住户口、具有完全民事行为能力的中国公民
- (2) 有正当且有稳定经济收入的良好职业，具有按期偿还贷款本息的能力；遵纪守法，没有违法行为及不良信用记录
- (3) 在贷款银行开立个人结算账户(同意借款银行从其指定的个人结算账户扣收贷款本息)
- (4) 贷款用途证明文件
- (5) 各行另行规定的其他条件

图7.3　申请个人信用贷款需具备的基本条件

(2) 贷款利率

个人信用贷款利率按照中国人民银行规定的同期同档次贷款基准利率执行，浮动幅度按照中国人民银行的有关规定执行。展期前的利息按照原合同约定的利率计付。展期后的利息，累计贷款期限不足6个月的，自展期日起，按当日挂牌的6个月贷款利率计息；超过6个月的，自展期日起，按当日挂牌的1年期贷款利率计息。

(3) 贷款期限

个人信用贷款期限一般为1年(含1年)，最长不超过3年。银行通常每年要进行个人信用评级，根据信用评级确定个人信用贷款的展期。

(4) 还款方式

个人信用贷款展期在1年(含1年)以内的采取按月付息，按月、按季或一次还本的还款方式；贷款期限超过1年的，采取按月还本付息的还款方式。

(5) 贷款额度

银行依据借款人资信等级、特定准入条件，确定不同的贷款额度，并按授权权限和不同额度报经上级机关审批。对于具体额度的规定，各行差别较大。

> **例题13** 个人信用贷款主要根据个人信用记录和(　　)状况确定贷款额度和贷款期限。(单项选择题)
> A. 个人工作单位　　　B. 个人资产　　　C. 个人信用等级　　　D. 个人月收入
> **答案** C
> **解析** 个人信用贷款是银行向个人发放的，无须提供任何担保的贷款。个人信用贷款主要根据个人信用记录和个人信用等级状况确定贷款额度和贷款期限。

> **例题14** 个人信用贷款的特点不包括(　　)。(单项选择题)
> A. 贷款流程短　　　B. 贷款期限短　　　C. 贷款额度小　　　D. 准入条件严格
> **答案** A
> **解析** 个人信用贷款的特点包括以下3个方面：①准入条件严格，银行对个人信用贷款的借款人一般有严格的规定，需要经过严格审查；②贷款额度小，个人信用贷款额度较小，最高不超过100万元；③贷款期限短。

> **例题15** 个人信用贷款利率按照中国人民银行规定的同期同档次贷款基准利率执行，可以浮动。(　　)(判断题)
> **答案** √
> **解析** 个人信用贷款是银行向个人发放的、无须提供任何担保的贷款。个人信用贷款利率按照中国人民银行规定的同期同档次贷款基准利率执行，可以浮动。

考点6 操作流程

个人信用贷款的操作流程主要包括贷款的申请与调查、贷款的审查与审批、贷款的签约与发放、支付管理和贷后管理，这与其他个人贷款业务的操作流程基本相同。这里只介绍贷款申请与调查环节。

1. 贷款申请

贷款受理人应要求借款申请人填写贷款申请审批表，以书面形式提出贷款申请，并按银行的要求提交相关申请材料。申请材料清单如图7.4所示。

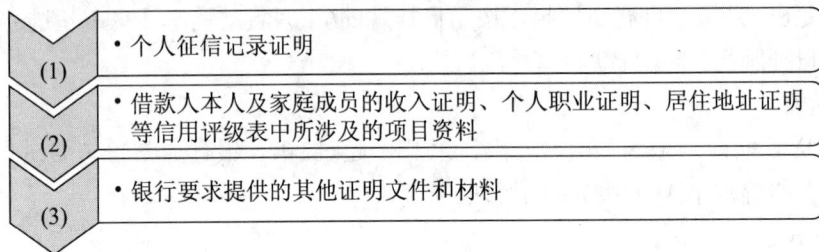

- (1)
  - 个人征信记录证明
- (2)
  - 借款人本人及家庭成员的收入证明、个人职业证明、居住地址证明等信用评级表中所涉及的项目资料
- (3)
  - 银行要求提供的其他证明文件和材料

图7.4 个人信用贷款申请材料清单

2. 贷前调查

贷款银行要核实借款人所提供的资料是否齐全，是否具有真实性、合法性、有效性；要告知借款人须承担的义务与违约后果；要双人到借款人单位或居住地核实情况，与借款人进行面谈。

调查人要调查借款申请人是否具有当地户口、当地固定住所和固定联系方式；要调查申请人是否有正当职业，是否为贷款银行董事、监事、管理人员、信贷业务人员及其近亲属等关系人。这里的管理人员指各级银行中对个人信贷业务决策有直接影响的管理人员，信贷业务人员指有权决定或者参与个人贷款调查、审查、审批和管理的人员。

要通过查询人民银行个人信用信息基础数据库，调查和核实借款申请人是否有不良信用记录。通过查询贷款银行个人资信等级评定系统、个人金融业务资料、个人消费信贷管理资料等，核实借款人在贷款银行的资产负债情况和资信状况，综合考查借款人对贷款银行的贡献度。

要调查贷款用途是否真实明确，是否符合国家法律、法规及有关政策规定。

要核验收入证明，调查借款人及其家庭成员的收入来源是否稳定，是否具备按时偿还贷款本息的能力。

审查人对贷款申请资料的完整性和合规性负责。审查人须对贷款资料进行审查，分析贷款风险因素和风险程度，判断是否存在虚假贷款嫌疑，审查调查人的调查意见是否客观。审查要点包括：申请资料是否完整、齐全，资料信息是否合理、一致；借款人资信是否良好，还款来源是否足额可信；借款人是否属于贷款银行的信贷关系人；贷款用途是否符合国家法律、法规及有关政策的规定；贷款金额、利率、期限和还款方式是否符合相关规定。

例题16 申请个人信用贷款时，借款人需要提供的材料包括(　　)。(多项选择题)

A. 个人填写的贷款申请审批表　　　　　　B. 个人征信记录证明

C. 本人收入、职业证明　　　　　　　　　D. 家庭成员的收入证明

E. 银行认可的有效担保证明

答案　ABCD

解析　个人信用贷款凭个人信用发放，无须提供任何特别担保。申请个人信用贷款时，借款人需要提供的材料包括个人填写的贷款申请审批表，个人征信记录证明，本人收入、职业证明，以及家庭成员的收入证明。

第4节 同步强化训练

一、单项选择题

1. 个人抵押授信贷款贷后检查的主要手段不包括( )。

A. 监测贷款账户　　　　　　　　　　B. 实地检查、监测资金使用

C. 电话访谈、见面访谈　　　　　　　D. 抽查不良贷款

2. 下列关于个人抵押授信贷款贷后检查的表述错误的是( )。

A. 对正常贷款可采取抽查的方式不定期进行检查

B. 对关注类贷款可采取抽查的方式不定期进行检查

C. 对可疑、损失类贷款采取全面检查的方式

D. 对次级贷款每半年至少进行一次贷后检查

3. 个人抵押授信贷款签约与发放的第一个流程是( )。

A. 抵押登记手续的办理　　　　　　　B. 相关文本、凭证签署

C. 填写合同　　　　　　　　　　　　D. 审核合同

4. 将在银行原住房抵押贷款转为抵押授信贷款的，贷款审查人应重点审查( )。

A. 贷款用途

B. 贷款额度及有效期间

C. 需落实的贷款支用

D. 贷前调查人对抵押房产价值的调查和分析意见

5. 2010年7月1日，小钱欲将原住房抵押贷款的抵押住房转为第二顺序抵押授信贷款，经评估该房产价值为450万元，抵押率为60%。截止申请日，小钱原申请的住房抵押贷款余额为190万元，尚有30万元未清偿贷款，则小钱的可用贷款额度为( )万元。

A. 190　　　　　　B. 160　　　　　　C. 50　　　　　　D. 30

6. 2010年7月1日，小张向银行申请将其2009年6月1日申得的原住房抵押贷款转为个人抵押授信贷款，则有效期间起始日为( )。

A. 2009年6月1日　　B. 2009年5月31日　　C. 2010年6月31日　　D. 2010年7月1日

7. 下列关于个人抵押授信贷款特点的表述错误的是( )。

A. 借款人向银行申请办理个人抵押授信贷款手续，取得授信额度后，借款人方可使用贷款

B. 借款人只需要一次性地向银行申请办理个人抵押授信贷款手续，取得授信额度后，便可以在有效期(一般为1年内)和贷款额度内循环使用

C. 个人抵押授信贷款提供了一个有明确授信额度的循环信贷账户，借款人可使用部分或全部额度，一旦已经使用的余额得到偿还，该信用额度又可以恢复使用

D. 个人抵押授信贷款需明确指定使用用途

8. 在个人抵押授信贷款中，借款人只需要一次性地向银行申请办理个人抵押授信贷款手续，就可以取得授信额度，此额度的有效期间一般为( )。

A. 半年　　　　　　B. 1年　　　　　　C. 2年　　　　　　D. 3年

9. 下列关于个人质押贷款操作流程的表述错误的是(　　)。

A. 本网点经办受理调查业务的柜员可以进行贷款发放操作

B. 业务操作的重点在于对质物真实性的把握和质物冻结有效性的控制

C. 经办人员在完成贷款受理、调查后，需将"个人质押贷款申请表"连同质物凭证原件、借款人身份证原件/复印件交本网点负责人或业务主管审批

D. 流程主要包括贷款的受理与调查、审查与审批、签约与发放、支付管理和贷后管理

10. 个人质押贷款一般在(　　)办理，按照网点授权大小进行审批。

A. 网上　　　　　　　B. 柜台　　　　　　　C. 质物登记处　　　　　D. 申请人单位

11. 国内开办最早的个人贷款业务是(　　)。

A. 个人抵押授信贷款　　B. 个人信用贷款　　　C. 个人质押贷款　　　D. 个人医疗贷款

12. 个人信用贷款期限一般为(　　)年。

A. 1　　　　　　　　　B. 3　　　　　　　　　C. 5　　　　　　　　　D. 10

13. 个人信用贷款的额度最高不超过(　　)万元。

A. 30　　　　　　　　　B. 50　　　　　　　　　C. 100　　　　　　　　D. 200

14. 下列关于个人信用贷款的表述错误的是(　　)。

A. 个人信用贷款额度较小

B. 相对其他产品而言，个人信用贷款期限较短

C. 银行对个人信用贷款的借款人一般有严格的规定，需要经过严格审查

D. 个人信用贷款发放后，银行无需再关注个人信用评级情况

二、多项选择题

1. 个人抵押授信贷款贷后检查的主要手段包括(　　)。

A. 见面访谈　　　　　　B. 实地检查　　　　　C. 电话访谈

D. 监测资金使用　　　　E. 监测贷款账户

2. 个人抵押授信贷款发放后，贷款银行应在台账中建立贷款的(　　)等指标，记录相关数据。

A. 贷款额度　　　　　　B. 可用贷款额度　　　C. 有效期间

D. 抵押物价值　　　　　E. 抵押率

3. 在个人抵押授信贷款审批环节，审批人应审查的内容包括(　　)。

A. 借款人的资格和条件是否具备

B. 借款人提供的材料是否完整

C. 贷款额度、有效期间和贷款用途等是否符合规定

D. 抵押房产价值、抵押率的确定是否符合规定，由此确定的贷款额度是否准确、合理

E. 贷款主要风险点的防范措施是否有效

4. 在个人抵押授信贷款贷前调查中，需要对(　　)进行评估和调查。

A. 借款人提供的申请材料的真实性、完整性、合法性、有效性

B. 借款人的信用情况

C. 借款人的还款能力

D. 抵押房产的价值

E. 原有住房抵押贷款的履约情况

5. 个人质押贷款的还款方式包括(   )。

A. 等额本息还款法   B. 等额本金还款法

C. 到期一次还本付息法   D. 任意还本、利随本清法

E. 按月还息、分次任意还本法

6. 个人质押贷款的特点有(   )。

A. 质物范围广泛   B. 时间短、周转快   C. 操作流程短

D. 贷款风险较低   E. 担保方式相对安全

7. 个人信用贷款的特点包括(   )。

A. 贷款风险较低   B. 准入条件严格   C. 贷款额度小

D. 贷款期限短   E. 操作流程短

8. 个人信用贷款主要根据(   )确定贷款额度和贷款期限。

A. 个人信用记录   B. 个人信用评级   C. 申请人的额度需求

D. 申请人的担保状况   E. 银行的贷款规定

三、判断题

1. 农户联保贷款期限由贷款人根据借款人的生产经营活动的周期确定，原则上不得超过一年。(   )

2. 农户小额信用贷款采取"一次核定、随用随贷、余额控制、周转使用"的管理办法。(   )

3. 个人旅游消费贷款只能用于借款申请人本人参加的旅游消费。(   )

4. 个人质押贷款发放后，如遇基准利率调整，按中国人民银行和商业银行总行有关利率管理规定进行调整。(   )

5. 个人质押贷款一般办理时间长，手续烦琐。(   )

答案与解析

一、单项选择题

1. 答案与解析　D

贷后检查的主要手段包括监测贷款账户、查询不良贷款明细台账、电话访谈、见面访谈、实地检查、监测资金使用等。

2. 答案与解析　D

对次级贷款每季度至少进行一次贷后检查。

3. 答案与解析　C

其流程：填写合同→审核合同→签订合同→抵押登记手续的办理→申请支用→支用审查→支用核批→相关文本、凭证签署及贷款发放。

4. 答案与解析　D

重点审查贷前调查人对抵押房产价值、借款人原贷款履约情况及还款能力的调查和分析意见。

5. 答案与解析　C

可参照考点1"(5)贷款额度"的内容。

6. 答案与解析　B

以新购住房作抵押授信贷款的，有效期间起始日为"个人住房借款合同"签订日的前一日。

7. 答案与解析　D

个人抵押授信贷款没有明确指定使用用途，其使用用途比较综合。

8. 答案与解析　B

在个人抵押授信贷款中，借款人只需要一次性地向银行申请办理个人抵押授信贷款手续，就可以取得授信额度，此额度的有效期间一般为1年。

9. 答案与解析　A

可参照考点4的内容。

10. 答案与解析　B

个人质押贷款一般在柜台办理，按照网点授权大小进行审批。

11. 答案与解析　C

质押贷款应该是国内最早开办的个人贷款业务。

12. 答案与解析　A

个人信用贷款期限一般为1年(含1年)，最长不超过3年。

13. 答案与解析　C

个人信用贷款额度较小，最高不超过100万元。对于信用卡来说，有的额度甚至只有1000元。

14. 答案与解析　D

个人信用贷款发放后，银行还需要再关注个人信用评级情况。

二、多项选择题

1. 答案与解析　ABCDE

贷后检查的主要手段包括监测贷款账户、查询不良贷款明细台账、电话访谈、见面访谈、实地检查、监测资金使用等。

2. 答案与解析　ABCDE

5个选项均符合题意。

3. 答案与解析　ABCDE

5个选项均符合题意。

4. 答案与解析　ABCDE

5个选项均符合题意。

5. 答案与解析 ABCDE

5个选项均符合题意。

6. 答案与解析 ABCDE

5个选项均符合题意。

7. 答案与解析 ABCDE

5个选项均符合题意。

8. 答案与解析 AB

个人信用贷款主要根据个人信用记录和个人信用评级确定贷款额度和贷款期限，而个人信用记录和个人信用评级时刻都在变化，因此需要时时跟踪个人的信用变化状况，根据个人信用状况对贷款期限进行相应调整，相对其他产品而言，个人信用贷款期限较短。

三、判断题

1. 答案与解析 √

农户联保贷款期限由贷款人根据借款人的生产经营活动的周期确定，原则上不得超过1年。

2. 答案与解析 √

农户小额信用贷款采取"一次核定、随用随贷、余额控制、周转使用"的管理办法。

3. 答案与解析 ×

个人旅游消费贷款不仅能用于借款申请人本人参加的旅游消费。

4. 答案与解析 √

个人质押贷款发放后，如遇基准利率调整，按中国人民银行和商业银行总行有关利率管理规定进行调整。

5. 答案与解析 ×

个人质押贷款一般是急用，要求效率较高，办理时间短，手续简便。

第8章

个人征信系统

个人征信系统(个人信用信息基础数据库)是商业银行在审核、发放个人贷款时，用于评估借款人的信用等级和管理信用风险的最重要的依据与手段。同时，它也是我国社会信用体系的重要基础设施，是由中国人民银行组织各商业银行建立的个人信用信息共享平台。

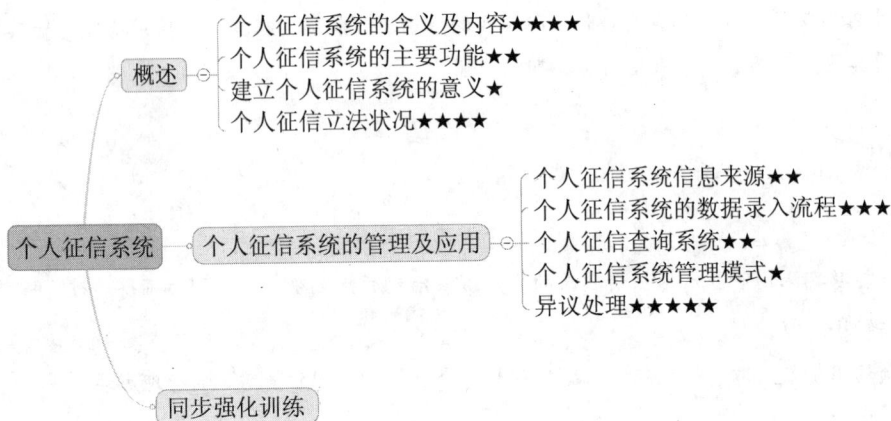

```
                        ┌─ 个人征信系统的含义及内容★★★★
                        ├─ 个人征信系统的主要功能★★
              概述 ──────┤
                        ├─ 建立个人征信系统的意义★
                        └─ 个人征信立法状况★★★★

                                              ┌─ 个人征信系统信息来源★★
                                              ├─ 个人征信系统的数据录入流程★★★
  个人征信系统 ── 个人征信系统的管理及应用 ──────┤  个人征信查询系统★★
                                              ├─ 个人征信系统管理模式★
                                              └─ 异议处理★★★★★

              同步强化训练
```

第1节 概述

考点1 个人征信系统的含义及内容

1. 个人征信系统的含义

个人信用征信，也就是个人信用联合征信，是指信用征信机构经过与商业银行及有关部门约定，把分散在各商业银行和社会有关方面的公民个人的信用信息，进行采集、加工、储存，形成信用信息数据库，为其客户了解相关公民个人的信用状况提供服务的经营性活动。

个人征信系统(个人信用信息基础数据库)是我国社会信用体系的重要基础设施，是由中国人民银行组织各商业银行建立的个人信用信息共享平台。该数据库采集、整理、保存个人信用信息，为金融机构提供个人信用状况查询服务，为货币政策和金融监管提供信息服务。

我国最大的个人征信数据库是中国人民银行建设并已投入使用的全国个人信用信息基础数据库系统，该基础数据库首先依法采集和保存全国银行信贷信用信息，其中主要包括个人在商业银行的借款、抵押、担保数据及身份验证信息。在此基础上，将逐步扩大到保险、证券、工商等领域，从而形成覆盖全国的基础信用信息服务网络。全国个人信用信息基础数据库系统首先向商业银行提供个人信用信息的查询服务，满足商业银行对信贷征信的需求；同时依法服务于其他部门的征信需要，并依法逐步向有合格资质的其他征信机构开放。

2. 个人征信系统的内容

个人征信系统所搜集的个人信用信息包括个人基本信息、信贷信息、非银行信息、客户本人声明等各类信息。其中，个人基本信息包括个人身份、配偶身份、居住信息、职业信息等；信贷信息包括银行信贷信用信息汇总、信用卡汇总信息、准贷记卡汇总信息、贷记卡汇总信息、贷款汇总信息、为他人贷款担保汇总信息(信用明细信息包括信用卡明细信息、信用卡最近24个月每个月的还款状态记录、贷款明细信息、为他人贷款担保明细信息等)等信息；非银行信息指的是个人参保和缴费信息、住房公积金信息、养路费、电信用户缴费等。

例题1 个人征信系统所收集的个人信用信息中的个人基本信息中，不包括(   )。(单项选择题)

A. 个人身份　　　　B. 破产记录　　　　C. 居住信息　　　　D. 职业信息

答案 B

解析 个人征信系统所搜集的个人信用信息包括个人基本信息、信贷信息、非银行信息、客户本人声明等各类信息。其中，个人基本信息包括个人身份、配偶身份、居住信息、职业信息等。

例题2 我国最大的个人征信数据库为(   )。(单项选择题)

A. 中华人民共和国财政部建立的个人征信系统

B. 中国人民银行建立的全国个人信用信息基础数据库系统

C. 中国银监会建立的个人企业基础数据库系统

D. 中国银行业协会建立的个人数据库系统

答案 B

解析 我国最大的个人征信数据库是中国人民银行建立并已投入使用的全国个人信用信息基础数据库系统，该基础数据库首先依法采集和保存全国银行信贷信用信息，其中主要包括个人在商业银行的借款、抵押、担保数据及身份验证信息，在此基础上，将逐步扩大到保险、证券、工商等领域，从而形成覆盖全国的基础信用信息服务网络。

例题3 个人征信系统所收集的个人信用信息中的特殊信息，不包括(   )。(单项选择题)

A. 破产记录　　　　　　　　　　B. 信用报告查询信息

C. 职业信息　　　　　　　　　　D. 与个人经济生活相关的法院判决等信息

答案 C

解析 个人征信系统所收集的个人信用信息中的个人基本信息包括个人身份、居住信息、职业信息。根据规定，特殊信息主要是破产记录、与个人经济生活相关的法院判决等信息、信用报告查询信息，包括哪些机构因何原因于何时进行过查询，所以A、B、D项正确；而C项为个人基本信息。

例题4 下列说法错误的是(   )。(单项选择题)

A. 个人征信系统所收集的个人信用信息中的个人基本信息，包括个人身份

B. 个人征信系统所收集的个人信用信息中的个人基本信息，包括破产记录

C. 个人征信系统所收集的个人信用信息中的个人基本信息，包括居住信息

D. 个人征信系统所收集的个人信用信息中的个人基本信息，包括职业信息

答案 B

解析 个人征信系统所收集的个人信用信息包括个人基本信息、信用交易信息、特殊交易、特别记录、客户本人声明等各类信息。其中，个人基本信息包括个人身份、配偶身份、居住信息、职业信息等，个人的职务、职称、年收入也都有详细记录，同时，每一种信息都标明了获取时间。在本题中，选项A、C、D均为个人信用信息中的个人基本信息，而选项B属于个人信用信息中的特殊信息。

例题5 个人征信报告中信用卡信息包括的内容有( )。(多项选择题)

A. 最大负债额　　　　　　B. 下次应还款日期　　　　　　C. 共享授信额度

D. 最近一次实际还款金额　　E. 卡类型

答案 ACE

解析 信用卡信息包括卡类型、担保方式、币种、开户日期、信用额度、共享授信额度、最大负债额、透支余额、本月应还款金额、本月实际还款金额、最近一次实际还款日期、当前逾期期数、当前逾期总额、信用卡最近24个月每月还款状态记录。

例题6 商业银行对已发放的个人信贷进行贷后风险管理时，必须取得客户的书面授权才能查询个人征信报告。( )(判断题)

答案 √

解析 根据中国人民银行颁布的《个人信用信息基础数据库管理暂行办法》和《银行信贷登记咨询管理办法(试行)》的规定，商业银行等金融机构经个人书面授权同意后，在审核信贷业务申请以及对已发放信贷进行贷后风险管理的情况下，可以查询个人的信用报告。

■ 考点2　个人征信系统的主要功能

个人征信系统的功能分为社会功能和经济功能，如表8.1所示。

表8.1　个人征信系统的功能

功能	主要内容
社会功能	随着该系统的建设和完善，通过对个人重要经济活动的影响和规范，逐步形成诚实守信、遵纪守法、重合同讲信用的社会风气，推动社会信用体系建设，提高社会诚信水平，促进和谐社会建设
经济功能	帮助商业银行等金融机构控制信用风险，维护金融稳定，扩大信贷范围，促进经济增长，改善经济增长结构，促进经济可持续发展

截至2012年年末，个人征信系统收录的自然人已超过8亿人，其中拥有信贷账户的超过2.4亿人。现在，任何自然人无论在国内任何地方，也无论在哪一家商业银行留下的借款和还款记录，或开立结算账户时填报的基本信息，商业银行的基层信贷审查人员均可在经当事人书面授权后进行查询、实现共享。许多商业银行已经将查询个人信用信息基础数据库作为贷前审查的必经程序。个人征信系统在提高审贷效率、方便广大群众借贷、防止不良贷款、防止个人过度负债以及根据信用风险确定利率水平方面发挥了积极的作用。

例题7 ( )在提高审贷效率，方便广大群众借贷，防止不良贷款，防止个人过度负债以及根据信用风险确定利率水平方面发挥着积极的作用。(单项选择题)

A. 个人征信系统　　B. 贷后档案管理　　　C. 风险管理　　　　D. 贷后检查

答案 A

解析 个人征信系统在提高审贷效率、方便广大群众借贷、防止不良贷款、防止个人过度负债以及根据信用风险确定利率水平方面发挥了积极的作用。个人征信系统的社会功能和经济功能相辅相成，互相促进。随着数据采集和个人信用报告使用范围的逐步扩大，个人征信系统的功能将会逐步提高和完善。

考点3 建立个人征信系统的意义

个人征信系统的建立，对商业银行个人贷款业务、消费者个人乃至整个国家的经济环境都具有重要意义，如表8.2所示。

表8.2 建立个人征信系统的意义

使商业银行在贷款审批中将查询个人信用报告作为必须的依据，从而从制度上有效地控制信贷风险	全国统一的个人征信系统简化了银行收集、审核信用卡及个人贷款申请人信用状况的繁杂劳动，节约了贷款成本，同时简化了申请人的各种申办手续，有利于银行大力拓展业务，是从机制上防范银行风险的手段
个人征信系统的建立有助于商业银行准确判断个人贷款客户的还款能力	通过全国统一的个人征信系统对个人信用活动的记录和收集，银行可以了解到每一个贷款客户在各个银行的历史贷款经营活动状况，帮助银行准确地评价一个人的用款、还款能力，以便于在发放信用卡或个人贷款时能够作出正确的决策。个人信用信息的共享，消除了商业银行的"信贷盲区"，多头贷款的现象得到了遏制。对个人信用还款能力的判断更趋客观，降低了银行贷款的经营成本，提高了银行的工作效率
有助于识别和跟踪风险、激励借款人按时偿还债务	信用信息有助于放款机构更好地评估和监测风险，通过建立按期还款的信用记录，征信制度可以有效地扩大对边缘借款人的贷款范围
有助于保护消费者利益，提高透明度	信用的真正危险，不在于它的使用，而在于它的滥用。消费者可能会错误地使用信用并导致非常大的损失。由于过度地使用了信用，一些消费者会发现，他们最终不能偿还他们所借的款项，或者不能为所购买的商品进行定期支付。信用工具的存在很容易引起不谨慎消费者的错误决策。然而，伴随着个人征信系统的建立而完善起来的一些法律被用来保护消费者，使其能够正确理解信用活动并免受信用提供者的不公正行为的侵害
有助于商业银行进行风险预警分析	个人征信系统可以帮助商业银行在贷后管理阶段动态地了解个人的信用状况变化趋势，及时采取催收手段或增加信贷产品和服务。在资产保全阶段，系统可以帮助商业银行查找借款人的有效资产，了解借款人在其他商业银行的信用活动，重新评估借款人的信用状况，确定资产保全措施
为规范金融秩序，防范金融风险提供了有力保障	个人征信系统的建立使得信用贷款的覆盖面扩大，可从最大程度上扩展客户资源，同时通过银行对客户资信的评定，使得信用等级高的客户能获得最大额度的贷款。从宏观上说，个人征信系统的建立，有助于实现信用监管，提高信用监管的透明度和效率，从而促进经济的稳定增长。通过加强风险分析，促进金融体系的稳定，提高银行监管的效率

例题8 建立个人征信系统的意义有(   )。(多项选择题)

A. 个人征信系统的建立使商业银行在贷款审批中将查询个人信用报告作为必须的依据，从而从制度上有效地控制信贷风险

B. 个人征信系统的建立有助于商业银行准确地判断个人贷款客户的还款能力

C. 个人征信系统的发展，有助于识别和跟踪风险、激励借款人按时偿还债务

D. 个人征信系统的建立有助于保护消费者利益，提高透明度

E. 全国统一的个人征信系统有助于商业银行进行风险预警分析

F. 个人征信系统的建立，为规范金融秩序，防范金融风险提供了有力保障

答案 ABCDEF

解析 以上6项均属于建立个人征信系统的意义。

考点4　个人征信的立法状况

1. 一般征信法规

《个人信用信息基础数据库管理暂行办法》的主要内容包括4个方面：

(1) 明确个人信用数据库是中国人民银行组织商业银行建立的全国统一的个人信用信息共享平台，其目的是防范和降低商业银行的信用风险，维护金融稳定，促进个人消费信贷业务的发展；

(2) 规定了个人信用信息保密原则，规定商业银行、征信服务中心应当建立严格的内控制度和操作规程，保障个人信用信息的安全；

(3) 规定了个人信用数据库采集个人信用信息的范围和方式、数据库的使用用途、个人获取本人信用报告的途径和异议处理方式；

(4) 规定了个人信用信息的客观性原则，即个人信用数据库采集的信息是个人信用交易的原始记录，商业银行和征信服务中心不增加任何主观判断等。

2. 个人隐私保护

建立个人信用信息基础数据库既要实现商业银行之间的信息共享，方便群众借贷，防范信贷风险，又要保护个人隐私和信息安全。中国人民银行在加快数据库建设的同时，也加强了制度法规的建设。为了保证个人信用信息的合法使用，保护个人的合法权益，中国人民银行制定颁布了《个人信用信息基础数据库管理暂行办法》、《个人信用信息基础数据库金融机构用户管理办法》、《个人信用信息基础数据库异议处理规程》等法规，采取了授权查询、限定用途、保障安全、查询记录、违规处罚等措施，保护个人隐私和信息安全。商业银行只能经当事人书面授权，在审核个人贷款、信用卡申请或审核是否接受个人作为担保人等个人信贷业务，以及对已发放的个人贷款及信用卡进行信用风险跟踪管理时，才能查询个人信用信息基础数据库。

例题9 下列关于《个人信用信息基础数据库管理暂行办法》的说法中，不正确的是(　　)。(单项选择题)

A. 规定了信用信息保密原则

B. 规定商业银行和征信服务中心在采集信息时应结合自身的主观判断

C. 规定了个人信用数据库采集个人信用信息的范围和方式

D. 明确个人信用数据库是中国人民银行组织商业银行建立的全国统一的个人信用信息共享平台

答案 B

解析 《个人信用信息基础数据库管理暂行办法》主要内容包括4个方面：①明确个人信用数据库是中国人民银行组织商业银行建立的全国统一的个人信用信息共享平台，其目的是防范和降低商业银行信用风险，维护金融稳定，促进个人消费信贷业务的发展；②规定了个人信用信息保密原则，规定

商业银行、征信服务中心应当建立严格的内控制度和操作规程，保障个人信用信息的安全；③规定了个人信用数据库采集个人信用信息的范围和方式、数据库的用途、个人获取本人信用报告的途径和异议处理方式；④规定了个人信用信息的客观性原则，即个人信用数据库采集的信息是个人信用交易的原始记录，商业银行和征信服务中心不增加任何主观判断等。

例题10 为加强对个人隐私的保护，中国人民银行对个人征信系统的安全管理采取的措施中不包括(   )。(单项选择题)

A. 查询记录　　　　B. 违规处罚　　　　C. 限定用途　　　　D. 分级管理

答案 D

解析 为了保证个人信用信息的合法使用，保护个人的合法权益，中国人民银行制定颁布了《个人信用信息基础数据库管理暂行办法》、《个人信用信息基础数据库金融机构用户管理办法》、《个人信用信息基础数据库异议处理规程》等法规，采取了授权查询、限定用途、保障安全、查询记录、违规处罚等措施，保护个人隐私和信息安全。

第2节 个人征信系统的管理及应用

考点5 个人征信系统的信息来源

我国的个人标准信用信息主要是通过以下两个渠道汇入中国人民银行的个人标准信用信息基础数据库的，如表8.3所示。

表8.3 个人征信系统的两个信息来源

第一个渠道	当客户通过银行办理贷款、信用卡、担保等信贷业务的时候，客户的个人信用信息就会通过银行自动报送给个人标准信用信息基础数据库
第二个渠道	个人标准信用信息基础数据库通过与公安部、信息产业部、建设部以及劳动和社会保障部等政府相关部门、公共事业单位进行系统对接，可以采集诸如居民身份信息、个人手机费、社保金等非银行系统信用记录情况

个人征信系统采集到上述信息后，按照数据主体对数据进行匹配、整理和保存，即将属于同一个人的所有信息整合在其名下，形成该人的信用档案，并在金融机构查询时生成信用报告。个人征信系统对采集到的数据只是进行客观展示，不做任何修改。因此，个人征信系统数据的准确性有赖于数据提供者所提供的数据的准确性。

随着信用标准化工作的不断深入开展，我国征信机构标准化个人信用采集的方式也会得到不断改进，采集范围也会随之扩大，采集效率也会进一步提高，从而使得个人标准信用信息记录可以更为全面、客观地反映个人的信用信息状况。

例题11 当客户通过银行办理(   )等信贷业务时，客户的个人信用信息就会通过银行自动报送给个人标准信用信息基础数据库。(多项选择题)

A. 结算　　　　B. 汇款　　　　C. 担保

D. 信用卡　　　　E. 贷款

答案 CDE

解析 当客户通过银行办理贷款、信用卡、担保等信贷业务的时候，客户的个人信用信息就会通过银行自动报送给个人标准信用信息基础数据库。

考点6 个人征信系统的数据录入流程

个人征信系统的数据录入流程如图8.1所示。

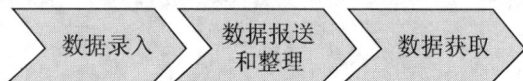

数据录入 → 数据报送和整理 → 数据获取

图8.1 个人征信系统的数据录入流程

1. 数据录入

在商业银行发放贷款后，各机构录入人员按照借款人提交的申请资料，在录入系统中进行信息录入。录入资料包括借款申请书、借款合同、购房信息等。录入人员对录入信息的准确性、及时性和完整性负责。系统可自动生成征信数据的机构则无须人工录入。

2. 数据报送和整理

商业银行应当遵守中国人民银行发布的个人信用数据库标准及其有关要求，准确、完整、及时地向个人信用数据库报送个人信用信息。

征信服务中心建立完善的规章和采取先进的技术手段以确保个人信用信息的安全，并根据生成信用报告的需要，对商业银行报送的个人信用信息进行客观的整理、保存，不得擅自更改原始数据。

当征信服务中心认为有关商业银行报送的信息可疑时，应当按有关规定及时向该商业银行发出复核通知，商业银行应当在收到复核通知之日起5个工作日内给予答复。

商业银行如发现其所报送的个人信用信息不准确时，应当及时报告征信服务中心，征信服务中心收到纠错报告将立即进行更正。

3. 数据获取

个人征信系统通过专线与商业银行等金融机构系统端口相连，并通过商业银行的内联网系统实现个人信用信息定期由各金融机构提供给个人征信系统，汇总后实现金融机构资源共享。

例题12 个人征信系统的数据录入流程，不包括( )。(单项选择题)

A. 数据录入　　　　　B. 数据报送和整理　　　C. 数据聚合　　　　　D. 数据获取

答案 C

解析 根据规定，个人征信系统的数据录入流程主要包括数据录入、数据报送和整理以及数据获取3部分。

考点7 个人征信查询系统

1. 个人基础数据库信用信息查询的主体

目前主要有3种主体可以对个人基础数据库的信用信息进行查询，如表8.4所示。

表8.4 个人基础数据库信用信息查询的主体

主体	主要内容
商业银行	商业银行在审核信贷及担保业务申请时，在取得个人书面授权同意后，可以查询个人的信用报告。另外，商业银行在对已发放信贷进行贷后风险管理的情况下，也可查询个人的信用信息
县级以上(含县级)司法机关及其他依据法律规定有查询权限的行政管理部门(以下合称司法部门)	根据相关法律、法规的规定，司法部门可以到当地的查询机构申请查询相关涉案人员的信用报告。申请司法查询时应提交下列材料：一是司法部门签发的个人信用报告协查函或介绍信，包含情况说明和查询原因、被查询人的姓名、有效身份证件号码；二是申请司法查询经办人员的工作证件原件及复印件；三是申请司法查询经办人员应如实、规范填写的个人信用报告司法查询申请表
公民个人	公民个人可以到中国人民银行征信中心或当地的分中心申请查询本人的信用报告或代理他人查询信用报告。申请查询本人的信用报告时应提供以下材料：一是本人有效身份证件的原件及复印件，并留有效身份证件复印件备案。个人有效身份证件包括身份证、军官证、士兵证、护照、港澳居民来往内地通行证、台湾同胞来往内地通行证、外国人居留证等。二是如实、规范填写的个人信用报告本人查询申请表

2. 个人征信查询申请的处理

接到查询申请后，查询机构应依法对申请人(指本人、代理人或司法部门经办人员)提供的资料当场进行审核。申请人提供资料不符合规定的，查询机构应不予受理，并当场告知申请人不予受理的原因。

对于现场受理的查询申请，已开通查询终端的查询机构应当场进行查询，并打印查询结果交申请人签收。未开通查询终端的查询机构应将现场受理的查询申请登记到个人信用报告查询申请登记表中，并在当日下班前通过专用电子邮箱把申请登记表发送至征信中心。

对于各地查询机构转交的查询申请，征信中心应在2个工作日内予以处理，并通过专用电子邮箱将查询结果返给各地查询机构。未开通查询终端的查询机构接收到征信中心返回的查询结果后，应在2个工作日内按照事先约定的接收方式将查询结果反馈给申请人。

申请人可以事先约定的接收方式，包括现场领取、电子邮件和邮寄。

3. 个人征信查询管理

个人征信查询管理的内容如表8.5所示。

表8.5 个人征信查询管理

授权查询	商业银行查询个人信用报告时应当取得被查询人的书面授权。书面授权可以通过在贷款、贷记卡、准贷记卡以及担保申请书中增加相应条款取得
限定用途	《个人信用信息基础数据库管理暂行办法》明确规定：除了本人以外，商业银行只有在办理贷款、信用卡、担保等业务时，或贷后管理、发放信用卡时才能查看个人的信用报告
查询记录	个人信用信息基础数据库还对查看个人信用报告的商业银行信贷人员(即数据库用户)进行管理，每一个用户都要登记注册，而且计算机系统还自动追踪和记录每一个用户查询个人信用报告的情况，并展示在个人的信用报告中
违规处罚	商业银行如果违反规定查询个人的信用报告，或将查询结果用于规定范围之外的其他目的，将被责令改正，并处以1万元以上3万元以下的罚款；涉嫌犯罪的，则将依法移交司法机关处理
密码管理	商业银行各级用户应妥善保管用户密码，至少两个月更改一次密码，并登记密码变更登记簿。各查询用户的用户名及密码仅限本人使用，严禁他人使用或将密码告知他人

(续表)

档案管理	查询机构要对所有查询相关的纸质和电子档案资料整理归档。档案资料按照一事一档、编号管理的原则进行。档案资料包括查询申请人提供的查询申请书、有效身份证件复印件、委托人授权委托书、司法部门签发的个人信用报告协查函或介绍信、查询申请登记表等

查询机构要安排专门的档案柜存放信用报告查询的相关档案，并做好对档案存放地的防火、防潮、防虫、防鼠等"八防"安全措施。档案资料的借阅应当严格限定范围，无查询机构主管的审批，任何人不得擅自查询、借阅和复制档案资料。查询机构要按业务档案管理规定对档案资料(包括相关文件)进行管理。信用报告查询相关档案资料保管期限为3年，到期可对档案资料进行销毁。对档案资料的销毁要遵照《中国人民银行档案管理规定》(银办发(2004)259号)的有关规定执行。

> **例题13** 商业银行各级用户在使用个人信用信息基础数据库时，需至少(　　)更改一次用户密码。(单项选择题)
>
> A. 6个月　　　　　　B. 5个月　　　　　　C. 2个月　　　　　　D. 1个月
>
> **答案** C
>
> **解析** 商业银行各级用户应妥善保管自己的用户密码，至少两个月更改一次密码，并登记密码变更登记簿。

考点8　个人征信系统管理模式

1. 个人征信系统的网络流程管理

目前，个人征信系统的信用信息主要使用者是金融机构，通过专线与商业银行等金融机构总部相连(即一口接入)，并通过商业银行的内联网系统将终端延伸到商业银行分支机构信贷人员的业务柜台，从而实现个人信用信息定期由各金融机构流入个人征信系统，汇总后金融机构实时共享的功能。个人征信系统建立了完善的用户管理制度，对用户实行分级管理、权限控制、身份认证、活动跟踪、查询监督的政策；数据传输加压加密；对系统及数据进行安全备份与恢复；对系统进行评估，有效防止计算机病毒和黑客攻击等，建立有效安全保障体系，保证了信息的安全性。具体流程如图8.2所示。

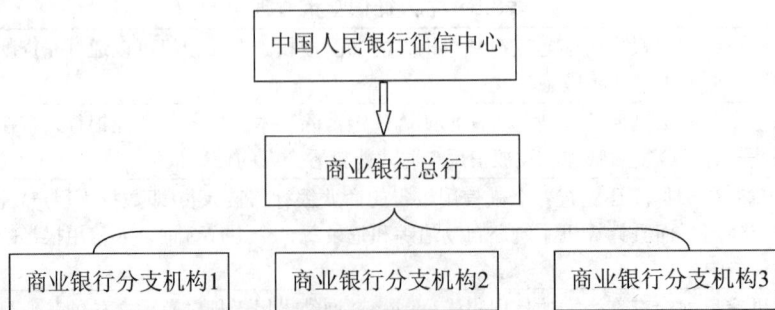

图8.2　个人征信系统的信息网络流程

2. 个人征信系统的授权管理

根据《个人信用信息基础数据库管理暂行办法》规定，商业银行只能经当事人书面授权，在办理审核个人贷款申请、审核个人贷记卡和准贷记卡申请、审核个人作为担保人、对已发放的个人信贷进行贷后风险管理和受理法人或其他组织的贷款申请，或其作为担保人，需要查询其法定代表人及出资人信用状况等业务时，才可以向个人信用数据库查询个人信用报告。

除对已发放的个人信贷进行贷后风险管理的情况之外，商业银行查询个人信用报告时应取得被查询人的书面授权。书面授权可以通过在贷款、贷记卡、准贷记卡以及担保申请书中增加相应条款取得。商业银行应制订贷后风险管理查询个人信用报告的内部授权制度和查询管理程序。而征信服务中心可以根据个人申请有偿提供其本人的信用报告，此时，如果有申请查询，则须核实申请人身份；同时，查询人员、查询时间、查询原因等，该数据库都有记录。

商业银行应当建立保证个人信用信息安全的管理制度，确保只有得到内部授权的人员才能接触个人信用报告并经常对个人信用数据库的查询情况进行检查，确保所有查询符合规定，并定期向中国人民银行及征信中心报告查询检查结果。

考点9　异议处理

1. 个人征信异议的概念及种类

(1) 异议的概念

异议就是个人对自己的信用报告中反映的信息持否定或者不同意见。产生异议的主要原因包括以下几种，如图8.3所示。

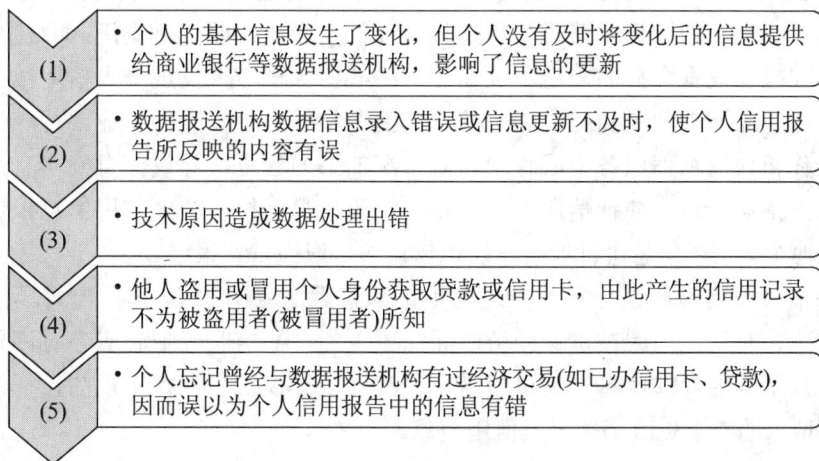

(1) • 个人的基本信息发生了变化，但个人没有及时将变化后的信息提供给商业银行等数据报送机构，影响了信息的更新

(2) • 数据报送机构数据信息录入错误或信息更新不及时，使个人信用报告所反映的内容有误

(3) • 技术原因造成数据处理出错

(4) • 他人盗用或冒用个人身份获取贷款或信用卡，由此产生的信用记录不为被盗用者(被冒用者)所知

(5) • 个人忘记曾经与数据报送机构有过经济交易(如已办信用卡、贷款)，因而误以为个人信用报告中的信息有错

图8.3　个人征信异议产生的原因

异议处理是个人认为本人信用报告中的信用信息存在错误时，可以通过所在地中国人民银行征信管理部门或直接向征信服务中心提出书面异议申请。

(2) 异议的种类

目前，在异议处理工作中常常遇到的异议申请主要有以下几种类型，如表8.6所示。

表8.6　个人征信异议的种类

种类	典型情况
异议申请人认为某一笔贷款或信用卡本人根本就没有申请过	他人冒用或盗用个人身份获取贷款或信用卡；信用卡为单位或朋友替个人办的，但信用卡没有送到个人手上；自己忘记是否办理过贷款或信用卡
异议申请人认为贷款或信用卡的逾期记录与实际不符	个人的贷款按约定由单位或担保公司或其他机构代个人偿还，但单位或担保公司或其他机构没有及时到银行还款造成逾期；个人办理的信用卡从来没有使用过，因欠年费而造成逾期；个人不清楚银行确认逾期的规则，无意中产生了逾期

（续表）

种类	典型情况
异议申请人的身份、居住、职业等个人基本信息与实际情况不符	异议申请人当初在申请资料上填的就是错误信息，而后来基本信息发生了变化却没有及时到银行去更新；个人信用数据库每月更新一次信息，系统未到正常更新时间
异议申请人对担保信息有异议	个人的亲戚或朋友以个人的名义办理了担保手续，个人忘记或根本不知道；个人自己保管证件不善，导致他人冒用

2. 异议处理方法

(1) 个人处理办法

个人对信用报告有异议时，可以向所在地的中国人民银行分支行征信管理部门或直接向人民银行征信中心提出个人信用报告的异议申请，个人需出示本人身份证原件、提交身份证复印件。如果个人委托代理人提出异议申请，代理人须提供自己和委托人的身份证原件及复印件、委托人的个人信用报告、具有法律效力的授权委托书。

个人客户也可持本人身份证向与其发生信贷融资的商业银行经办机构反映。

(2) 银行处理办法

中国人民银行征信管理部门应当在收到个人异议申请的2个工作日内将异议申请转交征信服务中心。征信服务中心应当在接到异议申请的2个工作日内进行内部核查。征信服务中心如发现异议信息是由于个人信用数据库信息处理过程造成的，应当立即进行更正，并检查个人信用数据库处理程序和操作规程存在的问题。征信服务中心内部核查未发现个人信用数据库处理过程存在问题的，应当立即书面通知提供相关信息的商业银行进行核查。商业银行应当在接到核查通知的10个工作日内向征信服务中心作出核查情况的书面答复。异议信息确实有误的，商业银行应当采取以下措施：应当向征信服务中心报送更正信息；检查个人信用信息报送的程序；对后续报送的其他个人信用信息进行检查，发现错误的，应当重新报送。

征信服务中心收到商业银行重新报送的更正信息后，应在2个工作日内对异议信息进行更正。异议信息确实有误，但因技术原因暂时无法更正的，征信服务中心应当对该异议信息作特殊标注，以有别于其他异议信息。经过核查，无法确认异议信息存在错误的，征信服务中心不得按照异议申请人的要求更改相关个人信用信息。

征信服务中心应当在接受异议申请后15个工作日内，向异议申请人或转交异议申请的中国人民银行征信管理部门提供书面答复；异议信息得到更正的，征信服务中心同时提供更正后的信用报告。异议信息确实有误，但因技术原因暂时无法更正异议信息的，征信服务中心应当在书面答复中予以说明，待异议信息更正后，提供更正后的信用报告。

转交异议申请的中国人民银行征信管理部门，应当自接到征信服务中心书面答复和更正后的信用报告之日起2个工作日内，向异议申请人转交。对于无法核实的异议信息，征信服务中心应当允许异议申请人对有关异议信息附注个人声明。征信服务中心将妥善保存个人声明原始档案，并将个人声明载入异议人信用报告。

2. 不同类型异议的处理

不同类型异议的处理如表8.7所示。

表8.7　不同类型异议的处理

对个人基本信息存在异议的处理	个人信用报告中涉及的基本信息包括：姓名、性别、身份证号码、出生日期、工作单位、通信地址、邮政编码、户籍地址、联系电话、电子邮箱、最高学历、最高学位、婚姻状况、配偶姓名、配偶身份证号码、配偶单位、配偶联系电话等 如果个人对信用报告中涉及的姓名、性别、身份证号码等信息有异议，也可以向中国人民银行征信中心或中国人民银行分支行征信管理部门提交异议申请，如经过核查证实个人信用报告展示的某些信息有错误，中国人民银行征信中心会督促报送数据的商业银行等机构及时对错误信息进行修改 如果对个人信用报告中其他的基本信息有异议，最简便的方法就是个人到与个人有业务往来的商业银行更新、更正个人信息，商业银行会在下一次报送数据时报送个人更新、更正过的信息。相应的，个人在个人信用数据库的基本信息也会得到更新或更正
对个人养老保险金和住房公积金信息有异议的处理	如果个人认为自己的信用报告中反映的个人养老保险金信息或住房公积金信息与实际情况不符，可以直接向当地社保经办机构或当地住房公积金中心核实情况和更改信息，也可以向当地中国人民银行征信管理部门提出书面异议申请 如果由于社保信息或公积金信息失真，影响了个人办理贷款或信用卡业务，可请当地社保部门或住房公积金中心出具书面证明材料
对个人电信缴费信息有异议的处理	如果个人对个人电信缴费信息有异议，可以持本人的有效身份证件及电信缴费收据直接到电信公司核实情况和更改信息，也可以到当地中国人民银行征信管理部门申请异议处理
对个人结算账户信息有异议的处理	如果个人对个人结算账户信息有异议，可以持本人有效身份证件到开立个人结算账户的金融机构核实情况和更改信息，也可以到当地中国人民银行征信管理部门申请异议处理
对漏记了个人的信用交易信息的处理	如果个人信用报告漏记了个人的信用交易信息，个人可以通过当地中国人民银行征信管理部门申请异议处理，中国人民银行征信管理部门或中国人民银行征信中心会要求商业银行等机构将遗漏的信用交易信息补上。在提交异议申请时，需提供有关交易的详细情况
对信息滞后导致的异议的处理	在国外，征信机构更新个人信息的频率大致有3类：实时更新、次日更新或次月更新。在我国，考虑到商业银行结算周期大多以月为单位，相应的，个人信用数据库也是每月更新一次信息，因此，最新的信用信息一般要间隔一个月以后才会在个人信用报告中展示出来
对异议处理仍有异议的处理	如果个人对异议处理结果仍然有异议，可以通过以下3个步骤进行处理：第一步，向当地中国人民银行征信管理部门申请在个人信用报告上发表个人声明。个人声明是当事人对异议处理结果的看法和认识，中国人民银行征信中心只保证个人声明是由本人发布的，不对个人声明内容本身的真实性负责。第二步，向中国人民银行征信管理部门反映。第三步，向法院提起诉讼，借助法律手段解决

例题14　(　　　)作为信用指标体系的第二部分，是记录个人经济行为、反映个人偿债能力和偿债意愿的重要信息。(单项选择题)
　　A. 个人身份信息　　　　B. 居住信息　　　　C. 个人职业信息　　　　D. 信用交易信息
　　答案　D
　　解析　选项中的关键词分别是身份、居住、职业、交易，联系题干的相关内容，可得知正确答案为D。

例题15　经核查，征信服务中心如果无法确认异议信息的正误，应(　　　)。(单项选择题)
　　A. 对该异议信息做特殊标注　　　　　　　　B. 对信息进行复核
　　C. 保留原信息　　　　　　　　　　　　　　D. 按申请人的要求更改个人信用信息

答案 C

解析 根据有关规定，经过核查，无法确认异议信息存在错误的，征信服务中心不得按照异议申请人的要求更改相关个人信息，即应保留原信息。

例题16 目前，我国个人信用数据库更新个人信息的频率是(   )。(单项选择题)

A. 实时更新　　　　B. 每日更新一次　　　　C. 每周更新一次　　　　D. 每月更新一次

答案 D

解析 在国外，政府机构更新个人信息的频率大致有3类：实时更新、次日更新或次月更新。在我国，考虑到商业银行结算周期大多以月为单位，相应的，个人信用数据库也是每月更新一次信息。

例题17 下列关于征信异议的处理方法，错误的是(   )。(单项选择题)

A. 征信服务中心收到商业银行重新报送的更正信息后，应当在2个工作日内更正

B. 征信服务中心应当在接受异议申请后10个工作日内，向异议申请人或中国人民银行征信管理部门提供书面答复

C. 转交异议申请的中国人民银行征信管理部门应当自接到征信服务中心书面答复和更正后的信用报告之日起2个工作日内，向异议申请人转交

D. 对于无法核实的异议信息，征信服务中心应当允许异议申请人对有关异议信息附注个人声明

答案 B

解析 征信服务中心收到商业银行重新报送的更正信息后，应当在2个工作日内更正。征信服务中心应当在接受异议申请后15个工作日内，向异议申请人或转交异议申请的中国人民银行征信管理部门提供书面答复；转交异议申请的中国人民银行征信管理部门，应当自接到征信服务中心书面答复和更正后的信用报告之日起2个工作日内，向异议申请人转交。异议信息得到更正的，征信服务中心同时提供更正后的信用报告；对于无法核实的异议信息，征信服务中心应当允许异议申请人对有关异议信息附注个人声明。

例题18 下列情形当中属于认为个人基本信息与实际情况不符的个人征信异议是(   )。(单项选择题)

A. 个人保管证件不善，导致他人冒用

B. 个人不清楚银行确认逾期的规则，无意中产生了逾期

C. 他人冒用或盗用个人身份获取信贷或信用卡

D. 个人信用数据库每月更新一次信息，系统未到正常更新时间

答案 D

解析 在异议处理工作中常常遇到的异议申请主要有以下几种类型：第一类是异议申请人认为某一笔贷款或信用卡本人根本就没有申请过；第二类是异议申请人的身份、居住、职业等个人基本信息与实际情况不符；第三类是异议申请人认为贷款或信用卡的逾期记录与实际不符；第四类是异议申请人对担保信息有异议。个人信用数据库每月更新一次信息，系统未到正常更新时间属于认为个人基本信息与实际情况不符的个人征信异议。

例题19 个人征信异议产生的主要原因包括( )。(多项选择题)

A. 个人的基本信息发生了变化，个人没有及时更新

B. 数据报送机构数据信息录入错误

C. 工作人员原因造成数据处理出错

D. 他人盗用信用卡

E. 个人忘记曾经与数据报送机构有过经济交易

答案 ABCDE

解析 引起个人征信异议的因素主要有：个人的基本信息发生了变化，个人没有及时更新；数据报送机构数据信息录入错误；工作人员原因造成数据处理出错；他人盗用信用卡；个人忘记曾经与数据报送机构有过经济交易。

例题20 在异议处理工作中常常遇到的异议申请类型主要有( )。(多项选择题)

A. 异议申请人认为某一笔贷款或信用卡本人根本就没有申请过

B. 异议申请人认为贷款或信用卡的逾期记录与实际不符

C. 异议申请人的身份、居住、职业等个人基本信息与实际情况不符

D. 异议申请人对担保信息有异议

E. 异议申请人对征信管理部门有异议

答案 ABCD

解析 在异议处理工作中常常遇到的异议申请主要有以下几种类型：第一类是异议申请人认为某一笔贷款或信用卡本人根本就没有申请过；第二类是异议申请人的身份、居住、职业等个人基本信息与实际情况不符；第三类是异议申请人认为贷款或信用卡的逾期记录与实际不符；第四类是异议申请人对担保信息有异议。

例题21 下列关于个人信用报告异议的说法中，正确的是( )。(单项选择题)

A. 个人信用报告有异议时，可以直接向人民银行征信中心提出个人信用报告的异议申请，无须出示个人身份证明

B. 商业银行应当在接到核查通知的7个工作日内向征信服务中心作出核查情况的书面答复

C. 征信服务中心收到商业银行重新报送的更正信息后，应当在5个工作日内对异议信息进行更正

D. 征信服务中心应当在接受异议申请后15个工作日内，向异议申请人或转交异议申请的中国人民银行征信管理部门提供书面答复

答案 D

解析 个人信用报告有异议时，可以向所在地的人民银行分支行征信管理部门或直接向人民银行征信中心提出个人信用报告的异议申请，个人需出示本人身份证原件、提交身份证复印件。所以，选项A的叙述不正确。商业银行应当在接到核查通知的10个工作日内向征信服务中心作出核查情况的书面答复。所以，选项B的叙述不正确。征信服务中心收到商业银行重新报送的更正信息后，应当在2个工作日内对异议信息进行更正；异议信息确实有误，但因技术原因暂时无法更正的，征信服务中心应当对该异议信息做特殊标注，以有别于其他异议信息。所以，选项C的叙述不正确。

例题22 小李两年前在北京办理了一张信用卡，之后调到上海工作，地址和电话都更换了。小李从此一直没收到信用卡对账单和通知短信，所以并不知道自己尚有一笔欠款未还清，今年，小李准备结婚，欲贷款买房时才发现之前的信用卡因逾期还款时间太长而被强迫停卡。请问，小李应当采取的正确措施是(　　)。(单项选择题)

A. 发现之前的信用卡被停卡后，立即去另一家银行申请新信用卡，覆盖原来的不良信用记录

B. 立即通知信用卡中心更新其个人信息，及时还清欠款并保持按时还款

C. 发现之前的信用卡被停卡后，立即销卡，以销毁原来的不良信用记录

D. 只要在下次申请信用卡贷款前去银行还清欠款，就不会留下信用污点

答案　B

解析　如果对个人信用报告中的其他基本信息有异议，最简便的方法就是到与个人有业务往来的商业银行更新、更正个人信息，商业银行会在下一次报送数据时报送个人更新、更正过的信息，相应的，个人在个人信用数据库的基本信息也会得到更新或更正。

例题23 个人征信异议的种类包括(　　)。(多项选择题)

A. 异议申请人的身份、居住、职业等个人基本信息与实际情况不符

B. 异议申请人对担保信息有异议

C. 异议申请人认为贷款或信用卡的逾期记录与实际不符

D. 异议申请人对贷款逾期判断标准有异议

E. 异议申请人认为某一笔贷款或信用卡本人根本没有申请过

答案　ABCE

解析　在异议处理工作中常常遇到的异议申请主要有以下几种类型：第一类是异议申请人认为某一笔贷款或信用卡本人根本就没有申请过，典型的有以下几种情况：他人冒用或盗用个人身份获取信贷或信用卡；信用卡为单位或朋友替个人办的，但信用卡没有送到个人手上；异议申请人忘记自己是否办理过贷款或信用卡。第二类是异议申请人认为贷款或信用卡的逾期记录与实际不符。第三类是异议申请人的身份、居住、职业等个人基本信息与实际情况不符。第四类是异议申请人对担保信息有异议。

第3节　同步强化训练

一、单项选择题

1. 目前，个人征信系统的信息来源主要是(　　)。

A. 会计事务所　　　　B. 商业银行　　　　C. 司法部门　　　　D. 个人

2. 个人征信系统中要记录信用卡最近(　　)个月每月的还款状态。

A. 6　　　　　　　　B. 12　　　　　　　C. 18　　　　　　　D. 24

3. 商业银行应当在收到征信服务中心发出的复核通知之日起( )个工作日内给予答复。

A. 5　　　　　　　B. 7　　　　　　　C. 10　　　　　　　D. 15

4. 我国的个人标准信用信息主要是通过( )个渠道汇入中国人民银行的个人标准信用信息基础数据库的。

A. 两　　　　　　　B. 3　　　　　　　C. 4　　　　　　　D. 5

5. 为了保证个人信用信息的合法使用，保护个人的合法权益，中国人民银行制定颁布的规章不包括( )。

A. 《个人信用信息基础数据库个人用户管理条例》

B. 《个人信用信息基础数据库金融机构用户管理办法》

C. 《个人信用信息基础数据库异议处理规程》

D. 《个人信用信息基础数据库管理暂行办法》

6. 《个人信用信息基础数据库管理暂行办法》是根据《中华人民共和国中国人民银行法》等有关法律规定，由( )制定并自2005年10月1日起实施。

A. 三部委　　　　　B. 中国人民银行　　　C. 国务院　　　　　D. 银监会

7. 《个人信用信息基础数据库管理暂行办法》规定，( )负责组织商业银行建立个人信用信息基础数据库，并负责设立征信服务中心，承担个人信用数据库的日常运行和管理工作。

A. 中国人民银行　　B. 中国工商银行　　　C. 国务院　　　　　D. 银监会

8. 个人信用信息基础数据库的基础产品是( )。

A. 个人征信系统　　B. 个人征信报告　　　C. 个人信用系统　　　D. 个人信用报告

9. ( )是全面记录个人信用活动、反映个人信用状况的文件，是征信机构把依法采集的信息依法进行加工整理，最后依法向合法的信息查询人提供的个人信用历史记录。

A. 个人征信系统　　B. 个人征信报告　　　C. 个人信用报告　　　D. 个人信用系统

10. 个人征信系统的功能分为( )。

A. 社会功能和辐射功能　　　　　　　B. 社会功能和经济功能

C. 经济功能和辐射功能　　　　　　　D. 经济功能和文化功能

11. 目前，个人信用报告主要用于( )。

A. 信用交易　　　　　　　　　　　　B. 招聘求职

C. 各种商业赊销　　　　　　　　　　D. 银行的各项消费信贷业务

12. 全国个人信用信息基础数据库系统首先向( )提供个人信用信息的查询服务，满足其对信贷征信的需求。

A. 司法部门　　　　B. 商业银行　　　　　C. 数据主体本人　　　D. 金融监督管理机构

13. 个人征信系统所搜集的个人信用信息中的个人基本信息不包括( )。

A. 配偶身份　　　　B. 破产记录　　　　　C. 居住信息　　　　　D. 职业信息

14. 下列关于个人征信系统的表述错误的是( )。

A. 个人信用征信也就是个人信用联合征信

B. 个人征信系统是我国社会信用体系的重要基础设施

C. 个人征信系统的影响力尚未涉及税务、教育等部门

D. 个人征信系统是由中国人民银行组织各商业银行建立的个人信用信息共享平台

15. 转交异议申请的中国人民银行征信管理部门，应当自接到征信服务中心书面答复和更正后的信用报告之日起(　　)个工作日内，向异议申请人转交。

    A. 2　　　　　　　　　B. 5　　　　　　　　　C. 7　　　　　　　　　D. 10

16. 如果对个人信用报告中除姓名、性别、身份证号码等信息外的其他基本信息有异议，最简便的方法是(　　)。

    A. 向中国人民银行征信中心提交异议申请

    B. 向中国人民银行分支行征信管理部门提交异议申请

    C. 向征信服务中心提交异议申请

    D. 个人到与个人有业务往来的商业银行更新、更正个人信息

17. 下列情形当中属于认为个人基本信息与实际情况不符的个人征信异议的是(　　)。

    A. 他人冒用或盗用个人身份获取信贷或信用卡

    B. 个人自己保管证件不善，导致他人冒用

    C. 个人办理的信用卡从来没有使用过，因欠年费而造成逾期

    D. 个人信用数据库每月更新一次信息，系统未到正常更新时间引起的异议

18. 个人信用异议信息确实有误的，商业银行应当采取的措施不包括(　　)。

    A. 对后续报送的其他个人信用信息进行检查，发现错误的，应当重新报送

    B. 检查个人信用信息报送的程序

    C. 应当向征信服务中心报送更正信息

    D. 向征信服务中心报送程序优化建议

19. 如果个人委托代理人对个人信用报告提出异议申请，代理人提供的资料不包括(　　)。

    A. 代理人的个人信用报告、　　　　　　　B. 具有法律效力的授权委托书

    C. 委托人的身份证原件及复印件　　　　　D. 代理人的身份证原件及复印件

20. 商业银行应当在接到核查通知的(　　)个工作日内向征信服务中心作出核查情况的书面答复。

    A. 15　　　　　　　　　B. 10　　　　　　　　　C. 7　　　　　　　　　D. 5

21. 目前，个人征信系统的信用信息主要使用者是(　　)。

    A. 金融监管机构　　　　B. 数据主体本人　　　　C. 金融机构　　　　　D. 司法部门

22. 下列关于个人征信安全管理的表述错误的是(　　)。

    A. 商业银行查询个人信用报告时只要取得被查询人的口头授权即可

    B. 存储个人信用报告的数据库可以确保安全

    C. 商业银行各级用户应妥善保管用户密码，至少两个月更改一次密码

    D. 商业银行如果违反规定查询个人的信用报告，将被责令改正，并处以1万元以上3万元以下的罚款

二、多项选择题

1. 下列关于征信中心异议处理的表述正确的是(　　)。

    A. 征信服务中心应当在接到异议申请的2个工作日内进行内部核查

    B. 征信服务中心如发现异议信息是由于个人信用数据库信息处理过程造成的，应当立即进行更正

    C. 对于无法核实的异议信息，征信服务中心应当允许异议申请人对有关异议信息附注个人声明

D. 征信服务中心内部核查未发现个人信用数据库处理过程存在问题的，应当立即书面通知提供相关信息的商业银行进行核查

E. 征信服务中心应当在接受异议申请后15个工作日内，向异议申请人或转交异议申请的中国人民银行征信管理部门提供书面答复

2. 下列属于个人征信异议的有( )。

A. 个人信用数据库每月更新一次信息，系统未到正常更新时间而导致信息与实际情况不符

B. 个人不清楚银行确认逾期的规则，无意中产生了逾期

C. 自己忘记是否办理过贷款或信用卡

D. 他人冒用或盗用个人身份获取贷款或信用卡，本人不知情，因此认为自己根本就没有申请过

E. 个人自己保管证件不善，导致他人冒用

3. 根据《个人信用信息基础数据库管理暂行办法》的规定，商业银行在( )时，才能查看个人的信用报告。

A. 办理存款   B. 办理贷款   C. 贷后管理

D. 发放信用卡   E. 办理担保

4. 下列属于个人征信查询系统内容的有( )。

A. 个人身份信息   B. 个人职业信息   C. 信用卡信息

D. 居住信息   E. 贷款信息

5. 为了保证个人信用信息的合法使用，保护个人的合法权益，中国人民银行采取了( )等措施，保护个人隐私和信息安全。

A. 授权查询   B. 限定用途   C. 保障安全

D. 违规处罚   E. 查询记录

6. 下列属于个人征信系统社会功能的是( )。

A. 推动社会信用体系建设

B. 促进和谐社会建设

C. 提高社会诚信水平

D. 形成诚实守信、遵纪守法、重合同讲信用的社会风气

E. 帮助商业银行等金融机构控制信用风险

7. 下列属于个人征信系统经济功能的是( )。

A. 促进经济可持续发展   B. 提高社会诚信水平

C. 促进经济增长，改善经济增长结构   D. 维护金融稳定，扩大信贷范围

E. 帮助商业银行等金融机构控制信用风险

8. 个人征信系统所收集的个人基本信息包括( )。

A. 个人身份   B. 配偶身份   C. 居住信息

D. 职业信息   E. 年收入

9. 目前个人征信系统数据的直接使用者包括( )。

A. 商业银行   B. 数据主体本人   C. 税务部门

D. 司法部门   E. 金融监督管理机构

三、判断题

1. 商业银行在进行贷后管理时，不能查看个人的信用报告。（   ）
2. 目前，查询个人信用报告需要支付一定的成本费用。（   ）

答案与解析

一、单项选择题

1. 答案与解析　B

目前，个人征信系统的信息来源主要是商业银行。

2. 答案与解析　D

信用明细信息包括信用卡明细信息、信用卡最近24个月每个月的还款状态记录、贷款明细信息、为他人贷款担保明细信息等。

3. 答案与解析　A

当征信服务中心认为有关商业银行报送的信息可疑时，应当按有关规定及时向该商业银行发出复核通知，商业银行应当在收到复核通知之日起5个工作日内给予答复。

4. 答案与解析　A

我国的个人标准信用信息主要是通过两个渠道汇入中国人民银行的个人标准信用信息基础数据库的。

5. 答案与解析　A

为了保证个人信用信息的合法使用，保护个人的合法权益，中国人民银行制定颁布的规章不包括《个人信用信息基础数据库个人用户管理条例》。

6. 答案与解析　B

《个人信用信息基础数据库管理暂行办法》是根据《中华人民共和国中国人民银行法》等有关法律规定，由中国人民银行制定并自2005年10月1日起实施。

7. 答案与解析　A

个人信用数据库是中国人民银行组织商业银行建立的全国统一的个人信用信息共享平台。

8. 答案与解析　D

个人信用报告是个人征信系统的基础产品。

9. 答案与解析　C

个人信用报告是全面记录个人信用活动、反映个人信用状况的文件。

10. 答案与解析　B

个人征信系统的功能分为社会功能和经济功能。

11. 答案与解析　D

个人信用报告主要用于银行的各项消费信贷业务。

12. 答案与解析　B

全国个人信用信息基础数据库系统首先向商业银行提供个人信用信息的查询服务，满足商业银行对信贷征信的需求。

13. 答案与解析　B

个人基本信息包括个人身份、配偶身份、居住信息、职业信息等。

14. 答案与解析　C

个人征信系统的影响力已涉及税务、教育、电信等部门。

15. 答案与解析　A

转交异议申请的中国人民银行征信管理部门，应当自接到征信服务中心书面答复和更正后的信用报告之日起2个工作日内，向异议申请人转交。

16. 答案与解析　D

如果对个人信用报告中其他基本信息有异议，最简便的方法就是个人到与个人有业务往来的商业银行更新、更正个人信息。

17. 答案与解析　D

个人信用数据库每月更新一次信息，系统未到正常更新时间属于认为个人基本信息与实际情况不符的个人征信异议。

18. 答案与解析　D

可参照考点9"2.异议处理方法"的内容。

19. 答案与解析　A

如果个人委托代理人提出异议申请，代理人须提供自己和委托人的身份证原件及复印件、委托人的个人信用报告、具有法律效力的授权委托书。

20. 答案与解析　B

商业银行应当在接到核查通知的10个工作日内向征信服务中心作出核查情况的书面答复。

21. 答案与解析　C

目前，个人征信系统的信用信息主要使用者是金融机构，它们通过专线与商业银行等金融机构总部相连。

22. 答案与解析　A

只能经当事人书面授权，不能口头授权。

二、多项选择题

1. 答案与解析　ABCDE
5个选项均符合题意。

2. 答案与解析　ABCDE
5个选项均符合题意。

3. 答案与解析　BCDE
《个人信用信息基础数据库管理暂行办法》明确规定：除了本人以外，商业银行只有在办理贷款、信用卡、担保等业务时，或贷后管理、发放信用卡时才能查看个人的信用报告。

4. 答案与解析　ABCDE

5个选项均符合题意。

5. 答案与解析　ABCDE

5个选项均符合题意。

6. 答案与解析　ABCD

社会功能主要体现在：随着该系统的建设和完善，通过对个人重要经济活动的影响和规范，逐步形成诚实守信、遵纪守法、重合同讲信用的社会风气，推动社会信用体系建设，提高社会诚信水平，促进和谐社会建设。

7. 答案与解析　ACDE

经济功能主要体现在：帮助商业银行等金融机构控制信用风险，维护金融稳定，扩大信贷范围，促进经济增长，改善经济增长结构，促进经济可持续发展。

8. 答案与解析　ABCDE

5个选项均符合题意。

9. 答案与解析　ABDE

目前，个人征信系统数据的直接使用者包括商业银行、数据主体本人、金融监督管理机构，以及司法部门等其他政府机构。

三、判断题

1. 答案与解析　×

《个人信用信息基础数据库管理暂行办法》明确规定：除了本人以外，商业银行只有在办理贷款、信用卡、担保等业务时，或贷后管理、发放信用卡时才能查看个人的信用报告。

2. 答案与解析　×

可参照考点8"2.个人征信系统的授权管理"的内容。